方广锠 ◎ 著

随缘做去 直道行之

方广锠序跋杂文集

国家图书馆出版社

图书在版编目(CIP)数据

随缘做去 直道行之:方广锠序跋杂文集 / 方广锠著. —北京:国家图书馆出版社,
2011.11

ISBN 978 - 7 - 5013 - 4694 - 3

Ⅰ.①随… Ⅱ.①方… Ⅲ.①社会科学—文集 Ⅳ.①C53

中国版本图书馆 CIP 数据核字(2011)第 220115 号

责任编辑 孙彦

书名	随缘做去 直道行之——方广锠序跋杂文集
著者	方广锠
出版	国家图书馆出版社 (100034 北京西城区文津街7号) (原北京图书馆出版社)
发行	010 - 66139745 66175620 66126153 66174391(传真) 66126156(门市部)
E-mail	btsfxb@ nlc. gov. cn(邮购)
Website	www. nlcpress. com → 投稿中心
经销	新华书店
印刷	北京华正印刷有限公司
开本	787 × 1092 毫米 1/16
印张	26.25
版次	2011 年 11 月第 1 版 2011 年 11 月第 1 次印刷
书号	ISBN 978 - 7 - 5013 - 4694 - 3
定价	80.00 元

目　录

随缘做去　直道行之①（代序）

一、随缘做去

这要从读《红楼梦》谈起。

20 世纪 60 年代初,大约十三四岁的时候,有一次哥哥带我到他所在工厂的俱乐部,托付给图书室女管理员,自己与几个朋友另开游戏项目。管理员圆圆的脸,圆圆的眼,十分慈祥,笑眯眯地对我说:"想看什么书,就自己拿。"我浏览了一番,发现一个书柜中锁着几本精装书,书名叫《石头记》。便回忆起儿时家中有一只茶壶,上面一弯圆窗,窗后一个古装美人,窗前几棵芭蕉,站着另两个美人。壶上三个字,就是"石头记"。当时自己还小,不懂这是什么意思,但觉得很美。这个茶壶,后来不知扔到哪里去了;但上面的图案,一直留在脑海深处。看到有也叫"石头记"的书,不觉惊异,而且踊跃。因为书柜锁着,便叫来管理员,指着《石头记》说:"我想看这书。"没有料到,管理员的圆脸突然变长,圆眼睛也突然变小,生硬地说:"小孩不能看这种书。"以下的事,我记不清了,好像是她给我推荐了另一本当时颇为流行的小说。是什么小说,我现在费尽心思也回忆不起来,但管理员当时那种吃惊、鄙夷、不屑的神情,至今仍在眼前。

再后来,就是初中三年级的事情了。我平时住校,寒暑假回家。这年寒假回家,看到家中有一部新买的《红楼梦》。这时知识稍开,知道这是一部古典名著。这部书学校图书馆也有,但不给学生借,此时自然欣喜不已。开卷才知道,原来《红楼梦》就是《石头记》,《石头记》就是《红楼梦》。记得废寝忘食整整一周,被妈妈责骂几次,但终于一览无余。至于到底看懂多少,那只有天晓得了。不过,确是好好领略了一番看好书的那种满足感。

席卷中国大陆的"文化大革命"风暴过后,我到农村去当农民。三年半的劳动生涯,伴随我的,是一箱书,其中自然就有那部《红楼梦》。这部书,也是我看的遍数最多的。后来我才知道,中国的一位伟人曾经就《红楼梦》说过这样的话:"不看五遍,没有

---

①　曾载《南海》1998 年第 1 期。略有修订。

发言权。"当时,我大概至少看了十来遍,以致所有的故事情节,几乎都可以复述。每看一遍,总能够发现一些前此忽略的细节,得到一些新的享受。记得是一个风雪交加的夜晚,我蜷在火炕上,读到癞头和尚救宝玉那一段,癞头和尚临走时说的"万事只要随缘做去,自有一定的道理"忽然如闪电一样击中了我的心。我反反复复地琢磨这句话,与自己的人生经历去对照,与周围的社会环境去比较,越琢磨越觉得这句话是至理名言,越琢磨越觉得这个"缘"深奥难测。大千世界,上下五千年,左右三万里,而竟能在此时、此地,遇斯人、斯事,非缘何谓? 既有斯缘,何敢不惜? 惜缘随缘走,顺水推小舟。缺缘事不成,强求有何用? 逆缘事必败,徒费心力耳。随缘做去,的确自有一定的道理。缘会事成,缘散事灭。如行云,如流水。人生本来就是一份洒脱,像一首乐曲在夜空中奏响,又消失在夜空中。又何必徒自强求,徒自扭曲,徒自苦恼! 自己现在成为一个佛教研究者,或者就起源于当时的那番感受吧! 此后随着人生阅历的丰富,更加感到"随缘做去"这句话的分量。我在一篇文章中曾经这样说:"一个'缘'字,真是说尽了人间一切事物的精华。"

二、直道行之

　　随缘做去,也有一个怎么做的问题。

　　商潮冲天,钱浪排空,真做学问的人越来越少,学者碗里的饭也越来越浅,怎么办? 是否也跟着下商海,捞稻草? 应酬场中,连得高帽数顶,怎么办? 是否也在对方笑眯眯的脸上贴上几片金? 有人利用文人脸薄,不好意思言利的性格趁机"宰熟",怎么办? 是否甘当阿Q,吃个哑巴亏? 明知有人在背后捣鬼,怎么办? 是否漠然置之,以示宰相肚里能撑船?

　　如果这样,岂非魔道猖獗,正道断绝。所以我一直主张:为能随缘做去,必须直道行之。

　　什么叫直道行之? 就是循正道而行。释迦牟尼初转法轮曾讲"八正道"。是正人就要循正道。"道"者,天地之理也。天理无外乎人心,也就是秉着自己的良心做事,对得起别人,对得起自己,清夜扪心不出汗。再说简单一点,就是该怎么办,就怎么办。不傲人,不媚人,不己屈,不己慢。对那些惯于宰人的,就要拉下脸;对那些善于捣鬼的,就要戳穿他。同样,能帮人时帮一把,多积阴德多积福。

　　"己所不欲,勿施于人"是恕道;"即以其人之道,还治其人之身"是直道。唯其能行直道,才能行恕道。揣摩别人的心思,仰看别人脸色以说话行事是媚道;堂堂正正,言其当言,行其当行是直道。唯其能弃媚道,才能行直道。当此人欲横流之际,所好者名,所欲者利,所求者权,所爱者色,唯其能淡泊于名利,鄙视于权色,才是真直道。

　　照这样说,行直道不是很难吗? 佛教说"人身难得",看来得了人身以后做人更难。其实不然。春夏秋冬四季演化,日升月沉斗柄旋转,万物自有其规律。就好比篮球赛、足球赛都有它的规则一样。照规律办事,照游戏规则办事,有何难哉! 说到底,无非是孔夫子说的君君臣臣父父子子而已。

虽说人人都应该各循其理，各尽其职，各安其分，但现实世界多的是越界犯规，多的是曲道、媚道、枉道、邪道。然而，唯其如此，我们才更应该行直道。我的一个老师这样说：好人与坏人斗，好人常常斗不过坏人。但我们还是要做好人。

世界实际是共业所成。讲曲道的人多了，世界也就被扭曲了。在一个被扭曲的世界中，要讲直道是比较难的。不过反之亦然，如果大家都来讲直道，这个世界也就变直了。在一个正直的世界中，有人要想行曲道，同样也不那么容易。用两道笔直的护墙把一条笔直的公路拦起来，开车的要想不撞墙，只有走直道。既然如此，何不大家都来走直道！直道行之，其实最简单、最省事。它使复杂的人生变得明快，变得轻松。

三、不变随缘

佛教有所谓"不变随缘"，我很欣赏。做人的原则不变，追求的理想不变。至于其他一切，咳，随缘！

曾坐春风点愚迟[①]

人的一生有几个转折是影响终身的,这种转折自然也使人终生难忘。

我是 1967 届的高中生,高二那年遇到"文化大革命",其后下乡插队,再以后到新疆塔城地区师范学校去教学。其实,我起初是作为师范班的学生被招收入学的,但当年招收的师范班学生,程度参差不齐。有高中生,也有初中生,甚至有小学生。教材则大体是初中水平。所以入学没有几天,就被抽出来,干脆当教师。先教初中班,后教师范班。我教的师范班中,学历最高的两位,是我高中时的同班同学,而现在我却给她们当班主任。这都是"文化大革命"乱世闹出来的笑话。

常言说"学而后知不足",对我来说则是"教更知底子差"。所以,我当时最大的愿望就是能够有一个深造的机会,哪怕进修也行。得到学校领导的同意后,曾经给新疆大学、甘肃师范学院等学校写过信,希望接受进修。然而如石沉大海,未有回答。1978年考入社科院研究生院,深造的愿望终于实现。我曾经在一篇短文《我与佛教》中提及当时的经历。至今,我深深感谢给了我这一机会的黄心川先生,感谢给予助缘的诸多人士。

回忆从 1978 年到 1981 年在研究生院的三年学习,确是奠定我此后人生道路的重要时期。

我考入的是研究生院南亚系。当时研究生院没有自己的校舍,借住北师大的房子。但由于南亚系附属于南亚所,而南亚所由中国社会科学院与北京大学合办,所以我们南亚系设在北大,三年的研究生生活完全在北大度过。同学 17 人,部分属于社科院研究生院,部分属于北京大学研究生部。由于我们这些属于社科院的研究生与北京大学的研究生同住 29 楼,一起学习,一起生活,所以也归北京大学研究生部管理,拥有北大学籍,戴北大教工校徽。记得我的北大学号是 7817517。当时学习的主要专业课有黄心川先生的印度宗教哲学、季羡林先生的印度历史讲座、任继愈先生的佛教概论与古汉语等。

黄先生是我的硕士生导师,当时共指导三个研究生,还担任世界宗教研究所与南亚研究所两个所的副所长,加上自己的科研工作,十分繁忙。每次听讲虽只有三人,但

[①]　曾载《中国社会科学院研究生教育通讯》2003 年第 1 期。略有修订。

他犹如面对满堂学生,讲课一丝不苟。黄先生苏南口音较重,讲话一快,口音就更重。同学朱明忠、姚卫群是北方人,开始时感到不适应,幸亏黄先生发有教材,大家都事先预习,所以问题不大。我原籍江苏,听课自然无障碍。当研究生之前,对于印度,我是若明若暗,知之甚少;对于印度哲学,则完全是门外汉。由黄先生一步一步地引领,才算逐渐入门。由于入学考试前我曾经写过一篇关于印度初期佛教的文章,所以黄先生指定我的研究方向为印度佛教。我的体会,印度佛教的中观理论是关键。记得当时自己在中观理论方面啃得很苦,开始时怎么也不能理解与掌握那套"非有非无、亦有亦无"的中道观。一日清晨在沿着燕南园东墙向图书馆去的路上,忽如醍醐灌顶,顿时豁然。至今记得当时的一刹那,那阳光,那虎皮墙,那墙头伸出的绿树,那清新的空气与四周涌来的嘈杂人声。这就是所谓的"顿悟"吧。此后学习其他佛教理论,自觉再也没有窒碍。虽然后来我主要从事中国佛教文献学的研究,但印度佛教是中国佛教之源,有了印度佛教这个底子,对中国佛教的一些关节点也就看得更清楚。所以,我经常提醒一些研究中国佛教的年轻朋友,如果能够认真学一点印度佛教,对研究中国佛教,一定大有好处。我的兴趣比较广泛,黄先生数次教导我,不能羊头上摸摸,狗头上摸摸,做学问要专一。直到现在,每当被其他问题吸引时,就会想起黄先生的话,然后勒住心猿意马,回到自己的课题上。

季羡林先生的印度历史讲座是大课,除了研究生全部参加外,南亚所不少研究人员都来旁听。由于是讲座,所以事先不发教材,全凭自己笔记。季先生讲课旁征博引、细致入微,至今印象犹深。特别是讲课时经常会讲到一些做学问的方法,更使人终生难忘。记得有一次季先生提到,做学问一定要把有关材料一网打尽。老实说,当时听了心里虽然佩服,但也有点不以为然。书海无涯,一网打尽,谈何容易。但二十年来,自己做学问,凡是真正在原始资料上下了工夫,搜集得充分的,进行得就顺利一点,研究得也透一点;而资料准备上有所欠缺的,讲话时心中无数,底气也就不足。这时才真正懂得将资料"一网打尽"的重要性。认识到搞研究,首先必须掌握资料。能掌握几分资料,就有几分发言权;掌握的资料越多,发言权也就越大。所以,当我自己也指导学生时,我总要把季先生的上述教导转告给他们。遗憾的是季先生当时忙极了,除任南亚所所长外,又是北京大学副校长、人大常委委员,至于社会兼职之多,连他自己也搞不清。所以这门讲座时开时停,直到我们毕业,讲座内容还停留在古代。不过,我以为,学生需向老师学习的,除了知识外,更重要的是方法。前者是死的,后者是活的。前者是绣就的花,后者是绣花的针。先生的一句点拨,学生能终身受用,主要在方法上。

任先生的课与宗教系同学合上,在北师大听课。任先生讲课是另一种风格,他的佛教概论课,发一堆教材,全部是佛典原著的选读,要求我们从原典起步来掌握佛教。讲课时,不讲那些原著,而是逐一解释佛教的基本名相。现在回想起来,似乎任先生的佛教概论课并没有系统介绍过任何佛教理论,也没有讲过他拿手的历史唯物主义方法论。但是由于任先生把复杂的佛教名相给我们梳理得有条有理,清清楚楚,所以原来视为畏途的佛教原著,回过头再来看,就有"原来如此",甚至"不过尔尔"之感。我后来在一篇文章中说,佛典难,首先难在它有一套自成体系的名相概念,弄明白这些名相概念之后,佛典就不难了。任先生的古代汉语课也同样,课堂上讲虚词用例,课下发一堆作业,全部是从《弘明集》《广弘明集》中摘选的六朝文,要求标点、翻译。对于研究佛教的人来说,《弘明集》《广弘明集》这样的六朝文能够攻下来,其他的文章自然不在话下。记得当时牟钟鉴先生给任先生当古代汉语课的助教,负责批改我们的课外作业。牟先生批改得很认真,如果课外作业中有什么较为重大的问题,任先生则在下一次课上进行辨析。

现在回想起来,黄先生的课"开窍",季先生的课"博细",任先生的课"扎实"。当然,这只是我个人的体会,其他同学的情况不同,想必各有不同的体会。

除了上面的专业课外,因为底子薄,有一种如饥似渴的感觉,所以当时还选听了不少其他课程,记得有十几门。此外,身在北京大学,就有许多便利,一是图书馆的书多;二是名教授的课多。有些课或讲座虽与南亚、与佛教没有什么关系,但只要可能,我就去听。比如汤一介先生的魏晋玄学,乃至林庚先生的楚辞等。后来实在顾不过来,只好舍掉几门。即使这样,大概我仍是我们那一届同学中选修课程最多的。讲起图书馆的书,记得我曾经借到过当年曾经向达先生手批的图书。一面阅读原书,一面对照向达先生的批注,体会大不相同。

我们属于"文化大革命"后第一批招收的研究生,经过社会生活的磨炼,大家都十分珍惜来之不易的学习机会,学习空气十分浓重。每天从早上到晚上,除了学习,就是学习。同学17人,15个原来是学外语出身的,仅我与赵穗生例外。所以,我每天一大早起来就是背外语。夏天可以到未名湖边去,冬天只能凑在北大商店的门灯下。记得当时做了一堆单词卡片,平时放在口袋里,遇到吃饭排队这样的空暇,就掏出来翻翻。觉得记忆得差不多了,就集中放在一个鞋盒中。每天晚上临睡觉前,把盒子中的那些卡片再翻腾一遍。我当年30岁,年龄属中等,精力也算好。年龄稍大的几位同学,则往往因白天脑子高速运转而晚上必须散步一阵,才能入眠。同学中大部分人已经结婚,抛妻别子,困难实在非同一般。甚至有像朱明忠这样,有一双千金。研究生三年,他自己一直随带年方五、六岁之长女;次女则留由妻子抚养。种种困难,可想而知。虽则如此,同学们仍然克服困难,坚持学业。同住29楼的北大某系的一位研究生,一日躺在床上读外地妻子来信,读到内引"忽见陌头杨柳色,悔教夫婿觅封侯"句,一骨碌跳起来,上北京站买票回家。一时传为笑谈。除了学习努力外,思想的敏锐、开放与活跃,也是非常突出的。这一点,对于我这样在一隅僻处的西北边疆长大的人来说,印象尤其深刻。记得1978年7月赴京复试,住在北师大的大教室中临时铺就的大统铺上,应试的士子们个个意气风发,口若悬河,滔滔不绝,我当然只有洗耳恭听的份。一次一位大声宣布,刘少奇必须平反,"文化大革命"必须否定。旁听的我悚然大惊。然而后来的事实证明了他的话。80年代初《读书》创刊,编辑王焱特意来北大,找我们七、八个研究生开会,希望供稿。我一头钻进古代,写不出什么好文章,但不能不受当时那种时代风气的影响。开放的环境催动人思想,学习的气氛促使人奋进。

还有一点使我感受很深的就是同学们之间互相帮助以及切磋学问的良好风气。

当时的南亚所是一个综合性的所,我们南亚系 17 个同学,专业方向各不相同,分别学习印度政治、经济、文学、艺术、社会、梵文、宗教哲学等等。即使是同一个专业,也还有些许区别。如跟随黄先生学习印度宗教哲学的三个人中,朱明忠偏重近现代哲学,姚卫群偏重古代哲学,我偏重佛教。虽然专业不同,但大家互相讨论、切磋的风气很浓,经常相互交流各自的学习体会。如刘学成是搞印度政治的,由于他的原因,我知道了印度各个政党的历史、现状、相互关系、在印度社会上的地位与作用。孙士海当时主攻印度宪法,于是我了解了印度宪法的特点。王镛研究印度艺术,画得一手好白描,从他那里我得知印度美术史知识乃至印度美女的"S"形体态。朱明忠下工夫搞明白了奥罗宾多的"上梵"与"下梵",很兴奋,立即滔滔地向我讲解。黄先生指定我以日语为第一外语,原来是日语专业毕业的尚会鹏在日语学习方面没有少为我费心。还记得撰写毕业论文的那段时间中,我常与孙士海绕着未名湖散步。我向他叙述我的构思与观点,他则不停地从反面向我进攻:"为什么?""这没有道理!""这不能说服人。"他的进攻使我进一步理清自己的思路,发现自己的弱点。同样,当他叙述他的论文构想时,我也不客气地发动进攻。最后,我们都顺利通过论文答辩。

良师、益友、良好的风气,这是我对三年硕士研究生生活的最大感受。

1998 年 9 月 12 日

任继愈先生是怎样培养学生的^①

读研究生前,曾看过任先生的《汉唐佛教思想论集》,看过他发表在杂志上的论文。1978年到北京读研究生,按导师黄心川先生的安排修习了任先生的佛教概论与古代汉语。1984年起跟随任先生读博士。其后,在先生指导下从事佛教文献学研究,整理敦煌遗书,作为先生的助手参加《中华大藏经》的工作,亦曾在先生直接领导下在北图善本部工作多年。几十年相随,先生在我心目中是一座高山。《论语》中弟子论孔子,有"仰之弥高,钻之弥坚,瞻之在前,忽焉在后"的感慨。对先生,我有同感。先生精通儒释道三教,曾对我说,尤其对道教有心得。我自愧愚钝,先生博大的学问,并没有完全学到。先生辞世,泰山其颓。悲痛之余,深为惭愧,先生交代的工作,到现在还没有做完。但先生的教导,未敢或忘。

几十年相随,先生的存在已经是我生活的一部分。现在落笔,却千言万语,不知从何处说起。这篇文章,仅以自己的亲身经历,讲讲先生是怎样培养学生的。

三年硕士研究生,跟随黄心川先生学习印度佛教。毕业论文为《那先比丘经初探》。这篇论文,我写得很苦。一些核心观点,自己感觉触摸到了,却又很难清楚地表达出来。黄先生对这篇论文能否通过曾有点担心,一度让我避开那些敏感的问题。但是,我已经钻到牛角尖里了,虽然力求按照黄先生的要求去修改,但三转两转又回到原来的问题上。我向任先生表达自己的苦恼,任先生支持我的观点。有了任先生的支持,黄先生也放心了。于是进行论文答辩。记得答辩委员会主任是任继愈先生,委员是季羡林先生、金克木先生(因故没有参加)、黄心川先生、宫静先生、张保胜先生。答辩会上,任先生特意拿来庐山慧远的《三报论》《明报应论》,让我讲解这两篇文章的含义。实际是从侧面支持我的观点。答辩会上,先生们对后辈爱护有加。特别是季先生,虽然我的观点与他不同,且在答辩会上与他当面争执起来,但依然宽容大度地对待我。最终全票通过答辩。现在回想当时的情况,心里十分温暖,也深为老师们的风采折服。

1984年,在同学的鼓动下,决定报考博士研究生。动机之一,就是印度佛教是中国佛教之源,但在中国,研究印度佛教的太少了。许多人,包括一些大家,往往一进入

① 曾载《我们心中的任继愈》,中华书局,2010年4月。

印度佛教领域,就会说错话。所以,加强印度佛教的研究,非常必要。我自己学习、研究印度佛教已经6年,有些体会,有点想法。但能力实在有限,自觉好像面前有一堵墙,不知怎么突破。所以希望有深造的机会,把印度佛教的研究深入进行下去。

当时在我的专业范围内,有资格带博士的,只有季先生、任先生两位。于是我找到任先生,表示想考他的博士生。任先生说:好,欢迎你报考。我提出两个希望:一、希望让我继续研究印度佛教。二、我的外语,只有日语马马虎虎还能凑合。因此,外语考试希望能让我考日语。先生当时没有说什么。

过了几天,先生通知我去三里河寓所。开门见山讲了如下一番话:

关于你考博士生的事情,我考虑再三,今天找你谈谈。

你说希望继续研究印度佛教。我觉得不合适。研究印度佛教需要相应的条件。首先是语言,需要通梵文、藏文、英文。这几门语言,你都不行。如果下决心把这几门语言学好,那就要花费很多时间。你今年已经36岁,有没有这么多的时间?不真正搞通那些语言,研究印度佛教,充其量只能做个二流学者。我这里只培养一流学者,不培养二流学者。再说,培养一个中国佛教的博士生,我心里有底。培养一个印度佛教的博士生,怎样才算合格,我心里也没有底。

我考虑,你如果想报考博士生,就要改专业。改为佛教文献学。佛教文献学是佛教研究的基础,我们现在正在编纂《中华大藏经》,国家需要这方面的人才。但是,佛教文献学在我国还没有建立起来,不能适应形势发展的需要。你以前在《世界宗教研究》上发表过这方面的文章,有这个基础。如果专业改为佛教文献学,你要下决心,从你开始,把中国的佛教文献学建立起来。

任先生让我回去好好考虑,说:你考虑以后,愿意改专业,告诉我;不愿意改,也告诉我。愿意改以后,如果反悔了,不愿意改了,也可以;开始不愿意改,想想又愿意改,也可以。允许反复。然后给我讲了一段王阳明的故事:王艮去与王阳明辩论,辩输了,拜王阳明为师。回去以后,想想不服气,回过头来再辩,又输了,重新拜师。如此反复。王阳明的其他弟子很不耐烦,说这个人怎么这样反复无常。王阳明说:这个人能够独立思考,很好。现在,在专业方向问题上,我也允许你反复。

回到北大,我反反复复地掂量,曾一度决定放弃报考任先生的博士生。详细经过这里就不讲了。总之,任何东西,如不能正确对待,都会成为前进的包袱。6年的印度佛教研究生涯,当时成为我一个放不下的包袱。但最终,还是按照任先生的指引,改攻佛教文献学。

现在回过头来再看这段经历,深深感到当年任先生指引的正确。

就我个人而言,如果现在依然在印度佛教领域耕耘,语言是一个绕不过去的难关。我虽然学过梵文、藏文、英文,但都只浅涉一点皮毛。过不了语言关,的确充其量是一个二流、三流,乃至不入流的角色。即使过了语言关,也可能干脆成为一个语言研究者。我体会,搞学术研究,与用兵一样,正中有奇,奇中有正,奇正之道,因势转化。虽然刚开始研究印度佛教是目标,学语言只是手段,但这几门语言本身都是博大精深的学问,值得搞一辈子。很可能学语言学出兴趣,成为一个放不下的包袱,从而将主要精力花在语言研究上。毕竟研究那几门语言，资料更多，更容易得到，比研究印度佛教更容易出成果。

而在中国佛教研究领域，佛教文献学是基础性学科。从世界范围看，无论是巴利佛教研究、梵文佛教研究，都是先从文献整理、研究开始。中国佛教的文献，以历代大藏经为代表，固然汗牛充栋，但真正用现代学术方法进行过科学整理的却非常有限，还有大批资料散在大藏经之外，甚少有人关注。任先生后来经常表述这样一个观点：中华民族的文化迟早会复兴，在文化复兴之前，必然有一个资料整理的工作。资料整理，就是为文化复兴做准备。这种工作，很枯燥，但总得有人来做，而且要靠中国人自己做。任先生让我从敦煌学切入佛教文献学，而敦煌学又是陈寅恪所谓"世界学术之新潮流"。先生站得高，看得远，以他的学术洞察力，敏锐地发现佛教文献学对当今乃至将来中国佛教研究的重大意义及其蓬勃生命力，指引我走上敦煌学、佛教文献学的治学之路，从而取得今天的成果。我深深感到先生是对我学术道路影响至深的少数几个人中最为重要的。

但这个问题仅从个人角度谈，未免太小。上面已经谈到，任先生认为，为了民族文化的复兴，需要提前整理资料。他是从这个思路出发招收相关研究生的。实际上，略微回顾一下任先生历年招收博士生的情况，就可以明白先生心中有一个宗教学建设的全局。1983年先生招收第一届博士，原定计划2人，一个中国哲学，一个藏传佛教。后来因故收了李申（中国哲学）一人。1984年招收金正耀与我。金正耀是道教研究，侧重外丹。我是佛教研究，侧重佛教文献学。同年赖永海从南大转来，也是佛教研究，侧重佛教思想。1985年招收何光沪，宗教学原理。1986年招收宋立道，侧重南传佛教。从专业设置可以看出，先生培养学生，是有计划、有目的、有布局的。显然是根据学科发展的需要挑选学生，加以培养，分兵把口，希望中国宗教研究的各个领域都能均衡发展。这体现了先生作为中国宗教研究领导者的远见卓识。先生给我的任务是建立中国的佛教文献学，这与当时佛教研究的现状有关，更与当时正在进行的《中华藏》编纂有关。也就是说，先生培养学生，立足于学科的需要、国家的需要，有着长远的目标。

我认为，这体现了先生培养学生的第一个特点：立足国家需要，放眼学科全局，穿透历史需求。

先生培养学生的第二个特点，是选好对象后，既不拘一格，又严格要求。

不拘一格，讲两件事情。

一、入学考试。外语按照我的希望，考的是日语。专业课考卷是两道大题，第一道题为：学术界一般认为宋以下中国佛教已经衰落，你的观点如何？第二道题则是关于《那先比丘经》。这张专业课考卷，鲜明地反映了任先生的风格。第一道题，直入学术最前沿。第二道题，不拘一格收人才。

我们都知道，中国佛教史研究，宋以下至近现代以前，始终是最薄弱的领域。第一道题直指这一领域。如果说，20多年来，我在宋以下佛教领域有所思考，提出信仰层面佛教、仪轨佛教等一些新的观点，最初就滥觞于这张考卷。至于第二道题，本来就是我硕士论文的题目,对此,我自然驾轻就熟。

二、博士课程。先生一向主张,研究生以自己学习、研究为主,不要上那么多课。上课只是启发思路而已。至于博士生,更应该通过实践培养独立研究的能力。对我的博士阶段学习,先生指点了方向,交代了任务,规定我两周汇报一次,每次依据我的汇报给予针对性的指导外,没有为我开设过一门课,也没有特地坐下来,专门为我讲过一堂什么课。要毕业了,从研究生院领来登记表,上面必须填写两门专业课的成绩。我既没有上课,也没有考试,哪来的成绩呢?任先生接过表,顺手给我填写了两个不高不低的分数。于是交给研究生院。

至于讲严格要求,那事例真是讲不完。我想讲如下几点体会:

一、提出目标,讲明要求。

研究生考试结束,还没有正式发榜,先生便把我叫去。以往与先生也经常见面,先生从来非常客气、和蔼,但这次与以往不同,先生与我作了一次十分严肃的长谈,所以至今记忆犹新。

先生指出:你没有上过大学,属于自学成才。自学成才有好处:肯吃苦,某些领域的知识比较丰富。但也有缺陷,知识结构不均衡。因此,要认识自己的缺陷,补上自己的缺陷。

先生又说:我讲过,我只培养一流学者。你自己要立下志向,向一流学者去努力。你以前兴趣比较广泛,但人的精力是有限的,要把精力放在专业上,不要旁骛。不要东搞一点,西搞一点。只有集中精力,才能做出成绩。他举了一位挺有名的先生做例子,说:"以前,我不会在你面前讲这种批评他的话,今天我要讲一下。他这也搞,那也搞,几十年了,到底是搞什么的呢?你要接受教训。敲锣卖糖,你的铺子到底是卖什么的?要明确。"

先生说:你聪明,肯动脑筋,是好事。但有时不扎实。你要培养自己"沉潜笃实"的学风。学问要做扎实。一是一,二是二。你以前的硕士论文,为什么不能充分说服人?就是材料不足,根据不足。材料充足了,问题自然清楚了。

先生说:我们现在正在编纂《中华大藏经》。你的任务是从敦煌遗书入手,把敦煌遗书中那些没有被历代大藏经收入的资料整理出来,准备将来收入《中华大藏经》。你要踏踏实实地从原始资料着手,对敦煌遗书一号一号地进行研究、整理。在这个过程中,认真研究敦煌地区佛教的特点。你的博士论文,可以以"敦煌佛教"为题目。

二、严格督促,决不放松

那次谈话时,先生规定我每两周到三里河寓所去一次,汇报两周的学习情况。

从1984年秋天正式跟从任先生学习佛教文献学,到1988年夏天论文答辩,整整四年。四年中,如无特殊情况,则风雨无阻,每两周与先生见一次面。起先是单独见面,没多久,先生让我参加《中华藏》领导小组。这个领导小组也是每两周开一次会,以研究、解决《中华藏》编纂中的各种具体问题。于是,学习汇报与小组开会便结合在一起。一般是先开会,会后我单独留下,汇报两周的学习。每次汇报,必须有扎扎实实的内容。这两周,看了哪些书,研究了多少敦煌遗书,有什么收获、心得?有什么困难、问题。先生则对机予以指导。因为先生认真，我不能不认真。所以，每次基本上都能够带着问题去，带着收获回来。

三、不仅言传，而且身教

对我每次提出的问题，有些任先生当场给予解答。有些他让我请教其他先生。比如，他说周绍良先生在佛教文献方面很有造诣，便向周先生打了招呼，让我有事多向周先生请教。当时周先生在法源寺佛教图文馆上班，于是我经常往法源寺跑。周先生对我的教育、培养，也是我终生难忘。此外，任先生还曾介绍我登门请教张政烺先生、周一良先生等。

回想当年任先生说"培养一个印度佛教的博士生，怎样才算合格，我心里也没有底"，回想他让我就一些问题请教其他先生，深深为先生的人格所折服。先生用他自己的实际行动，教我怎样老老实实地做学问，怎样老老实实地做人。

四、如有毛病，绝不姑息

先生对学生人品的要求很严格。这么多年，跟从先生学习，跟从先生做事，事情做得不好，或者做错了，甚至让先生被动了，先生从不批评。比如1986年，我与有关方面合作进行《中华藏》电子化试验。试验初步成功，为了进一步开展此项工作，任先生向古籍小组申请了专项经费，又调了一个计算机专业人员到宗教所。但此项工作后来因故中止。经费没有去领，这倒罢了，已经调到宗教所的人成了问题。人家的专业是计算机，不是搞宗教研究的。人调来了，工作却中止了，又回不了原单位，等于把人家吊起来了。这件事情的始作俑者是我，有关压力却全部压在先生身上，压在宗教所相关领导身上。虽则如此，先生从没有因此批评过我一句。只是我内心自疚。但是，如果先生发现哪个学生身上有他不能容忍的毛病，绝不放过。甚至到了疾恶如仇地步。

我曾经受到先生两次严厉批评。

第一次严厉的批评是博士生期间。前述入学前的第一次谈话，先生还对我作了一项规定：集中精力学习，三年不许发表文章。1985年，北京大学成立中国文化书院，要搞函授。魏长海找到我，让我写一本《印度文化概论》。当时函授日程已定，书稿要得很急。因为搞中国文化书院的几个年轻教师与我都很熟，抹不开情面；也因为稿子要得急，开的稿费比较高，有点诱惑力。于是我花了大约一个月时间，搞了一本10万字左右的急就章，并请朋友张九林帮忙，收集了几十万字的参考资料。合为一本书。这件事让先生知道了，把我叫去，沉着脸问是怎么回事？我解释了原委。先生责问："我让你三年不准发表文章，你为什么不遵守？"我当时实在无话可说，只好不吭声。先生提高语调，严厉地斥责："你不就是要名要利吗！"我无法，只好坦承："我没有想到要名，但想到要利。"先生从来温文尔雅，从来没有见过他发脾气。用那样严厉的口气当面批评，在我是第一次，也是最后一次。但这一次，已经足够我牢记一辈子。

第二次严厉批评在1995年1月，当时我正在日本京都访学。知道先生预定2月到东京参加国际图联的会，很高兴，便调整了日程，计划2月也到东京，以与先生见面。忽然接到先生来信，严厉批评我为什么把北图敦煌遗书资料随便发表，以及私下送给日本学者。先生说：你有很多文章可写，为什么搞这些东西？先生从来主张形成学术团队,以团队的优势合力攻关。既然是团队,就要有团队的规矩,比如集体研究的成果,个人不能随意发表。这也是先生这一次严厉批评我的主要原因。我当时有点懵,仔细回忆,感到先生可能有点误会。于是写了一封详细的信,说明事情的原委。先生是通情达理的,事情解释清楚了,恼怒也就云消雾散。2月到东京先生旅居的饭店拜见先生,我再次对有关事情加以说明,先生则一语带过:"这种事情,将来注意就行了。"这次写这篇文章,虽然先生的手泽保存在我北京家中,但我回信的电脑稿保留在随身的电脑中。看着原始信件,感慨无限。

至于先生疾恶如仇的事,例子不少。由于涉及一些具体的人和事,这里就不详细叙述。总之,虽然是自己的学生,无论是谁,无论有什么了不起的背景、有多大的活动能量,只要做出先生认为不能原谅的事情,先生绝不姑息。

先生培养学生第三个特点,就是对学生不仅有严格的要求,也有无尽的关心与爱护。

硕士三年级下学期,由于某些原因,我经济比较紧张,每月伙食费,必须控制在11元以内。而正在这时,又发现肝功不正常。任先生知道后,要我注意身体,并给我寄来10元钱,说:以后每月补贴我10元生活费,加强营养。10元钱,当时对我来说,是个不小的数字。我非常为难,受之有愧;退回去,又怕伤了先生的心。我托任远转告先生,我是带薪上学,经济还可以。最近的困难是暂时的,请先生务必不要再寄。任远说:可以转达,但我管不了我爸的事。此后任先生的钱,还是每月寄来。三个月之后,在我再三苦辞之下,先生才停止寄款。

现在大家都知道,任先生经常接济学生。我就是曾经受到先生接济的学生之一。

大约在80年代末期,一次我到北医三院看病,医生怀疑我有癌症,让我各个系统、各个器官细致检查。害得我每周去一次三院,楼上楼下各科跑。先生得知此事,特意介绍我去找语言所的金有景先生,说他治疗癌症有一手。金先生听说我是任先生的学生,特别热情。向我讲述任先生当年怎样帮助他。介绍了他对治疗癌症的基本思路,为我搭脉开药。于是我停下三院的门诊,专吃金先生的药。

还有一次,我已经搬到劲松了。一天生病,在家里休息。不知怎么惊动了先生,他特意来到家中,让我伸出手来,亲自为我搭脉。我知道,他学过中医,还有过赤脚医生的美誉。当时真是不知怎么是好。

先生一直记得我的肝不太好。打电话时,见面时,经常会提醒我,要我不要太累。要注意保养,特别要注意保养肝脏。

先生培养学生的第四个特点,是针对实际,因材施教。

我以前很喜欢马克思答女儿珍妮的一句话:"别人知道的一切,对我来说,都不生疏。"(大意)兴趣比较广泛,思路也比较活泼,往往会有一些奇思怪想。学风相对也比较浮躁。记得硕士生期间,我不知怎么对佛教初传有了兴趣,找来不少资料,企图研究这个问题。中国的,从张骞通西域,追溯到战国史料,再追溯到穆天子乃至《山海经》;外国的,从斯特拉伯的《印度记》到所谓海盗赛利斯人等等。总觉得起码张骞通西域时,佛教应该已经传入中国。任先生听任远说我在探讨这个问题,便让我去谈谈。我到了三里河,滔滔不绝地讲了40多分钟,讲我收集到的各种资料,讲我对这些资料的分析与结论。任先生静静地听,一声也不吭。我讲完了,先生说:"你讲了很多,可能觉得自己很有道理。但都是间接材料,没有一条是直接材料,没有一条是铁证。所以,你的结论只是一种推测,不能说服人。以后这种别人不能说服你,你也不能说服别人的文章,不要写。"先生的话,犹如兜头一盆凉水。回过头来检讨自己,我的确拿不出铁证。当时真为自己的浅薄浮夸而羞愧,也为先生大度地容忍我滔滔不绝40分钟而感动。从此,我牢牢记住先生的这句话,不写那种"别人不能说服你,你也不能说服别人的文章"。也多次拿这段经历教育我的学生,让他们写文章要言必有据,端正学风。

从博士生起,跟从先生研究佛教文献学。文献学的研究对象是文献,更加注重资料。所以任先生第一次与我谈话,特别强调必须以"沉潜笃实"的学风要求自己,对自己进行彻底的改造。其后不久,先生给我写了一封信。信中再次要求我一切从原始资料开始做起,要锻炼自己"沉潜笃实"的学风。

按照先生的要求,我借来一部《敦煌宝藏》、一部《大正藏》,搬到宿舍。一号一号地阅读、记录、整理、研究。我后来在《八——十世纪佛教大藏经史跋》中总结那一段时间的生活:

> 其后的几年,我几乎一直泡在大藏经及敦煌遗书中,我不敢自诩通读了大藏与《敦煌宝藏》,但确实把它们翻了几遍。春夏秋冬,日复一日,阅读、编目、录文、校勘、研究。其间的种种甘苦,诚不足与外人道。任继愈先生曾写过一副对联,上联是:"为学须入地狱"。金克木先生在他《谈谈汉译佛教文献》一文的结尾这么说:"实在不应再谈了。但在佛教文献(学)的大门上,我想还要写上马克思引用过的,诗人但丁在地狱门上标示的话:'这里必须根绝一切犹豫;这里任何怯懦都无济于事。'"[①]到了这时,我才体会到两位先生这些话的分量。

脱胎换骨的磨炼,的确是痛苦的,但得到的是化蛹为蝶的欢欣。

在先生的严格要求与锤炼下,1988年我完成了博士论文《八～十世纪汉文大藏经研究》。由于在原始资料中沉了几年,所以论文题目一经确定,撰写起来格外顺利。春节之后动手,仅三个月就完成20多万字的正文,10多万字的附录,而且是一遍成稿,几乎未作大的改动。博士论文答辩委员会主任是季羡林先生,成员是任先生、周一良先生、周绍良先生、王永兴先生。答辩结束,季先生的一番话我至今记得。他说:"方广锠的学风全变了。他的硕士论文,三份材料能讲七分话。现在的论文,扎扎实实全是材料说话。真好像变了一个人。"这篇论文出版时,我在跋中写了这样一句话:"我深深感到树立良好的学风对于一个研究者来说是何等地重要,更深深地为先生在学风上锤炼、培养我而满怀感激之情。"这是我当时,也是我现在的肺腑之言。论文出版后,在学术界,特别国际学术界有较为良好的正面评价。这完全是任先生对我严格要求,在学风上锤炼的结果。

先生培养学生的第五个特点,是创造环境,提供条件。

---

① 　金克木:《印度文化论集》,中国社会科学出版社,1983年10月,第225—226页。

先生教育思想的一个重要观点,就是人才成长要有合适的环境。先生培养学生,很重要的一条,就是把学生放到适合他成长的环境中,并尽量给学生提供成长的条件,让他在游泳中学会游泳。这一点,我深有体会。比如1986年上半年,任先生让我把铺盖搬到《中华藏》编纂现场,一个环节一个环节地调查研究,具体制定工作流程与工作规范。半年的深入实际,使我对编纂大藏经工作,有了深入的了解;也为其后当好先生的助手,奠定了坚实的基础。2004年,我面临抉择,到底是留在中国社科院,还是到中国人民大学,或到上海师范大学。带着这个问题,我去请教先生。先生认真考虑后表示:到上海去好。事实证明,先生的指引又是正确的。有关事例很多,我想将来有机会再作叙述。这里讲讲先生怎样为我创造从事敦煌遗书研究的条件。

如上所述,跟从先生读博士后,先生给我的任务,是清理敦煌遗书,找出未入藏文献。原来以为这个任务并不难,按照现有敦煌遗书目录进行整理,列出未入藏佛典目录即可。但真正动手才知道,现有的敦煌遗书目录,实在不足以反映敦煌遗书的现实,无法真正依靠。这才明白先生为什么让我一号一号去整理。于是我开始一号一号地阅读、记录、整理、研究。

在整理的过程中,深感没有一个完整、翔实、编排科学的目录,对研究者从事相关课题研究是多么不便。面对的又是这么一批中华民族的珍贵文化遗产,于是萌发自己编一个敦煌遗书目录的想法。我把这个想法向先生汇报,先生非常支持。但敦煌遗书数量巨大,编目工作量非同小可。先生当即决定,由我招聘一名助手,工资由他设法解决。在上世纪80年代中期,一个文科博士研究生,可以有自己的专用助手,我大概是绝无仅有的一个。接着,先生又向季羡林先生、宁可先生打招呼,在中国敦煌吐鲁番学会为敦煌目录立项,给予1万元课题经费。80年代中期,那是一笔大数字。我记得经费到手,我在五四大街的新华书店,花了800多元,买了《二十四史》、《文苑英华》、《全上古》等一大堆书,几乎装满了一个三轮蹦蹦车。我还买了一批卡片、卡片盒,自己动手,再花钱请人,把《大正藏》中的佛教经录都做成卡片,约有五万多张。我又请任重帮助把黄永武的《敦煌最新目录》输入计算机,编撰成敦煌学界第一个计算机版敦煌遗书索引。因为当时计算机字库有限,有些字无法表述,只能用符号替代。所以,索引完成后一直没有公布,只供我个人使用。所有这一切,为我的敦煌遗书研究工作提供极大的方便。而这一切,没有任先生创造的条件,是不可想象的。

开始,我的工作依靠台湾出版的《敦煌宝藏》进行。但是,深入工作才知道,光凭图版无法真切把握敦煌遗书。北京图书馆收藏大量敦煌遗书,能否与北图合作从事这项工作呢?我向北图的有关人士提出,最终未能有积极回音。没有想到,1987年,先生被任命为北图馆长。1988年,我博士毕业。1989年,先生把我调到北图,任善本部副主任。从而为北图敦煌遗书编目铺平了道路。1990年底,北京图书馆敦煌遗书的编目,克服种种障碍,正式启动。但工作量大,缺少人手,依然是一个巨大的困难。最终,这个困难依然是在任先生支持下得到解决,使编目工作得以顺利展开。此外,这些年,只要有信息、有可能,我尽量到各地调查敦煌遗书的收藏情况。有时候,任先生还亲自为我写介绍信,利用他的社会关系,为我考察外地敦煌遗书排除障碍。

　　除了上述种种,先生在编纂北图敦煌遗书图录、目录的指导思想方面,给予很多具体的指导。他多次指出:我们做的是工具书,一定要详尽、扎实、正确。不但要让使用者信得过,而且要让人家用得方便。要我在这方面多动动脑子。他还反复强调指出:"工作要精益求精。不做则罢,做就要做到最好。做过的工作,不要让后人再做第二遍。"这些年,我们的图录、目录编纂工作就是在先生的上述指导思想下展开。北图的敦煌遗书,哪怕一些很小的残片,乃至背面揭下的古代裱补纸,只要有文字,一律收入图录。北图的敦煌遗书目录,将遗书上各种信息,依照文物、文献、文字三个方面,尽量予以著录。就文献而言,我们尽力对遗书上的每一行字都有所交代,以尽可能为研究者提供有关信息。

　　为了让北图敦煌遗书目录这一基础工程尽快完成,2005年,先生又向国家社科基金推荐,将由我主持的《中国国家图书馆藏敦煌遗书总目录》列为国家社科基金特别委托项目,给予50万元人民币的特别资助。2008年,为了集中精力完成敦煌遗书图录与编目这些工程浩大的项目,我向先生提出不再参加《中华藏》的工作。先生虽然不答应我的这一要求,但同意减轻我在《中华藏》的工作负担。现在,由先生主编,我任常务副主编的大型图录《国家图书馆藏敦煌遗书》已经出版110册,《中国国家图书馆藏敦煌遗书总目录》的完成指日可待,《英国图书馆藏敦煌遗书总目录》的初稿基本完成,涵纳全世界敦煌遗书的《敦煌遗书总目录》的基础工作也已经大部分做完。

　　回顾我做敦煌遗书研究25年,每一步都有先生的全力支持。如果不是先生不拘一格地接受我,严格地要求我、爱护我,从各方面提供条件培养我,不会有我今天的成绩。我能够潜心工作,完全是大树底下好乘凉;我能够做出一点成绩,完全离不开先生为我提供的条件。

　　当然,先生让我做敦煌遗书,并非仅仅是对我个人的培养。如前所述,先生从来把人才培养与国家需要、学科发展紧密结合在一起,统筹考虑。他从中华民族文化复兴的角度,认为敦煌遗书的整理与研究是传统文献整理的重要组成部分。不仅如此,他主张这种整理与研究不能靠外国客卿,必须由中国人自己来做好。所以他重视这一工作、关注这一工作。他曾一再对我说:要选拔、培养研究敦煌遗书的接班人,不要断档,要后继有人。去年有一天,我正在北图查核敦煌遗书原件,做图录与目录的定稿。他打来电话,要我去办公室。谈完有关工作后,他又提起接班人问题,问:"李际宁以后,谁接这个班?"我汇报:"我们正在反复选择苗子。现在已经选了一个,她对敦煌遗书很有兴趣,人也很有灵性,看来很有希望,目前已经让她参加图录的编辑出版工作。她自己也有意再读一个博士,继续深造,加强佛教与佛教文献方面的基础。"任先生很高兴。连连说:"那就好!那就好!"接着又嘱咐:"一个不够,还要再选一个。至少要有两个。"日前看到北图张志清的文章《学人本色,文化传灯——怀念任继愈先生》,文中也提到任先生说:敦煌研究"要形成梯队,保证这个事业进行下去"。

　　作为长期教育、科研、文化部门工作的著名学者,任先生对我国的教育,一直非常关心。以前每次去见先生,谈完正事就走,一般不闲聊。再后来,往往闲聊一会。闲聊的话题很广泛,经常会谈到教育问题。这些年每年到三里河拜年,教育问题都是重要话题之一。

任先生认为:我国人才资源非常丰富,问题在教育。中央电视台采访他,原定题目是其他方面,他主动提出:"关于教育,我有话要说。"在访谈节目中,他说:"人才的选拔和成长,是国家当务之急。"面对我国当前教育现状,他忧心忡忡,说:"我从事教育几十年,一辈子一直搞这个,我就眼看着教育的路子走得不大对。"他说:"博士生论文质量下滑等教育问题十分突出,这也说明,注重考知识,而不是靠能力的学校教育,使得人的素质在下降。现在的高学历人才与过去相比,逊色了很多。"其实,这个问题他早就发现。1990年,一次他参加一个博士生毕业论文答辩回到北图,刚好我去办公室找他。他感慨地说:"现在的博士生,水平只相当于当年你们硕士生。"所以,这些年来,他不放过任何机会,呼吁进行教育改革。甚至大声疾呼:"我说得先救救教育。"

任先生对教育有许多想法,本文无法一一涉及。还是从任先生怎样培养我,谈谈任先生对研究生教育的一些观点。

首先,先生非常注重人才的选拔,认为导师的责任之一是把学生选好。有人给我讲过这样一句话:"学生找一个好老师难,老师找一个好学生也难。"我现在自己当老师,深深感到这句话的正确。非道弘人,乃人弘道。先生从教数十年,就是不断注意选拔人才的数十年。所以,经先生发现、培养的人才,不断涌现。

其次,选定学生后,要敢于破格,给予脱颖而出的机会。先生说:"中国拥有三四亿青少年,不可能没有青年俊才,只是目前没有给他们得以脱颖而出的通道。尤其当今教育体制,过于强调统一性,只能收获大量规格整齐的中等人才,无法得到灵异秀敏的尖端性人才。"

就破格选拔人才而言,以前我们有成功的经验。比如,1978年,是"文化大革命"十年后,全国第一次招收研究生。当年考外语,允许查词典。正因为这样,我这个只有初中俄语底子的人,也能考上研究生。1978年的这批研究生,后来大部分成为承上启下的骨干力量,其中出了一批佼佼者。而现在,多少人才被挡在外语分数线之外!我不是说研究生可以忽视外语。但除了外语专业外,对其他人来说,外语毕竟是工具,不能本末倒置。外语是可以学习的,而一个人才放过,可能就再也找不回来。真正的人才,自觉外语不过关,一定会刻苦把它补起来。再说,不同的专业,对外语的要求也不同,不能用一根尺子量尽天下人。

第三,先生主张研究生主要靠自己学习、研究,他说:"我带研究生,就是要求他们阅读指定的书,写读书笔记,然后定期进行检查。"现在研究生的课程太多,以致学生没有时间自学。其实,仔细追究一下,那些课程,是否研究生之必需呢?许多情况未必。有的是为了满足教师的工作量需求开设的。教师为了自己的工作量,强制占用学生的宝贵时间。在我看来,说轻一点,这是一种不正之风。其实,很多知识性的东西,是不需要在课堂上讲的,指定书籍,让学生自己阅读就可以。老师要讲的,是方法,是前沿,是规范。教给学生治学的方法,开拓学生学术的视野,训练学生以规范的学术标准去从事学术研究。

第四,先生反对完全用量化的、划一的标准来衡量学生,衡量教学、科研成果。他说:培养人才不是蒸馒头。我"从不硬性规定他们(指研究生)发表文章"。如前所述,先生不但不规定发表多少文章,甚至不允许我在学习期间发表文章。前贤有言:"板凳要坐十年冷,文章不写半句空。"现在似乎把研究生培养,把社会科学研究,当成装配自行车的流水线,定时定额验收。以发表论文的多少、刊登论文的杂志档次、得奖多少与档次,作为评价的标准,这完全违反了研究生培养与社会科学研究的规律。目前学风浮夸、抄袭成风、杂志卖版面、评奖拉关系,败坏了学风,败坏了一代学人,难道不就是这一套评价体系制导的结果吗?

第五,先生主张研究生教育应该宽进严出,引入淘汰机制。我们现在恰恰相反,是严进宽出。只要能进校门,不管学习情况如何、论文水平高低,几乎个个都能毕业,人人都能拿学位。偶尔有个把毕不了业,拿不上学位的,就会出现纠纷,甚至对簿公堂。

第六,先生主张给人才成长的环境,主张因材施教。他说:"人的天性禀赋是不一样的,用一种模式培养人才,只会削足适履,造成'南橘北枳'的结果。"但现在,我们这些当教师的,能够为自己的学生,创造一些什么样的适合他们成长的环境,提供一些什么样的条件呢?

先生已经辞世,情况并未改观。需要我们从自己开始,一点一滴地做。

2009 年 8 月 5 日至 20 日于伦敦

摩顶放踵分内事　为使黑白不混淆

——读任继愈先生《咏墨》诗

20多年前的事了。我请先生给我写一幅字。先生问：写什么呢？我说：最好写一首您自己的诗。过了一些日子，收到先生的墨宝。

这首诗名为"咏墨"：

> 桐雾松烟细细烧，
> 廷珪于鲁认前朝。
> 摩顶放踵分内事，
> 为使黑白不混淆。

文房四宝，是承载中国文化的重要载体。墨，是文房四宝之一。古代的墨可分两大类：油烟墨与松烟墨。油烟墨多以烧植物、动物油取烟制成，其中最名贵的是桐油墨。在专门的烧制房中，安置水槽、油灯等设施，每盏灯上支一瓷碗，以敛聚油烟。灯油以桐油为主，掺加麻油、猪油、生漆等。生产时，数百盏灯一起燃烧，加上水蒸气，房内雾气腾腾。就是诗中所说的"桐雾"。松烟墨则取松木燃烧后凝结的烟灰制成。油烟、松烟只是制墨的原料，还要加上牛皮胶等各种配料，最终制成墨。名贵的墨，要加入冰片、珍珠、玉屑、麝香、龙脑、熊胆等各种珍贵药材，千揉万捣，压制成型。

由于墨的实用价值与欣赏价值，我国制墨名匠，代不乏人。其中李廷珪、方于鲁是最著名的两位。

李廷珪，五代制墨名匠。原姓奚，南唐赐姓李，遂称李廷珪。他造的墨，存放五六十年后，仍"其坚如玉，其纹如犀"。据说庆历年间，一枚廷珪墨，能卖到一万钱。而到了宣和年间，甚至有"黄金可得，李氏之墨不可得"的说法。

方于鲁，明万历制墨名匠。他深得程君房墨法，30岁所造之"九玄三极墨"，已被誉为前无古人。他的制作优美精致，上有"方于鲁制"等铭文。据说至今有存品传世。

任先生诗的前两句，讲的是墨的制作与辨识。诗眼则是后两句。

"摩顶放踵"，语出《孟子》，谓"墨子兼爱，摩顶放踵利天下，为之"。与之相对的则是杨朱为我，"拔一毛而利天下，不为也"。

"摩顶放踵"者，《孟子》的原意为从头顶到脚跟都被磨伤，体现墨子为了天下苍生奔波劳碌的形象。任先生借用来咏墨,意义更深了一层。试想墨子之"摩顶放踵",顶踵俱在,只是磨破、擦伤而已。而一段墨,在使用过程中,从头到脚,慢慢磨灭。它的"摩顶放踵",实际是"粉身碎骨"。而这种"摩顶放踵",对墨而言,的确是"分内事"。这是墨的功用,墨的职责。由此想到于谦的"咏石灰诗":

> 千锤万击出深山,
>
> 烈火焚烧若等闲。
>
> 粉身碎骨浑不怕,
>
> 要留清白在人间。

墨在被人使用的过程中,从头到脚,粉身碎骨。但被挥洒到白纸上,留下千古好文章。在任先生的诗里,"黑白"两字,就"咏墨"而言,应指白纸黑字;其深层意象,自然指代是非。"为使黑白不混淆",就是要明辨是非,激浊扬清,弘扬真理,抨击错谬。在诗中,任先生以"为使黑白不混淆"为己任,表达了自己为追求真善美,攻击假恶丑,不惜如墨般"摩顶放踵"的决心。

咏物言志,是中国文人的传统。于谦的"咏石灰诗",表现了中国传统知识分子的风骨。任先生这首诗,也是先生一生的自况。新中国成立以来,改革开放以来,无论在什么情况下,先生只讲自己想明白的话,只做自己认为正确的事。而且只要他认为是正确的,利国利民的,一定争取说出来。比如他看到"文化大革命"造神运动的荒谬,便深刻思考中国文化的本质,这就是先生后来提出"儒教是教"的背景。又比如任先生认为:我国人才资源非常丰富,问题在教育。中央电视台采访他,原定题目是其他方面,他主动提出:"关于教育,我有话要说。"在访谈节目中,他说:"人才的选拔和成长,是国家当务之急。"他直接批评我国当前教育现状,说:"我从事教育几十年,一辈子一直搞这个,我就眼看着教育的路子走得不大对。"这些年来,他不放过任何机会,呼吁进行教育改革。甚至大声疾呼:"我说得先救救教育。"

先生这样的知识分子,现在真是越来越少了。先生把这首诗写给我,其心意,我将永志。

2009 年 8 月 14 日于伦敦

快两年了

方按:任先生逝世快两年了。今天看到两年前我的一封通讯,觉得代表了我当时的心情与现在的心情。放在下面,作为纪念。

×××:

你好!

刚刚从图书馆回来,第一件事情照例是接收电邮,收到你北京时间下午 2 点半的来信。伦敦夏时制与北京差 7 个小时,现在已经是北京时间 18 日凌晨 1 点了,不知是否已经休息。

读你的来信,非常感慨,也非常能够理解你的心情。你知道,我也是深受任先生之恩。硕士三年级时,任先生听说我身体不好,有几个月,每月给我补助生活费,经我苦辞,才算停止。博士生期间,他指导我进入敦煌学领域,并给予许多有形、无形的帮助。正因为先生的诸多指导与帮助,才会有我的今天。我在自己的博客中说:"对我来说,父母给了我生命,而先生是改变我生命的少数几个人中最重要的一个。"赴英之前,去医院探望、告别,他当时已经卧床几天。那天听说我去,特意起床,坐在椅子上等我。临走前,任重对我说:你走半年,肯定见不着了。但是,无论怎样不切实际,我总还抱有幻想。先生身体底子好,虽说是不治之症,但年龄大,生理机能相应减弱,病的进程可能不会那么快。但北京的消息越来越不好。虽然当时英国的工作极其紧张,心里还是琢磨是否回来一趟。后来听说先生要召见我们几个,便下决心回来。正在打听机票、签证等事项时,任远来信说先生神智已经不太清楚,思维、语言已经没有逻辑。且英国也是猪流感的重灾区,回国的人要自我隔离一周。任远说,现在的情况是一天不如一天,劝我不必回来。于是收心。我想:如果能够面聆教诲,回去值得。否则,扔下这里一批人,一堆工作,的确不必。生老病死,没有办法。做好该做的事情,是对先生最大的安慰与思念。现在看来,不回去是对的。当时即使回去,先生已经神志昏迷了。先生过世后,好几个人问我是否回国参加吊唁。我觉得,先生在世没有回去,故世后回去参加吊唁,未免太矫情了。我是崇尚并实践厚养薄葬的。

对你信中的有些情绪,我想讲讲自己的看法。你说"剩下我要面对这个已经不属于我的时代",这句话我赞同一半。我们这样的人与眼前的时代的确有点格格不入。但是,我有一点奇思怪想。我认为,时间、空间都是物质存在的形式,也就是说,时间、

21

空间是附属于物质、由物质自己创造的。换句话说,每个人都有属于自己的时间与空间。只不过时间是绝对个性化的东西,每个人的时间都不一样。为了维持社会公共生活,大家便采用一个约定俗成的标准时。而空间是互融共通的,平时大家便感觉不到它的个体性,但实际上它的的确确由无数个个体空间融汇而成。我讲上面这番话,意思是说:我们完全可以不管外界的空间,因为那不是我们的空间;自己营造好自己的空间。你还年轻,正当盛年,也在学术的黄金时期,怎么就说出"前路漫漫,我已望见尽头"这样的话? 我今年 61 岁,已过花甲,真正的前路无多。但是,不完成任先生交给我的那几件工作,对不起任先生,对不起那么多在学术上帮助过我的人,也对不起我自己,我死不瞑目。你比我年轻得多,怎么可以这么颓唐? 有一点,我想我们是共通的,我们的生命属于学术,我们的生命在学术中得到升华与延续。你还有很多课题要做,怎么可以颓唐? 这绝对不是×先生、任先生希望于你的。你说"我再也没有引路人了",我也不赞同。师傅领进门,修行在个人。个人学术的进步,当然需要引路人,但不能全靠引路人。还需要切磋,更需要个人的创造性劳动。这样学术才前进。我认为,任先生说:人才不是教出来的。真意就在于此。就你而言,现在是你引领年轻人的时候了。

也许因为我是研究佛教的,又是个男的。任先生故世,我自然很难过,不瞒你说,那几天,哭过好几次。但是,我更多地想的,是怎样抓紧我自己有限的时间,尽快完成先生交代的工作,不要给自己的生命留下遗憾。佛教说"人身难得",是指在无数次轮回中,能够投身为人的几率很小。我不信佛,没有轮回,没有来世。我的生命只有这一次,决不能让它白白浪费掉。我想,我们都应该以这样积极的态度去对待生活以及生活中的一切。

当然,我想你不过是触景生情,一时伤感。所以我的这封信也不是什么对症施药,只是借机抒发我自己此时此刻的想法。

从上次的电话交谈,到这次的来信,可以感觉你对×先生的深厚感情。但是,还是那句话,生老病死,没有办法。鲁迅当年留给许广平的遗言说:忘掉我,好好生活。否则便是傻瓜(大意)。忘掉是不可能的,但我想×先生也希望你好好安排好自己的生活。

　　祝
心情开朗起来!

方广锠　2009 年 7 月 17 日星期五

债，总是要还的^①

——怀念季羡林先生

7月11日，季羡林先生与任继愈先生同日辞世。任先生的事情，我已有心理准备。季先生的事情，正如晴天霹雳。消息传来，震惊莫名。这些天来，总想写点什么，以表达心中的哀思与歉疚。但是，看看网上一些令人齿冷的消息，实在难以形容心中的感受，写文章的事情也就日拖一日。然而，这种哀思与歉疚在心头越压越沉重，就像一种债务，逼我清偿。

我于1978年进入中国社科院与北京大学合办的南亚所，跟从黄心川先生读研究生，从而认识季先生，至今已经31年。1978年到1985年期间，季先生是所长，我又住在北大，见面的机会非常多。包括他给我们上课，平时因一些学习上的事情去请教，所里一些事务处理，也包括办一些他交代的事情乃至帮助别人联系季先生之类。总之，或为公事，或为私事，经常在所里见面，或到十三公寓去找季先生。1985年分所之后，我们搬离北大，起先住在地院，离北大较近，还经常去。后来越搬越远，见面的机会也就越来越少。除了会议以及有事特地上门之外，一般很少见面。虽则如此，依然保持着电话联系。现在写这篇文章，各种各样的往事不断涌现出来，一时不知如何下笔。就从《季羡林与佛教研究》（载《敦煌研究》）这篇文章开始吧。

关于我怎样知道季先生，我曾经在《季羡林与佛教研究》中涉及。这里把相关文字抄录如下：

> 我这个人有一个坏毛病，看书、看文章以开卷为快，不大注意作者。往往书看完了，还说不清作者是谁。记得1978年夏天参加研究生复试，口试时我提到《十日谈》，试官金宜久先生问我该书的作者是谁？我回答是"薄丘伽"。金先生当场纠正，说应该是"薄伽丘"。闹了笑话自然脸红，但脸红之余未免惴惴。自己的毛病自己知道，这样的笑话将来还会犯。

> 果然，当年秋天进北京大学，入南亚所正式开始研究生学业，知道我们的所长是季羡林先生。学部委员，一级教授。言之者喷喷，闻之者歆歆。我来自新疆，孤陋寡闻，不知道季羡林是谁，无从喷喷与歆歆。但当时心中也略有所感，似乎这个

① 曾载《永远的怀念——我们心中的季羡林先生》，北京大学出版社，2010年7月。有删略。

名字曾经在哪里见过。过了若干日子，一天整理从新疆带来的书籍，忽然发现季羡林就是《中印文化关系史论丛》的作者。

这本《中印文化关系史论丛》是人民出版社1957年5月的初版本。这本书是怎样到我手中的，已经记不清了。时间呢，从书上所钤的我的那方名章看，应该是在"文化大革命"后期，约1968年左右。当时我已经成为逍遥派，逍遥于派仗外，逍遥于书海中。说"书海"是大大地夸张。我所在的新疆通古特沙漠南缘，只有沙海戈壁滩，没有书海。那时我到处找书读。只要找得到，不管懂不懂，硬读。但能够找得到、而又值得读的书很少，值得读而又值得保留的书就更少，于是就珍贵。这本书在那时落到我手中，当时硬读过。后来随我下乡再教育，随我到塔城师范，有时翻翻。最后随我来到北京，没想到就是我们所长、著名学者的著作。

二三十年以后，再来回忆当时读这本书时的收获，恐怕不会很可靠。主要是当时我自己的有关知识太贫乏，根本不足以认识这本书的价值。但在得到该书的十年后竟有机会亲炙先生教诲，则不能不赞叹因缘之不可思议。佛教主张"惜缘"，今天，坐在计算机前写这篇文章，心中是深深的惜缘之情。

现在写这篇纪念文章，心中依然是深深的惜缘之情，感恩之情。

说到《季羡林与佛教研究》，还有一个小小的曲折。这篇文章，本来是应汤一介、乐黛云两位先生之约，为季先生九十华诞纪念论文集写的。写完之后，刚好敦煌吐鲁番学会召开常务理事会，会议在十三公寓旁边的北大招待所举行。我便当场把文章交给季先生，季先生随手交给一旁的李玉洁。再后来，纪念论文集出版了，这篇文章没有收进去。一打听，才知道汤先生根本就没有收到这篇文章。再问李玉洁，她记得当时季先生的确把文章交给了她。再以后的事情，她就有点记忆模糊了。为此，她给我打了几次电话，再三道歉："这事就赖我，就算是我丢的。实在对不起。这篇文章，由我负责在其他地方发表。"我们在北大研究生三年，所里安排李玉洁负责研究生工作。我们称她"李老师"；后来熟悉了，戏称她"老太太"。李玉洁虽然很有性格，但对我们的关心，可说是无微不至。现在文章的事情出点纰漏，这种纰漏可能出在任何一个中间环节，未必是她的责任。就算是她的疏漏，她如此再三道歉，我也实在过意不去。便请她不要放在心上。好在现在的文章都有计算机底稿，后来文章寄送《敦煌研究》。文章发表时有一个小注，说明原文为季先生纪念文集而撰写，因为"技术性原因"没有刊登云云。所谓"技术性原因"，就是这篇文章根本没有送到汤先生、乐先生手中。

还记得入学不久，首次与季先生单独接触的情景。

在《我与佛教》一文中回忆考研究生经历时，我曾提到正式报考前，写过一篇关于印度初期佛教的论文。由于这篇论文，黄先生录取我，并让我研究印度佛教。入学后不久，一天，黄先生告诉我，那篇论文在季先生那里，让我自己去取。我来到十三公寓，那是我第一次到季先生家。没有想到，房子是那样朴素。大约不到20平米，除了靠墙的书柜外，一张八仙桌，一张单人床，几把椅子，如此而已。季先生已经把文章准备好，询问了我的简单情况后，先生问：你在新疆，从哪里看到这么多佛教的书籍，写出这样的论文？我如实以告：新疆没有佛教的书。我看过的只有任先生的《汉唐佛教思想论集》，再就是一套《现代佛学》。文章中引用的许多材料，出自《现代佛学》。当天还谈了一些什么，已经记不得了。现在想来，那是季先生对我的一次考察吧。

三年的研究生生活，与季先生的交往很多，可记叙的也很多。10多年前，我曾写过一篇《曾坐春风点愚痴》，谈到当时季先生为我们上课的情况，已经收入本书，这里不再重复。

1981年夏天，硕士毕业，我论文的题目是《那先比丘经初探》。"初探"这个词，就是从季先生的《罗摩衍那初探》中学来的。我论文中有两个重要观点与季先生的观点不同。季先生赞同西方部分学者的观点：佛教的"无我"是无灵魂。佛教的"涅槃"是死后什么也不存在。但我认为"无我"不等同于无灵魂，佛教有自己独特的灵魂观。"涅槃"虽然跳出三界外，不属有为法，但依然有一个超言绝像的境界，这就是古往今来无数虔诚的佛教徒追求的目标。答辩会在8月份举行，前几天季先生刚过70周岁。会上，季先生批评我的观点，说：佛经上说涅槃之后"不受后有"。"不受后有"，就是涅槃以后什么也没有了。我当即反驳：佛经中"后有"的"有"，是指"三有"，也就是三界。"不受后有"是说涅槃以后不会再在三界中存在。黄先生当场打断我，不让我再说下去。现在想来，虽然至今我依然认为自己的观点没有错，但那篇论文的论述，的确理据不足，没有把问题论述清楚，不足以说服人。我当时太狂妄，太大胆，对季先生太没有礼貌。虽则我如此无礼，季先生却大度地容忍了我。论文最后全票通过。至今，我深深感念先生的风采。

硕士生毕业，留所工作，继续从事印度佛教研究。与季先生打交道的机会更多了。

1984年，我决定报考博士研究生。动机之一，就是印度佛教是中国佛教之源，但在中国，研究印度佛教的太少了。我自己学习、研究印度佛教已经6年，有些体会，有点想法。但能力实在有限，自觉好像面前有一堵墙，不知怎么突破。所以希望有深造的机会，把印度佛教的研究深入进行下去。

当时在我的专业范围内，有资格带博士的，只有季先生、任先生两位。于是我找到任先生，表示想考他的博士生。任先生则要我把专业方向从印度佛教改为佛教文献学。有关情况，在本书的《任先生是怎样培养学生的》已经叙述，这里不再重复。

如前所述，我考博士的主要动机，是想得到深造、提高，从而深入进行印度佛教的研究。现在任先生让我放弃印度佛教，改攻佛教文献学，完全出乎我的意外。我一时转不过这个弯。

就我而言，考博士，最简捷的是考黄心川先生。他是我的硕士导师，对我最了解，是他最早引领我走上学术之路，走上印度佛教研究之路。但是，1984年时，黄先生还不是博导。在我的专业范围内，只有季先生、任先生两位有资格带博士。我当时在南亚所，季先生是所长，对我很了解，很熟悉。考季先生自然是首选，但我当时选择了任先生。主要原因，不是因为我在学术观点上与季先生有差异，而是季先生与黄先生当时关系非常紧张。

南亚所是中国社科院与北京大学合办的。季先生任所长，黄先生为副所长。开始时，两人亲密无间，南亚所生机勃勃；但后来产生矛盾，乃至最终分家。此后社科院、北大,各自成立相应的研究机构。我亲历了1978年南亚所建立到1985年南亚所解散的全过程,对矛盾的由来与发展,虽说未必完全掌握详细的内幕,但基本情况乃至一些细节,是了解的。有关情况,这里不想多说。总之,我以为,两个单位合作,这种体制上的原因,是矛盾产生的深层根源。一些人争权夺利,是矛盾酝酿与发展的具体原因。其间,各色人等的表演,让我充分领略一幕幕"新儒林外史"。我后来曾经用如下一段话总结南亚所分裂的历史:"小人作祟,尊神发怒。神仙打架,百姓受苦。"

应该说明,虽然南亚所内部的矛盾闹得不可开交,我本人并没有卷进去。黄先生、季先生各自有自己的性格,但本质上都是好人。矛盾以他们两位尊神对决的形式出现,根源却不在他们本人。因此,对所里的种种事情,我固然有自己的是非判断与好恶爱憎,但并不影响我与两位先生的关系,也没有影响他们对我的态度。两人对我都爱护有加,未有丝毫改变。再说,我从来认为,老一辈先生之间的矛盾恩怨,年轻一代不宜掺和。所以,我曾经在季先生书房,规劝过涉入这一矛盾的钱文忠,他现在或许还记得此事。

由于上述情况,在选择博士生导师的时候,我不能不考虑黄先生的感受。所以,最初我放弃季先生而选择了任先生。但没想到任先生要我改专业,这一棍子打得我有点懵。

我反复考虑,不想改专业。不改专业,要想考博士,就只剩下考季先生一条路。我想,黄先生遇事,从来给人方便,与人为善。真正给黄先生讲清原委,黄先生一定会理解我,体谅我。而且黄先生虽然与季先生的矛盾很深,但对季先生的基本评价依然是正面的。但季先生是否会收我,这就不好说了。我倒不担心学术观点问题,这一点季先生非常大度;也不担心他与黄先生的矛盾,我觉得这不会影响我报考。我担心两条:一、季先生的专业起先是研究印度中世纪语言,后来重点放在中外文化交流。印度佛教并非他的强项,前一年设置的博士生专业为印度历史。他是否愿意招一个印度佛教的博士生?二、季先生精通那么多外语,对学生的外语要求也比较高。我除了略懂日文,其他外语通通不行。季先生会收我吗?再三考虑之后,我想还是试着找一下季先生。

当时,我们这些学生经常不打招呼直接去季先生家,不像后来一般先电话预约。到季先生家后,我提出想考博士,也提到已经找过任先生,但任先生让我改专业。我说:我不想改专业,想继续研究印度佛教,所以想考您的博士生。我也提到,外语考试,希望让我考日语。

平时与季先生谈一些事情,请教一些问题,先生都非常爽快地予以回复。这一次不同。我说完后,季先生坐在八仙桌的另一边,很长时间,一声不吭。只是习惯性地将左右两手的手指,在桌子上蹾齐后,互相对碰。再蹾齐,再对碰,如此不断反复。我知道先生在犹豫,在思索。不便多留,便告辞出门。先生照例把我送出大门,看我走远,才回家。

此后一段时间,我一直等季先生的回音。但没有任何消息。我想,看来季先生不打算收我。于是,我又一次找到任先生,表示愿意改专业,并在社科院研究生院报了名。

又过了一段时间，一天到所里去，看到 1984 年北京大学博士生招生名录。翻开一看，季先生名下的招生专业，赫然是"印度佛教"；外语考试科目：日语、英语任选。我呆了，这不是为我设的吗？原来季先生同意收我。怎么办？我只能考一人。考季就负任，考任就负季，两者必居其一。我想，虽然任先生以王艮的故事为例，允许我反复。但我从来秉持说话算话，一诺千金。无论当初如何心不甘、情不愿，但已经答应任先生改专业，那就不能再改变。虽然对不起季先生，但季先生这边，只好放弃。

忐忑不安好几天，接着知道南亚所的两位同学，已报考当年季先生博士生，才略微觉得安心。

又过了几天，李玉洁来找我，劈头就问："你不是要考季先生的博士吗？怎么不报名？"我推诿说："某某、某某已经报了名，我不想与他们竞争。"李玉洁说："季先生这次就是为你设的专业。你快去报名。我让他们两人退出。"我说："那不行，我怎么能做这种挤掉别人的事。"话说得理直气壮，实际上是掩盖自己的心虚。李玉洁瞪了我一眼，没说什么。报考结束，当年季先生一个博士生也没有收。以后与季先生再见面，先生一字不提此事。我本来想向先生解释一下，但自己心虚，不敢提。此事就这样过去了。

几年之后，有一次与李玉洁见面，谈起此事。李玉洁说：当时是季先生看你没有报名，让我来询问。她问："你自己要报季先生博士。季先生按照你的要求设了专业，你又不报了。到底是为什么？"我详细解释了当时的情况。她说："季先生对你是了解的，他愿意收你。你找季先生时，他没有马上表态，是考虑与黄心川的关系，不想让别人认为他与黄心川抢学生。"又说："你没有报。某某、某某报了，考卷在季先生那里压了很久。最后，季先生还是决定算了，两个都没有录取。"我说："这件事情，实在是我对不起季先生，也对不起两位同学。请你代我向季先生说明，道歉。"李玉洁答应转告。

正如我在《任先生是怎样培养学生的》一文中所说，几十年之后，回顾那段经历，"深深感到当年任先生指引的正确"。没有任先生的指引，不会有我的今天。但是，在当年考博士问题上，我至今一直对季先生抱有深深的愧疚。由于我的原因，先生当年没有招生。李玉洁肯定已经将我的道歉带给季先生，但我一直没有向季先生当面道过歉，这也是我深深愧疚的另一个原因。此外，我也对不起当年报考了季先生的南亚所两位同学。年轻孟浪，处事浮躁，永远是个教训。

此后，与季先生多次见面，一直没有涉及这个话题。季先生对我，依然爱护有加。他曾对我博士论文的选题，给予针对性的重要指导。1988 年，季先生作为答辩委员会主席，主持了我的博士论文答辩。答辩会之后季先生的一席话，我至今记得。他说："方广锠的学风全变了。他的硕士论文，三份材料能讲七分话。现在的论文，扎扎实实全是材料说话。真好像变了一个人。"

1989 年 3 月，我调到北京图书馆工作。不久，北京发生了那件众所周知的事情。那天早晨，我来到北大，心中彷徨，直接到了季先生家。似乎当时季先生是依靠，是力量。当天与季先生相处的情景,我将永志。

其后,经常因为各种事情麻烦季先生。凡有事找季先生,几乎有求必应。我的《敦煌学佛教学论丛》出版前,把全部文稿拿去,请季先生写序。季先生答应了,后由李铮交给我。全文如下:

序　言

敦煌学这一门新兴学科,建立以来,已经有了八九十年的历史。由于许多国家的学者们的共同努力,成绩辉煌,彰彰在人耳目,让人感到,发展前途正未可限量。

但是,从研究领域上来看,也不是没有不足之处。比如,敦煌佛教写卷的研究就不够系统,不够全面,不够深入。鉴于佛典研究的重要意义,这一个不足之处就更显得突出。

方广锠博士独具慧眼,从他的博士论文起,他就把主要精力集中在敦煌写卷佛典卷子的研究上,写过一些论文。他现在又把论文裒集成册,名之曰《敦煌学佛教学论丛》,让我写一篇序言。他的论文我读过一些,并没有能全部读完。他这次送来的稿本,我又大体上翻看了一些,仍然不敢说全部细读过。即使是这样,由于过去多少年来我对他学风是有些了解的,我就应允完成他交给我的任务。

翻读方广锠的论文,我的总印象可以用这样几句话来表达出来:材料务求全备,探讨务求深透,论证务求详尽,叙述务求正确。这样四个“务求”,应该说是代表了一种好学风,是值得赞扬的。我们眼前的学术界风气并不完全正派,相互抄袭,不懂装懂,以故作深奥文浅陋,以大言不惭哗群众,这样的现象难道还是稀见的吗?在这样的情况下,方广锠博士的锲而不舍力求全面的学风就弥足珍贵了。

做学问是一件乐事,也是一件苦事,没有点干劲和韧性是不行的。范老(文澜)说得好:“板凳甘坐十年冷,文章不写一句空。”这应当是我们每一个想研究学问的人的座右铭。方君正当盛年,多少年来,他身上就体现了这种坚忍不拔的劲头。读了他的论文,衷心喜悦,写了这一篇短序,祝他鹏程万里。

季羡林

一九九四年四月二十一日

先生对我论文集所作的四个“务求”的评价,当然是对后学的一种鼓励,我自己觉得距离先生的要求还有相当的距离。但先生指出的目标,我将为之奋斗。后来我编纂的《英国图书馆藏敦煌遗书(斯6981号—斯8400号)》要出版,想要申请中国社科院的出版资助,请季先生写一个推荐信。先生慨然允诺,很快写来推荐信:

100年前,敦煌藏经洞发现以后,在国内和国外逐渐形成了一门新的学问:敦煌学。这一门新学问与弘扬中华民族的优秀文化紧密相连,切不可等闲视之。

整理研究洞中藏书,工作量极大。在过去的100年内,只能说初步清理出一个头绪来,细致研究,还有很多工作要做。在这里,中国学者的努力是绝对不可缺少的。专就佛教典籍而论,过去整理的结果就不能令人满意。因为数量大,而贮藏之处又分散于很多国家。可是这一件工作又是非做不行的。

方广锠博士有极好的佛学研究基础，有极细致的工作作风。他穷数年之力，远涉重洋，兀兀穷年，终于完成了此书。这可以说是对敦煌学的一大贡献。我诚挚希望中国社会科学院能予以出版资金补充，庶不致使此重要著作功亏一篑。

北京大学东方学系教授　季羡林
1998 年 7 月 10 日

今年年初，我请季先生为我与李际宁主编的《开宝藏》题词。季先生马上答应，很快，题词就写完给我：

祝贺开宝藏影印出版

弘扬中华佛教文化

季羡林（印）

时年百岁

季先生奖掖后进的热心，实在叫人感动。

回过头来，我为季先生做过一些什么呢？我只有惭愧。除了上面讲的考博士有负季先生外，我还有一件对不起季先生的事情，一并坦白。

日本中村元送给季先生一套个人全集。其中有《印度古代史》上下两册。中村元是日本印度学的大家，他的《印度古代史》，并非单纯讲历史，并且特别注重印度佛教、印度其他宗教的历史背景。不仅如此，该书有详尽的注释，有的章节注释的文字量超过本文。注释中包括大量各语种文字的原典出处，以及作者的一些考订与说明。全书有极高的学术价值。黄先生要求我必须把日语学好，并建议我以这本书作为基本读物，通过翻译，提高日语水平。他并向社科出版社推荐出版，社科出版社以约稿的形式接受。季先生也支持这一工作。于是，我从季先生那里借来原书，开始翻译。厚厚两大册，我与同学尚会鹏商议，两人合作。

对我来说，翻译这本书是学习日语、学习印度历史、印度思想史、印度佛教的重要过程，也是了解有关印度研究史料的重要过程。由于涉及的知识、语种非常丰富，翻译进程很慢。几年后全书翻完，约 80 万字，出版形势却完全改观。这本书原由社科出版社综合编辑室（记得好像是这个名字，中途好像改过名称）约稿，他们说出版该书要赔本，先是让我们压缩篇幅。说注释中各不同语种文字太多，排版困难，需要删节。我们考虑纯粹的出处性注释，可以改为另列参考书目来替代，于是答应。我花了多半年功夫按照要求压缩，将压缩稿送去，他们还是说出版有困难。要求我搞一本畅销书搭配。我哪里会搞什么畅销书呢？从综合室出来，来到哲学编辑室，老同学郑凯堂在那里当编辑室主任。他给我出主意，可以搞一本佛经故事。我说：那倒可以搞得出来。于是他拿出一份约稿合同，当场让我签了字。这就是我与任远等合作的《佛经中的民间故事》一书的由来。《佛经中的民间故事》出版后，我找到综合室，没想到对方的回答是：你的畅销书没给我们编辑室，所以《印度古代史》还是不能出版。最后，社科出版社宁可承担支付退稿费的损失，也不肯出版该书。我完全无可奈何。

其后，李家振告诉我，佛教文化研究所正在组织一批书稿，让我把这部稿子交给佛教文化研究所。于是在一个大夏天，把好大一捆手稿从科社出版社取出，用自行车直接送到北长街,当面交给所长吴立民。接着与佛教文化研究所正式签订了合同。从此,这部稿子再也没有下文。几年后我去催问,说翻遍库房,稿子找不到了。我一再打电话给吴立民,他起先说记不得此事。后来承认有此事,一再答应我寻找,但始终没有找到。如今,吴立民先生也已经西去。这部稿子的出版合同,虽然还在我手中;但稿子本身,大概永远也不会再见天日了。当时没有计算机,全部稿子都是手稿。不仅有我多年的劳动,还有尚会鹏多年的心血,统统付之东流。

回到季先生的那两本书上。这两本书,在我们手中十几年,经历如此沧桑,已经破旧不堪,面目全非。我几次到季先生家,看到书架上全套《中村元全集》,"新若手未触"。我也爱书,我也藏书,深知季先生对这套书十分喜爱。但我怎么能把已经如此破旧的书还给季先生呢? 我拜托日本的朋友,自己几次去日本也多次跑新书店、淘旧书店,希望能够买到两本新的,还给先生。但一直未能如愿。至今,两本旧书还在我书架上。看到它们,就觉得欠了一笔还不清的债。最近看到网上有人写文章,提到季先生有一套书,因被人借走而不全。季先生言之非常惋惜。看到这些,我心中的情感,实在难以言表。

现在想起来,还是牢骚满腹。《佛经中的民间故事》,社科出版社先后印刷 4 万册,经济效益应该相当不错,但就是不肯出版这本学术价值极高的《印度古代史》。理由是出版社内部编辑室核算,畅销书没有给到他们编辑室,所以不算数。我找过出版社的一位副总编,他的回答是:"我管不了这事。"而佛教文化研究所,竟然把书稿都弄丢了。如果中文翻译能够出版,即使我实在买不到新书,拿着两本旧书及新出版的中文翻译,一起送到季先生那里。好歹也算有个交代。现在,说什么都晚了。

此外,还有季先生主编的多卷本《中国佛教史》中我承担的《敦煌佛教》,至今没有完成。其中自然有原委,有曲折,这里就不提了。这本书,我还是要写的。债,总是要还的。

季先生,祝你远离尘世的烦恼,安息吧!

2009 年 8 月 29 日于伦敦

怀念周绍良先生^①

　　2005 年 6 月中旬,我应邀赴伦敦,继续从事英国图书馆所藏敦煌遗书的编目。8 月 23 日伦敦时间上午 9 点,接到国家图书馆善本部李际宁先生电子邮件:"8 月 21 日晚 21 点 30 分,周绍良先生去世。近三天,在他的家里(就是靠通县的乡下)设灵堂吊唁。"

　　当时真是愣了。在给李际宁的回信中,我说:"走前已经听说周先生住院,但事情实在太多,你是知道的,国图图录的事情、冯先生的事情、《中华藏》样书的事情,加上一堆论文审读及答辩,算着小时计划工作。连芳芳(我女儿)从日本回来,我也未能与她好好说一会话。所以未能去医院探望,总希望他能早占勿药。没想到这就走了。我受周先生教益、帮助良多。住院时既未能去探望,此刻又不能亲去吊唁,实在于心不安。"

　　我首先想到的是可以通过白化文先生转达我的哀思。可没有白先生的电邮信箱,于是立即给他的弟子杨宝玉女士发去电邮:"惊悉绍良先生 21 日因病故世,不胜悲悼。我受绍良先生教益、帮助良多,一直无以为报。前此按照先生的企划,计划把我的敦煌已入藏佛教文献目录编入先生主编的佛典目录中,没想到工作正在进行,先生竟然西去。我现在没有先生双桥的地址,也没有白化文先生的电邮信箱。麻烦您把我上面的意思转告白化文先生。白先生去吊唁,还请在绍良先生灵前代为致意。"

　　想到敦煌已入藏佛教文献的目录,就想到为周先生主编的中国古籍目录释家类奔忙多年的李家振先生。便马上给李先生发去电邮:"惊悉绍良先生不幸故世,深为悲痛。先生前去吊唁,望灵前代为致意。我受绍良先生帮助、教益良多,无以为报。原以为这次的目录可以代绍良先生了却一件心事,却又留下遗憾。"

　　第二天上班,接到李际宁 23 日晚上发来的电邮:"23 日下午(北京时间 14 点),有庆(国图善本部善本组组长程有庆——方注)往周绍良先生家吊唁。……有庆回来告我:白化文先生为您在英国表示哀悼向周家人作了说明,程毅中先生代笔签名。"

　　无论如何,未能到周先生灵前鞠躬致哀,心中多时歉仄不安。因为我受周先生的恩德太多。在上面几份电邮中,我都提到受绍良先生帮助、教益。这绝不是应景的客

---

　　① 曾载《法音》2006 年第 4 期。

气话,而是实实在在的事情。

我在《敦煌佛教经录辑校》前言中这样写:

> 本书得以顺利编纂,首先要感谢周绍良先生。这不仅因为周先生代表编委会具体负责本书,还在于周先生对本书的编纂花费了大量的心血。从选目、洗相到录文体例、格式、题解的要求等,不嫌其烦地指点。尤其是本书原计划抄写后照相排版,周先生专门为我安排了抄写人员,用规规矩矩的正楷把全书抄写一过。由于格式与抄写纸张的变动,不少文献还抄了两遍。其间转稿、审稿不知花费多少精力。回想我多次到广济寺找周先生,他顶着炎炎烈日为我取稿的情景,私心区区,实不能已。

在博士论文《八一十世纪佛教大藏经史》的跋中,我这样写:

> 论文的写作,除了任先生(任继愈先生——方注)自始至终的指导之外,黄心川、季羡林两位先生在指导我确定选题方面起了重要的作用。另外,周绍良先生对我的帮助与指导也是我终生难忘的。大到论文的结构篇章,小到一些具体的论述,周先生都不厌其烦地一一指点。不仅如此,周先生还主动提供家藏叔迦先生亲笔批点的书籍、所抄录的敦煌卷子及传世文物供我使用。他那儿的书籍资料,只要我能用得着,随时可让我拿走。扶掖后进的苦心,为人之高尚风范,实在叫人感荷不尽。我深深地体会到,没有老一辈的悉心培养,绝不会有我们青年一代的健康成长。我们每前进一步,都凝结着老一辈学者的心血。先生们的恩情,我是无法回报的。我只有更加努力地搞好自己的研究,以更好的学术成果回报先生们;只有以先生们对待后进的态度为榜样来对待比我年轻的朋友们,为他们的成才尽我的全部力量,以此报答先生们的栽培之恩。

所以,我与周先生虽然没有师生的名分,但心中从来把他奉为人生道路上一位重要的老师。

我认识周先生是1984年跟随任继愈先生攻读佛教文献学开始的,至今已经超过20年。周先生是著名的佛教文献目录学专家,对佛教文献目录之熟,国内少有。所以任先生给周先生打招呼,让周先生多指导我,并让我遇事多请教周先生。那时周先生在法源寺中国佛教图书文物馆工作,我每月一般要去一、两次,有时甚至更多。至今记得顺着丁香簇拥的甬道,到后院佛教图文馆找周先生的情景。每次带着问题去,带着周先生的指教回来,然后再看书。师者,所以传道、授业、解惑,周先生之所谓也。后来周先生主持佛教协会工作,驻广济寺;我便开始向广济寺跑。1986年有半年左右,任先生让我理顺《中华大藏经》的工作流程,这段时间,为了《中华大藏经》的工作,包括向有关佛教寺院商借校本等等,跑得更多。至于编纂《敦煌佛教经录辑校》与后来撰写博士论文时周先生的帮助、指教,上面已经提到,这里不再赘述。

但有一件事,还是想提一下,就是周先生赠送我的珍贵资料。

当时我正在编纂国家图书馆藏敦煌遗书目录。周先生知道后,一天给了我一部30年代出版的原本《敦煌劫余录》,说:"这是当年我父亲用过的,送给你。"我打开一看,其中不少地方有叔迦先生订正、批注的手迹,还夹了几张叔迦先生工作时记录的便条。我们知道,陈垣当年编目时,叔迦先生曾给予不少帮助。《敦煌劫余录》出版后,叔迦先生继续从事国图敦煌遗书的考订。有关情况,王重民《敦煌遗书总目索引后记》中有所记叙。从叔迦先生手批的《敦煌劫余录》看,他订正的内容远远超出王重民文章所介绍的。这本书,现在也可以算作敦煌学的历史文物了。该书后来在我编纂国图敦煌遗书目录时发挥了很大的作用,至今放在我案头,时时查阅。

过了些日子,周先生又交给我一摞资料,说:"这是我父亲当年请人从北图抄写的敦煌遗书。我现在也没有用了,一起送给你吧。"我打开一看,都是用毛笔抄写的敦煌遗书,大多为戒律。敦煌遗书的戒律写卷形态比较复杂,是编目的一个难点。从叔迦先生手批《敦煌劫余录》可知,叔迦先生在这方面用力甚勤。这批抄本,估计就是叔迦先生请人抄后,以供研究的。后来我从国图档案中看到,抗战期间,国图敦煌遗书转移到上海。1942 年,曾经运回 14 卷,其中 9 卷就是"系因周叔迦先生托抄"。

大约是前年,我到双旭花园看望先生,看到书架上摆着台湾王三庆所著关于敦煌类书的两大册著作,便向先生借阅。先生摆摆手:"我不用了,你拿去吧。"

先生赠送我这些资料,是希望我把国图的敦煌遗书目录编好。其后,先生又一再鼓励我完成《敦煌遗书总目录》。现在这些工作都在紧张进行,我一定不辜负先生的期望。

先生住在城里时,我们见面的机会较多。后来先生搬到双桥双旭花园,离得远了,见面的次数也少了。我除了单独去拜见过几次外,曾经为了先生出让家藏拓片的事,陪同任继愈先生;以及为了另外一件什么事,陪同文物出版社苏士澍先生各去过一次。先生因为近年身体欠佳,一般也难得出门。有事都是电话或信件来往。先生来电话、来信,一般是询问某件事情,或索要某种资料。从先生索要的各种资料,可知先生虽然年事已高,身体不佳,却依旧笔耕不辍。

受周先生教诲 20 来年,可记的事情很多。但当年我并没有写"某某书屋问学记"的计划,所以没有留下记录。自己基本上不写日记,即使有时写一点备忘录,现在也不在手边。那时每次到周先生那里去问学,都是有备而去,有得而还。但今天让我回忆周先生到底向我传授了一些什么,却很难回忆起来。我只能这样说,我现有的佛教文献目录方面的知识,不少来自周先生的教导。我能够有今天的成绩,离不开周先生的悉心栽培。

有几件事情,虽然与学问无关,但现在回忆起来,觉得值得一记。

周先生主持佛教协会时的工作情况,我是亲眼看到。那时到广济寺找周先生,谈话间经常人来人往,请示、办理各种事务。有时有些事必须周先生亲自处理,他便匆忙赶去;然后匆忙赶回,接着与我交谈。我往往很不好意思,但周先生每次都非常认真地把要讲的问题讲清楚,要办的事情交代清楚。从来没有因为忙,让我下回再来。直到现在,佛教界也罢,学术界也罢,都对周先生主持期间的佛协工作表示肯定。1993 年,我曾经与周先生一起参加在香港召开的亚洲北非会议。其间我要到当地一个佛教组织去谈一些事情,周先生得知后便一同前往。进门就看到周先生的题词挂在最显著的位置,由此也可窥见佛教界对周先生的评价。

随缘做去　直道行之

　　前些日子与李家振先生谈起周先生主持佛协时的情况，李先生说：当时有的人埋怨周先生处事糊涂。其实周先生哪里糊涂，什么事情心里都清清楚楚。我同意李先生的这一看法。我遇到的事，可以印证李先生的说法。

　　记得当时一位先生办一份杂志，希望我写点什么。于是我写了一篇文章。其后不久，我到广济寺去，周先生非常严肃地指着杂志责问我："你怎么给这个杂志写文章？"我做了解释。周先生谈了他的一些看法后，断然地说："以后你再也不要写了。"当时我虽然不理解先生何以这样决然，处事风格也与往常迥然不同。但正因为这样，便更加重视先生的意见。后来事情的发展证明了周先生知人论世的眼光。相从周先生20多年，没听他批评过谁，这是唯一的一次。

　　还有，我为了便于在佛教界活动，曾向周先生提出，希望在佛协所属佛教文化研究所挂一个名，因周先生当时还兼任着佛教文化研究所所长。但他摆摆手，说："别粘那个边。"

　　上述两件事，是周先生对我最深切的关心与爱护。也说明周先生心中对一切都清清楚楚。

　　这期间还有一件有趣的事。一次在广济寺，我们正在交谈，进来一个人，进门就伏地磕头，口口声声拜见大菩萨。周先生显然有点手足无措，连连说：快起来，快起来。并上去扶。那人偏偏磕足三个头才起来，一副心满意足的样子。一向平易近人的周先生，也会遇到这种窘事，我在旁边看得好笑。

　　还有一次在广济寺，正交谈时，有人进来，说有高僧舍利，请求鉴定。说着拿出舍利，一块烧过的骨头上附着一长条乳白色透明晶莹的宝石样结晶，结晶中沁着一脉翡翠色的碧绿。我是第一次如此近距离观察舍利。托周先生的福，开了眼。

　　还有给我印象很深的，是绍良先生对一良先生的态度。绍良先生从小在叔殁先生家，与一良先生兄弟一起生活，感情极深。我有幸几次遇到两位先生在一起。第一次是我的博士论文答辩会，周一良、周绍良两位都作为答辩委员参加。会前会后，绍良先生对一良先生口口声声叫哥，态度非常尊敬。还有是学术会。记得一次会后，主办者安排到一个什么名胜参观，绍良先生跟在一良先生后面，说亦步亦趋自然过分，但那份尊重是显而易见的。

　　周先生天分极高。他的多才多艺，是大家公认的。他是佛教文献学家，是文物鉴定专家，是红学家，是收藏家，还是什么什么家等等。关键是他在所涉足的每一个领域，都做出了非常出色的成果。连盖有他印章的书籍，在琉璃厂都身价不菲。有时看到周先生出版的各种各样的新书，我实在很吃惊。一个人，怎么可能同时在这么多领域都做出这么好的成绩？但周先生做到了，而且举重若轻，似乎并不费劲。回想自己做佛教文献学，整理敦煌遗书，埋首案前，既不知道春夏秋冬，也顾不上家庭子女，实在对周先生佩服得五体投地。所以我曾经说过这样的话："我们做学问，吭哧吭哧下苦功；周先生做学问，玩儿一样就做了。"人之天分的差异，不能不叹服。

　　周先生是美食家，这也是大家公认的。与周先生一起吃饭，才知道所谓美食家，不仅仅在于懂得美食，还在于美食时的那种专注，以及在专注中表现出的那种风度。那

34

种风度装也装不来,学也学不到。

周先生对我诸多恩德,我除了帮忙跑跑腿,实在没有为先生做什么事。有的做了,但没有做好。幸可自慰的是,周先生嘱我将所整理的敦煌已入藏佛教文献目录纳入他主编的中国古籍书目释家类,这一工作我已经完成。但是,由于各种原因,该书未能在周先生生前出版,留下永久的遗憾。

周氏家族是中国近代史上有名的家族。周氏家族为了保存民族文化,不惜心力、财力,新中国成立后将精心收集的文物古籍,无偿捐献给公家。上世纪80年代,我曾经去过先生在流水东巷的家,一个四合院,给人的印象可用四个字来表达:"破破烂烂"。我实在没有想到捐出那么多价值连城的文物古籍的周家,住的是这样的地方。近年坊间有一本畅销书,称康有为后人为"最后的贵族"。我想,在某种意义上,周先生更是"最后的贵族"。

上文提到任继愈先生为周先生出让家藏拓片之事,曾经登门拜访周先生。这里稍微多说几句。周先生考虑晚年生活、看病等诸多花费,拟将家藏珍贵拓片转让。这些拓片的相当一部分原由一位收藏名家收藏。而那位收藏名家的另一部分藏品则归国家图书馆收藏。因此,如果国家图书馆能够将这批拓片收下,则珠联璧合,最为理想。但国图经费有限,又考虑到这批拓片与馆藏拓片甚多复本,故有关工作人员不免曾有迟疑。白化文先生将此事告诉我,希望我能够做一些沟通的工作。我将此事向任先生汇报。任先生态度十分坚决,表示无论国图有什么困难,也要把这批拓片收下来。任先生说:周家为国家作了那么大的贡献,不是金钱可以计算的。约过了两三天,任先生通知我陪同他与陈力副馆长一起去看望周先生,让我提前打电话与周先生预约时间。当天我如约赶到国图,只见任先生一人。先生说:两个馆长一起去,好像谈生意。周先生搬到城外后,好久不见了,这次主要是看望他。两位先生见面后,相谈甚欢。任先生只字未提拓片的事情。倒是周先生主动提出:家藏拓片与国图所藏复本较多,如果国图收下,国家受损,于心不忍。所以我当天晚上又给周先生写一封信,谈了国图的态度。这批拓片最终留在国图,至今令人欣慰。

周先生当天谈兴甚浓,其间因我的要求,谈起当年叔迦先生与黄宾虹等办国画研究班,收购了一批敦煌画的经过。我这些年一直在调查敦煌遗书,想趁机调查此事,便请周先生把有关经过写成文字。但后来没有收到周先生的回信,我也没有催促,总以为还有机会向周先生当面请教,没想到成为永久的遗憾。此事的另一个知情人苏晋仁先生也已经故世,恐怕天壤间再也无人知道详情了。

时值新历除夕,身在异乡为异客,怀念着周先生的音容笑貌,不禁潸然。

2005年12月31日于日本东京麻布台,2006年2月26日修订

哲人虽萎　风范长存[①]

——纪念入矢义高先生

　　最初得知入矢义高先生的名字，还是十多年前阅读《胡适禅学集》的时候。当时我正在从事佛教研究与敦煌文献的整理，在整理敦煌遗书中的禅宗典籍的过程中，开始涉猎胡适的禅研究。虽然在《胡适禅学集》中只刊登了胡适致入矢义高先生的书简，没有同时刊出入矢义高先生致胡适的原信，但仅从胡适的九封书简中，从胡适对入矢先生的倾心交谈中，也可以看出入矢先生对禅籍的熟悉、知识的广博精深以及治学的勤奋与敏捷。胡适是当代中国文化史上的一座高峰，无论是否赞同他的观点，他在学术上的贡献都是不容忽视的。因此，入矢先生作为胡适的学术知交，其形象开始深深地印入我的脑海。当时读的那本《胡适禅学集》是中国社科院宗教所图书馆的藏书。1991 年，我应邀到英国图书馆整理敦煌遗书，在伦敦唐人街一家中文书店的书架上看到有《胡适禅学集》出售，喜出望外。虽然 20 英镑的定价对我来说委实贵了点，还是毅然买下。携回宿舍，立即再次阅读起来。这时惊讶地发现，该书的装订有错误，恰恰是印象极深的关于胡适致入矢先生的书简部分，有一个印张脱落。连忙给书店打电话，书店答应更换。第二天携书再到唐人街，书店又说仅此一本，无法更换，只能退书。我不甘心就此罢休，要求书店与台湾的出版商联系，退换一本装订无误的。书店答应了。从此，每次到唐人街，都要到那个书店去打听消息。遗憾的是直到回国，新的书也没有运到。此事一直引为憾事。记得后来在聊天时，还向入矢先生讲过这件事。我至今怀疑那书店是否真的与台湾联系过。因为 1997 年再次赴伦敦，在那个书店看见的还是那本装订错误的《胡适禅学集》。

　　1994 年秋，承上山大峻等先生的厚意，到龙谷大学从事半年的学术研究。由此得以结识衣川贤次等日本朋友。衣川先生得知我正在整理敦煌遗书，并对敦煌禅文献很有兴趣，便邀请我参加京都禅文化研究所正在举办的关于达摩论的研究班。他介绍说，入矢先生也参加这个研究班的活动，并对研究班进行着有力的指导。这样，对我来说，这个研究班便更具有异样的吸引力。衣川先生并提到，入矢先生前此因肺癌动过手术，但已经痊愈，现在身体甚好，且抽烟不止。衣川先生谈起入矢先生是满怀敬仰之

[①]　曾载《入矢义高先生追悼文集》，汲古书院，2000 年 3 月。

情，我对入矢先生本已高山仰之，此时则更增添一种传奇的色彩。记得当天下雨，由小到大，天也有点冷。我到得略早，一会儿，参加研究班的诸位先生陆续冲寒冒雨来到。其中一位头发花白的老人，精神矍铄，满面红光，他就是入矢先生。不知是心理作用，还是什么因素，虽然先生个头不高，身材瘦削，但在包括我在内的满室中青年中，却显得鹤立鸡群，引人注目。那是一种内在的力量吧！初次见面的这一印象，至今犹在眼前。

在每周一次的研究班上，先生沉静、和蔼，面前的桌子上放着一盒烟，经常是一边悠悠地吸着烟，一边倾听年轻人的发言。先生的发言虽然不多，但总是一言中的。先生是日本人，但对汉语，特别是中古汉语，有着深厚的学殖素养，超过一般的中国人，起码远远超过我。记得有一次由我主讲新发现的敦煌禅籍——《息诤论》，原文献有一句话："虚谈圣迹，广说无为，说者只叹彼前贤，何关身己。"在整理本中，我将"身己"校改为"己身"。讨论中，入矢先生递给我一张纸条，指出"身己"即"己身"，乃古汉语词汇，不须校改。能够得到先生的指教，对我自然是不胜荣幸。《息诤论》定稿时，我便按照先生的指教，保留"身己"不动。日本的研究班风气很好，参加研究班的成员相互间畅所欲言，经常为一个词汇的解释反复讨论。当时我想，先生特意用递纸条的方式来表述他的意见，大概是照顾我这个外国人的面子吧。不由深深地为先生的细心与体贴而感动。这张纸条，我至今珍藏着。只是我这个人有个坏毛病，无论什么东西，凡是被我郑重其事地收藏起来的，最后往往是连我自己也找不到。这次为了写这篇文章，我到处翻找这张纸条，想原原本本地全文引用先生的教诲，但怎么也没有找到，也不知藏到什么地方了。不过这张纸条一定安然藏身在我书房的某包重要材料中，至于纸条的内容，我印象极深，绝对不会错。

在整理敦煌遗书中的禅文献的过程中，我对这些禅文献与久已亡佚的宗密所纂《禅藏》的关系产生了兴趣。我推断，宗密的《禅藏》一定曾传到敦煌，而现在敦煌遗书中的不少禅文献实际就是宗密《禅藏》的残余。甚望能依据敦煌遗书尽量复原《禅藏》，以进一步推进禅宗的研究。后应邀就这个题目在花园大学的国际禅文化研究所作了一次学术报告。入矢先生、柳田圣山先生、竺沙雅章先生等都参加了。那是一次愉快的讨论，如衣川贤次先生后来撰文所称，现场"议论沸腾"。最后报告会的时间竟延长到三个多小时，但大家仍意犹未尽。入矢先生在会上多次发言，一方面从正面肯定了我的想法，认为值得重视；另一方面也从反面提出若干驳论，要我进一步深入思考。先生特别提出，要我注意利用《宗镜录》来推进这一研究。后来我把先生及与会其他先生的意见归纳在一起，写成《关于禅藏与敦煌禅籍的若干问题》，刊登在《藏外佛教文献》的第一辑。先生提出的问题，我至今仍在考虑，在消化，在研究。

除了京都禅文化研究所的禅文献研究班外，先生每月一次在家中举办研究班，参加者有京都地区的有关学者，还有专程从东京远道赶来的金文京等先生。我有幸参加了其中的一次。记得那天有点蒙蒙细雨，我跟随衣川先生来到京都郊外先生的寓所。院门开处，新湿的甬道旁树丛润着雨水，一片盎然生机。一条小狗摇头晃尾地"汪汪"叫着扑上来欢迎来客。走进房里，地上、矮几上，到处堆放着书籍，一代宗师就在这里耕耘着。当天讨论的是《观世音灵验记》，所用为南开大学孙昌武先生的将由中华书局出版的清样本。坦率地说，那天的讨论会给我的震撼极大。前此，我已经参加了多个研究班，对日本的诸位先生治学时的严谨、执著、精细已经有了充分的体会，但我没有想到，参加先生家中这个研究班的诸位，对中文竟都有如此高深的造诣。大家一丝不苟地扣着原本，一个字，一个词，一个标点都不放过。略有疑问，马上翻出工具书、参考书；一个典故，立即找到它的出处。有些文字，粗看似乎并没有什么问题，起码我当时没有发现有什么问题。但经诸位先生仔细一分析，错谬立刻无所遁形。在中国时，我亲耳听过来访的福永光司先生对日本目前有些学者汉语文程度的批评，也自以为中国人掌握汉语文先天地比外国人强。而那天的经历对我的这种盲目自信给予彻底的打击，我甚至有了一种危机感。回到中国后，我曾多次向年轻的朋友谈起这次的感受。毫无疑问，入矢先生是这个研究班的灵魂，是他教育、培养、团结了这一批卓越的人才。且不讲别的功绩，仅凭这一点，入矢先生对学术研究的贡献就值得我们永久地感谢与怀念。研究班工作结束，大家在入矢先生家中便饭。满桌的书籍资料收过去，丰盛的饭菜摆上来。先生喝着啤酒，抽着烟，与大家一起谈笑风生，就像是一家人一样。当天谈了些什么，我已经记不得了。但当时那温馨的场面与先生的音容笑貌却永远留在我的记忆中。从先生家出来，天已放晴，阳光温暖地射下。我的心情也和这天气一样舒畅、愉快。

由于先生对学术的卓越贡献，1995年初，先生荣膺日本学术院院士称号。这是一个重大的学术荣誉，也是对先生一生的公正评价。京都花园大学与禅文化研究所的诸位聚会为先生贺，我有幸被邀参加。我被盛情的主人安排在先生座位的右侧，实在有愧。但私心甚为有这样一个机会亲近先生而高兴。那天与先生聊得很多，先生询及我的学习、生活、工作等各个方面。还特意向我介绍座位左侧的某某先生曾经从事多年的日中友好运动。当天先生情绪很高，菜吃得少，酒喝得多，烟抽得多。时而开怀畅笑，根本看不出是一个已经84岁高龄的老人。我对先生说："先生的烟抽得太多了。适量喝点酒对身体有好处，烟则最好少抽。先生的长寿是我们学术后辈的福气，望先生多多保重。"先生爽朗地笑笑，摆摆手。告诉我，他一天最少一盒烟，几十年，已经习惯了。当天尽欢而散。在写这篇文章的时候，我面前正放着那次聚会的相片。相片上先生手执烟卷，侧身听我讲话的样子，就像事情刚刚发生在昨天。

1998年7月2日或3日，我因事与龙谷大学木田知生先生电话联系。木田先生告诉我，入矢先生于6月30日故世，我不禁吃了一惊。虽说生老病死乃人世常事；虽说先生以87岁高龄仙逝，按照中国人的传统要算"喜丧"；虽说我学佛教已经20余年；但猛然听到这个消息，仍不禁悲从心来。紧接着接到衣川贤次先生的来信，正式通知我这一噩耗，并简单通报了后事的办理情况。虽说已可算是"痛定思痛"，但接到这封信仍心为之悸。1998年对京都学术界可说是个不吉利的年份，另一位学术巨人藤枝晃先生也在这一年逝世。哲人已萎，奈何！奈何！

唐百丈禅师曰："善知识不执有，不执无。出语不系人，所有言说，不自称师。说如谷响，言满天下。无口过，堪依止。"此即入矢先生之写照乎！受先生教导、熏习的一代学者已经成长起来,先生亦当笑慰九泉。

谨以心香一瓣,在遥远的异国敬祈先生冥福!

1999 年 4 月 23 日于北京缘督室

怀念柳田圣山先生①

我手头有一份剪报，是 1992 年 5 月 25 日柳田圣山先生发表在《朝日新闻》上的一篇随笔，名为《与自己相会》(自分と出会う)。当年柳田先生正好 70 岁。文中叙述他前一年初访韩国伽耶山海印寺，面对那一排排《高丽藏》版片时的感受："面对着留存至今的《高丽藏》的版片，就好像与长久以来一直存放在另一处的另一半身躯，渐渐合为一体。版片是底片，而我的身体就是毫不走样的正片。阴阳合体，收回生机。这部书在中国出现已有 1000 年，在高丽雕版已有 750 年。那是我前生的遗体，必须竭力回归。"最后"必须竭力回归"的日文原文是"自分で引き取ねばならぬ"，正确的翻译应该是"必须用自己回归"。怎么叫"用自己"回归？我想柳田先生在这里是指用自己的全部生命、全部精力，乃至不惜一切地寻求这一回归，所以翻译时用了"竭力"一词，但远不能反映出柳田先生在那一刹那心灵的感受与决断。

读这段话，我受到极大的震撼。我也到过海印寺，也为那排列得整整齐齐、保存得完好无损的八万经版感动。承管理者好意，让我进入经版库，并抽出一块经版，让我拿着照相。我当时的心情，一方面是感激，另一方面也有点得意。而为什么面对《高丽藏》版片，柳田先生会产生那样一种生死相依的情感？我好像隐隐约约明白柳田先生为什么能够在故纸堆中孜孜几十年。因为这就是他的生命，既是今世的生命，也是前世的生命。

学人做学问，大约也要分为几种。等而下之者，有的因为命运的拨弄，来到这个位置上，因而不得不做一天和尚撞一天钟；有的把做学问作为一种谋生之道，一种职业。等而上之者，有的出于兴趣，有的出于热爱。但是，兴趣可能转移，热情也会衰退。我自己是出于一种责任，一种自愿担当，因而无可推卸的责任；一种感恩，感恩诸多教育过我、关怀过我、帮助过我的人，以用我的科研成果来报答他们。柳田先生自称人文科学就是不断地将古纸翻新的过程。在他那里，学术研究是生命的一种形态，是一种不断地将古纸翻新的轮回。境界的差异，造成感受的不同。我进经版库，经版是经版，我是我。而柳田先生面对经版，则从精神上与经版化身为一。

记得 1994 年第一次与先生在京都花园大学国际禅文化研究所见面。我奉上我的

---

① 曾载《柳田圣山先生追悼文集》，柳田圣山先生追悼文集刊行会，2008 年 11 月。

名片,先生也给我一张名片,不知那是不是用古纸翻造的纸,四周毛糙不齐。名片上只有四个字"柳田圣山"。名片是用来向别人介绍自己的,但先生的名片上只有姓名,此外没有任何介绍自己的信息。中国也有一个人,使用同样类型的名片,那就是赵朴初先生。以前有人评价说,赵朴初名气太大,所以他的名片不用自我介绍。但写这篇小文章,我突然领悟,无论是柳田圣山,还是赵朴初,那除了姓名什么也没有名片,所昭示人们的是:我就是我,名字只是一个符号。不仅如此,一切外在的东西,都不是我。这是何等的智者,何等的智慧。

这就是永远值得我们怀念的柳田圣山先生。

2007 年 12 月 14 日于北京通州皇木厂

悼念圣严法师

2009年2月3日,法鼓山圣严法师走了。用生命再次诠释了"生老病死"这一永恒的真理。

报载:圣严法师曾经表示,他的生命与佛教的生命相结合,并没有个人的事业与生命。诚然此言!他一次入伍,两次出家;赴日求学,返台弘教。80年的生命,浓缩了一部中国佛教近代史。特别是近几十年来,中国佛教在转型,圣严法师一生致力于坚持佛教本位,同时不断提升佛教的文化品位、学术品位,成为推动佛教转型的主要代表人物之一。

生命固然只是一个过程,但不同的生命在不同的时空因不同的努力迸发出不同的光彩。圣严法师对佛教的贡献是多方面的,我也不具备总结与评价圣严法师成就的资格。作为一个佛教文献研究者,我认为,全球千千万万佛教研究者目前正在使用的《电子佛典集成》由法鼓山旗下中华电子佛典协会推出并日益完善,仅此一点,圣严法师就当得起"泽被当代、惠流后世"这八个大字。圣严法师曾说:"佛法的慧命,不在于个人的成就;生命的价值,也不仅限于历史上的纪录。我圣严是否修行有成就,圣严这个名字是否能传之千古,都不重要。"的确,只要《电子佛典集成》传世,有没有圣严这个名字,乃至有没有《圣严全集》,都不重要。

机缘不足,我与圣严法师仅见过有数的几面,但每次见面都留下深刻的印象。惊闻噩耗,留存在记忆深处的圣严法师风采顿现眼前。谨以圣严法师的下面一段话结束这篇短文,并作为对圣严法师的纪念:"人的寿命能有多长,我们虽然没有把握,但是活一天就应该做一天,做一天能做的、做一天允许我做的事。"

2009年2月4日于通州皇木厂

想起了金克木先生

中国的应试教育花样翻新,越演越烈。这使我想起了金先生。

由于在南亚所学习了三年,又工作了三年,就有机会亲近金先生。金先生虽然也是南亚所在职人员,但平时从来不到所里来。有事,必须登门请教。到金先生家,照例先问好。金先生照例回答身体不好,头晕、体弱、全身无力、走动不便等等。但话匣子一打开,只有他滔滔不绝的份,我只能静静地洗耳恭听。他讲话中气很足,让人觉得所谓身体不好云云,只是托词而已。由于他平时不出门,我登门时,有时他也会问问所里的情况,但绝不针砭。至于国内外大事,他比我知道得多,分析得透。兴致所至,也谈一些当年的往事、趣事。

他说:张铁生事件之后,迟群他们突然把北大教授统统召集起来,每人发一张卷子,要考教授。说起考教授,当年我虽然远在新疆,也听会议传达、报刊宣传过。据当时的说法,那些平时不可一世的教授,这时个个屁滚尿流。不少人烤焦烤煳,不得不承认"知识分子实际上最没有知识"这一伟大论断。

金先生说:接到卷子,他毫不犹豫地在右上角分数栏中打了个大零蛋,交卷走人。我笑着问:为什么要自己打零分? 他说:他们不就希望这个结果吗? 我让他们高兴高兴。

说起来,"文化大革命"考教授的目的与现在越演越烈的应试教育本质不同,但以为考试能够考出真本事,这一点却是共通的。如果说考教授是侮辱人,则应试教育是摧残人。为什么要这样做? 我想大概正如鲁迅评论八股文时所说,那些官僚的脑袋是阴沉木做的。

2008 年 1 月 23 日初稿,2011 年 8 月 8 日修订

最后的泰斗

——悼牧田谛亮先生

8月9日上午、下午、深夜，连续接到来自日本的两个电邮，一个电话，内容相同——牧田谛亮先生于8月8日凌晨5时左右去世，享年99岁。深夜11点多落合俊典先生的电邮中说："按照先生遗愿，遗体将捐赠滋贺医科大学，葬仪将在一年后举行。"

躺在床上，先生的音容笑貌宛然在眼前，一幕幕往事接连浮现。

1994年，我在日本京都访学半年，其间由落合俊典介绍，参加"七寺古逸经典研究班"，得以拜见牧田先生。该研究班每周一次，在牧田先生家中举行。先生的住房在京都今出川附近一栋普普通通的住宅楼里，是一个普普通通的小单元。老人一人住在那里，生活的一切自已打理。进门，走过狭小的过厅是书房。不足15平米，除了门窗，凡有墙壁的地方全是书架，书架上从地面到天花板，全是书。窗下有一台小型复印机，如需资料，当场即可复印。书房中间两张桌子拼成长条桌，长条桌与书架之间只够放一个凳子，参加研究班的诸位背挨着书架围坐在长条桌四周。牧田先生平时就在这间书房工作，如果到得早，长条桌上往往放着他正在工作用的书籍等物。等人到得差不多了，再把桌子上的书籍腾挪归置，开始研读七寺古逸经。

第一次到先生家参加研究班，落合先生特意带我提前到达，以拜见先生。等候在门口时，心中有些激动，也有些惴惴。因为当时我的《8—10世纪佛教大藏经史》已经出版，并且已经在日本引起较大的反响。书中在论及《沙州乞经状》时提到牧田先生的相关研究，评点说先生结论是正确的，但方法有疏漏。虽然纯属学术探讨，但毕竟是后生小子批评了老前辈。记得在先生家见面后，我先做自我介绍，并说当研究生时就拜读过先生的著作，非常仰慕，今天能有机会拜见，很高兴。先生不像一般人在这种场合，往往回答一些客气话，而是马上追问："你读了我的什么书？"我回答："读的是《疑经研究》。"并说明，我读的是宗教所的藏书。因为经常拜读、查阅，所以还没有还，现在还在我家中。没想到，下一周我第二次到先生家，先生拿出一本他已经签好名的《疑经研究》赠送给我。这本书至今我经常翻阅。

讲起书，还有一件事情，使我终生难忘。研究班这种集体科研方式，是上世纪50年代起，以牧田先生为代表的日本学者首创的。当时先生任职京都大学人文科学研究所,组织并主持了《弘明集》研究班,经过长年累月的研讨,对《弘明集》做了详尽的研究译注,于1973到1975年,先后出版《弘明集研究》三册。可以说,这是一个至今无人超越的高峰。而三册《弘明集研究》也成为佛教文献研究的典范。按照日本惯例,此类成果均为非卖品,即内部出版后仅供学界流通。在日本,内部出版也是一种出版方式。"非卖品"的学术价值,往往超过书店中的正式出版物。此类书,书店虽然不卖,但偶尔能在旧书店淘到,价格往往比公开出版的书贵。

在日本时,我比较喜欢逛旧书店,往往在一个旧书店可以泡上多半天。一次,竟然在一个旧书店发现有20年前出版的那三册《弘明集研究》。喜出望外,抱到柜台。老板要价20万,我吓了一跳。我当时每月工资只有人民币几百元,20万日元相当于将近两年的工资。虽说那次赴日,日方提供的生活费比较优厚,但20万实在不是小数。我掂量又掂量,权衡又权衡。放弃吧不甘心,买下吧真太贵。在柜台前回旋好一会,委实下不了决心。老板看我真心想买,说可以让价到18万。我犹豫再三,忍痛离开。

后来一次与梶浦晋先生聊天,我谈到旧书店的那三本书。他说:这套书非常稀见,的确要值这个价。不过,可以向牧田先生问一下,也许他还有多余的。我说:不行!太贵了。不能开这个口。梶浦晋又说:据他所知,京都大学人文所还有少量存货。牧田先生是这个研究班的主持人,如果牧田先生给人文所所长写一封信,也许人文所会赠送。我说:不要提此事,不要让先生为难,毕竟他已经退休离开这么多年了。

过了一段时间,研究班过后,忽然牧田先生主动问起此事。我这才知道梶浦晋还是把此事告诉了先生。我连忙说:这书宗教所也有,以前借过。以后需要还可以借。牧田先生没有说什么。等到我临回国前,梶浦晋告诉我,牧田先生还是为此向人文所所长写了信,但所长出国未归,所以没有消息。让我回国等消息。这时真不知道说什么好。回国后一段时间,约两三个月吧,日本寄来一个邮包,打开来,赫然就是那三册《弘明集研究》。心中的感激,无法形容。这套书,从此成为我最珍贵的收藏之一。

七寺,位于名古屋。收藏了一部日本平安时期的写经。这部经典早就为人所知,并曾有目录公布。一次,落合俊典先生前往调查,发现其中竟然保存一些未为历代大藏经所收的典籍。另有一些典籍虽为大藏经所收,七寺本行文也有不同。他后来告诉我:当时非常吃惊,而且不自信。这么重大的问题,难道前此没有人发现,竟然被我发现?他将这一发现向牧田先生汇报,牧田先生敏锐地感觉到这是一个学术富矿。于是组织了七寺古逸经典研究班。经过多年努力,出版了牧田谛亮监、落合俊典编的《七寺古逸经典研究丛刊》,全六册。以此为契机,由落合俊典领军,日本开展了对古写经的调查与研究,开拓了佛教研究的新局面。我在日本时有幸参加了这个以牧田先生为灵魂的研究班的活动,亲炙先生的教诲,领受先生的风采,体验了如何用研究班方式来从事佛教文献研究。回到中国,我也尝试用研究班方式整理佛教文献,《藏外佛教文献》开始时就是这样做的。当然,中日情况不同,这是另一个问题,在此不谈。

1994年以后,我去日本的机会比较多。如在京都参加学术会议,都能在会场上见到牧田先生。往往一天会议下来,我都感觉疲劳,牧田先生却从头参加到尾,还经常发言提问。参会、离会、拎包,大小事情都是自己一个人料理。真是不佩服不行。

　　我到日本，只要到京都，总要登门拜访先生，问候健康，请教问题。有时也没有什么大事，就是单纯拜见，与先生随意聊聊天。先生在上海生活过若干年，能说几句标准的上海话。记得有一次，我临走时，先生送我一木盒已经打开、自己正在使用的茶叶。我非常感动。按照日本的习俗，这是长辈对比较亲近、不拘礼节的下辈才会有的举动。其后小女在京都留学，我曾经带她拜访先生。先生百忙中，还记掂着小女，曾经两次请她吃饭。

　　1999 年，牧田先生与落合先生等来北京，拟到天津艺术博物馆调查敦煌遗书，托我协助联系有关事项。后由绍良先生亲笔写信介绍，加上内子托人疏通，方才得以成行。按照中国的算法，当年牧田先生 88 岁，正值米寿。任继愈先生在北大做东为他暖寿。当天参加宴会的有季羡林先生、周一良先生、周绍良先生。落席以后序齿，季先生 1911 年生，居长；牧田先生 1912 年生，为次；一良先生 1913 年生，第三；任先生 1916 年生，第四；绍良先生 1917 年生，第五。个个都是耄耋老翁，但个个身体健康，精神矍铄。席间五老畅谈甚欢，任先生还特意写了一幅字赠送给牧田先生："疑经研究，海东一人。"那天我有幸忝陪末座，为先生们跑腿。当天五人欢谈的样子，现在犹在眼前。但五位老人都已先后故世，令人怆然。

　　2005 年 12 月，我应邀携内子到日本国际佛教学大学院大学讲学。当时牧田先生在琦玉工业大学任校长。12 月 23 日，落合通知我，已经与牧田先生联系好，陪同我们去拜见他。约 2 点半到深谷车站，出站不远，就是与先生约定见面的旅馆。走进大堂，先生已坐在沙发上等候。我们连忙过去。先生身穿西装，手持拐杖。虽然眉、发皆白，但面色红润，显得非常健康。我们在他周围的沙发坐下，互相赠送了礼品。先生给我们夫妇的礼品是一大盒羊羹羹，净重 3 公斤；给落合的是一箱瓶装啤酒，一打 12 瓶，约有 7、8 公斤吧。我看先生身旁并无随护，便问：这两件东西都是先生自己拿来的？他回答"是"，并作势左右手各提一件东西的样子。两件东西总共有 10 公斤以上，先生可已经高龄 93 岁了，就这样左手一件、右手一件提过来，我真为先生的精神、精力惊叹并高兴。由于电脑硬盘故障，我在日本的日记已经无存。下面是内子当天日记的摘录：

　　　　老人给每人要了一杯咖啡，笑眯眯地和大家谈天说地。他气色不错，反应不慢，也爱讲话。不像一个如此高龄的老人。看来他与落合也有一段时间没见面了，落合向他介绍了大阪金刚寺古写经的调查进展。方介绍了北图敦煌遗书目录及英藏敦煌遗书目录的进展。老人也讲了自己目前的生活，说：现在一切事情仍然自己打理。每天早晨 6 点半起床，周一至周五到学校上班。并开玩笑说：多年前他办理护照时，工作人员就说他年纪大了，不给他办 10 年有效期的，只给他办 5 年的。从那时起，他已办了 3 次 5 年期的护照。方以前给我介绍过，今年夏天与落合一起到伦敦做项目的宫井里佳女士，就在牧田先生的琦玉工业大学工作。宫井曾说，牧田这个校长，不是挂名，是真正管事的校长。今天见面，老人提到宫井，说她工作不错，已提升为副教授，将来还会提升为教授。

　　　　交谈约持续 50 分钟左右，老人麻利地起身，穿上米色的风衣，带上贝雷帽，径自到柜台付账,又返身回来。动作和速度都与正常人无异。我估计他是要送我们。果然,老人在前边带路,走向车站。出旅馆时,他举起手杖指着旅馆后边一幢高楼:我就住在那里。我赶在他们前边,连连按动快门,拍下这位历史老人。后来从照片上发现,老人的风衣扣错了位。

老人将我们一直送到检票口,挥手告别离去。进入站台等车时,方同落合开玩笑说:你虽然已经戒酒,但这箱 93 岁老人亲自提来送你的啤酒可不能不喝。我们连连感慨:看来人首先要精神不老。我想:一个高龄并且有职务、有名望的老人,一切事情自理。这在中国,无论于公于私,都是不可思议的。

我要补充的是,那天牧田先生送我们回车站,他拄着拐杖,一个人急匆匆走在最前面,步履矫健,哪里像 93 岁高龄的老人。我们几个快步跟在后面,都为先生的身体康健赞叹。都说,像先生这样,寿过百岁,绝对没有问题。这是我最后一次见到牧田先生。此后仍有通讯往来,也以为还有机会见面。就在前不久,我把刚出版不久的《敦煌遗书散论》寄到日本,托人带给先生。

没有想到,刚过 99 岁生日不久,先生就往生了。

牧田先生 1912 年生于日本滋贺县野州市,先后就学于佛教专门学校(现京都佛教大学)、大谷大学、京都大学。曾在中国上海东亚同文书院任助手。战后任京都大学副教授、京都大学人文所教授。从京都大学退休后,历任歧阜教育大学教授、琦玉工业大学校长等。

先生首赴中国是 1935 年夏天,时年 23 岁,曾在苏州报国寺拜访印光法师,又在南京毗卢寺拜访太虚法师。最后一次到中国是 2006 年 12 月,时年 94 岁,乃应邀到厦门南普陀寺,为闽南佛学院师生做讲演,并祭拜了太虚法师的舍利塔。

先生一生致力于中国佛教研究,著述甚丰,是日本中国佛教研究最后的泰斗。对佛教文献、净土宗、信仰层面佛教等力耕尤深,开创了疑伪经研究的新局面。尤其令人感动的是,一个像他这样的学界泰斗,却致力于琐碎的实用文献工具书编纂。在电子佛典出现之前,先生编纂的几部高僧传索引,为一代又一代的学者提供了极大的方便。我相信,随着佛教研究的进一步发展,先生的许多开拓性工作将越来越显示其价值。

先生爱书,当年在东亚同文书院时的一些个人藏书藏画,战后被没收。对此先生曾几次在我面前发牢骚,表示对这些书画的思念。我曾与任先生议论过此事,东亚同文书院曾为日本侵华服务,战后资产自然会被没收。对个人藏品应如何处理,不知当时有无相关法律。这两天因为先生逝世,在网上查看关于先生的信息,意外知道先生收藏中的神品名画早被美国人弄走,现收藏在 UACA,即美国亚洲文化学院艺术中心(US Asian Cultural Academy)。先生生前已将自己的藏书全部捐出,设立牧田文库。又留下遗嘱,将遗体捐赠滋贺医科大学。我相信,经历了百年沧桑的老人,临终前大概把一切都放下了吧。

牧田先生永远活在我的心中。

2011 年 8 月 19 日于通州皇木厂

应进一步重视宗教古籍保护[①]

　　今年国家正式启动"中华古籍保护计划",决定对全国古籍及其保护情况作全面普查,建立珍贵古籍名录,加强古籍书库标准化建设,加强古籍修复,培养高水平古籍工作人才,使我国古籍得到全面保护。这一计划的启动,令人兴奋。这些年,国家综合实力越来越强,在文化建设方面的投入越来越大,成果越来越多,这是中华民族兴旺发达的重要标志。

　　中华民族是一个有着高度文明自觉的民族。所谓高度文明自觉,就是不但以自己创造的优秀文明为自豪,而且主动自觉地把这一文明传承下去。中华民族的高度历史观念就来源于这一文明自觉。中华民族能够历经磨难而屹立于东方不倒,除了其他原因,它深厚的文化底蕴、高度的文明自觉是重要原因。传承文明的方式多种多样,但主要依靠典籍。典籍的产生使得文明传承可以跨越时间与空间。所以,在中国,修史造藏、整理典籍、抄书印书藏书,成为代代相承的传统。保护古籍是保护与培植我们深厚的文化底蕴,使之更加根深叶茂,这是我们高度文明自觉的又一体现。

　　佛教传入中国后,中国文化逐渐形成以儒为主干,佛道为羽翼的局面,儒释道三家共同支撑起中华文化之鼎。与此相适应,古代儒释道三家的图书也分别庋藏、独立编目,自成体系。《隋书·经籍志》记载,隋炀帝在东都观文殿东西厢构屋,收藏儒家经史子集四部书;在内道场收藏佛经、道经,并分别编撰目录;建妙楷台,收藏名家法书;建宝迹台,收藏历代古画。这可说是隋代国家图书馆、国家博物馆的基本规制。历代王朝沿革虽有不同,但三家典籍分别庋藏的传统不变。

　　由此,经史子集本属儒家典籍,由儒家知识分子收集、整理、编目。如套用"佛藏"、"道藏"这样的名称,可称之为"儒藏"。其中经、史两部,是儒家治国之依据与镜鉴。子部收入诸家杂著,其中如医、农、兵、天文等类,为实用类书籍。集部主要收入儒家文人的诗文集,诗文虽属小道,亦可陶性怡情。四部书体系充分体现了儒家经天地、纬阴阳、正纪纲、弘道德的理念。由于社会上存在着佛、道两家,儒家的图书管理者不能无视,便在子部内设立"释家类"、"道家类",收纳两家典籍。但不收佛教的大藏经与道教的道藏,且著录的佛、道书籍,往往因采访者个人兴趣与当时的采访条件,有很

　　[①]　曾载《光明日报》2007 年 9 月 8 日第五版。

大随意性。因此,历代《经籍志》、《艺文志》虽然收入若干佛、道典籍,实际并不能反映那个时代佛教、道教典籍的真实情况。

与中央相同,古代地方儒释道三家的图书也分别庋藏。儒家的学宫书院收藏四部书;释道的寺庙宫观收藏本教典籍。与四部书收有佛、道典籍相应,寺庙宫观往往收藏儒家典籍。敦煌遗书原是佛教寺院藏书,其中就有不少经史子集类著作。这充分说明儒释道三家既相互独立,又相互影响的历史事实。

宋明理学兴起后,儒家知识分子一直占据着意识形态的话语主导权,佛道两教日益式微。儒家文化,自然有积极进取的一面,但也有刚性僵化的一面。就四部书体系而言,绵延一千多年,没有大的改观。如清代的大型丛书《四库全书》对佛道著作的收录就非常单薄,受到后代陈垣等著名学者的批评。宋以后私人藏书兴起,藏书家大抵为儒家知识分子,藏书的著录体系均沿袭四部书。这样,儒家在意识形态领域的话语主导权、儒家知识分子在中国传统社会中的领导地位、公私藏书的四部书体系,在全社会形成了一个无形的文化范式。由此形成的风气,逐渐浸润于全社会。对这个范式应如何评价,是另外的事,但这个范式对我国古籍的研究与保护,却是有利有弊,且其流弊,至今犹存。

举例而言,虽有梁启超、姚名达、王重民等先贤倡导在先,但至今我国不少论述古代目录学、古代文献学的著作,言必称四部书,对佛道两家视而不见。其实,唐代佛教目录学水平雄踞于当时我国目录学的最高峰。以至宋、元、明四部书目录学水平,都未达到唐代佛教目录学的高度。直到清代朴学兴起,差可与唐代佛教目录学比肩。讲古代目录学、文献学而舍弃佛道两家,未免有抱残守缺之嫌。此外,目前我国各图书馆古籍部门,均沿袭四部书体系。因此,当涉及古籍普查与保护一些重大项目时,虽条文中已将宗教类古籍列入,但工作中往往受四部书范式的束缚,有意无意地忽视、排斥宗教类古籍。

把古籍框限为经史子集体系,不符合中国古代文化的历史实际,也不符合现存古籍的实际。

写本是刻本出现之前,中国古代典籍最主要的流通方式,敦煌遗书可谓现存古代写本的代表。敦煌汉文遗书年代跨度从东晋到北宋初年,全世界共约58000号,国内约存19000号,其中90%以上是佛教、道教典籍。因此,以敦煌遗书为代表的写本无疑应是古籍普查与保护的重点之一。此外,北宋时期的写本大藏经,历代的金银字写经、血经、名人写经等等,无不为中华民族文化的宝贵财富,都应该纳入普查与保护范围。

就刻本而言,众所周知,现存最早的为唐代刻本,大多是佛教典籍。宋元(含辽金)刻本从来被古籍版本界认为是翘楚白眉。现存的宋元(含辽金)汉文刻本,无论就世界范围而言,还是就国内收藏而言,佛教典籍的数量都要超过四部书。

就书籍装帧形式而言,中国以纸张为载体的书籍,早期曾出现过卷轴装、经折装、粘叶装、缝缋装、梵夹装。实物证明,除粘叶装(现存英国的盛唐写敦煌遗书《文心雕龙》)外,其他如卷轴装、经折装、缝缋装、梵夹装等,现存最早的样本,都是佛教典籍。

　　因此,在开展"中华古籍保护计划"时,我们要防止用四部书范式来框限古籍的倾向,要重视宗教古籍在中华文化中的地位,进一步加强对它的保护。

　　强调保护宗教古籍,还在于目前我国宗教古籍的现状甚堪担忧。

　　首先,历经磨难,宗教古籍数量急剧减少。就我比较熟悉的佛教而言,佛教认为典籍是佛、法、僧"三宝"中法宝的代表,传统甚为重视修经造藏。所以,古代流行的佛教典籍甚为丰富,有"浩瀚于九流"的说法。但因各种天灾人祸,真正能保存下来的不过九牛一毛。以中国第一部木刻大藏经——北宋《开宝藏》为例,全藏数千卷,当初印量甚大,颁赐国内寺院,分赠周边诸国。但现在全世界只找到10余卷,成为稀世国宝。

　　其次,缺乏完整著录,家底不清。以宋辽金元写本、刻本为例,我国现存宋辽金元本四部书虽亦有遗漏,但大部分均被著录;而宋辽金元佛教典籍,除少量被纳入各图书馆四部书体系,大部分至今缺乏完整、正确的著录,有的甚至连基本目录也没有。从总体看,家底不清。

　　再次,保存条件堪忧。除了图书馆、博物馆外,宗教古籍主要保存在庙宇寺观。各地的庙观因条件不同,古籍保存的情况不同。不少寺院目前藏书的条件非常令人担忧,古籍残破问题也相当突出。

　　因此,国家这次启动的"中华古籍保护计划"把宗教类古籍纳入其中,是非常重大与及时的决策。

　　应该指出,改革开放以来,国家在古籍整理与保护中,对宗教古籍已经予以特别的关心。正因为当年国务院古籍整理规划小组的大力支持,由任继愈主持的《中华大藏经》(汉文部分正藏)才得以顺利完成。现在,有关领导也多次强调要重视敦煌遗书等古籍的普查与保护。摆在我们面前的,是如何进一步正确认识国家启动"中华古籍保护计划"的重大意义,全面贯彻"中华古籍保护计划",把对佛教、道教、伊斯兰教、基督宗教、天主教等宗教古籍的保护真正规划起来,落实下去。当然,古籍保护不仅是图书文博部门、古籍善本单位的事情,也是全民族的大事;宗教古籍的保护,更是宗教界的大事。为此需要我们进一步普及古籍知识,提高全民族的古籍保护意识。

　　当今,媒体的社会导向作用越来越大。希望媒体积极地、正确地宣传古籍保护。特别是在当前市场经济条件下,应正确引导民众的历史自豪感,树立文物意识、公民责任意识,而不是单纯追求附着在古籍上的经济利益。希望通过正确的社会导向,形成以保护古籍文物为荣、不保护古籍文物为耻的社会氛围。诚如此,则民族幸甚。

宗教古籍的保护与整理迫在眉睫^①

当前,随着我国经济建设的不断发展,一个文化建设的高潮正在掀起。其重要表现之一,就是对中华古籍的保护工作方兴未艾。

2007 年,国家正式启动"中华古籍保护计划"。笔者常年从事佛教文献的整理与研究,亦曾经在国家图书馆从事善本工作,此次参与"中华古籍保护计划",深感宗教界应更加重视与致力对中华宗教古籍的保护与整理。

一、中华宗教古籍兴衰浅析

什么叫中华宗教古籍? 按照我国图书馆界目前通行的定义,书写或印刷于清朝末年,亦即 1911 年辛亥革命以前的书籍,统称为"古籍"。按照这一定义,举凡 1911 年辛亥革命以前,中华各民族用各种文字书写或印刷的,内容与宗教相关的古籍,均为中华宗教古籍。

中华民族与其他世界民族一样,有着源远流长的宗教传统。从古至今,中华大地流传种种宗教。其中,有古代始终处于国家宗教地位而现在已经消亡的儒教,有传统的道教与民间巫道,有从西域传入并与中国传统文化相互影响乃至最终成为传统文化组成部分的佛教,有从域外传入但最终消亡的景教、摩尼教、祆教、犹太教,而同样从域外传入的伊斯兰教、天主教、基督宗教则至今影响着广大的群众。此外还有宋元明清活跃在民间的诸多形态复杂的宗教流派乃至清朝太平天国创立的"拜上帝会"等。古代,我们的祖先在创造与吸收多种宗教的同时,翻译、编纂了浩如烟海、内容丰富、形态多样的宗教古籍。中华宗教古籍的文种非常丰富,有汉文、藏文、蒙古文、满文、傣文、回鹘文、粟特文、和田文、佉卢文、龟兹文、焉耆文、东巴文及其他各种文字。这些文字有的依然流通,有的已经不甚流通或已经消亡。形式主要有写本、刻本,此外还有刺绣本、金银铜鍱、拓片等。装帧则有卷轴装、经折装、缝缋装、粘叶装、梵夹装、旋风装、蝴蝶装、线装及其他方式。中华宗教古籍记录了各宗教的理论教义、修持方法、戒律规

---

① 曾载《中国宗教》2010 年第 11 期。发表时略有删节,在此按原稿刊出。略有修订。

范、法事仪轨、历史方志,是各宗教学习本宗教义、教史,展开宗教活动的基本依据。因此,中华宗教古籍既是各宗教立教、传教不可或缺的宝贵财富,也是学术界对中国宗教进行研究的珍贵资料。

古代,我国的宗教典籍曾十分流行。以佛教为例,由于佛教把佛典,特别是佛教大藏经视为佛法僧三宝中"法宝"的代表,主张抄写、印刷、念诵、流通、保护佛典有着莫大的功德,所以对典籍特别重视。以致在我国形成历朝历代都要刊刻佛教大藏经这样一种世代相续的文化传统。据《隋书·经籍志》卷三五载:"开皇元年,高祖普诏天下,任听出家,仍令计口出钱,营造经像。而京师及并州、相州、洛州等诸大都邑之处,并官写一切经,置于寺内。而又别写,藏于秘阁。天下之人,从风而靡,竞相景慕。民间佛经多于六经数十百倍。"《全唐文》卷七二一所载李肇《东林寺经藏碑铭并序》在谈及唐代佛教典籍流传情况时称:"历代精舍,能者藏之。方之兰台秘阁,而不系之官府也。五都之市,十室之邑,必设书写之肆。惟王公达于众庶,靡不求之,以至徼福佑,防患难。严之堂室,载之舟车,此其所以浩瀚于九流也。"就道教典籍而言,《隋书·经籍志》卷三五著录道经 1216 卷。到了唐代,道教在李唐王朝的扶持下更加兴盛,开元年间编纂的道藏《三洞琼纲》规模达 3744 卷。

遗憾的是,其后我国的宗教古籍大多亡佚,百不存一。古代的佛教写经,如不计敦煌藏经洞及近代各地考古所出,真正属于传世本,稀如凤毛麟角,只有屈指可数的若干件。至于刻本佛典,虽然早在唐代,我国的雕版印刷术已经出现,晚唐五代的雕版印刷术已经非常成熟,刊印了许多佛教典籍。但我们现在能够去确证为北宋以前的刻本佛经,不过十件上下。至于刻本大藏经,我国仅宋元时期就曾雕印过 10 余种。第一部刻本大藏经是北宋《开宝藏》,其板片总计达 16 万多块,收经多达六七千卷。北宋王朝曾将该藏分赐辽、西夏、敦煌、吐鲁番、高丽、日本、越南及北宋境内诸多名山大刹,当时的流通量非常巨大。但最近我们在世界范围寻觅,真正能够落实的只有区区 12 卷,其中首尾完整的只有 3 卷。目前国内保存较多的宋元刻本大藏经是南宋刊刻、元代补雕的《碛砂藏》与元刻《普宁藏》。其中《碛砂藏》虽然大体完整,但实际均为明代印本。《普宁藏》虽在山西、江苏、云南存有多部,但每部均不完整。其中最多的一部,只占全藏的三分之一左右。珍贵的佛教古籍凋零如此,思之令人黯然。就道教而言,虽然唐宋元三朝都曾编纂道藏,但均亡佚无存。现存完整的道藏乃明朝正统年间所编。

追究我国的宗教古籍亡佚的原因,人们经常提到的战争、动乱、水、火等天灾人祸。我认为,天灾人祸的确是我国古籍受到巨大损失的重要原因。但具体到宗教古籍,则还有两个重要原因,尚未被人们提及。

第一,四部书范式的影响

古代,中国文化始终以儒家为主干。儒家是与儒教互为表里,又各有特点的文化体系,它依托占统治地位的儒教而处于国家意识形态的顶端与社会文化的上层。儒家主要依据经史子集四部书张本立说。其中经、史两部,是儒家立身、治国之依据与镜鉴;子部收入诸家杂著,其中如医、农、兵、天文等类,为实用类书籍;集部主要收入儒家文人的诗文集,诗文虽属小道,亦可陶性怡情。四部书体系充分体现了儒家经天地、纬阴阳、正纪纲、弘道德的理念。虽然佛教传入中国后,中国文化逐渐形成以儒为主干、佛道为羽翼的局面,儒释道三家共同支撑起中华文化之鼎。但儒家四部书范式并不平等看待释、道两教,仅把它们纳入子部,与医、农、兵、阴阳家等并列,设立"释家类"、"道家类"。且"释家类"、"道家类"不收佛教的大藏经与道教的道藏,所著录的佛、道书籍,往往因采访者个人兴趣与当时的条件,具有很大随意性。因此,历代《经籍志》、《艺文志》虽然收入若干佛、道典籍,但只占当时流传的佛道典籍的很小一部分,不能体现那个时代佛、道典籍的真实情况。

宋朝以后,儒家文化复兴,儒家知识分子牢牢把握着意识形态的话语主导权,佛道两教则日益式微。儒家文化虽有积极进取的一面,但也有刚性僵化的一面。儒家的这种话语主导权延伸到图书领域,不仅使一千多年前产生的四部书体系绵延继续,且对释、道两家图书的排斥日益严重。如清代的大型丛书《四库全书》对佛道著作的收录就非常单薄,受到后代陈垣等著名学者的严厉批评。

除了国家的图书庋藏外,宋以后私人藏书兴起。私人藏书家大抵为儒家知识分子,藏书的著录方式均沿袭四部书体系。这样,儒家在意识形态领域的话语主导权、儒家知识分子在中国传统社会中的领导地位、公私藏书的四部书体系,形成了一个无形的文化范式,这一文化范式逐渐浸润于全社会。对这个范式应如何评价,是另外的事,但这个范式对我国宗教古籍的保护,却是弊大利小,且其流弊,至今犹存。

举例而言,近代以来,我国的文献目录学研究领域虽有梁启超、姚名达、王重民等先贤倡导在先,但不少论述古代文献目录学的著作,言必称四部书,对佛道两家的目录学或视而不见,或涉猎甚浅。其实,唐代佛教目录学的水平雄踞于当时我国目录学的最高峰。以至宋、元、明四部书目录学都未达到唐代佛教目录学的高度。讲文献目录学而舍弃佛道两家,未免有抱残守缺之嫌。又如,目前我国各图书馆古籍部门的藏书,均沿袭四部书体系,有的虽有略微修订,但没有大的改观。因此,当涉及古籍普查与保护的一些重大项目时,虽条文中将宗教类古籍列入,但工作中往往受四部书范式的影响,有意无意地忽视、排斥宗教类古籍。笔者曾在国家图书馆工作,多年来参与多个古籍保护的重大项目,对此有着深切的体会。

第二,各宗教自身的原因

古代,与儒释道三家共同支撑中华文化之鼎相应,儒释道三家的图书也分别庋藏、独立编目、自成体系。《隋书·经籍志》记载,隋炀帝在东都观文殿东西厢构屋,收藏儒家经史子集四部书;在内道场收藏佛经、道经,并分别编撰目录;建妙楷台,收藏名家法书;建宝迹台,收藏历代古画。这可说是隋代国家图书馆、国家博物馆的基本规制。历代王朝沿革虽有不同,但三家典籍分别庋藏的传统不变。与中央相同,古代地方儒释道三家的图书也分别庋藏。儒家的学宫书院收藏四部书,释、道两家的寺庙宫观收藏本教典籍。因此,在中国古代的文化体制中,各宗教的图书,实际上主要靠各宗教自己来收藏与保护。本文前面批评四部书范式对保护宗教古籍存在消极影响,是因为四部书范式在我国图书文化中占据支配地位,因此必须对中华宗教古籍的损失亡佚承担相应的责任。但绝不是说宗教古籍的亡佚,责任完全在四部书范式。因为归根结底,各宗教的图书主要靠各宗教自己来保护。所以,无论在历史上还是在现实中,各宗教图书保护情况的好坏,责任主要应由各宗教自己承担。

应该说明,各宗教对本宗教的图书都予以相当的关注与重视,也都会予以保护与整理。但是,毋庸讳言,不同的宗教,同一宗教的不同派别、同一派别的不同收藏单位对本宗教图书的重视程度不同,所采取保护措施的力度不同,最终的效果也不同。

二、中华宗教古籍的现状

中华宗教古籍的现状如何? 这是大家都很关心的。在此就个人所知,对目前我国宗教古籍收藏、保护与整理的情况,做一些粗浅的介绍。由于笔者主要研究佛教,对其他宗教的情况不是很清楚。因此,这里的介绍也以佛教为主。

(一)收藏单位及其保护

我国的宗教古籍,大体收藏在如下五个地方:

第一,各地的图书馆、文化馆

这里主要指国家图书馆、各省级图书馆、各高校与科研机构的图书馆。此外,不少地、市、县级图书馆、文化馆,某些出版社的图书馆,均收藏有宗教古籍。总的来讲,图书馆的级别越高、历史越悠久,收藏宗教古籍的数量可能就越多。

就保管条件来说,国家级、省级图书馆基本都有恒温恒湿的古籍善本专用书库,宗教古籍与其他古籍一起得到很好的保护。但一些地、市、县级图书馆、文化馆,保管条件则相对较差。我曾到某县级文化馆考察,那里收藏了一部珍贵的《嘉兴藏》后期印本,存放在一间狭小的平房中。保管者除了紧闭封锁以求不丢失外,无力作进一步的养护。当我进入那间多年未曾有人进入的狭小房间,看见到处堆积着厚厚的灰尘,心中感慨,实难自已。后来曾动员南方某佛教寺院出资以改善收藏条件,最终未果,至今引为遗憾。多年未去了,不知目前情况如何。

就古籍保护而言,国家图书馆有古籍修复机构。如上世纪五六十年代,国家图书馆修复了著名的《赵城金藏》。90年代又配合馆藏敦煌遗书的编目与出版,对馆藏敦煌遗书做了大规模的修复。有些省级图书馆也有专业人员从事古籍,包括宗教古籍的修复。但大多数图书馆缺乏图书修复的专业人才,很多残破古籍未能得到有效养护。不过,2007年启动的"中华古籍保护计划"把古籍修复人才的培养作为一项重点工程,想必将来情况会大为改观。

第二,各地的博物馆、文博馆

从国家博物馆到各省级博物馆,乃至地、市、县级博物馆、文博馆,多少不等地都藏有宗教古籍。在论及宗教古籍时,这一部分藏品经常被人们忽略。实际上,这些单位收藏的宗教古籍往往质量很高。

博物馆、文博馆中宗教古籍的保管、保护现状,与图书馆情况差不多,即级别越高的单位,条件越好;级别较低的单位,条件则相应较差。我曾经考察某县级单位,他们的收藏品属于国宝级文物。但是，该单位不但没有恒温恒湿的保存条件，连必要的安全措施也没有完全到位。以致为了保证藏品的安全，多年来，馆长、副馆长每晚轮流值班看守。我很为他们的这种负责精神所感动，也为如此珍贵的宗教古籍未能得到应有的保护而悲哀。他们的收藏品，有的已经部分碳化，无法触动，急需养护。我曾经专门向当时的国家图书馆馆长任继愈先生汇报。先生指示，国家图书馆可以免费为之修复。但由于种种原因，修复工作至今没有能够进行，言之令人痛心。

第三，各地的档案馆

这又是一个一般人不甚关注的宗教古籍收藏单位。其实，各级各类的档案馆保存的档案资料中，有相当一部分与宗教有关，或者本身就是宗教古籍。

按照档案法，目前很多档案资料已经超出保密期，可以向研究人员及社会公众开放。但由于研究者不知道档案馆也有宗教古籍，所以这一部分资料还没有完全进入相关人员的视野，没有得到有效的利用。

第四，各宗教团体

各宗教团体都收藏宗教图书，其中很多团体程度不等地收藏宗教古籍。

一般来说，各宗教团体均将现代图书与宗教古籍分别存放。比如佛教寺院，将古籍，特别是大藏经供养在藏经楼，而将一般图书存放在图书馆、阅览室。但也有相互混杂的情况，即藏经楼供养的，既有古本大藏经、其他佛教古籍，也有现代出版的洋装大藏经乃至其他现代书籍。而图书馆中，有时也存放少量的古籍。

就保管条件而言，随着这些年寺院建设的大发展，很多新建寺院修建了宏伟、庄严的藏经楼。建筑虽然宏大，但除了少数寺院外，大多数寺院的藏经楼都没有考虑保存古籍所需的恒温恒湿等条件。至于一些历史悠久的寺院，藏经楼依然是多年前的老建筑，有的经过维修，有的年久失修。人走上去，楼板吱吱作响，更不用说恒温恒湿之类的保管条件。更有甚者，藏经楼虽然供养着多部藏经，却常年闭锁。名义有人看管，实际无人照料。灰积尘蒙，听之任之。

由于没有专业修复人才，寺院无法开展宗教古籍的修复工作。我们自然不应以此苛责寺院。但是，确有不少寺院缺乏古籍保护意识，对所藏古籍缺乏关心。南方某寺，藏品长期无人过问，据说颇有损坏、丢失等情。直到后来中国佛学院毕业的某年轻僧人担任监院，才予以编目、保护。北方某寺收藏大批古籍，其中不少古籍扃锁多年，从不检视，亦不知是否有虫蛀鼠啮。甚至有的寺院见有些古籍虫蛀、霉烂，干脆一火了之。

总之，除了少数寺院外，大部分佛教寺院古籍保管、保护的情况，令人很不乐观。

第五，私人收藏

我国民间从来有收藏的传统，很多宗教古籍收藏在私人手中。从这些年诸多拍卖公司及网上古籍拍卖的情况看，私人收藏的宗教古籍数量颇为客观，这是我们从事宗教古籍保护时不可忽视的一个重要方面。

提到私人收藏，我想特别提出关于佛教忏仪文献的收藏问题。作为宗教仪轨，忏仪是佛教宗教生活的重要组成部分。宋代以下，以大规模忏仪为代表的信仰层面佛教成为中国佛教的两大主流之一,对佛教及中国社会的各个方面产生巨大的影响。但是,由于当时佛教大藏经的发展已经滞后于佛教的发展,大量忏仪文献未能收入大藏经。它们流传于民间,处在自生自灭的状态,不少忏仪古籍因此亡佚。忏仪文献的这种存在状态,对我们研究宋以下佛教造成极大的障碍。多年来,笔者始终关注这一问题,并与同事一起收集了民间流传的忏仪文献数百种,其中不少均为古籍,有些甚至可以定为善本。其实,我们收集到的,只是民间传本中很小的一部分。希望更多的人士能对这些民间传本引起关注,注意收集。

私人收藏的保管、保护情况,因人而异,很难一概而论。

宗教古籍是宗教文化的重要载体。其中不少为孤本,承载的信息是唯一的;不少为善本,本身又是珍贵的文物。这些古籍都是不可再生的。因此,对中华宗教古籍的保护迫在眉睫,应该引起各地宗教事务部门、宗教界、学术界的严重关切。

(二)中华宗教古籍的整理

下面分目录编纂与文献整理两个方面谈谈当前中华宗教古籍的整理。

第一,目录编纂

近些年来,我国在宗教古籍的编目方面,做了不少工作。比如,就图书馆而言,作为全国古籍整理项目之一的《全国古籍总目》已经完成,其中《子部·释家类》由南京图书馆善本部负责编纂,这是我国第一部大规模的图书馆所藏佛教古籍的联合目录。遗憾的是该目录仅涵盖我国几大主要图书馆的藏品,没有包括所有的省级图书馆,更不要说地、市、县图书馆。就寺院而言,苏州戒幢律寺早在八九十年代就编纂了寺藏古籍的目录。四川文殊院近年也将寺藏古籍编纂了目录,并计划继续将四川其他寺院的古籍也逐一编目。就专题目录而言,远方出版社出版了《蒙古文甘珠尔丹珠尔目录》。本人主持的国家社科基金特别委托项目《中国国家图书馆藏敦煌遗书总目录》即将完成。

但是,也应该指出,与我国收藏的浩如烟海的中华宗教古籍相比,上述工作还是非常不够的。本文上面从五个方面介绍了中华宗教古籍的收藏,下面谈谈它们的编目。

我国不少图书馆已经将自己馆藏的古籍(包括宗教古籍)编成目录,公开出版。但也有不少单位的古籍目录中不包括所藏的宗教古籍,或不包括所藏的全部宗教古籍。据我了解,有的图书馆收藏的宗教古籍数量相当大,但因缺乏相关的专业人员,至今尚未编目。

我国的博物馆一般不公布藏品目录。所以,对博物馆收藏的宗教古籍,除非得到相关博物馆的允诺及大力配合,进行认真的实地调查,否则难以了解其实际收藏情况。

就档案馆而言,除已经整理出版的专题档案外,档案资料一般不公布目录。保存在档案馆中的宗教古籍的专题目录,至今无人编纂。

除了少数寺院外,绝大多数寺院的古籍,均无目录。

至于个人的收藏品,自然更无目录问世。

因此,至今为止,中华宗教古籍的目录基础非常薄弱。

第二,文献整理

新中国成立以来,特别是改革开放以来,我国在宗教文献整理方面的成就有目共睹。在此特别应该提到汉文、藏文、傣文三大系佛教大藏经的整理。由任继愈先生主持、中华大藏经编辑局历时 13 年编纂,中华书局出版的《中华大藏经》(汉文部分上编),总 107 册。该藏以稀世孤本《赵城金藏》为基础,将历代大藏经中有千字文编号的典籍均皆收入,并用八种有代表性的藏经进行校勘,成为当代一部重要的汉文大藏经。由中国藏学研究中心大藏经对勘局主持,中国藏学出版社出版的《中华大藏经》(藏文部分),总 232 卷,是第一部现代化的藏文大藏经。由《中国贝叶经全集》编辑委员会主持,人民出版社出版的《中国贝叶经全集》,全 100 册,该书的傣文佛典逐段均有原书影印、计算机转写、国际音标、汉文翻译等四个部分,每部典籍并附汉文翻译全文及新傣文全文,是我国南传上座部佛教史上的创新。上述三大语系大藏经的整理出版,标志着改革开放以来,我国宗教古籍整理工作取得历史性的成就。此外,近年还出版了《中国宗教历史文献集成》,总 130 册,涵盖佛教、道教、伊斯兰教、天主教、基督宗教、民间宗教等各不同宗教的典籍,其中包括不少宗教古籍。中国国家图书馆则将所藏敦煌遗书全部影印出版,全约 140 余册,即将全部出版。

为了适应改革开放以来宗教界对宗教典籍日益增长的需求,一段时间以来,影印宗教古籍与佛教大藏经成为出版流通宗教典籍的重要方式。应该指出,影印古籍虽然部分满足了信教群众的宗教需求,但有些质量较差,难以阅读;有些名不符实,有欺世盗名之嫌。凡此种种,值得我们重视并在将来的工作中改进。

宗教古籍不仅具有供养功能,还是宗教人士及研究人员学习研究宗教的重要资料。单纯的影印,难以满足这一的需求。因此,对宗教古籍进行深度加工,即校勘、标点、撰写提要等成为一项重要的工作。以中华书局为代表的佛教典籍丛刊在这方面做了很好的工作。笔者主编的《藏外佛教文献》致力于整理发表敦煌遗书及民间散落的历代大藏经未收佛教文献,陈士强先生多年来在佛典提要的撰写方面用力甚勤。近年,一些佛教寺院开始致力于佛教古籍整理,如鼓山涌泉寺与学术界合作,将寺藏古籍(板片)中的重要文献校勘标点,嵩山少林寺也将寺院中的石刻碑铭录文整理。这些都是值得称道的。

文献整理的另一项重要工作为古籍的电子化。目前,宗教古籍电子化的工作也正在蓬勃开展,已经取得良好的成绩。

与我们面临的任务相比,我们已经做的工作,已经取得的成绩可说只占很小的一部分,还有大量的工作等待我们去完成。

三、对中华宗教古籍保护与整理的展望

佛教起源于印度,但印度佛教已经消亡,目前世界尚存汉传、藏传、南传三大系佛教。我国是汉传、藏传佛教的故乡,也是南传佛教的重要流传区域,是三大系佛教并存的唯一国家。可以预期,随着我国综合国力的日益提高,随着东西方文化的不断交流,

对中国佛教的研究迟早会成为世界佛教研究的高潮。就道教、伊斯兰教、基督宗教、天主教等中国的其他宗教而言，同样会遇到与世界同行进行宗教交流、对话与研究的高潮。为了迎接这一高潮，我们需要提前做好中华宗教古籍的保护与整理。

为了真正有效地对中华宗教古籍进行保护与整理，当前需要进行三项工作：

（一）要普及宗教古籍意识

宗教古籍保护、整理工作能否顺利展开，与有关人士的古籍意识的强弱有着直接的关系。因此，我们需要在相关人员中大力普及宗教古籍知识，培育与提高宗教古籍意识，使人们真正认识到宗教古籍的价值，主动自觉地投入到宗教古籍的保护、整理工作中。

我认为，提高宗教古籍意识，包括如下两个方面：

第一，要认识到宗教古籍是不可再生的资源。它们既是本教的重要财富，也是全民族的重要文化财富。任何人，只有保护的责任，没有毁伤的权力。保存尚好的古籍自然应当精心爱惜，已经残破的古籍更应该努力保护。再也不要发生将残破古籍一火了之这样令人痛心的事情。

此外，建议有条件的寺院应该尽力将流散在社会上的珍贵佛教典籍收购、妥善保管。这一点上海龙华寺已经做了很好的榜样，并收集到一些堪称"国宝"级的珍贵佛教古籍。希望这一工作能够并得到有关单位的支持与提倡，从而在佛教界普及开来。

第二，对古籍如果仅仅是扃锁起来，束之高阁，不准阅览，并不是真正的保护。那样做，有古籍等于无古籍，使活宝变成死宝。因此，任何古籍收藏单位，都应该促成古籍的合理使用，让它们在建设中华新文化，促进各宗教健康发展的过程中发挥积极作用。当然，如何正确处理使用与保护这一对矛盾，是我们需要认真研究的。

（二）组织力量，进行中华宗教古籍普查

我国现存中华宗教古籍到底有多少？分布情况如何？不同古籍的保存状态如何？存在的问题是什么？这是我们进行中华宗教古籍保护与整理时必须首先落实的问题。有了符合实际的调查，才能做到心中有数，制定出切实可行的保护整理方案。

目前，国家正在进行"中华古籍保护计划"，其中的古籍普查，也包括宗教古籍的普查。遗憾的是，几年来的实践证明，除了少数单位外，宗教界对国家这次的普查工作普遍表现出热情不高，参与度较小。我们希望宗教界能够积极参与到"中华古籍保护计划"这一利己利国的活动中。我们更希望各宗教古籍收藏单位，能够将本单位收藏的古籍编纂为详尽的目录，最终争取编撰成全国联合目录，为进一步做好中华宗教古籍的保护与整理，奠定坚实的基础。

（三）有计划地有步骤地开展宗教古籍整理

目前，宗教古籍整理的势头很好，但问题不少，困难很大。就编印大藏经而言，不少单位正在从事这一工作，有的单位正在计划推出新的大藏经编印工程。但遗憾的是，大多数单位编印的大藏经定位不清，大量出现低水平的重复劳动。我们的人力、物力、财力都有限，是否有必要去做那种低水平的重复劳动，值得有关人士深思。

中国已经进入文化建设的新时代，时代要求我们拿出文化精品。古籍整理工作，本来就容不得半点浮躁与虚夸。我们只有沉潜笃实、精益求精地付出艰苦的努力，才能真正打造出无愧于时代的文化精品。这就需要有关部门协调相关宗教单位与学术力量，全面规划，统筹兼顾，分清主次，区别重点，分批分期，逐步展开，并充分利用电子化手段，以将中华宗教古籍整理的工作，提升到新的层次。

2010 年 10 月 30 日于台北南港

略谈《中华大藏经》在汉文大藏经史上的地位[①]

　　《中华大藏经》(汉文部分,上编,以下简称《中华藏》),1982 年在当时的国务院古籍整理规划小组支持下立项起步,由任继愈先生主持,组成《中华藏》编辑局进行编辑,1994 年编辑工作完成。该书由中华书局出版,1997 年出版工作完成。全 106 册。在中华人民共和国的编辑出版史上,这可算是一个屈指可数的重大工程。先后获得全国古籍整理一等奖、中国社会科学院科研荣誉奖、国家图书奖荣誉奖。

　　汉传佛教在中国酝酿成熟,流遍东亚。近代以来,日本于上世纪 20 年代编辑的《大正新修大藏经》被当作汉传佛教大藏经的代表,得到世界普遍的承认。因此,编纂一部高水平的汉文大藏经,便成为中国佛教界、研究界百年来的梦想。上世纪 20 年代以来,不少仁人志士为现实这一梦想而努力奋斗。

　　承载着百年的梦想,任继愈先生主持的这部《中华藏》,作为由国家立项的重大课题,从一开始就受到各方面的关注。各方面的人士,从不同的角度出发,对这部大藏经的编纂,都曾经提出自己的设想。面对这一局面,《中华藏》编辑局当时的方针是:不坐而论道(即不争论),不成立编委会,不受各种议论的干扰,把事情做出来。这一方针的结果是:经过 13 年的努力,《中华藏》(上编)106 册编辑完成;13 年中,也时常听到对于《中华藏》的各种议论。在这些议论中,褒奖的议论在此暂且不论;批评的意见主要有两条:一为百衲本;一为使用不便。

　　当笔者撰写这篇文章时,距《中华藏》的编辑完成已经 11 年,距它的全部出版,也已经 7 年。虽然不能说什么"盖棺定论",但拉开一定的时间段,站到今天的立场上回顾《中华藏》,我们的评论可以更加客观一点。

　　评论《中华藏》,可以从各个角度去进行,本文主要把它放在汉文大藏经史的背景中来考察。

　　汉文大藏经从形成到如今,大体可以分为四个时期:写本时期、刻本时期、近现代印刷本时期与数码化时期。目前,我们正处在近现代印刷本时期与数码化时期交替的过程中。《中华藏》则属于近现代印刷本时期的藏经。

　　近现代印刷本时期的藏经,按其采用的方式不同,可分为排印与影印两种。

---

　　① 曾载《书品》2005 年第 3 期。

属于排印的,又可以分为两类:一类是铅印,即用铅活字排版,做成纸型,然后印刷。用这种方式印刷的藏经,日本先后有《弘教藏》、《大日本大藏经》、《大日本续藏经》、《大正新修大藏经》等,中国则有《频伽藏》与《普慧藏》等。另一类是激光照排,即计算机录入,激光制版,然后印刷。用这种方式印刷的藏经,中国有《文殊大藏经》(中途夭折)、《佛光大藏经》(正在进行)。铅印与激光照排,虽然方式不同,科技含量不同,但都要全部重新植字(录入),然后印刷,就藏经形态而言,两者并无本质差异。

排印本藏经文字清晰,装帧实用,信息量大。特别应该提出的是,排印本藏经的出现,与近现代佛教学术研究的兴起基本同步。由此新编的藏经,学术含量高。这不但体现在独具一格的分类体系,也体现在校勘、断句标点等方面。其方便、实用与科学,远远超过古代的木刻本。因此,问世不久,便以其无可辩驳的优势,淘汰掉古代的刻本藏经。不过,排印本需要大规模植字。校对精细的,仍难免疏漏百出;校对粗疏的,则鱼鲁之讹,不忍卒读。日本《大正藏》号称水平最高,按照最近的研究,其植字错误至少达万分之十几,大大超过万分之一的要求。按照中国目前的通行标准,它上不了优秀图书的参评线。

属于影印本者,也可以分为两类:一类是单纯影印本,即不改变原底本的编排,单纯影印。如近年影印的《明北藏》、《清龙藏》、《频伽藏》等。这些影印本可视为原藏经的一种重印本。另一类是重编影印本,即改变了原底本的编排,按照新的体例重新编排所收经典,如《中华藏》。这种影印本实际上已经与原底本脱节,形成新的藏经。

今天,古代刻本藏经基本上已经成为文物,单纯影印本使它们化身百千,既可以满足寺院供养法宝的需求,也可以让更多的人一睹它的本来面目;相对于排印本藏经的大量植字错误,单纯影印本为我们提供了可信的核对依据;单纯影印本还保留了刻本藏经的原始形态,大大方便了刻本藏经研究者的工作;加之影印本改用现代装帧,使用方便。如此种种,都是单纯影印本受到人们欢迎的原因。

但是,单纯影印本均以古代某一特定刻本藏经为底本,而囿于各种原因,古代刻本藏经的收经范围都有不足。此外,古代刻本藏经都存在程度不同的各种错谬,而上述单纯影印本的操作者大抵着眼于经济效益,并没有做校勘之类费钱吃力的工作。有些单纯影印本在印刷过程中曾作修版、补版,而又不予以说明,从而损害了它的可信度。凡此种种,又不免降低了这些影印本的价值。

而《中华藏》这样的重编影印本,与排印本相比,它具有影印本的忠实于底本的优势,起到反映刻本面貌、可供研究刻本状况之功;与单纯影印本相比,它又吸收了排印本校勘的优点,把历代主要藏经的行文差异聚集在一起,使读者得持一本而揽全局之效。也就是说,《中华藏》凭现代印刷科技之便利,积13年孜孜校勘之苦功,使得它在写本、刻本、近现代印刷本、数码本这一汉文大藏经的发展序列中,位于近现代印刷本的最高端,从而在汉文大藏经发展史上,产生出一个新的品类,树立起自己独特的地位。

谈到《中华藏》在汉文大藏经史上的地位,还必须谈到的一点,就是大藏经的收经标准。

　　我曾经提出大藏经的三要素,首当其冲的是收经标准。一部藏经,总有它的编纂目标。收经标准,是体现这一目标的主要方面。考察古代藏经,无不有自己明确的收经标准。但我们考察《大正藏》,可以发现,它竟然没有确定的收经标准。我曾有专文评述过《大正藏》的这一缺憾,在此不拟详细展开。《中华藏》则赓续了我国的编藏传统,其上编收入历代大藏经的有千字文编号的所有典籍。由此,一藏在手,历代诸藏总揽于此。

　　我在这里提出收经标准这一问题,还在于像《大正藏》这样在世界上具有重大影响的藏经,竟然不将收经标准纳入自己的工作规范,此例一开,势必对后代的编藏实践造成负面影响。《中华藏》重新严格收经标准,这在汉文大藏经的编纂史上自然会记上一笔。

　　下面谈谈人们对《中华藏》的两点批评。

　　关于百衲本问题,我想,这既是《中华藏》的缺点,也是它的优点。由于是百衲本,使得《中华藏》缺乏统一的版式,显得不那么美观。但正因为是百衲本,使得《中华藏》可以尽显古代各种木刻藏经的风采。得失相比,应该还是得大于失吧。何况《中华藏》本身全部现代装帧,上下三栏,总体风格还是一致的。

　　关于使用不便问题,可以分为三个方面:一是经文没有标点断句;二是校勘记放在卷末;三是长期缺乏可供读者使用的实用目录与索引。

　　经文没有标点断句,的确是《中华藏》的一大缺点。公允地说,至今为止所有汉文大藏经,包括日本《大正藏》,乃至网上大藏经都缺乏全面、正确的标点。《中华藏》没有施加标点的原因有两条:第一,《中华藏》是影印,影印本上无法施加标点。第二,1982年《中华藏》启动时,我国的佛教研究力量还不足以完成大藏经标点这一艰巨的任务。20年来,我国的佛教研究突飞猛进,佛教研究队伍也飞速成长。现在,我们已经完全具备对大藏经进行标点的学术力量。我想,只要经费落实,组织落实,《中华藏》标点这一问题,将会在佛典数码化的进程中得到解决。

　　校勘记放在卷末,使用的确非常不便。这也是影印本的不得已之处。这一问题的解决,也只能寄希望于下一步的数码化。

　　关于实用目录与索引,我想作一点说明。1997年《中华藏》编辑完成,任继愈先生便把编撰《中华藏总目索引》的任务交给我,中华书局责任编辑毛双民先生也曾多次催稿。由于我设计的《总目索引》包括多方面信息,纳入多种功能,自我加大了工作量;又因为我还承担了其他一些工作,未能全身心投入《总目索引》的编纂;从而使这一工作迟迟不能完成。最后在任先生的决断下,交由潘桂明先生继续承担,才使得《总目》在短期内编成,并在2003年由中华书局出版。在此,我应对迟迟未能向读者提供《中华藏总目》承担责任,并向读者及中华书局致歉。2003年版的《中华藏总目》,已附有简单索引。至于更详尽的索引,有待日后完成。

《中华大藏经续编》的编纂①

　　大藏经是基本网罗历代汉译佛典并以之为核心的，按照一定的结构规范组织，并具有一定的外在标志的汉文佛教典籍及相关文献的丛书。它的内容十分广泛宏富，涉及宗教、哲学、历史、民族、语言、文字、音韵、文学、艺术、天文、历算、医药、建筑、中外关系等诸多领域。它是人类文化遗产的重要组成部分，对世界文化，特别是亚洲文化曾经产生过深远的影响。

　　现在尚流传于世界，并自成体系的大藏经主要有三种：南传巴利语三藏、汉文大藏经、藏文大藏经。在这三种主要的大藏经中，汉文大藏经所收经籍的数量最多，涉及的时代跨度最大，地区涵盖面最广，包容的佛教派别也最多。所以，汉文大藏经之重要，历来为世人注目。

　　自南北朝以来，我国历朝历代都把修造汉文大藏经作为本朝的大典，以致修造大藏经成为中华民族文化史上代代相续、垂芳百世的盛事。如今，赓续中华民族的这一文化传统，修造新的大藏经，已经成为我们这一代人的责任。

　　今天，我国新文化的建设，正处在一个资料积累的时期。在我们走向现代化的过程中，清理传统文化，继承优秀传统，就必须对佛教文化进行深入的研究。两千年来，佛教文化已经融入中华文化，并成为中华文化的一个有机组成部分，需要我们进行认真总结。而汉文大藏经必将在这一过程中作出应有的贡献。编纂《中华大藏经》也是顺应这一历史的需求。

　　按照传统，已往每个朝代编纂大藏经时，一般都会对前代的大藏经进行整理，并增收新的佛教文献。所增收的佛教文献形成续藏，从而使大藏经的内容不断更新、扩展。历数唐宋元明清，无不如此。《中华大藏经》所收仅为历代大藏经的有千字文帙号部分，尚未包括古代大藏经已经收入的全部佛教典籍，更无论新编入藏。百年来，散逸在传统大藏经之外的新的佛教文献不断被发现，如敦煌遗书，房山石经，西夏故地之新出佛典，六朝以来的散逸佛典（包括散逸在国外的佛典），金石资料中的佛教文献，各地图书馆、博物馆保存的未为历代大藏经所收的古代佛教典籍；正史、地方史志、丛书、类书、个人文集中保存的佛教资料；与佛教有关的金石资料。此外，近代以来，涌现一批

---

① 曾载《光明日报》2005 年 7 月 14 日。

新的从梵文、巴利语、藏文翻译的佛教典籍。新的反映时代水平的佛教研究著作也层出不穷。我们自然应该将上述佛教文献加以认真的整理，编入《中华大藏经续编》，使《中华大藏经》成为历史上收罗最为宏富、资料最为充实的佛教典籍宝库。因此，早在1982 年《中华大藏经》起步之初，就有编撰《续编》的设想，只是条件不成熟。现在，国家经济腾飞，综合国力增强，在国家关注下，有关方面的支持下，《续编》终于上马起步。

《续编》收录典籍的范围为《中华大藏经》没有收入的汉文佛教典籍。下限截止到当代。字数约在 2 亿 6000 万字左右。是《中华大藏经》的一倍多。初步计划分设如下诸部：

印度典籍部，收入印度佛教典籍。包括经律论、贤圣集传，以及对于上述典籍的注疏与复疏。

南传典籍部，收入南传佛教典籍。包括律经论三藏及三藏以外的其他南传佛教传统典籍。

藏传典籍部，收入藏传佛教典籍。包括甘珠尔、丹珠尔及历代传承的松贲文集。

汉传注疏部，收入关于印度佛教、南传佛教、藏传佛教典籍的注疏及复疏。

汉传撰著部，收入论述教义的佛教典籍及对这些典籍的注疏与复疏。以及佛教的论文总集、纂辑、僧人个人文集、类书等佛教文献。

史传地志部，收入各种佛教史传及佛教历史地理学著作。包括总史类、别史类、史料集、寺志、山志、僧人行脚纪、各种地方史志中的佛教资料等。

忏仪部，收入各种佛教忏仪。

疑伪经部，收入各种疑经与伪经。

三教论衡部，收入中国儒释道三家论议佛教的典籍。

外教部，收入历史上与佛教曾有交涉的国外其他宗教的相关典籍。如印度教、耆那教、摩尼教、景教等。

目录音义部，收入佛教目录、音义等各种工具书。

《中华大藏经续编》下编将根据各典籍派别归属、思想倾向、功用形态的不同，对收入上述诸部的典籍，进一步分作若干类。并提供各种必要而实用的检索手段。

我曾经撰文指出，在古代，佛教大藏经具有义理性、信仰性两种功能。而在新时代，佛教不仅作为一种宗教继续存在，继续被人们信仰，而且作为一种社会文化形态被人们关注与研究。《续编》将与已出版的《中华大藏经》体现当代中国佛教研究的水平，成为名副其实的佛教文化总汇，翔实、完整、科学、实用的佛教文献，为充实中华民族的文化宝库贡献力量。

《大正新修大藏经》评述①

　　《大正新修大藏经》（以下简称《大正藏》）是在高楠顺次郎、渡边海旭、小野玄妙等人的主持下，集中日本佛教界、学术界一大批优秀学者，历时 13 年（1922—1934），克服种种艰难困苦编辑出版的。据统计，先后参与人员约 300 人，涉及有关人员达 45 万之多，编辑费用则达 280 万日圆。了解本世纪二三十年代日本物价水平的人都知道，这实在是一笔惊人的巨款。全藏 100 卷，计正藏 55 卷、续藏 30 卷、图像部 12 卷、昭和法宝总目录 3 卷。收录各种典籍、图像 3360 部，13520 卷。是当时收录佛教资料最多的一部大丛书。半个多世纪以来，这部大藏经对世界佛教研究的普及与深入贡献之大，实在无与伦比。堪称佛教文献学史上一座前所未有的里程碑。1960 年，日本"大正新修大藏经刊行会"发起重印，重印时对初印本的若干错误作了校正修订。

　　在世纪交替之际，越来越多的人认识到，在不同文化体系的背景中成长起来的东西方各国人民，必须加强相互的交流与理解，必须继承与发扬人类传统文化中一切优秀的成分，以共同创造一个更加美好的未来。而曾经影响了并至今仍影响着东方世界广大区域与人民的佛教，也因此而日益为人们所重视。正因为存在着这样的社会历史背景，近二三十年来编辑新的佛教大藏经的热潮、英译汉文佛典的热潮方兴未艾。因此，认真总结《大正藏》的优点与不足，对我们目前的佛教文献整理与新的大藏经的编纂，对佛教文化的进一步发展，进而对中西方文化的进一步交流，都具有重要的意义。本文限于篇幅，不可能对《大正藏》作出全面的评价，只是简要地谈谈个人在使用《大正藏》及整理佛教文献时的一些体会与想法。

　　《大正藏》的优点是多方面的。除了篇幅浩大、资料丰富、收纳了大批前此未入藏的资料外，从大藏经编纂的技术角度，还可以归纳为如下几个方面：

（一）精选优秀底本

　　汉文大藏经经历了漫长岁月而形成，先后出现写本、刻本两大阶段。在写本阶段，因抄写者不同、抄写的目的不同，写本的质量参差较大。既有三校定本的精本，也有粗率之作。刻本藏经，则因其所依据的底本不同、刻工的认真与否，质量也高下不一。因

---

　　①　曾载《闻思》，华文出版社，1997 年 3 月。有修订。

此,为了保证新编辑的大藏经的质量,首先必须解决的基础性问题就是选定好的底本。

《大正藏》以《再刻高丽藏》为底本,应该说是在当时条件下独具慧眼的正确决策。《再刻高丽藏》由高丽守其在《初刻高丽藏》的基础上修订而成。修订时参考了《开宝藏》、《契丹藏》,从而使《再刻高丽藏》成为当时一部十分精良的大藏经。为了说明这一点,有必要谈谈《开宝藏》、《契丹藏》、《初刻高丽藏》、《再刻高丽藏》的相互关系。

《开宝藏》是我国第一部刻本大藏经,是依据蜀地的一部写本藏经刊刻的,如我在《佛教大藏经史(八—十世纪)》中所论述的,会昌废佛之后,我国的大藏经均以《开元释教录·入藏录》为基础而统一。但随着时间的流驰,由于中国地域辽阔,各地情况不同,于是又出现一个统一过程中的分化。亦即各地的大藏经虽然均以《开元释教录·入藏录》为基础,但相互间略有参差,从而出现种种不同的变种。所谓《开元释教录略出》实际就是在这一过程中出现的变种之一。现在看来,《开宝藏》所依据的这部蜀地写本藏经的实际组织形式也是当时诸种以《开元释校录·入藏录》为基础的写本藏经的变种之一,与正规的《开元释教录·入藏录》有一定的差异。且存在不少错误。根据吕澂先生研究,这些错误在其后的诸修订本中逐步得到纠正。

《契丹藏》是辽代官刻的藏经,以往人们以为它是依据《开宝藏》覆刻的。现在则明白,它实际是依据流传在北方的一部写本藏经刊刻的。这部写本藏经比较严格地按照《开元释教录·入藏录》组织,且经过严格校订,可说是当时最为精良的刻本藏经。可惜后代亡佚,我们现在只能根据《房山石经》中的若干经本及近年发现的若干零本而略知其仿佛。

《初刻高丽藏》依据《开宝藏》覆刻而有损益。其后因版片毁损而有《再刻高丽藏》之举。如前所述,当时守其依据《开宝藏》,特别是依据《契丹藏》对《初刻高丽藏》进行了认真的对勘,纠正了原版的种种错误。其工作反映在守其所著的《高丽国新雕大藏经校正别录》中。守其严谨的作风使得《再刻高丽藏》成为当时诸种藏经中的佼佼者,使得《再刻高丽藏》成为当时集诸藏之长的优秀藏经。

凡是《再刻高丽藏》已经收入的佛典,《大正藏》均以《再刻高丽藏》为底本,从而使自己的工作有了一个良好而坚实的基础,即所谓“站在巨人的肩上”,这是《大正藏》取得成功的重要原因之一。至于那些《再刻高丽藏》中未收的典籍,《大正藏》在选定底本时就有一定的随意性。如某些典籍在某一种大藏经中已经收入,但《大正藏》在选定底本时没有选用该入藏本,而是选用收藏日本某些寺院的抄本。这或者与当时这些入藏本比较难以寻觅有关。

(二)确定科学体例

结构体例的好坏,也是一部藏经成败的关键之一。所以我把结构体例问题视作“藏经组成三要素”之一[①]。我国古代的僧人在漫长岁月中对大藏经的结构体例下了很大的功夫,提出过种种方案。经过时间的淘汰,大家渐渐认同唐释智升在《开元释

---

① 参见拙作:《佛教大藏经史(八—十世纪)》,中国社会科学出版社,1991 年 3 月,第 4 页。

教录·有译有本录》中提出的分类法。应该说,智升的分类法的确代表了我国古代佛教文献学的最高水平,但也不是尽善尽美。我曾经指出:"从总体看,智升是站在中国佛教重大轻小的传统背景上设计汉文大藏经结构的,因此,他没有,也不可能考虑到怎样努力用大藏经的结构来反映佛教发展的历史线索。"①智升的分类法其后成为我国历代大藏经结构体例之圭臬。明代智旭在其《阅藏知津》中提出一种新的分类法,这种分类法在其后我国大藏经的编藏实践中并没有得到体现,但对日本佛教界有一定的影响,后来日本《弘教藏》的编次便基本依据《阅藏知津》。其实,在我看来,智旭并没有改变智升方案的根本缺陷,只是按照天台五时判教的观点把佛典重新组织而已。

《大正藏》则完全抛弃传统的"重大轻小"的分类原则,力图依据思想的发展与典籍的演变这样的历史线索来安排大藏经的结构,以期给研究者最大的方便。从广义说,这也是一种判教。但这是从历史演化的背景出发,站在科学立场上的判教,与此前的各自站在自己宗派立场上进行的判教有着本质的不同。这是日本近代以来接受西方的科学研究方法论,并将它具体运用于佛教文献研究领域的成功实践。反映了20世纪上半叶的最新成果。高楠顺次郎在《大正新修大藏经全百卷完成献辞》中总结《大正藏》的十大特点,其中第二点即为"采用了综合现代学术研究成果的最新式的编修(体例)"②。应该说是很中肯的评价。比较而言,近代以来我国一些学者设计的大藏经结构仍然没有跳出传统的重大轻小的窠臼,则实在令人遗憾。

藏经体例的创新,既要有新的研究方法论的指导,又要求编纂者必须有深湛的佛学功底,在实际工作中还必须兼顾现有汉文佛典的具体情况,实在是一件非常困难的工作。近代以来已出现多种新的大藏经分类法,有的方案可说完全从纯理想的角度出发以设置各种类目。理想固然理想,但在纷繁复杂的现有佛典面前缺乏操作性,最终还是行不通。《大正新修大藏经会员通信》第一号刊登了高楠等人最初的体例设想,与《大正藏》最后的实际形态相比,两者已有较大的不同。由此可以体会到编纂者当初如何为建立更加完善的体例而绞尽脑汁。学术的进步是没有止境的,站在今天的立场上,我们仍然可以指出《大正藏》在结构体例方面的若干不足,关于这一点,下文将予评述。但在当时,它的确雄居于佛教文献学的最高峰。

(三)进行认真校勘

有无认真的校勘,也是一部大藏经是否优秀的重要标志。

刻本藏经承袭写本藏经而来,写本藏经的种种鲁鱼之讹自然也会影响到刻本藏经。诸种刻本藏经渊源不同,承袭各异,使同一经典往往显示不同的形态。凡此种种,使得藏经的校勘成为一件不可忽视的大事。

高楠顺次郎回忆说:在首次酝酿编纂《大正藏》的会议上,中野达慧曾提出,中国明代集中了数十位优秀人才,利用各种版本进行对校,已经印行了优秀《嘉兴藏》。因此,

---

① 参见拙作:《佛教大藏经史(八—十世纪)》,中国社会科学出版社,1991年3月,第42页。
② 载《大正新修大藏经会员通信》,第14号。

现在没有必要再出一部新的校对大藏经(当时日本已经依据《嘉兴藏》出版了《卍字藏》)。但其后在利用《嘉兴藏》对石山寺所藏写本《大般若经》进行整理时,人们吃惊地发现,《嘉兴藏》本《大般若经》不但有错字,甚至有连续数行乃至半页的脱漏。错误之多,几乎每页都需用朱笔进行校改。正是这件事促使日本学者下决心编纂《大正藏》①。也就是说,从一开始,校勘工作就在《大正藏》的编纂事业中占据着重要的地位。

《大正藏》主要利用增上寺的宋藏(《思溪藏》)、元藏(《普宁藏》)与作为底本的《高丽藏》对校。又加校明藏(《嘉兴藏》)。此后,又加校原藏于上野帝室博物馆的正仓院古写经与藏于宫内省图书寮的北宋本一切经(《崇宁藏》、《毗卢藏》混合本)。我国的藏经可以分为以《开宝藏》为代表的中原系、以《契丹藏》为代表的北方系以及以为《崇宁藏》等为代表的南方系。《再刻高丽藏》实际集中了中原系、北方系的优点,而《大正藏》又参校了南方系《崇宁藏》、《毗卢藏》、《思溪藏》的经本。因此,《大正藏》可以说集诸家之精华于一身。此外《大正藏》还从日本各寺院收入不少古写经或刊本,或作校本,或作底本。更增加了它的学术价值。

校对时,只指异,不改文。即使底本明显错误,也不作改动。所用经本,在《大正藏》每卷末尾的《略符》中均有介绍。而在《昭和法宝总目录》的《大正新修大藏经勘同目录》中则对每一部典籍的底校本都作了交代。尤其值得称道的是,不少经典还与梵文本或巴利语本作了对勘,并在校记中注出梵文或巴利语原词。

古人有云:校书如扫落叶,旋扫旋生。这实在是经验之谈。因此,校书的质量一般与校书者的学术水平及其精严的态度成正比。前些年,我们在编纂《中华大藏经》时,对《大正藏》所收若干典籍的校记作了复核,发现《大正藏》的校对固然也有不少疏漏之处,但从总体来说,还是比较严谨的。这也是《大正藏》出版后受到欢迎的重要原因之一。高楠顺次郎把"施加前所未曾见的博涉严正的校正"作为《大正藏》的十大特点之一,也可谓恰如其分。

(四)加以断句训点

《大正藏》对所收典籍全部加以断句;为便于日本人利用,还按照日本人读汉籍的习惯,对其中若干典籍加以训点。高楠顺次郎指出,这是为了使佛典更加大众化、实用化,更利于人们阅读而作的努力。

笔者对日本的训点仅略知一二,无权进行评论。至于《大正藏》的断句,历来甚受批评。的确,除了若干承袭《嘉兴藏》断句的典籍之外,《大正藏》的断句,可谓错误百出。如果用朱笔校改,想必会满篇皆红。应该说,这与日本学者阅读、研习汉籍的学力修养有关。近几十年来,不时可以听到一些日本学者对本国的汉籍修养、汉学水平提出批评,有的还相当严厉。可见这个问题已经为日本学者所注意。尽管如此,我认为,《大正藏》编纂者使佛典更加大众化、实用化的愿望是值得称颂的,他们的努力也是值得肯定的。俗话说,只有什么事情也不做的人才不犯错误。佛典博大精深,任何人都

---

① 　参见高楠顺次郎:《大正新修大藏经刊行之开端》,载《大正新修大藏经会员通信》第2号。

不敢声称自己能够探其究竟。佛典标点难度之大,使多少饱学之士望而生畏。《大正藏》的编纂者知难而进,这种精神也是值得我们后人学习的。另外,我也常常听一些初学者说,《大正藏》有断句,好读。可见,有断句正是使《大正藏》受读者欢迎的重要原因之一,编纂者藉断句而使佛典更加普及的愿望可说已经达到。断句有错固然可能误导读者;但知道《大正藏》断句不尽可信,从而小心谨慎,也可以促使人们深入思考。所以,我认为,就《大正藏》的断句实践而言,可谓毁誉参半、功过相抵;但《大正藏》编纂者由此指出的使佛典更加普及化的方向无疑将指导后进者一步一步地前进,精益求精地把佛典标点工作做得更好。

(五)实用的版本目录与索引

作为一个佛教文献学工作者,《昭和法宝总目录》是我案头必备的参考书。其中最为常用的是《大正藏》的版本目录——《大正新修大藏经勘同目录》与两个实用索引——《大正新修大藏经著译目录》、《大正新修大藏经索引目录》。

《大正新修大藏经勘同目录》按编号逐部著录《大正藏》所收典籍。先著录其经名、卷数、在《大正藏》中的卷次与页码,然后的著录项目依次为:

1. 名称,包括中、日、梵、巴、藏之异名、略名;
2. 著译者及著译年代;
3. 该佛典在丽、宋、元、明诸藏及在诸日本大藏经中的函号;
4. 所用的底本及校本;
5. 品名、子目;
6. 异译本、注疏、参考书;
7. 备注。

上述诸项,有则著录,无则空缺。我想,看了上述著录项目,无庸再作论述,人们自然会对该目录所具有的高度学术价值与实用价值作出评价。

《大正新修大藏经著译目录》以五十音图为序,分别著译者,著录《大正藏》所收的该人著译的佛教典籍。著译者附简略小传;每部典籍注明卷数及在《大正藏》中的卷次与页码。

《大正新修大藏经索引目录》以五十音图为序,著录诸典籍之正名、异名、略名等。凡属正名,则在经名下著录卷数、著译者、在《大正藏》中的序号、卷次、页码;凡属异名、略名等,则仅著录其在《大正藏》中的序号,以示区别,并便检索。

上述目录与索引对读者按图索骥查阅佛典,尤其对检索佛典的梵文名、巴利语名、藏文名、汉文异名、异本、注疏、品名、年代、著译者、诸藏函号,检索历代佛教学者的入藏著译,均有极大的功用。以往所有的大藏经均没有类似的目录与索引,这当然是时代的局限。而《大正藏》能够自觉地站在现代学术背景上,发扬现代学术的严谨学风,按照现代学术的要求来要求自己,从而编纂出具有如此高度学术水平的基本工具书。可以说,《大正藏》的这些目录与索引不仅给读者以极大的便利,而且奠定了《大正藏》的科学基础。这是《大正藏》编纂者对大藏经编辑理论与实践的一大贡献,对佛教文献学的一大发展。高楠顺次郎把编纂上述版本目录与索引作为《大正藏》的十大特点之一,的确当之无愧。

(六)现代印刷与装帧

《大正藏》采用铅字印刷,给读者以莫大的便利。仅就字体而言,古代的写经,一字多形及字体讹变在所多有;刻本藏经,也难以避免这个问题。因而给读者带来种种不便。采用铅印,讹变的字体通过正字而规范化,爽目易读。

不过,《大正藏》采用铅印,实在是自己给自己找麻烦。据统计,《大正藏》总计96652页,按每页1500字计算,共计约1.5亿字。且不说大量佛典特有的异体字、悉昙字需要特意新雕赶造。仅就如此规模的巨书,逐一植字、校对,并以每月一卷的速度出版而言,其工作量之大可以想见。当然,《大正藏》颇有疏漏之处,60年代再刊时就有修订。至今仍有相当多的误植有待改正。但与当今中国粗制滥造的出版物泛滥成灾,以至有"无错不成书"之叹的情况相比,《大正藏》的校对、印刷质量及出书速度就要胜过一筹。我以为,这不能简单地归结为宗教热情与宗教责任心,应该看到由此体现的《大正藏》编纂者们的学术良心与时代责任感。这正是每一个佛教文献学工作者必须引为楷模的。

《大正藏》采用现代精装,选纸精良,装帧考究,使用方便。这也是以往的藏经所无法比拟的。

我以为,全书断句,现代印刷与装帧,这正是《大正藏》得以风行世界的两大车轮。

(七)编纂配套的词语索引

《大正藏》出版之后,编纂配套的词语索引的计划便逐步提上议事日程。1943年,由小野玄妙负责开始着手,并编成阿含、目录、法华等诸部。其后因小野玄妙逝世及第二次世界大战等原因而中止。1956年,这一计划再次启动,并于1958年由大谷大学、高野山大学、驹泽大学、大正大学、立正大学、龙谷大学等日本著名的六所佛教大学组织成立了"大藏经学术用语研究会",负责规划、统筹此事,各大学分头承担任务。全部索引48册,完成一册,出版一册。至今已全部出版完毕,这是继《大正藏》之后的又一宏大工程。

该词语索引的采词比较广泛,并不限于佛教术语,而是尽量包罗人文、社会、自然等各方面的学术用语,还采集一些对理解当时的自然及社会有用的词语。所采词首先按五十音图排为音序索引,然后再分为五十类目排为分类索引,诸如:教说、教判、天文历数、地理、动物、植物等等,每类又根据需要分为若干小类,可供分类检索。末尾附有梵文索引、笔划检字、四角号码检字。这部索引可以供人们查阅各种名词术语在《大正藏》中的出处,为佛教研究提供了极大的方便。这部索引的问世,使《大正藏》更加实用化与学术化。

不足的是该索引收词不够周遍,影响了它的学术价值;有时亦有疏漏,影响了它的使用价值。当然,由于它完全用人力而非用电脑编成,故上述缺陷可以说是难以避免的。此外,出于某种考虑,当时规定从每一页中采出 50 个词语编入索引。这就出现在某些页码中,为了凑足数字,把一些不必要的词语也采入了;而在另一些页码中,由于规定限制,一些重要词语却未能采入。还有,设立五十个类目固然便于人们分类查索,但有时一个词语可以兼有几个类目的特性,这时把它分在何处,往往取决于编纂者的主观判断。加上由于分头编纂,各册体例并不完全一致,如有的只有分类索引,没有音序索引,这样一来,按照类目分类,反而不便于读者查找。因为读者与编纂者的判断并不一定完全一致,往往要查几个类目,才能找到该词。

上面对《大正藏》优点作了简要评述,难免有挂一漏万之处。但仅就上面所述,也可知《大正藏》之受欢迎绝不是偶然的。因为它是一部以现代学术思想为指导而编纂的最富学术性、最实用的佛教大藏经。当然,《大正藏》编成至今已有半个多世纪,站在当今的学术立场上回顾,也可以发现《大正藏》存在不少问题,值得我们引为鉴戒。我认为,除了上面已经涉及的若干问题外,《大正藏》还存在如下一些问题:

(一)篇标准问题

一部大藏,就编纂者而言,总有一个选篇标准,亦即哪些典籍入藏,哪些典籍不入藏。我认为这个问题也是"藏经组成三要素"之一①。《大正藏》的选篇标准是什么呢?

从历史上看,写本藏经的入选标准至唐释智升而大体确立,基本可以归纳为两条:1. 凡属翻译的域外典籍,一概收入。由这条标准又衍伸出两点:可疑的、假托的一概不收,亦即疑伪经不收;虽属外道典籍,但因其亦属翻译,故也收入。2. 凡属中华佛教撰著,仅收史传、音义、目录、法苑、仪轨等所谓"于大法裨助光扬,季代维持,实是纲要"②的典籍;其他典籍,"虽涉释宗,非护法者"③,则一概不收。因智升基本不收中华撰著,故后人批评智升的入藏标准,称:"经论虽备而章疏或废,则流衍无由矣。"④为了弥补这一缺陷,便出现专收中华佛教撰著的别藏。

刻本藏经,大抵承袭前代的藏经而增益之。如《开宝藏》增入宋代译经及天台教典等中华撰著,《契丹藏》续增辽代佛教撰著等等。故后代的大藏经一般可以分为两个部分:正藏与续藏。正藏承袭前代藏经而来,续藏为新编入藏。当然,大藏经非一人一时所编,情况非常复杂。上面所述的只是一般情况而已。如有的大藏经有正藏而无续藏,有的大藏经新增的部分与原有的部分不作严格区分,其间又涉及翻译著作与中华撰著等,很难一概而论,在此亦不拟详述。但作为一个基本原则,后代藏经一般均涵盖被它作为底本或基础使用的前代藏经的全部典籍而增益之。若有删除,必有理由,如《契丹藏》之删除《坛经》然。《中华大藏经》分上、下两编。上编收入历代大藏经之有千字文帙号部分;下编收入历代大藏经之无千字文帙号部分及新编入藏部分。正是

---

① 参见拙作:《佛教大藏经史(八—十世纪)》,中国社会科学出版社,1991 年 3 月,第 4 页。
② 《开元释教录》卷十三,《大正藏》第 55 卷,第 625 页中。
③ 《开元释教录》卷十三,《大正藏》第 55 卷,第 625 页中。
④ 《大正藏》第 55 卷,第 1165 页下。

赓续了古代的编藏的这一传统。

如果我们以"大藏经作为佛教典籍之总汇,收经应尽量齐全,起码必须把古代已经入藏的诸种典籍全部收入"作为一个标准来审察,可以发现《大正藏》的编纂并不符合上述标准①。这可以从两个方面来讲:

第一,历代大藏已收而《大藏经》未收的:如《大正藏》以《高丽藏》为底本,但《高丽藏》原有的《新译大方广佛华严经音义》、《御制缘识》、《御制逍遥录》、《御制佛赋》、《御制诠源歌》、《御制秘藏诠》、《御制莲华心轮回文偈颂》等均未收入。此外,《高丽藏》不收,但被《大正藏》的主要校本《崇宁藏》、《毗卢藏》、《思溪藏》、《普宁藏》、《嘉兴藏》所收的不少典籍,如《宋高僧传》、《传法正宗记》、《往生集》等均为《大正藏》所收;但同样为上述诸藏所收而被《大正藏》排除在外的典籍却又有数百部。那么,《大正藏》剔除这些典籍的原因何在呢?

第二,历代大藏未收而《大正藏》收入的:《大正藏》前55卷正藏部分收入不少历代大藏经均未收的典籍;其实,与这些入选的典籍水平相当的典籍还有不少,却又没有被选入。那么,上述典籍被入选的标准又是什么呢?

由此看来,《大正藏》并没有采用历代编藏的传统选篇标准,而是订立有自己独特的标准。这当然也无可厚非。但它的选篇标准是什么呢? 笔者寡闻,至今没有见到有关资料,但干泻龙祥的回忆大概可以回答这个问题。

干泻龙祥在《大正新修大藏经之新修意义与经纬》②中这样说:在大正十一年③(1922)7月的一次聚会上,高楠顺次郎介绍了《大正藏》的编纂原则:(一)以丽、宋、元、明四藏及日本古写经、敦煌文献进行校对;(二)对校梵、巴原典;(三)打破传统的大藏经结构体例,按照学术原则重新分类,以反映佛典思想的发展与文献的变迁。在当年11月的"新修大藏经编纂最高会议"上,与会者确认了上述三原则,列出诸分类部目并认领任务。大正十二年(1923)1月,按照上述分工开展实际工作,并决定增加一条新的原则,即(四)增收敦煌文献、日本古写经、续藏中的优秀典籍及日本诸宗要典。至该年3月,完成了"入藏目录"。

也就是说,在编纂者的心目中,最初的注目要点,是进行认真校勘与确立新的结构体例。至于选篇标准问题,并没有被纳入议事日程。而后选篇的实际工作,或标准的实际掌握,是由负责诸部的编纂者按照自己的理解分头完成,最后由高楠归总。要编一部大藏经,事先却没有确定统一的选篇标准,说来实在令人惊诧莫名。然而事实又的确如此。这样一来,出现前面所述的情况,即大量已入藏典籍未能收入,而收入新入藏典籍时畸轻畸重,自然就是难以避免的。

我认为,价值观念因时而异,因人而异,这是完全正常的。但作为佛藏编纂者,切

---

　　① 《大正藏》分正藏、续藏两部分,前55卷为正藏,所收为印度与中国典籍;后29卷为续藏,所收为日本典籍;第85卷为古佚疑伪部,以敦煌文献为主。本节只讨论前55卷与第85卷,不涉及日本典籍部分。

　　② 载《大正新修大藏经会员通信》,第17号。

　　③ 原文误作"昭和十一年"。

忌以个人的标准来取舍佛典。如果当年智升不把大量的注疏、疑伪经等屏除在藏外，则能够为后代保留多少珍贵的资料！前人有前人的时代局限，我们不应该用今天的标准来苛责前贤。但是，现代的大藏经编纂者，是不是应该牢牢地汲取这个教训呢？

（二）结构与分类问题

前面谈到，《大正藏》在结构体例方面颇有创新，这种创新应该肯定。但是，今天看来《大正藏》的结构也存在不少问题。这里以经部为例略作评述。

《开元释教录·入藏录》把经部分作大乘经、小乘经两大类，在大乘经中，又依次分般若、宝积、大集、华严、涅槃等五大部及五大部外诸经。小乘经先列四阿含及其眷属，然后罗列其他经典。《阅藏知津》也把经部分作大乘经、小乘经两大类，在大乘经中，则依次分华严、方等、般若、法华、涅槃五大部。在方等中，又分方等显说部与方等密咒部两类。小乘经与《开元释教录》大致相同。与《开元释教录》比较，《阅藏知津》删宝积、大集而增方等、法华。《阅藏知津》新设方等密咒部以收入各种密教经典，显然是弥补《开元释教录》不为密教经典单立部类之缺陷。

《大正藏》分经部为十类：阿含、本缘、般若、法华、华严、宝积、涅槃、大集、经集、密教等十部。可以看出，它是斟酌、吸收《开元释教录》与《阅藏知津》而作的改造，现图示如下：

《开元释教录》	《大正藏》	《阅藏知津》
般若部	阿含部	华严部
宝积部	本缘部	方等显说部
大集部	般若部	方等密咒部
华严部	法华部	般若部
涅槃部	华严部	法华部
五大部外诸大乘经	宝积部	涅槃部
四阿含	涅槃部	四阿含
四阿含外诸小乘经	大集部	四阿含外诸小乘经
	经集部	
	密教部	

说明：上表只表示《大正藏》与《开元释教录》及《阅藏知津》类目开合的大致关系，至于某些经典的具体归属，因更为复杂，在此不予涉及。

也就是说，就类目而言，《大正藏》新设的只有本缘部、经集部个两部。本缘部所收为诸种本生故事集、佛传故事集、因缘故事集与寓言故事集。当初主要供宣教之用，今天可称为佛教文学作品之汇集。这一类目的设置，甚便于人们的研究与使用。但经论杂糅，甚为无理。至于经集部，则基本上是把大、小乘经中那些无法归入上述诸类的经典统统收拢在一起而已。

审视经集部所收的 423 部经典，内容十分丰富，既有小乘诸部派的典籍，又有大乘各主题的典籍。但编纂者没有对它进行细致分析，只是笼统归为一部。吕澂先生批评它"笼统芜杂，本不足为法"①，实为的评。无论如何，经集部的编排，没有体现出编纂者原定的以藏经结构反映佛教"思想之发展与典籍之演变"这一学术目的。

《大正藏》在具体典籍的鉴别分类方面也存在不少问题。例如，求那跋陀罗译四卷本《央掘魔罗经》虽然源出于《杂阿含经》、《增一阿含经》的有关章节，但已经属于大乘经典，不应作为《杂阿含经》的异译经收入阿含部中。此类例子还有很多，不一一列举。

当然，藏经的结构、佛典的分类是一个非常复杂的问题，需要长期努力，认真研究，不可能毕其功于一役。《大正藏》在这个问题上已经前进了一大步。《大正藏》之后，不少学者也在这个课题上孜孜以求。我相信，只要锲而不舍地钻研下去，这个问题总能得到较为圆满的解决。

（三）对敦煌文献的整理问题

敦煌文献绝大多数为佛教文献，从时代上讲，其年代最早者可达公元 4、5 世纪，晚者则为公元 11 世纪，时间跨度达 600 余年。从抄写者讲，这些写卷有的出自宫廷楷书手之手，有的出自敦煌当地写经生之手，有的出自其他诸色僧俗人等之手，水平参差不齐。从内容上讲，大多数为历代大藏经已经收入的典籍，也有相当数量为历代大藏经不收或漏收的典籍，还有许多仪轨、杂文乃至错抄的废纸与习字的涂鸦，可谓杂乱无序。由于年代长久，不同年代写经之字体因古今演化而异；由于抄写者众多，写经质量参差不齐，错漏增衍实为常事；由于内容歧杂，必须对它们进行鉴别，然后才可以利用。加之它们本来就是一批被人废弃的古文献②，所存写经不但颇多残头断尾，而且鲁鱼亥豕之处，在所难免；文意漏断之处，亦为常见。此外，有相当一批文献是在敦煌本地产生的，带有浓厚的地方色彩，诸如敦煌俗字、河西方言、与少数民族语言文字的交涉互用等等。凡此种种，更增加了阅读与利用的难度。不过，在敦煌文献中，同一种文献经常保存有多个抄本残卷，如果把这些残卷的内容缀接、拼凑起来，再加以认真校勘，则往往可将残缺不全、文字错讹的文献拼凑完整，校为定本。由于有些文献尚有传世本，故校为定本时必须与传世本对勘。凡此种种，结合传世文献，对敦煌文献，特别是对历代大藏经中没有收入的诸种文献进行鉴定、定名、缀接、释读、校勘、录文，成为对这些敦煌文献进行研究的前提与先决条件。

《大正藏》编纂时，敦煌文献已经被发现，所以，收入敦煌文献，便成为编纂《大正藏》的四条原则之一。《大正藏》共计整理、发表敦煌文献约 200 种，达 250 多万字。这些文献主要集中收录在第 85 卷中，约有 180 多种；其余 10 余种则散在其他各卷。把敦煌文献如此集中地汇聚在一起，是前所未有的创举，它既大大便利研究者的使用，也使研究者对敦煌文献的价值有了更加深刻的认识与了解。

---

① 《吕澂学术论著选集》第三卷，齐鲁书社，1991 年 7 月，1636 页。

② 参见拙作：《敦煌藏经洞封闭原因之我见》，载《中国社会科学》1991 年第 5 期。

《大正藏》的上述整理工作也存在若干不足之处，主要有如下几点：

第一，所利用敦煌文献的覆盖面有限。《大正藏》所收入的敦煌文献绝大部分依据矢吹庆辉从英国伦敦考察所得照片录文。少量文献依据赤松秀景、山田龙城在法国巴黎调查所得录文，个别文献依据中国出版的北京图书馆敦煌文献录文，或依据大谷探险队所得敦煌文献乃至中村不折等私人所藏敦煌文献录文。由于所依据的原始资料有限，所以收入的敦煌文献也受到很大的限制。仅收入200种左右，与敦煌文献中保存的大量未入藏佛教典籍相比，仅占一小部分。由于依据的原始资料有限，故出现一些问题。如《首罗比丘经》、《大通方广经》、《天公经》、《天请问经疏》等不少文献，矢吹所见的写卷均为残本，而敦煌文献中尚保存有这些文献的其他写卷，可以据以补足；又如《净名经集解关中疏》，矢吹所依据的写卷有大段缺漏，而敦煌文献中该文献尚存有抄写质量更好的其他写卷，更适宜用作底本。

第二，有些典籍不应收而收入，有些应收入而未收。如第2913号《七女观经》，系历代大藏经已经收入之小乘佛教经典，此次误作疑伪经收入；第2770号《维摩经疏》，实际为隋慧远撰《维摩义记》，已收入《大正藏》第38卷。有些典籍因鉴定有误而重复收入，如第2741号《金刚般若经疏》实际是第2733号《御注金刚般若波罗蜜经宣演》的另一个抄本。有的如第2775号《维摩疏释前小序抄》与第2776号《释肇序》本为一卷，却分为两种文献录文，且《释肇序》的正确名称应为《释肇序抄义》。有些典籍如《父母恩重经》、《佛母经》、《新菩萨经》等有多种异本，但《大正藏》第85卷则收入其中一种。

第三，录文也有可议之处。如《唐梵翻对字音般若波罗蜜多心经》原卷有一段文字本来是书手错抄后废弃的，故特意在前后用"┓"与"┗"加以标志，但录文者不察，把这段文字录入正文，以致文意扞格。又如《大乘二十二问》最后有一段话介绍佛教部派的分布，称"其法藏部本出西方，西方不行，东夏广阐"。但《大正藏》录文时漏"西方"两字，误作"其法藏部本出西方不行东夏广阐"[①]。

当然，《大正藏》对敦煌文献的整理出现这些问题，主要是由于客观条件有限所致，我们不能苛责前贤。

（四）校勘问题

校勘问题可以分为几个方面，下面分别谈谈。

第一，重出问题

有些经本，明明已经收入，却由于编纂者疏忽而再次重出。如《金刚经》传统有六个译本，但《思溪藏》在收入《金刚经》时，错把陈真谛本当作是元魏菩提流支本，而把真正的陈真谛本漏掉了。《大正藏》依据《高丽藏》收入菩提流支本后，发现《思溪藏》的菩提流支本（如前所述，实为陈真谛本）与《高丽藏》本不同，便把它当作菩提流支本的另一种抄传形式（术语称"别本"）再次收入。这样，《大正藏》所收的《金刚经》便变

---

① 《大正藏》第85卷，第1192页下。

成七种。其实,元代的《普宁藏》就已经发现并纠正了《思溪藏》的这一错误,并特意撰写了一段说明,附于经后。《大正藏》也以《普宁藏》作为主要参校本,却忽略了《普宁藏》对该经的修订。

又如《大正藏》依据《高丽藏》收入隋法经等撰《众经目录》,但对卷一的第 42 号①《阿閦佛国经》到第 115 号《观世音观经》等 74 部经作校记如下:"校者曰:自《阿閦佛国经》至《观世音观经》与元、明两本大异。故今以元本对校明本,别载卷末。"②并在卷一的卷末"以明本载之,以元本对校"③把这 74 部经典又罗列了一遍,作为异文别本。但仔细审查这些经典,可以发现实际情况如下:

《丽藏》第 42 号至第 61 号经,等于明本第 96 号至 115 号经;

《丽藏》第 62 号经至 98 号经,等于明本第 59 号至 95 号经;

《丽藏》第 99 号经至 115 号经,等于明本第 42 号经至 58 号经。

两者的著录内容完全相同。也就是说,这两者根本不是什么"大异",只是排序有差异而已。根据《众经目录》依照卷数多少先后排序的原则,可以肯定《丽藏》的次序是正确的,而明本的次序是错误的。产生错误的原因,可能是错版所致。一般来说,校勘时遇到这种情况,只需在校记中加以说明即可,不需重出。

还有,初印本第 14 卷中的《佛说分别经》与第 17 卷中的竺法护译《佛说分别经》重出。这个问题后来被发现,在 60 年代的重印本中作了修订,代之以乞伏秦法坚译的《佛说阿难分别经》。

第二,著译者的勘正问题

汉文大藏经中有不少原来失译者名的经本,或原来缺本而后来寻访发现的经本。对于这些经本,后代经录往往有因考订不当而误题著译者姓名的。对于一部严谨的新编大藏经来说,应该对这些著译者加以慎重的考订,以免谬种流传。但《大正藏》对这个问题几乎不加考虑,基本沿袭原来的著录。这样一来,自然也削弱了《大正新修大藏经著译目录》的学术价值。吕澂先生在《谈新编汉文大藏经目录译本部分的编次》④对这个问题有所叙述,在其《新编汉文大藏经目录》⑤中对不少经典的著译者的勘正也提出了自己的意见,为避文繁,在此不一一罗列,读者可以对照参看。

第三,校勘疏漏问题

总的来说,《大正藏》的校勘质量是比较高的,但仍然存在不少漏校、错校之处。包括对排字错误的漏校。由于这些问题的存在,《大正藏》远不能说是一个权威的、标准的版本。当然,如前所述,"校书如扫落叶,旋扫旋生",我国的二十四史集中了全国的一流学者,费时多年进行校对标点,但仍有不少不能尽如人意的错误。近年以来笔者一直从事佛教典籍的校勘标点等工作,深知其中的甘苦。但是,我们不能因此而不

① 原目录无序号,该序号系笔者依照原目录顺序所编,下同。
② 《大正藏》第 55 卷,第 115 页。
③ 《大正藏》第 55 卷。第 122 页。
④ 《吕澂学术论著选集》第三卷,齐鲁书社,1991 年 7 月,1621 页。
⑤ 《吕澂学术论著选集》第三卷,齐鲁书社,1991 年 7 月,1644 页。

对《大正藏》的校勘疏漏提出批评。当然，另一方面也必须承认，象佛典校勘这样难度极高的工作，是不可能一次性完成的。我相信，经过一代又一代学者的艰苦努力，这个问题最终一定能够得到圆满解决。

（五）错版及擅加文字问题①

十多年前，笔者撰写硕士论文时，意外发现《大正藏》所收的二卷本《那先比丘经》卷下出现文献整理工作中不可原谅的重大错误。

《大正藏》以《再刻高丽藏》为底本。不知是《大正藏》所用底本本身有错，还是《大正藏》工作失误，《大正藏》将《高丽藏》二卷本《那先比丘经》卷下之第19版的文字错误地排在第18版之前。也就是说，在《高丽藏》本中原来正确的文字顺序，《大正藏》本却被排为第17版→第19版→第18版→第20版。

错版以后，第17版尾部文字"不知者手烂"与第19版首部文字"制其身口者不能持经戒"文理不通。于是，《大正藏》的编辑者便擅自加了一个"不"字，使上下文变为"不知者手烂不制其身口者不能持经戒"。

第19版尾部文字"何所为得者人"与第18版首部文字"大。那先言"也扞格不通。《大正藏》编辑者未予理会。

第18版尾部文字"何所为得人者"与第20版首部文字"那先问王"文理不通，《大正藏》编辑者亦未予理会。

其实，《再刻高丽藏》每版均有版片号，只要稍加注意，不会发生错版；即使所用底本有错版，也能容易地发现，予以纠正。这里，《大正藏》编辑者的疏漏令人吃惊。

让人难以理解的是，当因错版而文理不通时，《大正藏》的编辑不是去追寻问题发生的原因，而是或置之不理，或强为之解。实在无法解决，干脆理校，加一个"不"字。

特别让人难以接受的是，理校固然是文献整理常用的方法之一，只要谨慎使用，无可厚非。但文献整理的规范是：只要理校，必须出注。而《大正藏》的编辑者在理校并加一个"不"字后，却不做任何交代。这种做法太过分。

按照《大正新修大藏经勘同目录》，《大正藏》曾用正仓院圣语藏本及巴利语本对校了该二卷本《那先比丘经》。圣语藏本的情况如何，笔者未见原件，不能发表意见。巴利语本该节文从字顺，没有问题；此外，同样收在大藏经中的三卷本《那先比丘经》的相关文字也很清楚，完全可以参照，不知何以没有引起编辑者的注意。这不禁让人怀疑《大正藏》编辑者是否真的如《大正新修大藏经勘同目录》所说，参校了正仓院圣语藏本及巴利语本。遗憾是《大正藏》60年代修订时也没有发现这个错误，以致留存至今。我真诚地希望类似的错误在《大正藏》中仅此一例。

总之，《大正藏》固然在50余年中独擅胜场，但它存在的种种严重问题使得它与

---

① 为避文繁，收入本书时，此段由详细论证改为简略叙述。欲知详细论证，请参见发表在《闻思》的原文。相关错版文字在中华电子佛典协会的《电子佛典集成》（2011）中已经用红色标示，请参见。

盛名难副。问题还在于佛典整理比较专门,使得《大正藏》易于用它的盛名来掩盖它的问题,从而误导读者与研究者。因此,对于佛教文献工作者来说,编纂一部真正可靠、实用的大藏经的任务还没有完成,同志仍须努力。

　　当今,与人们用大文化的观念重新审视佛教相适应,新的编辑大藏经的热潮也在出现,已经编辑与正在编辑的大藏经已有好几部。遗憾的是,大家各自为政,各行其是。这种局面的优点是百花齐放,缺点是水平参差不齐。再就是重复劳动,造成人力、物力的严重浪费。世界正在缩小,交流正在扩大;时代正在前进,学术正在前进。那么,有没有可能顺应这一趋势,团结各界力量,总结前人经验,发挥今日优势,电脑版、书册版并重,编纂出一部无愧于当今时代的新的精校标点汉文大藏经呢?

1996 年 2 月

《八—十世纪佛教大藏经史》跋①

　　我属于曾被荒废的一代。1966年正当我在西陲的一个县城中学读高二时,史无前例的大风暴刮起来了,直到把我刮到农村去抢砍土曼。当然,平心而论,这一段经历对我也不无益处,起码使我认识了社会,认识了人生。几年后,我到一个边境城市的师范学校去教学。1978年出于别人意料,也出于自己意料地考上了中国社会科学院研究生院南亚系的硕士研究生。时届而立之年。

　　硕士生期间,我师从黄心川先生学习印度哲学、印度佛教。学习中深感自己底子浅薄。我曾与几位同代人讲过:无论国学与外语,我们都无以与前辈学者相比。我们一生中最好的学习时间,最关键的十年被荒废了。由于基本底子的薄弱和开拓资料手段的缺乏,我们这一代人,除了极个别的佼佼者外,很难出现像陈寅恪先生那样的大家。命中注定我们将是承上启下的一代。故而,与其去做那些做下去也做不透,说出来又不能说服人的"学问",不如扎扎实实地多做些资料性工作,让后来者踏着我们的脊背去攀登高峰。这就是我后来改攻佛教文献学的思想根源。三年硕士生的学习,使我打下了一定的科研基础,具备了一定的科研能力。学了印度哲学与印度佛教,再来研究中国佛教,心中有了一个可供比较的参照系,便能更容易发现问题的关节点。在此,我由衷地感谢我的导师黄心川先生,感谢在硕士生期间给我诸多帮助的师长、同学与朋友们。

　　1984年我考取中国社会科学院研究生院世界宗教系在职博士研究生,师从任继愈先生攻研佛教文献学。社科院研究生院我们那一届博士生的学业,大抵是1985年初开始的,但我的学业却按任先生的安排,从1984年秋就开始了。当时先生对我说:佛教文献学在我国还是一门有待开创的学科,国家需要这方面的专门人材,你要下决心承担起这一任务。先生安排我从阅读大藏及研究敦煌遗书开始着手,并送给我四个字:"沉潜笃实",要我在学风上刻苦磨炼自己。于是我借来一部《大正藏》、一部《敦煌宝藏》,搬到我宿舍中。其后的几年,我几乎一直泡在大藏经及敦煌遗书中,我不敢自诩通读了大藏与《敦煌宝藏》,但确实把它们翻了几遍。春夏秋冬,日复一日,阅读、编目、录文、校勘、研究。其间的种种甘苦,诚不足与外人道。任继愈先生曾写过一副对

---

　　① 《八—十世纪佛教大藏经史》,中国社会科学出版社,1991年3月。

联,上联是:"为学须入地狱"。金克木先生在他《谈谈汉译佛教文献》一文的结尾这么说:"实在不应再谈了。但在佛教文献(学)的大门上,我想还要写上马克思引用过的,诗人但丁在地狱门上标示的话:'这里必须根绝一切犹豫;这里任何怯懦都无济于事。'"①到了这时,我才体会到两位先生这些话的分量。当然,与一切事物都有两重性一样,这一工作也给了我无限的乐趣。尤其当发现一个问题、解决一个问题时,那种使全身心得以陶醉、得以享受的愉悦,实在难以形容。

由于一直从事敦煌遗书之整理,也由于既是"在职",自然有职务内应承担的科研项目要完成,故我的博士论文题目直到1988年初才确定。然而由于在原始资料中沉了几年,所以论文题目一经确定,撰写起来格外顺利。春节之后动手,仅三个月就完成20多万字的正文,10多万字的附录,而且是一遍成稿,几乎未作大的改动。由此,我深深感到树立良好的学风对于一个研究者来说是何等的重要,更深深地为先生在学风上锤炼、培养我而满怀感激之情。

论文的写作,除了任先生自始至终的指导之外,黄心川、季羡林两位先生在指导我确定选题方面起了重要的作用。另外,周绍良先生对我的帮助与指导也是我终生难忘的。大到论文的结构篇章,小到一些具体的论述,周先生都不厌其烦地一一指点。不仅如此,周先生还主动提供家藏叔迦先生亲笔批点的书籍、所抄录的敦煌卷子及传世文物供我使用。他那儿的书籍资料,只要我能用得着,随时可让我拿走。扶掖后进的苦心,为人之高尚风范,实在叫人感荷不尽。我深深地体会到,没有老一辈的悉心培养,绝不会有我们青年一代的健康成长。我们每前进一步,都凝结着老一辈学者的心血。先生们的恩情,我是无法回报的。我只有更加努力地搞好自己的研究,以更好的学术成果回报先生们;只有以先生们对待后进的态度为榜样来对待比我年轻的朋友们,为他们的成才尽我的全部力量,以此报答先生们的栽培之恩。

论文写完后,任继愈、季羡林、周一良、周绍良、王永兴、黄心川、杜继文等先生参加了论文的审阅、评议或答辩。诸位先生在充分肯定我论文的同时,提出不少中肯的意见。这些意见在本书修改定稿时基本都吸收了。此外,本书还在原论文的基础上增写了若干章节。再,论文的题目原是《8—10世纪的中国汉文写本大藏经》,如我在本书导言中所说,这实际就是中国写本藏经发展史的第四个阶段,故正式出版时改用现名。

本书提到当时中国的汉文大藏经有正藏、别藏、天台教典、毗尼藏、禅藏等多种形态。附录《〈开元录·入藏录〉复原拟目》即为正藏的目录基础。该附录原来还包括对每部经流传形态的考释,但因考释部分篇幅较大,出版时只好割爱。另外,为了反映别藏、天台教典、毗尼藏、禅藏的真实情况,本应将它们的复原目录一并附上,但这样做会使本书的篇幅大大增加,从而给本书出版造成更大的困难,所以不得不一概舍去。我希望今后能有出版社对全部出版正藏、别藏、天台教典、毗尼藏、禅藏的复原考释目录感兴趣。

---

①　金克木:《印度文化论集》,中国社会科学出版社,1983年10月,第225—226页。

学术书籍出版难，这已成为近年来困扰中国学术界和出版界的老大难问题。承北京师范大学客座教授弥维礼博士的热情协助，德国华裔学志社对本书提供热诚资助，使本书得以顺利出版。在此，我向华裔学志社及弥维礼博士表示衷心的感谢。我的朋友张九林同志承担了书本的印刷、发行等一切事务，使得本书能以最小的费用、最快的速度送到读者手中。中国社会科学出版社的黄燕生、吴元梁、李树琦诸同志，中国佛教协会的净慧法师、王新先生、超凡法师及中国佛教文化研究所、《法音》杂志发行处诸先生也对本书的出版发行给予了多方的帮助。这些都是我永志不忘的。本书在写作过程中还得到中国社会科学院亚太研究所图资室、宗教研究所图资室、北京大学南亚东南亚研究所图资室、北京图书馆敦煌吐鲁番资料中心诸同志的热情帮助，在此一并表示我衷心的谢意。

最后我还要提到我中学时代的恩师刘建邦老师。他是陕西汉中人，兰州大学中文系毕业后到中科院学部文学所工作，曾参与余冠英主编的《中国文学史》的写作。上世纪 60 年代初主动要求下放到新疆，先在自治区党委工作，后又主动要求到基层，于是来到我当时求学的那个中学。他学识丰富，知识扎实、准确，为人善良、敦厚，是我人生道路上影响至深的引路人。"文化大革命"开始，他成了我们县"最大的反动学术权威"，备受摧残。虽则如此，他以"虽九死而不悔"的精神执著于自己的理想与事业。他从各方面关心我，为我的每一点成长而高兴。记得我考上硕士生，他是多么兴奋，他不但是为我而高兴，也是为我们国家从此将走上正常发展的轨道而高兴。本来，他是可以在这大好时代一展才华的，但其后不几年却死于疾病，时年 40 余岁。他其实是先因动荡不安的运动、环境，后因复杂莫测的人际关系郁闷成疾的。我多么希望我们国家永远政治清明、社会安定，人际关系也更单纯一些，使大家都能集中精力为国家、为民族多做一点有益的工作啊！呜呼！是为跋。

方广锠

1990 年 5 月 9 日子时于缘督室北窗下

时窗外疏灯数点，京华正在睡眠

《八—十世纪佛教大藏经史》法藏文库本自序①

1984 年秋天起,我跟从任继愈先生攻读博士学位。先生给我的任务是通读敦煌遗书,搞清楚哪些佛教文献是大藏经中不收的,整理后收入新编的《中华大藏经》。先生并要求我在阅读敦煌遗书的过程中,注意敦煌佛教的特点,争取写出一部《敦煌佛教史》。

从 1984 年下半年到 1987 年底,三年多的时间里,我基本沉在敦煌遗书与大藏经中。开始是一号一号地阅读敦煌遗书,越读越茫然。见目不见林,自然难免会坠入五里雾中。心里着急,怎么办呢? 当时我还是敦煌遗书“避难说”的信奉者。我想,既然这批遗书是敦煌僧人在遭遇危险时宝藏的典籍,想必会把有关目录也收藏在一起。如果能够把这个目录找到,就可以掌握敦煌遗书的全貌。这时再来清理其中到底哪些典籍未入藏,就可以事半功倍。于是我开始注意收集与研究敦煌遗书中保存的那些各式各样的佛经目录。

不知不觉,窗外的树叶掉了又绿,绿了又掉。日语形容时间过得快,有一个词,叫“あっという間に”,就是眼睛一霎的意思。我也是“あっという間に”竟然到了 1987 年底。按规定,博士的学习年限为三年,同期进校的同学,已经一个个通过论文答辩,毕业了。而我还沉在敦煌遗书与大藏经中,不知春夏秋冬。这时开始着急自己的论文。写什么呢? 写敦煌佛教史? 自己觉得还没有能够真正把握敦煌佛教的特点。写敦煌遗书中哪些典籍未为大藏经所收? 但这个工作工程量之大,远远超出想象。再给我十年,也未必能够拉出一张完整的清单。想来想去,还是以敦煌遗书中的佛经目录为对象最合适。因为三年来,我已经收罗了一大批此种目录。并通过研究,发现了一系列问题,可以补前人的缺漏或发前人之未见。其中有些问题,在大藏经发展史上应该说还是相当重要的。于是在得到先生同意后,将论文题目暂定为《敦煌遗书佛教经录研究》。敦煌遗书中的佛教经录,总数有 300 多号,比较庞杂。其中有些有较大的研究价值,有些则属一般。我最初的设想,就是对这些经录分类研究,写出一篇篇的专题报告。这样组成的博士论文,也就是一本关于敦煌佛教经录研究的专题论文集。但在我先后向黄心川

---

① 《八—十世纪佛教大藏经史》(法藏文库本),台湾佛光出版社,2002 年 3 月。

先生与季羡林先生汇报我的论文设想时,受到他们的批评。他们不约而同地提出,博士论文应该是一本专著,一个整体,不能是一个专题论文集。要求我必须用一根主线将全书贯穿起来。但如何把这些庞杂的经录纂为一个整体,实在是一个难题。考虑到敦煌遗书及其保存的经录集中反映了我国古代写本大藏经的情况,所以决定舍弃经录中那些与大藏经关系不密切的内容,集中论述古代写本大藏经。而由于敦煌遗书及其保存的经录主要反映的是八一十世纪的大藏经面貌,于是经任先生同意,把论文题目改为前述《八一十世纪的中国汉文写本大藏经》。

论文的写作与答辩都很顺利。答辩委员会对论文给予较高的评价。1991 年 3 月,论文初版。出版时,新增了关于"皇家的干预和大藏的形成"的内容,并把《〈开元录入藏录〉复原拟目》作为附录,附在书后。由于该论文实际反映了佛教大藏经的一段形成史,所以出版时将名称改为《八一十世纪佛教大藏经史》。

坦率地说,本来我以为像这样过于专门的书是不会有人看的。我曾经说,对这本书感兴趣的,大概不会超过 20 人。但是没有想到,海外,特别是日本学术界对本书给予了高度的评价。初版 3000 多本,也很快脱销。其后,不断有人向我打听何处可以买到此书,也有出版社表示愿意重印。但我一直拒绝原样重印。主要原因是初版仓促,校对疏忽,错误甚多。其后,随着时间的流驰,我对书中的某些观点开始不满;对某些部分,则因新资料的出现,觉得应该增补;对某些以前没有讲透或没有涉及的地方,觉得应该补充。这样,我就更加不愿意将本书匆忙再印。在拙作《敦煌学佛教学论丛》的后记中,我写过这样一段话:

> 鲁迅先生曾说他是"不悔少作",那当然由于他的文章都是千锤百炼,以至字字如金。我则深感写文章也是一种"遗憾的艺术"。常常是文章刚写完时,自己觉得在文章中提出了或解决了一个或几个问题,既轻松,又自得。但后来就觉得不满意,且随着时间的推移及新资料的发现,不满意的程度越来越深,有时甚至觉得无地自容。所以我总不放过可能的修改机会,以免谬种害人。

这段话拿过来形容我对本书的态度,也是十分恰当的。

此次借收入博士文库的机会,对本书作了如下一些修订增补。一、增补了"北新876 号研究"、"俄藏《大乘入藏录卷上》研究"两部分。增补了一批敦煌遗书,散于全书各处。二、不少章节有重大修改,如导言等;有些章节则全部推倒重写,如"《沙州乞经状》研究"、"禅藏"等。三、将原附录一《吐蕃统治时期敦煌龙兴寺藏经目录》、附录二"敦煌遗书伯 3010 号录文"分别安置在相关的研究之后,便于对照阅读。四、对全书文字作了订正,并核对了引文。在观点方面,原书主张从《开元录》撰成到北宋刊刻《开宝藏》为写本藏经的全国统一化阶段。增订本则改为从会昌废佛到《开宝藏》为写本藏经的全国统一化阶段。其实,这个观点我早已改变,并写在前此发表的一些书籍与论文中。除了这个比较重大的观点改变外,增订本与原书在观点上没有重大出入。只是有些问题以前没有展开论述,或者只是略微点题,而这次论述得更加充分一点。比如为了强调了信仰性佛教对大藏经类型变化的影响,特别加入"俄藏《大乘入藏录卷上》研究"部分。从总体看,这次增补修订的量是比较大的。按照有关规定,修订超过 30%算新书,本书自然也可以算是新书了。

虽则如此,我对这个增订本仍然是很不满意的。首先,写本藏经的发展包括四个阶段,10 多年以前未能把这四个阶段叙述完整;10 多年以后还没有能够做到这一点,实在有点无法交代。其次,就写本藏经的结构演化而言,并非到《开元录》就完成了。《开元录》以后,写本藏经的结构在细部仍有调整。包括《开元录入藏录》已收部分、《开元录入藏录》未收部分等,都在不断的调整中。这也是写本藏经形成不同系统的重要原因之一。本书对此没有涉及。再次,园照的《续开元录》在大藏经形成史上具有特殊地位,本书没有给予它必要的篇幅。第四,《广品历章》、《慧琳音义》、《可洪音义》实际都是现前藏经的目录,对上述三部资料的个案研究,可以勾勒当时写本藏经的全貌。但本书对此付之阙如。第五,写本藏经与刻本藏经是怎样衔接的? 具体地讲,《开宝藏》利用四川的一部什么样的写本藏经刻? 《契丹藏》是依据诠明(又名诠晓)主持编纂的一部写本藏经刻成。这部写本藏经的基本特点是什么? 而南方的《崇宁藏》、《毗卢藏》又是依据一部什么样的写本藏经刻成? 北方、中原、南方三个系统的写本藏经,为什么唯有北方系与《开元录入藏录》相符合? 除了上述反映在刻本藏经中的三个系统之外,当时是否还存在其他类型的大藏经? 这些问题,本书都没有涉及。第六,《开宝藏》刊成后,写本藏经并没有马上灭绝,而是在相当长时间内与刻本藏经共同流通。大体是北宋是写本、刻本共同流通期,以写本为主。南宋起写本逐渐湮没,刻本取代写本。因此,北宋时期是我国写本藏经十分兴盛的时期,所修造的写本藏经精美绝伦。至今保存的《金粟山大藏经》、《法喜寺大藏经》、《大和宁国大藏经》等多部北宋写本藏经零本为我们提供了实物证据。但本书对这个问题也没有涉及。因此,且不说增订本中必然会存在的疏漏、笔误、误植等等,仅上述六大问题,就说明增订本还要再增订。

应该说,上述问题,绝大部分都是我在 10 多年前撰写博士论文时已经意识到的,资料收集在当时也已经完成。但当时不愿意把博士课程的学习拖到第五年,想赶快完成论文,赶快毕业。便把上述问题放下,准备以后再作增补。没有想到一放就是 10 多年,至今没有机会重新回到这个课题上。我希望在完成了我现在正在进行的《敦煌遗书总目录》之后,能够重新写一本完整的《写本大藏经史》。

本书的修订量这么大,也带来一个问题。因为按照博士文库编纂者的设想,希望收入博士文库的论文能够原样不动,尽量保存一份历史的真实。这说明博士文库的编纂者具有为历史负责的卓见,自然是值得称道的。但我想,博士文库除了有保存历史资料的功能外,毕竟还有一个功能,就是传播知识的媒介。而传播的知识,自然以尽量准确为好。如果作者本人都认为错了,还原封不动地把那错误知识传播出去,那未免既不对读者负责,也不对自己负责。但是,如果修改而不加说明地重新出版,就是不对历史负责。如何跳出这个两难的怪圈呢? 我的办法是两条:第一,在这篇《增订本自序》中说明我的写作原委与修订概要。第二,告诉大家两个信息:我的博士论文的 1988 年油印原版本,分别保存在国家图书馆博士论文收藏库与中国社会科学院研究生院图书馆两处。本书的初版本,由中国社会科学出版社 1991 年 3 月出版,有些图书馆有收藏。如果哪位先生有兴趣,想看看油印本与初版本如何错误百出,可以找来覆按。

　　本书1991年出版前,德国华裔学志社的弥维礼先生表示要将本书翻译为英文,作为华裔学志丛书之一介绍给西方的读者,并正式开始着手翻译。应他的要求,我写了一篇《英译本自序》,内容主要是向西方读者简要介绍汉文大藏经的重要价值。本书初版时,我把这篇序言也附在卷首。但后来弥维礼先生工作发生变化,离华回国,本书的翻译也就中止了。几年前我遇见他,他表示如果有可能,他还是想把这个工作做完。但到底是否能够如愿,他也没有把握。所以,本书的英文本实际并不存在。曾有先生看到本书卷首所附《英译本自序》,以为本书的英译本已经出版,这是一个误解。在此,我有责任说明情况。这次的增订本应将该《英译本自序》删除,以免再造成误解。但敝帚自珍,还是作为一种历史纪录,附在这里吧。

2000 年 12 月 19 日于太阳宫寓所

附:英译本自序

在佛教、基督教、伊斯兰教等世界三大宗教中,佛教的典籍最为浩瀚。佛教徒认为:"论益物深,无过于法。何者? 法是佛母,佛从法生。三世如来皆供养法。故《胜天王般若经》云:'若供养法,即供养佛'。是知法教津流,乃传万代。"①佛教典籍因是佛法的结集与代表,所以受到佛教徒的高度重视,他们历代把搜集、翻译、整理、传写、供养佛教典籍当作一件大事,从而促使各种类型的大藏经得以形成。

现在尚流传于世界、且自成体系的佛教大藏经主要有三种:南传巴利语三藏;汉文大藏经;藏文甘珠尔、丹珠尔。梵文佛典虽仍有留存,且近年来不断有新的梵文佛典被发现,但大抵均为单部残页。虽然它的研究价值不能低估,但毕竟已不足成为完整的大藏。另外,中国还保存有完整的傣文大藏经、蒙文大藏经、满文大藏经,出土不少残缺不全的西夏文大藏经,但上述佛藏基本是从前述三种主要的佛藏转译的。因此,巴利语三藏、汉文大藏经及藏文甘珠尔、丹珠尔等三种佛藏在佛教研究中的意义和价值是不言自明的。

就上述三种主要的佛藏而言,汉文大藏经所收经籍的数量最多,其经籍所涉及的时代跨度最大、地区涵盖面最广,所包容的佛教派别也最多。因此,巴利语及藏文佛藏固然有其不可替代的独特的研究价值,汉文大藏经的价值显然更值得人们重视。

近代以来,西方的佛教学者大抵沿着巴利语佛典——梵文佛典——藏文佛典这么一条路线来展开佛教研究,从事汉文佛典研究的人相对来说较少,这种情况与汉文佛典本身的价值相比很不相称。所以形成这么一种局面,除了其他种种原因外,语言的障碍及对汉文大藏经及其价值不甚了解,大约也是重要因素。现在,有的学者已开始注意到这一问题,中外都有学者在呼吁并从事汉文佛典的英译工作。我深信,更多的人会越来越认识到汉文佛典的重要价值,从而对它展开深入的研究,而汉文大藏经也会在这一过程中,为人类文化的重建与发展作出它应有的贡献。

作为一个中国人,一个中国的佛教研究工作者,我既为祖先留下的这一份珍贵的文化遗产而自豪,同时也油然产生一种责任感,这就是我们应该认认真真地做好搜集、整理、校勘、研究等一系列基础性工作,使后来的使用者能得到一份完整、可靠、实用、

---

① 《大正藏》第 49 卷,第 120 页中。

科学的资料。在这一方面,我们的确还有许多工作要做。

　　自从 1984 年我跟从任继愈教授攻读博士学位以来,在导师的安排、指导下,一直在从事汉文佛教文献的整理及佛教文献学、大藏经史的研究。本书的基础即是我的博士论文。承北京师范大学客座教授弥维礼博士美意,花费了大量的精力,将此书译为英文,把它作为华裔学志丛书之一介绍给西方的同行们。在此,我对他辛勤的劳动表示衷心的谢意。几百年前,利玛窦等西方学者曾为中西文化交流作出杰出的贡献,中国人民至今纪念他们。今天,赖有弥维礼博士这么一批对中国文化抱有深厚感情的学者默默地但卓有成效地向西方介绍中国学者的研究成果,以进一步沟通双方的联系和了解。他们的工作是十分有意义的,中国人民同样不会忘记他们。如果本书对西方读者了解中国大藏经有所帮助,并进而对研究大藏经产生兴趣,笔者将感到无比欣慰。

1990 年 5 月 11 日于北京

《中国写本大藏经研究》序①

本书是《八一十世纪佛教大藏经史》的第二次增补修订本。此次出版,改名为《中国写本大藏经研究》,原因如下:

第一,"八一十世纪佛教大藏经"是中国佛教大藏经的发展阶段之一,当时的大藏经主要是写本,但刻本已经出现。本书仅论述写本,因此,"写本大藏经"这一名称更准确。

第二,浸润于佛教研究近 30 年,越来越觉得大藏经研究也是一个博大精深的领域。当时年轻,不知深浅,轻率地用"史"作为书名;现在虽然不能说已经完全摸清底细,但起码进一步加深了对这一领域的了解,所以改用"研究",以使名实相符。

第三,本书虽仍以 8—10 世纪写本藏经为主要研究对象,但不少内容已经溢出"八一十世纪"这一时代限定。且改名为"研究"后,"八一十世纪"这一限定语可以删除。

第四,写本大藏经,广泛流传于汉传佛教圈。比如日本的写本大藏经传统,一直延续到 17—19 世纪的江户时代,比中国还长。因此前冠"中国",以示限定。

在此对本书的修订情况作一个简要的交代。

本书最早为我的博士论文,原名《八一十世纪的中国汉文写本大藏经》,完成于 1988 年。修订后于 1991 年由中国社会科学出版社出版,改名《八一十世纪佛教大藏经史》。2000 年增补、修订后收入台湾佛光山文教基金会出版的《法藏文库》,书名未变,有关增订情况,我曾撰写序言予以交代,但编辑者将该书社科版序、跋,连同新写的序言删除未刊。为了存真,此次将上述社科版序、跋,为《法藏文库》版所写之序作为附录,一并附于书末。本书社科版原有"英译本自序"一篇,但因英译本最终并未完成,且完成无期。故此次将其删略,以免继续误导读者。

本书在《法藏文库》版的基础上再次增补、修订而成。较大的增订有:撤销卷首的"写本大藏经史略(代导言)",改为"关于汉文大藏经的几个问题(代导言)"。在新的代导言中,我对汉文大藏经提出新的定义。提出大藏经从产生至今,可以分为四个时期。主张将本书研究的写本大藏经分为六个阶段。对每个时期、每个阶段汉文大藏经

---

① 《中国写本大藏经研究》,上海古籍出版社,2006 年 12 月。

的特点,作了简要的论述。在第二章第三节中,增加了关于"《慧琳音义》与唐代大藏经"的讨论。在第三章中,增加了"敦煌地区大藏经的《开元录》时期"一节。增设第五章,主要研究大藏经的功能形态。该章分两节,第一节着重探讨俄藏《大乘入藏录卷上》这一个案,第二节对古今大藏经的功能形态及其演变、相互关系进行理论探讨。此节与代导言一样,都属于对大藏经的理论研究。近代以来,中外对大藏经的研究,往往偏重于考据,希望将来在理论开拓方面能有所加强。增设第六章,列入原来的附录《〈开元释教录·入藏录〉复原拟目》。当初编撰这一《拟目》,主要是想追索《开元释教录·入藏录》的原貌;附加千字文袟号,以体现晚唐五代正统《开元大藏》的面貌,进而说明后代大藏经中所收的《开元释教录略出》只是一个变种。但在其后的科研实践中,发现这个拟目实际上是一个很好的工具书,可以作为鉴定晚唐五代佛教写本大藏经的依据。因此将它专列为一章。此外在全书的其他不少地方,都有一些增补与修订。

社科版出版已十余年,早已脱销。《法藏文库》版流通不广,较难看到。这些年在国内外,经常遇到一些研究者向我打听何处可以购买此书。感谢上海古籍出版社王兴康社长、府宪展先生的善意,使本书得以增订再版。出版前,侯冲协助核对全部引文;张丽对文字与标点作了修饰。在此一并表示谢意。

写本大藏经是佛教大藏经的源头,在佛教研究中具有重要的地位。本书虽然做了一些研究,并在不断的修订中深化这方面的研究,但现在看来,在写本大藏经领域中,还有很多工作要做。希望并相信这一领域不断会有新的成果面世。本书虽然不断修订,但错谬之处依然难免。希望得到诸方指教,以共同推进写本大藏经的研究。

2006 年 3 月 15 日于通州皇木厂

《佛教典籍百问》自序①

　　佛典,作为佛法的代表,是佛教的基本要素佛、法、僧三宝之一,因此它自然受到佛教徒的重视与崇奉。佛典,作为研究佛教的基本资料,它也自然受到佛教研究者及其他一切爱好者的青睐。佛典,虽是佛教典籍,却涉及哲学、历史、语言、文学、艺术、历算、医药、天文诸多领域,是中外文化交流的结晶,对世界文化的发展产生过深远的影响,因而是我们今天研究世界文化不可或缺的资料。

　　佛典有自己的体系,自己的特点。研究这些体系与特点,是佛教文献学的任务。具体地讲,佛教文献学应包括如下一些内容:研究与辨析典籍的源流,从而考察各佛教派别及理论的发展盛衰的历史;搜罗所有的佛典,进行科学的分类,从而既能体现各类佛典的内在逻辑联系,又便于佛典的管理、检索、取阅;考证撰译人,查核卷部名题,鉴别真伪,钩沉拾遗,明校勘,研版本,从而使佛典能准确无误地保持其原有风貌;研究我国的经录史、藏经史,亦即探索古代佛教文献学所走过的道路;研究佛典的翻译史,总结历代翻译佛典的经验与教训,从而为今天的翻译事业提供前车之鉴;如此等等。目前,我国的汉文佛教文献学尚有待建设,本书即拟以通俗的语言介绍一些汉文佛教文献学的基本知识。如果读者在阅读了这本小册子之后能对汉文佛教文献学产生一些兴趣,那么笔者将感到十分高兴。

　　本书的不少内容为笔者近几年来的研究心得,同时也广泛吸取了前辈学者、其他同志的研究成果。限于本书的篇幅与体裁,未能一一注出,非敢掠美。特此说明,并向各有关同志致谢。

　　现代意义的汉文佛教文献学还是一块有待开垦的处女地。笔者学识有限,本书的缺点错误在所难免。加之篇幅与体裁的限制,不少问题未能提及,已提及的不少问题亦无法展开论述。在此,衷心希望前辈学者、诸山大德、诸位同行及读者同志们不吝指教。我希望今后能有机会写出一本更好一点的关于汉文佛教文献学的书来。

1989 年 3 月 19 日于京西缘督室

---

　　①　《佛教典籍百问》,今日中国出版社,1989 年 11 月。

《开宝遗珍》说明[①]

　　佛教于汉代传入中国,佛经同时传入。两千多年来,佛教在中国大地传播,汲取中国文化的营养,开放出灿烂的东方文明之花。中国的佛经与中国佛教一起经历风雨洗礼,一起发展成长,形成中国特有的佛教大藏经,成为东方文明的奇葩。

　　早期的大藏经均为写本,敦煌遗书让我们窥见从北魏到宋初写本大藏经的概貌。面对那些一丝不苟的写经,我们可以感受当年信众那份虔诚与敬信,那种情感与期望。

　　雕版印刷术是中华民族贡献给世界的又一份厚礼。现知年款最早的雕版印刷品出于敦煌藏经洞,现保存在大英图书馆,是唐咸通九年(868)《金刚经》。该经线条洗练,刀法纯熟,已经属于成熟期的木刻印刷品。一百多年后,中国第一部木刻大藏经——北宋《开宝藏》终于横空出世。

　　北宋开宝四年(971),宋太祖赵匡胤敕令高品宦官张从信前往益州(今四川)刊刻大藏经。这是一项浩大的工程,早期刻经5000余卷,版片多达13万块,是当时中国,也是当时世界最大的木刻大丛书。全藏行款疏朗,气魄宏大,充分体现了北宋初年文治的兴盛,佛教的发达,以及汉文化的博大胸怀与气概。宋太宗太平兴国八年(983),这批版片运到东京(今河南开封),存于宋王朝专门为之设立的印经院,归朝廷管理,供各地僧众请印供养。其后,这部藏经内容不断完善,规模也达到六七千卷,版片达16万块,成为当时的一个文化奇迹。熙宁四年(1071)废止印经院,全部经版移交东京显圣寺圣寿禅院,从此《开宝藏》的刷印改由佛教界管理。宋王朝曾将这部藏经遍赠日本、高丽、越南等周边诸国,也曾分赠辽、西夏、敦煌、吐鲁番等国家与藩属,使得这部藏经在东亚、中亚、东南亚产生巨大的影响。著名的《赵城金藏》依据《开宝藏》覆刻,《初刻高丽藏》也依据《开宝藏》覆刻。其后高丽国又在《初刻高丽藏》的基础上,对校《开宝藏》、《契丹藏》等藏经,完成《再刻高丽藏》。近代日本《大正藏》便以《再刻高丽藏》为底本。而我国的《中华大藏经》则以《赵城金藏》为基础。凡此种种,均说明《开宝藏》作为第一部木刻大藏经所具有的无可比拟的价值。

　　遗憾的是,时驰世移,沧海桑田。靖康之变,圣寿禅院被毁,《开宝藏》版片从此渺无踪迹。当年曾遍存于国内外的经卷,也逐渐星奔云散。以致后代无人再识其真面

---

① 《开宝遗珍》,文物出版社,2010年12月。原文与李际宁共撰。有修订。

目,出现种种讹传。上个世纪以来,由于诸多稀有因缘,除了西域考古发现若干残片外,我们幸运地得知还有若干卷《开宝藏》存世。但上天入地,多方求觅,至今能够搜寻到的只有12件零卷,它们分别珍藏在中国、日本、美国等三国的八个收藏单位。惜因缘未熟,传原由叶恭绰收藏的《中论》残卷、传上世纪30年代某高官从山西青莲寺取走的30多卷,至今未能查访到下落。至于其他各种关于《开宝藏》存本的传言,现在均可判为不实之词。

现将这12件零卷,按照它们在《开宝藏》中的先后次序,介绍如下:

一、大般若波罗蜜多经卷第二百六

秋字号。1965年山西省陵川县小学教师段振华捐赠,山西省博物馆收藏。全卷原为25版,现首残尾全,存第10版至第25版,计16版,长743.8厘米。通卷已现代托裱。

卷尾有尾题"大般若波罗蜜多经卷第二百六"。

有刊经题记2行"大宋开宝五年壬申岁奉/敕雕造/",分作2行。

有印工墨记"陆永印"。

有印经戳记,戳记本身为4行,有界栏为隔,但中空1行,故戳记文字只有3行,录文如下:

> 盖闻施经妙善,获三乘之惠因;护诵真诠,超五趣之业果。然愿普穷法界,广/
> 及无边;水陆群生,同登觉岸。时皇宋元符三年岁次庚辰八月 日庆赞记。/
> 库头僧鉴智 供养主僧鉴招 印经当讲僧法宪 都化缘报愿住持僧鉴峦/

二、大般若波罗蜜多经卷第五百八十一

李字号。1959年在山西省孝义县兴福寺发现,中国佛教协会图文馆收藏。全卷原为24版,现首残尾全,存第7版至第24版,计17版,长830厘米。通卷已现代托裱。

卷尾有尾题"大般若波罗蜜多经卷第五百八十一"。

有刊经题记"大宋开宝五年壬申岁奉/敕雕造/",分作2行。

三、大宝积经卷第一百十一

文字号。2007年10月山西省私人收藏者转让,中国国家图书馆收藏。全卷原为33版,现首残尾略残,存第8版至第33版,计26版,长1205.9厘米。

卷尾有尾题"大宝积经卷第一百十一"。

原有刊经题记,已残。仅存"岁奉"两字,亦残。

卷尾背有墨书装脏记,首残,现存5行,录文如下:

(首残)

三月十四日,此经/

田(填)入金刚肚皮里。/

功德主净因怕（扒）出／

五色肠胃带等，着／

经执（质）当，以求福被。／

四、大方等大集经卷第四十三

有字号。原叶恭绰藏品，上海图书馆收藏。全卷原为 29 版，现首尾完整，保存完好，且存有护首及尾轴，长 1403 厘米。

护首有墨书经名"大集经卷第四十三，有三"，经名上有经名号。

卷首有首题、千字文号及译者"大方等大集经卷第四十三 有／隋天竺三藏那连提耶舍译／"，分作 2 行。

卷尾有尾题"大集经卷第四十三"。

有印工墨记，作"李庆印"。

有印经戳记 4 行，录文如下：

盖闻施经妙善，获三乘之惠因；赞诵真诠，超五趣之业果。然愿普穷法界，广／

及无边；水陆群生，同登觉岸。时皇宋大观二年岁次戊子十月 日毕。／

庄主僧 福滋管居养院僧 福海库头僧 福深／

供养主僧 福住都化缘报愿住持沙门 鉴峦／

五、妙法莲华经卷第七

无千字文号。1985 年山西省高平县城南河西镇新庄村农民焦玉书交高平县博物馆，今高平县文博馆收藏。全卷原为 29 版，现首残尾全，尾有原轴，存第 20 版至第 29 版，计 10 版，长 441.5 厘米。通卷上下边焦脆残破严重。

卷尾有尾题"妙法莲华经卷第七"。

有刊经题记"大宋开宝四年辛未岁奉／敕雕造／"，分作 2 行。

有印工墨记"周安印"。

有赐经版戳记 3 行，录文如下：

熙宁辛亥岁仲秋初十日，中书札子奉／

圣旨，赐大藏经版于显圣寺圣寿禅院印造。／

提辖管勾印经院事演梵大师 慧敏等／

有印经戳记 4 行，录文如下：

盖闻施经妙善，获三乘之惠因；赞诵真诠，超五趣之业果。然愿普穷法界，广／

及无边；水陆群生，同登觉岸。时皇宋大观二年岁次戊子十月 日毕。／

庄主僧 福滋管居养院僧 福海库头僧 福深

供养主僧 福住都化缘报愿住持沙门 鉴峦／

六、阿惟越致遮经卷上

草字号。原山西省太原崇善寺藏品，中国国家图书馆收藏。全卷原为 35 版，现首残尾全,存第2版至第35版,计34版,长1560厘米。其中第4纸残缺行。

卷尾有尾题"佛说阿惟越致遮经卷上"。

有刊经题记"大宋开宝六年癸酉岁奉／敕雕造／",分作两行。

有印工墨记"陆永"。

有赐经版戳记3行,录文如下:

> 熙宁辛亥岁仲秋初十日,中书札子奉／
>
> 圣旨,赐大藏经版于显圣寺圣寿禅院印造。／
>
> 提辖管勾印经院事演梵大师 慧敏等／

有印经戳记4行,录文如下:

> 盖闻施经妙善,获三乘之惠因;赞诵真诠,超五趣之业果。然愿普穷法界,广／
>
> 及无边;水陆群生,同登觉岸。时皇宋大观二年岁次戊子十月 日毕。／
>
> 庄主僧 福滋管居养院僧 福海库头僧 福深
>
> 供养主僧 福住都化缘报愿住持沙门 鉴峦／

七、大云经请雨品第六十四

大字号。1985年山西省高平县城南河西镇新庄村农民焦玉书交高平县博物馆,今高平市文博馆收藏。全卷原为31版,现第1版至第4版残碎成片,已不可动。故首残尾全,尾有原轴,第5版至第31版基本完好,后27版长1277.7厘米。其中第11版中间撕断。

卷尾有尾题"大云经请雨品第六十四"。

有刊经题记"大宋开宝六年癸酉岁奉／敕雕造／",分作2行。

有印工墨记"随菩"。

八、杂阿含经·圣法印经缀卷

本卷来源不详,中国国家图书馆收藏。外观似首尾完整,实际乃由10张《开宝藏》零卷残纸缀接而成。第一纸(4行)、第二纸(23行)、第三纸(13行)均为《杂阿含经》卷第三十,但为单张残纸,文字互不相连,其中第一纸含《杂阿含经》卷第三十之首题、千字文号及译者等。第四纸(10行)、第五第六纸(16行),为《杂阿含经》卷第四十,其中第四纸为单张残纸,第五第六两纸相连。第七纸(10)行为《杂阿含经》卷第三十五残纸。第八纸(13行)为《杂阿含经》卷第四十四残纸。第九第十纸(25行)为《佛说圣法印经》残卷卷尾,存译经记:"元康四年十二月二十五日,月氏菩萨沙门昙法护于酒泉演出此经,弟子竺法首笔受,令此深法普流十方,大乘常光。"故将此卷命名为《杂阿含经·圣法印经缀卷》。长222.8厘米。

按《开宝藏》结构,《杂阿含经》卷第三十五之千字文号应为"川",《杂阿含经》卷第四十之千字文号应为"川",《杂阿含经》卷第四十四之千字文号应为"流",《佛说圣法印经》之千字文号应为"若"。

卷首有首题、千字文号及译者"杂阿含经卷第三十 盛／宋天竺三藏求那跋陀罗译/",分作 2 行。

卷尾有刊经题记"大宋开宝七年甲戌岁奉/敕雕造/",分作 2 行。

有勾当内侍刊记"入内内侍省内仕黄门勾当印经院 刘惟德"。

九、杂阿含经缀卷

本卷来源不详,中国国家图书馆收藏。外观似首全尾残,实际乃由 5 张《开宝藏》零卷残纸缀接而成。第一纸(23 行),为《杂阿含经》卷三十九,含《杂阿含经》卷第三十九之首题、千字文号及译者等。第 2 纸(23 行),为《杂阿含经》卷三十。第 3 纸(13 行),为《杂阿含经》卷二十一。第 4 纸(18 行)、第 5 纸(13 行),均为《杂阿含经》卷四十四,但为单张残纸,文字互不相连。故将此卷命名为《杂阿含经缀卷》。

按《开宝藏》结构,《杂阿含经》卷第三十之千字文号应为"盛",《杂阿含经》卷第二十一之千字文号应为"盛",《杂阿含经》卷第四十四之千字文号应为"流"。

卷首有首题、千字文号及译者"杂阿含经卷第三十九,川/宋天竺三藏求那跋陀罗译/",分作 2 行。

十、佛本行集经卷第十九

令字号。日本京都南禅寺收藏。全卷原为 22 版,现首尾完整,卷首略有等距离残洞,保存基本完好,但改为经折装,长 1038.8 厘米。

卷首有首题、千字文号及译者"佛本行集经卷第十九 令/三藏法师阇那崛多译/",分作 2 行。后人将"令"字点去,改作"荣"。

卷尾有尾题"佛本行集经卷第十九"。

有刊经题记"大宋开宝七年甲戌岁奉/敕雕造/",分作 2 行。

有印工墨记"孙清"。

有赐经版戳记 3 行,录文如下:

> 熙宁辛亥岁仲秋初十日,中书札子奉/
> 圣旨,赐大藏经版于显圣寺圣寿禅院印造。/
> 提辖管勾印经院事智悟大师赐紫 怀谨/

十一、十诵律卷第四十六

存字号。1923 年为日本中村不折所得,日本书道博物馆收藏。全卷原为 46 版,现首尾完整,全长 2171.6 厘米。

卷首有首题、千字文号及译者"十诵律卷第四十六,存/后秦北印度三藏弗若多罗共罗什译/",分作 2 行。

卷尾有尾题"十诵尼律卷第四十六"。

有刊经题记"大宋开宝七年甲戌岁奉/敕雕造/",分作 2 行。

有印工墨记"陆永"。

有印经戳记 4 行,录文如下:

盖闻施经妙善,获三乘之惠因;赞诵真诠,超五趣之业果。然愿普穷法界,广/
及无边;水陆群生,同登觉岸。时皇宋大观二年岁次戊子十月 日毕。/
　　庄主僧 福滋管居养院僧 福海库头僧 福深/
　　供养主僧 福住都化缘报愿住持沙门 鉴峦/

十二、御制秘藏诠卷第十三

无千字文号。20世纪60年代入藏美国哈佛大学赛克勒博物馆。本卷文字、图画
分别雕版。文字版有版片号,有些版片号下且有刻工名;图画版无版片号与刻工名。
按照现有状态,推断全卷原或为文字15版,图画4版,合计19版。但《初刻高丽藏》之
《御制秘藏诠》每卷卷首均有扉画,风格与图画同。如按《初刻高丽藏》规式,则原卷应
有图画5版,文字15版,合计20版。《开宝藏》图画版无版片号,故各图画版放置位置
不定;《初刻高丽藏》图画版亦编有相应的版片号,故位置固定。

现首残尾全,存文字第2版至第15版,计14版,图画4版。长865.2厘米。本卷
现两纸接缝处有脱落,成为三个单独的单元:第一单元为文字第2版至第5版(另含图
画1版),计5版;第二单元为文字第6版至第10版(另含图画2版),计7版;第三单
元为文字第11版至第15版(另含图画1版),计6版。三个单元可依次缀接。

卷尾有尾题"御制秘藏诠卷第十三"。

有印工墨记"绍明印"。

有印经戳记4行,录文如下:

盖闻施经妙善,获三乘之惠因;赞诵真诠,超五趣之业果。然愿普穷法界,广/
及无边;水陆群生,同登觉岸。时皇宋大观二年岁次戊子十月 日毕。/
　　庄主僧 福滋管居养院僧 福海库头僧 福深
　　供养主僧 福住都化缘报愿住持沙门 鉴峦/

感谢各收藏单位的善意,慨然允诺我们将这些珍贵的经卷集中在一起,原样影印。
感谢绍兴县会稽山中华弥勒文化研究中心、上海师范大学中国传统文化研究所的大力
支持。感谢国内外一切在《开宝遗珍》搜集、照相、编辑、印刷、出版等诸多环节给予支
持的人士。诸位的愿心,将永远与《开宝遗珍》同在。

《大藏经研究论稿》序①

　　大藏经是基本网罗历代汉译佛典并以之为核心的,按照一定的结构规范组织,并具有一定外在标志的汉文佛教典籍及相关文献的丛书。它是佛教"佛、法、僧"三宝中"法宝"的代表。由于大藏经在佛教中占有崇高的地位,因此,在古代,围绕着大藏经,曾经产生过各种各样的宗教活动乃至可歌可泣的历史故事;在今天,它不但依然是佛教界进行宗教活动的崇奉对象,而且成为学术界从事佛教研究的重要领域。

　　毋庸讳言,虽然大藏经研究是佛教研究的重要领域,但是,与佛教研究的其他领域相比,大藏经研究领域却显得相对冷清、寂寞。追究其原因,固然是多方面的。如果从方法论的角度来探讨,我认为,大藏经需要的是实证性的研究。所谓"实证性研究",我个人理解应该包括两个方面:第一,从资料的角度讲,研究者除了需要掌握历代经录,收集整理散见于历代文献中的关于大藏经的各种记录,收集前人在同一课题上的研究成果之外,更加重要的,还在于需要实地考察各种大藏经的经本。只有真正掌握经本,把经本放到历史的链条上,放入当时的背景中,进行认真的分析比较,然后才能得出庶几乎近之的结论。第二,从学风的角度讲,从事大藏经研究,要求研究者一定要严谨、细致、谨慎。学术界有一句话:"有几分材料说几分话,有几分把握说几分话。"我自己的教训是,搞大藏经研究,应该是有十分材料说八分话。有些问题,即使自以为已经掌握,最好还是先沉一沉,放它几年。因为也许还会出现新的情况。也就是说,所谓"实证性研究",资料要"实",学风要"实"。这就对大藏经研究者提出很高的要求。

　　本书是李际宁关于大藏经研究相关论文的结集。其中的论文,以前我大都看过。这次重新阅读全书,最大的感受,就是这的确是一本实实在在的学术著作。篇幅虽然不大,内容却很扎实。书中的资料是实实在在的,作者的学风是实实在在的。每篇文章都言之有物,不同程度地提出了问题,解决了问题。

　　比如《〈金藏〉新资料考》一文指出,国图藏《碛砂藏》中的鲍善恢题记,实际来源于赵沨碑。亡佚已几百年的赵沨碑的内容,因为作者的努力而重现于世,这对于所有《赵城金藏》的研究者都是一个巨大的震动。任继愈先生特意将这一成果写入《中华大藏经总目序言》。又如,对于被胡适称为中国历史上最为复杂的《碛砂藏》,作者指

---

　　① 《佛教大藏经研究论稿》,李际宁著,宗教文化出版社,2007 年 8 月。

出它为宋刻、元补、明递修;提出现存的《碛砂藏》除了少量的宋、元原印本外,大抵为明代的递修印本。这一观点的提出,抓住了解决《碛砂藏》问题的症结。特别是作者在大藏经研究史上首次提出,研究大藏经不仅要研究它的系统与版片,而且要从收藏经版的寺院、负责刷印的经坊、请经供养的施主三者的互动关系中去考察与把握不同藏经、相同藏经的不同印本的特点。这一观点的提出,不仅深化了大藏经研究的内涵,也为大藏经研究开拓了更加广阔的天地。收入本书的文章,有的曾经公开发表,有的曾经内部发表。现在看来,除了个别观点,因沿袭前人而致误,需要修订外,凡属作者自己提出的观点,至今依然可信,依然站得住。从总体看,本书不但解决了不少以往大藏经研究中悬而未决的问题,纠正了以往一些错误的观点,而且提出了一些开拓性的课题。是近年来大藏经研究的重要成果,为大藏经研究作了很好的学术积累。

作者能够在大藏经研究领域取得如此成绩,我想首先是作者充分利用了在国家图书馆善本部工作的有利条件。从各种材料反映,中国古代刊刻的刻本藏经,至少有二十多种。每种藏经刻成后印刷的数量,自然不少。但是,真正保留到现在的较为完整的刻本藏经,却如凤毛麟角。特别是宋元刻本藏经,东瀛日本多有保留,而在我们中国却极其罕有。这给中国的大藏经研究者带来极大的困难。然而由于种种因缘,国家图书馆却收藏有《赵城金藏》、《思溪藏》、《碛砂藏》、《永乐南藏》等多部藏经,并收藏有不少其他藏经的零本。这为李际宁的研究提供了良好的条件。此外,善本采访,有时会遇到古代藏经零本,这更逼着他必须去研究问题,解决问题。其次当然要归结为他本人的勤奋与努力。大藏经研究与其他古籍研究不同的是,一部大藏经,动辄数千卷,不从头到尾摸一遍,不可能有真正的发言权。而把数千卷大藏经全部摸一遍,所费精力可想而知。如果想把每部藏经都从头到尾摸一遍,所费精力更非常人所能想象。此外,从本书可以看到,李际宁的不少论文充分利用了馆藏的资料,但并不仅仅局限在馆藏资料上。从东瀛到西域,有关资料都被收纳。实际上,了解李际宁的人都知道,他对大藏经研究资料收集之丰富,在国内屈指可数。他所收集的资料真正被本书利用的,只是很小的一部分,可谓厚积而薄发。正因为掌握了大量的资料,从事研究时才能做到胸有全局,游刃有余。第三应该提到的是作者踏实、谨慎的学风。本书的每篇论文,都是凭资料说话,而且不说无把握的话,不说过头的话。所以他提出的观点能够经得起时间的检验。

本书也有不足之处。由于是论文的汇集,某些重要资料被多篇文章引用,这样从总体看,行文显得重复。虽说文以载道,达意即可,但还是应该注意行文的语法、逻辑与修辞。

与李际宁相交近20年,共同合作从事项目。多年来,他对我的工作,始终给予全力支持,甚至为了合作项目的正常开展而放弃个人已经承担的研究项目,对此我深感歉疚。这次他要求我为本书写一篇序,我自然义不容辞。阅读本书,具体感受到十多年来,李际宁在大藏经研究领域是怎样踏踏实实地一步一步前进,一个问题一个问题地解决的。在此,为他已经取得的成绩深感高兴,并预祝他取得更大的成绩。

2007 年 8 月于通州皇木厂

《汉文大藏经文字异同研究》序[①]

　　与柳富铉先生相识多年。这些年来,他每年都会到中国来,少则一、两次,多则三、四次。只要我在北京,每次都会到我家来论学。我们讨论的,大抵为大藏经,特别是《高丽藏》。

　　与一般韩国学者相同,柳富铉对凝聚了高丽时代佛教精神的《高丽藏》情有独钟,他几乎把所有的科研精力都倾注到《高丽藏》上。但与有些韩国学者不同的是,他在研究《高丽藏》的时候,没有把眼光仅仅局限在《高丽藏》本身,而是把《高丽藏》放在整个汉文大藏经的发展史中去考察。这样,汉文大藏经的发展史为他的研究提供了厚重而宽阔的历史背景,他的研究也因此而融入整个汉文大藏经的研究中。

　　汉文大藏经是基本网罗历代汉译佛典并以之为核心的,按照一定的结构规范组织,并具有一定外在标志的汉文佛教典籍及相关文献的丛书。它随着汉传佛教的发展而发展,随着中国书籍形态的变化而变化。最早的汉文大藏经均为写本。北宋初年,随着第一部刻本大藏经《开宝藏》的出现,汉文大藏经进入刻本时期。北宋将《开宝藏》分赠周边诸国。其后,高丽国依据《开宝藏》先后刊刻了《初刻高丽藏》与《再刻高丽藏》(韩国则称之为《高丽藏初雕本》与《高丽藏再雕本》),金朝则依据《开宝藏》刊刻了《金藏》。这样,由《开宝藏》、《初刻高丽藏》、《再刻高丽藏》与《金藏》形成的中原系藏经与以《辽藏》为代表的北方系藏经,以《崇宁藏》、《毗卢藏》为代表的南方系藏经一起,成为刻本汉文大藏经的三大系统。

　　虽然从总体看,《初刻高丽藏》、《再刻高丽藏》与《金藏》均依据《开宝藏》刊刻,但由于各种原因,各藏的情况互有不同。比如《初刻高丽藏》后半部分编次与《开宝藏》并不一致,《再刻高丽藏》则参校了北方系的《辽藏》,而《金藏》大体反映了《开宝藏》的晚期状态。由于《开宝藏》全藏已经亡佚,存卷珍若星凤,难得一睹。《初刻高丽藏》存卷虽多,亦不足全藏之二分之一,且收藏者等闲不以示人。《金藏》虽存残卷5000余卷,差强人意,但秘藏深库,尚未全展姿容。唯有《再刻高丽藏》全藏保留完整,且版片亦保存完好。资料残缺,难觅如此,拟探索并恢复中原系藏经的历史沿革,其难度可想而知。

---

　　① 《汉文大藏经文字异同研究》,韩国柳富铉著,待刊。

　　柳富铉先生常年以《高丽藏》研究为中心,经常奔波于韩国与中国各地,不放过一点线索,到处搜寻资料。日复一日地对各种藏经的版本、行文逐字逐句进行仔细的比对,以寻求诸种藏经的不同,探究这些不同产生的原因,力求解开《高丽藏》及中原系诸种藏经的历史发展轨迹。这些年来,他已经发表多篇论文,每篇均有创见,成为在《高丽大藏经》研究领域,也是汉文大藏经研究领域中一位值得重视的研究者。现在,他的新作即将问世,索序于我。我为他新作的出版而高兴,对他取得的新成绩表示祝贺。

　　最近,有关中原系藏经资料的情况略有改善:我们费多年之力,上穷碧落下黄泉,在全世界找到的 12 个《开宝藏》残卷,已于去年年底由文物出版社出版。韩国高丽大藏经研究所为寻找《初刻高丽藏》竭尽全力,近年终于寻觅到 2000 多卷,也于去年上网公布。资料的丰富必将促进研究的发展,祝愿柳富铉先生将来在大藏经研究领域取得更多、更好的成绩。

2011 年 1 月 13 日于北京通州皇木厂

《蒙古文甘珠尔·丹珠尔目录》前言①

人们常说，中国是佛教的第二故乡。我以为，这句话有四重含义。

首先，佛教在印度产生后，历史上曾出现部派佛教（小乘）、大乘佛教、密教等三大派系。但后来，佛教在印度衰亡，三大派系都不复存在。而在中国，却保留了承袭印度部派佛教而来的云南南传上座部佛教、承袭印度大乘佛教而来的汉传佛教、与承袭印度密教而来的藏传佛教。在当今世界上，如此完整保留三大系佛教形态的，唯有中国。

其次，宗教的传播，就其实质而言，是文化传播的方式之一。而文化本来都是适应一定的时空、在一定的民族人群中产生、发展的；当它传播到另一个时空、另一个民族人群中的时候，必然会与当地的原有文化相互影响。如果我们忽略过程，只讲结果，则其结果可能有三种：外来的压倒原有的，像伊斯兰教传入中亚等地；原有的消化外来的，像开封犹太教消融在汉文化的汪洋大海中；相互促进、相互提高，成为一个有机的整体，像佛教传入中国。

我以为，佛教传入中国，可视为不同文化相互交流的优秀典范。在两千多年的漫长交流中，佛教滋养了中国文化，极大地影响了中国文化；同时，佛教受到中国文化的滋养，也极大地改变了自己。最终，印度佛教演化为中国佛教。就汉传佛教而言，它与儒、道两教一起，成为支撑中国文化之鼎的三大支柱之一；就藏传佛教而言，它与藏族、蒙古族等有关民族的文化相结合，成为藏族、蒙古族及有关民族地区的主流文化。南传佛教的情况也同样如此。佛教为中国文化输送了新的血液；中国文化为佛教重塑了肌体与灵魂，赋予了更顽强、更活泼的生命力。

第三，受中国文化滋养而形成的中国佛教，其后在周边国家广泛流传，对周边国家的文化发展又产生了深远的影响。

就这一点而言，在传入中国的三大系佛教中，汉传佛教与藏传佛教表现得尤为突出。印度大乘佛教与汉文化相结合形成的汉传佛教，其后在朝鲜、日本、越南等所谓"汉文化圈"国家成为社会文化中的主流文化之一。印度密教与藏蒙文化相结合形成的藏传佛教，曾经在古代世界广泛传播，至今仍在蒙古国、俄国、尼泊尔、不丹等各相关

---

① 《蒙古文甘珠尔·丹珠尔目录》，《蒙古文甘珠尔·丹珠尔目录》编委会编，远方出版社，2002 年 12 月。

国家中保持着强劲的影响。

第四,从更深层次上讲,我们说中国是佛教的第二故乡,还在于中国文化,包括汉文化与藏蒙文化,在历史上对印度佛教的发展曾经起到过重要的作用。这个问题以往没有引起人们足够的重视,但这些年来,已经越来越得到人们的注意。

佛教是在古代印度起源,然后传遍南亚、东亚、中亚、东南亚等整个古代东方世界的。对于这一点,没有人有异议。但是,宗教的传播,其实质既然是文化的传播形式之一,那么文化的传播从来都不是单行道,都是双向的。佛教虽然起源于印度,但由于佛教的发展并没有局限在印度一隅,而是遍布亚洲各国。在这个过程中,它受到各国文化的滋养,呈现种种形态,即如前所述,既影响了各国文化,也改变了自己。这种改变,不仅体现在佛教适应所在地文化的需要,与所在地文化相融合;也体现在佛教融摄各地的优秀文化与思想,营养自己,发展自己。举例而言,《大方广佛华严经》等相当一批大乘经典的产生地其实不是在印度,而是在我国的新疆。而新疆又是印度文化、伊朗文化与中国文化(包括汉文化与藏文化)交汇的地方。因此,这些大乘经典实际是上述诸种文化共同培育的结果。至于印度佛教密教受中国道教的影响,已经是人们公认的事实。由此,我们可以得出这样一个结论:佛教的产生虽然得益于印度文化的孕育,而佛教的发展则得益于印度文化、中国文化乃至其他地区文化的汇流。也就是说,中国是佛教的第二故乡,这不仅体现在现实的结果中,也体现在历史的过程中。

中国是一个多民族的国家。佛教在各民族历史上所起的作用,乃至在中华民族多民族共同体形成过程中所起的作用,值得我们认真注意。在拙作《佛教志》中,当论及十六国后赵佛图澄的历史贡献时,我曾经有这样一番论述:

> 民族的融合,往往伴随着战争与流血。其原因,除了当时当地的政治、经济原因外,还包括两个民族的文化差异,乃至心理素质的差异。后赵统治者尊崇佛教,本意是为自己入主中原寻找理论依据,以与儒家的"内诸夏而外夷狄"的学说相对抗。但事物的发展往往出于人的本来愿望。由于佛教本身的包容性与超越性,它并不因为后赵统治者认为它是戎神,所以仅在后赵流传,而是普遍流传于广阔中国大地的各个民族中。这样,随着佛教的日益普及,它在各个民族之间起到一种在意识形态方面认同的作用,从而在消融民族文化差异、泯灭民族意识隔阂方面起到积极的作用。当然,过分强调佛教在民族融合中的积极作用,如同过分强调佛图澄劝谏后赵统治者慈悲戒杀的实际作用一样,都是错误的。但否认这种作用的存在同样是不合适的。①

纵观历史,佛教在加强各民族在意识形态方面的认同,促进民族团结方面,显然起到过积极的作用。就藏传佛教而言,自元代以来,便成为藏蒙两大民族团结与联系的重要的精神纽带。当年清朝统治者正因为认识到这种精神纽带力量的强大,所以始终采取"兴黄教以安蒙古"的政策。当然,世界上任何事物都有正反两个方面,都可以进行一分为二的分析。我们既要充分总结历史上佛教曾经起到的积极作用,也要清醒认

---

① 　方广锠:《佛教志》,上海人民出版社,1998年10月,第34—35页。

识它曾经有过的消极影响。只有这样，我们才能在充分吸收包括佛教在内的历史上各民族一切优秀文化精华的基础上，创建新时代的社会主义新文化。

佛教自元代传入蒙古以来，逐渐成为蒙古民族的主流文化形态，对蒙古社会的各个方面，产生巨大的影响。我们甚至可以说，如果离开佛教，我们将无法完整撰写13世纪以来的蒙古历史与文化。因此，认真研究与总结佛教文化对蒙古族与蒙古文化的影响，乃至蒙古文化对佛教的影响，无疑是我们面临的一个重要的任务。

就佛教而言，传统认为，佛教的基本构成要素有三个，也就是平常所说的佛、法、僧三宝。对于三宝，佛教传统有种种解释，归纳起来可以分为两类，一类叫"事相三宝"，即三宝的外在的体现；一类叫"理体三宝"，即三宝的内在的理法。它们之间的关系，相当于现象与本质的关系。

所谓"事相三宝"，指在现实世界中存在着、活动着的，具有一定形象的三宝形态。它又分"住持三宝"与"化相三宝"。

住持三宝指三宝存在的一般性形态。例如所有金玉木石制作，乃至纸绘绢绣的佛像，统统都是佛宝；所有的三藏典籍，乃至古今大德、居士们阐扬佛教义理的著述，统统都是法宝；所有出家服缁的比丘、比丘尼统统都是僧宝。释迦牟尼逝世后，佛教就是依靠上述三宝体现出来并持续下去。用佛教的语言来说，就是"住世教化"，"续佛慧命"。所以称为"住持三宝"。

化相三宝指三宝存在的具体形态。例如在释迦牟尼时代，所谓佛宝就是指释迦牟尼；所谓法宝就是释迦牟尼所说的四谛、八正道、十二因缘等佛教的教理教法；所谓僧宝就是跟随释迦牟尼出家修行的诸弟子们。而到了现代，我们到某个寺庙去，看到大雄宝殿供养的庄严佛像，那就是佛宝；所见到的各种各样的大藏经乃至藏外佛教典籍，那就是法宝；接待我们的诸位男僧、女尼，那就是僧宝。佛教认为，由于上述三宝都是在某一特定的时期，以某一特定的形象表现出来，所以称为化相。在这里，"化"是"化现"的意思，佛教经常用这个词来表示非本质的、外在的特殊表现形式。住持三宝与化相三宝的关系，实际就是共性与个性的关系。

所谓"理体三宝"，指三宝内潜藏着的一种统一的理法。这也有种种解释。其中一种解释认为，三宝虽然表现为三，但本质是一致的，因而相互是统一的。例如佛虽是佛宝，但佛能说法，于法得自在，本身就是法宝；佛也具有出家僧人的德行，又属于僧宝。法虽属法宝，但它的本体具备能够产生诸佛的性质，所以也是佛宝；法法平等，也具有僧人不净的德行，具备僧宝的性质。僧固然是僧宝，但它具备观照的智慧，可称为佛宝；有轨持之用，也属于法宝。如此等等。这种理论认为佛、法、僧任何一宝均能圆满地体现着其余二宝的特性，所以任何一宝都可以作为整个三宝的代表，这称为"一体三宝"。

一体三宝的理论强调了佛法僧三者的地位平等，强调必须三者兼持，不可偏废。从健全佛教的宗教品性来说，这自然是必不可少的。不过，从另一个方面来讲，它也兼有另一种含义：即可以用三宝中的某一宝或某二宝来替代全部三宝。中国早期禅宗的寺院不立佛堂，只设讲堂，与这种思想就不无关系。

　　佛教传统又认为，佛法本身是天地之间的永恒的宇宙真理，无论佛出世也罢，不出世也罢，佛法本身都永远存在。所谓"佛"，原意不过是"觉者"。他之所以能够成佛，就是因为他觉悟了天地间的这种佛法。任何人只要能够觉悟佛法，都能够成佛。根据这一理论，佛之所以伟大，就在于他传播与体现了佛法；僧之所以值得尊崇，是因为他正在体认与实践着佛法；归根结底，只有佛法本身才是佛教的基础，才是三宝中最根本的东西，才是天地间至尊至上的存在。这样，上述一体三宝的理论与这里的只有佛法才是佛教基础的理论就略有参差了。所以另一种观点认为，所谓法宝，就是佛法本身，它是遍于十法界而不增不减、无二无别的真实法界，是永存不灭的世界真理；能够完全地、圆满地体认这一最清净法界的，就是佛宝；只能部分地体认这一最清净法界的，就是僧宝。后一种理论在肯定最高理念——佛法的前提下，将佛宝、僧宝都统一在法宝的基础上，并按照体认佛法的深浅程度来区分修行者层次的高低。这种理论突出了佛法在整个佛教体系中的地位与作用，与释迦牟尼逝世前提出的"以法为依止"的遗教精神完全一致。由于这种理论更为圆满地融合了佛教的三宝理论与"以法为依止"的观点，所以为很多人接受，成为大乘佛教的基本理论之一。隋费长房所撰《历代三宝记》卷十五称："论益物深，无过于法。何者？法是佛母，佛从法生。三世如来，皆供养法。故《胜天王般若经》云：'若供养法，即供养佛。'是知法教津流，乃传万代。"[1]反映的正是这种观点。

　　思想主要靠典籍来传述。正因为有了典籍，思想的传播才能够超越时间与空间。佛法也要靠佛教典籍来传承载述。由于佛教典籍载述了佛法真理，所以，在佛教中，佛教典籍实际相当于佛法的代表。出于这种认识，佛教的各个派别在发展自己的理论时，必须编造出新的经典，以便使自己的理论蒙上权威的灵光。佛教的经典由此源源不断地涌现出来。也由于这个原因，历来认为抄写、供养经典可以得到无限的功德，如顾况所撰《虎丘西寺经藏碑》称："瞿昙教迹，不舍有表，不住无表。……譬如无根，安得有华？故觉华长者得定光如来授记，鹿仙长者得释迦如来授记，宝手菩萨得空王如来授记，皆因造藏而得作佛。"[2]既然写经造藏的功德无量，甚至可以因此而成佛，所以写经造藏自然成为四部弟子宗教生活中的一件大事。翻开中国佛教史，历朝历代，虔心收集、翻译、整理、传写、供养、修造佛典与大藏经的人前赴后继，以至出现唐李肇说的情况："历代精舍，能者藏之，方之兰台秘阁，而不系之官府也。五都之市，十室之邑，必设书写之肆。惟王公达于众庶，靡不求之。以至邀众福、防患难，严之堂室、载之舟车，此其所以浩瀚于九流也。"[3]汉传佛教地区是这样，藏传佛教地区也是这样。

　　最早的蒙文佛教典籍是元代依据藏文、梵文、汉文佛典译出，以写本形式流传。元朝灭亡后，蒙古地区的佛教也趋于衰落。16世纪末，随着藏传佛教格鲁派的传入，蒙古地区的佛教得到复兴，佛典的翻译事业也再次兴盛起来，并于17世纪前期完成甘珠

---

　　① 《大正藏》第49卷，第120页中。
　　② 《全唐文》卷五百三十，中华书局影印本，第5378页。
　　③ 《全唐文》卷七百二十一，中华书局影印本，第7416页。

尔的翻译与结集,于1628—1629年完成著名的《林丹汗金字甘珠尔》。蒙文刻本甘珠尔,是清康熙五十七年(1718)至康熙五十九年(1720),依据北京版藏文甘珠尔校对补译后,在北京雕版印刷。汉文资料称之为"如来大藏经"或《番藏经》。蒙文刻本丹珠尔则于乾隆六年(1741)至十四年(1749),根据北京版藏文丹珠尔翻译刊刻。汉文资料称之为《续番藏经》或《续藏经》。至此,蒙文大藏经全藏完备。

佛教典籍固然属于宗教著作,但它的内容并不仅仅局限于宗教,还包括哲学、历史、语言、文学、艺术、音韵、天文、地理、历算、医学、建筑、科技、民族、社会、中外关系等诸多领域。因此,它是人类文化的宝贵遗产,对中国乃至整个东方世界都产生过不可估量的影响。今天,它不但是我们研究佛教的重要资料,也是我们研究中国文化、东方文化的不可或缺的重要资料。就蒙古文化而言,由于13世纪以来,佛教文化逐渐成为蒙古文化的主要组成成分之一,因此,蒙文佛教典籍对研究蒙古文化意义之大,也就是不言而喻的了。

本《蒙古文甘珠尔·丹珠尔目录》,即以上述清康熙、乾隆年间所刻印的甘珠尔、丹珠尔为底本而编纂。这是蒙古文大藏经史上第一个现代意义上的目录,其著录的详尽与完备、分类的科学与实用、检索的准确与方便,都是前所未有的。乌拉西林、色·斯琴毕力格、敖·德力格尔、阿尤尔、张学勤等同志为这个目录的编纂付出大量的艰辛劳动。其附录《佛教典籍目录综录》更是乌林西拉同志的创设,著录了各种佛教目录300余种,也是目前收集最为详尽的关于佛教目录的综录,具有很大的参考价值。现目录已经完成,出版在即。我相信在未来的岁月中,本目录将成为蒙古学的必备参考书,学习与研究蒙文大藏经的人们将因得到本目录的指导、帮助,而在蒙文佛典的浩瀚海洋中顺利遨游。

2002年9月23日于北京太阳宫

闲话《元官藏》

1982 年底,我与童纬赴昆明参加一个学术会议。会议期间,我们去云南省图书馆考察该馆收藏的佛教典籍。接待我们的是善本部的金志良。介绍情况时,金志良提到,馆内藏有 30 多卷藏经零本,据已故于乃义考证,可能是《弘法藏》。此事引起我与童纬的极大兴趣,随后我们花了几天的时间,把这 30 多卷佛经仔仔细细考察一遍,作了详尽的记录。考察时发现,这批佛经附有三件珍贵的历史文献;一是至元二年的太皇太后愿文,一是长达 38 人的职名录,一是参与其事的僧名录。这三件历史文献充分证明这批佛典应该是一部元代官刻藏经的残存零本。

提起元代官刻藏经,了解情况的人都知道这是一个学术界长期没有能够解决的难题。

明末四大高僧之一紫柏曾在万历年间所撰的《嘉兴藏·刻藏缘起》中提到:"元板亦不下十余副。"[1]但他没有说明这十余副元代的版刻藏经到底是些什么藏经,存放在什么地方。著名佛教学者吕澂在 1929 年出版的《佛典泛论》中说:"洪武五年(1372)……刻南藏版,时各旧本以兵乱散亡,元版七、八副悉毁。"[2]但他没有说明上述论述的资料依据何在。我们知道,元代定都大都后,历代帝王均较佞佛,造寺、供僧,可谓不遗余力。刊刻官版藏经,应该是个中应有之义。如果紫柏、吕澂所说可靠,则元代所刻的这么多大藏经中肯定应该包括官刻大藏经。但是,直到 1930 年代,人们能够见到的元代藏经只有浙江余杭(今杭州)南山普宁寺私刻的《普宁藏》与建宁路后山报恩堂私刻的《毗卢藏》。而那部《毗卢藏》按计划只刻了大乘四大部,并非严格意义上的大藏经。至于官版藏经,虽然有《弘法藏》、《至元录藏》、英宗《铜板藏经》种种说法,但没有任何人见到过实物,因此不能确定它们是否真实存在。现在云南省图书馆竟然发现了人们寻觅已久的元代官版藏经,则不但是大藏经研究史,也是文物领域的一个重大成就。我们把这部藏经定名为《元代官刻大藏经》,简称《元官藏》。

此后我执笔写了《元代官刻大藏经的发现》与《元代官刻大藏经的考证》两篇文章,用童纬、方广锠、金志良三人名义,分别发表在《文物》与《世界宗教研究》。上面两

---

① 《紫柏尊者全集》卷十三,载《卍字续藏》第 73 卷,第 253 页上栏。
② 《佛典泛论》,商务印书馆,1929 年第二版,第 30 页 B。

篇文章,主要介绍云南省图书馆藏品的概貌;考证它们并非传说中的《弘法藏》,而是一部过去不为所知的藏经;并考证了它的刊刻时间、地点、发起人等问题。文章写作过程中,张新鹰向我介绍,在日本小野玄妙所撰的《佛教经典总论》中也有关于这部藏经的太皇太后愿文、职名录、僧名录等历史文献。我找来一看,除了职名录互有参差外,其他两份资料与云南图书馆所存完全相同。据小野玄妙介绍,这三件文献在日本被发现时,已经与经本脱落,所以无法对这部藏经作进一步考订。今天,我们比小野玄妙幸运多了,亲眼看到这批藏经,总结了它的基本特点。

日本发现的职名录与云南发现的职名录相互颇有差异。这种差异是怎么产生的呢?为此我撰写了《元史考证两篇》,发表在《文史》上,对隐藏在两份职名录背面的历史史实及《元官藏》的刊刻作了进一步的探索。

文章发表后,很快从东瀛传来反响。原来在日本对马早就发现了一批大藏经零本,有好几十册,均为《华严经》。以前一直没有搞清它们到底属于什么藏经。我们的文章发表后,日本学者发现对马的这批藏经与我们叙述的《元官藏》特征完全一致,确认它们也属于《元官藏》。1994 年我访日期间,又在京都考证《元官藏》两册,并得知在千叶县也有收藏。

国内也陆续传来好消息。有些收藏家过去收藏了《元官藏》的零本,但并不识货,不知道它到底属于什么藏经。有了云南省图书馆《元官藏》作标准,这些零本藏经的鉴定也就容易了。这些年,经我鉴定的《元官藏》零本就有好几册。

坦率地说,元亡已近 700 年。竟然还能有这么几十册《元官藏》通过各种途径在中国、日本保留下来,被发现,被鉴定。真可谓稀世因缘,值得欢喜赞叹。前此,我当然希望还会有新的《元官藏》出现,但总觉得那实在不切实际的奢望。然而生活就像喜剧一样,近年来,竟然又有十多册《元官藏》面世。特别令人兴奋的是,其中有两册经本均附有那三份珍贵历史文献。仔细考察,所附的两份职名录与日本发现的完全一样,正好弥补我们中国收藏的缺憾;而所附的两份僧名录,其中一份与云南、日本已知的僧名录相同,另一份其中的一个人名有差异。虽然差异不大,但增加了新的资料,令人欣喜。

新资料的出现,可以推动相关研究不断推进。正像我在《元代官刻大藏经的考证》一文结尾所说:"我们对这部藏经的刊刻地点、时间、发起人作了一些探索。由于过去这部藏经从未经著录,虽然我们查阅了不少正史、野史、方志、笔记及佛教史籍,但均未找到有关的直接证据。故以上考证,大抵依据间接材料进行,有些问题还仅只是个大致的推测,未能得出确凿的结论。……我们寄希望于将来新的资料的发现。寄希望于同行们的共同努力。"新资料已经出现,我相信,随着对这些新资料深入研究,我们对《元官藏》的认识也将进一步推进。

2007 年 7 月 29 日星期日于通州皇木厂

《般若心经译注集成》前言（摘录）^①

三

本书所收 36 种《般若心经》译注中，有 13 种是从敦煌遗书中整理出来，或据敦煌遗书校录的。上述统计数字充分反映出敦煌遗书的重要价值。

敦煌遗书中的佛教典籍可分为两大部分：一是已为历代大藏所收的；一是未为历代大藏所收的。收入本书的 13 种《般若心经》译注中，属于已为历代大藏所收的有《慧净疏》。该疏虽被收入《卍续藏》，但错讹较多。在此，我想举一些例子，以说明敦煌遗书对已入藏佛教典籍的校勘价值。

例一：《卍续藏》："将求性相。二智不能照真机。迹被浅深。三兽无以臻其极。"

"二智不能照真机"，敦煌本作"二智不能照其机"，与下文"三兽无以臻其极"成对偶句。《卍续藏》因字形相近而将"其机"误作"真机"，容易引起穿凿附会的理解。

例二：《卍续藏》："五乘之宝运，严万德以成等。"

敦煌本作："五乘之宝运，严万德以成尊。"《卍续藏》误"尊"为"等"，就把意思刚好弄反了。

例三：《卍续藏》："法乃楷模千业。"

按：此句不通。查敦煌本，应作"法乃楷模千叶"。"业"、"叶"，繁体字字形相似。作"叶"，则此句意为佛法千秋万代永为垂范。

例四：《卍续藏》："乃至三乘境观但空。"

"但空"，天台宗术语。谓在藏、通、别、圆四教中，于藏、通二教不明"假、实、中"三谛，但计空性，称为至极，故名"但空"。故"但空"实系对客观世界的一种不尽精确的认识。查敦煌本，"但"作"俱"。《卍续藏》本错了一个字，便完全歪曲了《慧净疏》的原意。

---

① 《般若心经译注集成》，上海古籍出版社，1994 年 9 月。前言原为三部分，本文为其第三部分，有修订。

例五：《卍续藏》："若就妄而去，苦集灭道、十二因缘、六波罗蜜，是所乘之法。"

上文的"去"，敦煌本作"念"，全句豁然贯通。

例六：《卍续藏》："不被烦恼、涅槃二法所物。"

此句不可解。查敦煌本，"物"乃"拘"字之误。

例七：《卍续藏》："观色如聚沫，受如水上沤，想如春时炎，众行如芭蕉，观识如幻化。二萨中，观其体性不可得。"

什么叫"二萨中"？查敦煌本，原来是"一一荫中"。

例八：尤成问题的是，《卍续藏》本末尾缺失135字，而将与本疏毫无关系的四天王名号等125字移入，弄得不伦不类。

诸如此类，不胜枚举。请参看《慧净疏》的校记。我们知道，入藏的佛典又可以分为两类：一类有较多传本，历史上曾经多次校勘。一般来说，这类经典错误较少。另一类只有一种传本，或未经校勘便收归入藏，此后也无人作过校勘工作。这种本子的错误就比较多。《卍续藏》中的《慧净疏》就是一例。由此看来，如何利用敦煌遗书等资料对这批佛典进行认真的校勘，是我们整理佛典的一个重要任务。当然，由于敦煌遗书都是抄本，本身的情况互不相同，有些本子错讹也较多，这是我们利用它们时必须注意的。

收入本书而仅有敦煌本，没有传世本的《般若心经》译注本共12种。它们大大丰富了有关《心经》研究的资料。我们知道，印度佛教传入中国，被中国人消化、吸收，成为中国佛教，成为中国思想的有机组成部分。那么，这一过程是怎样进行与怎样完成的呢？仔细研究本书所收的18种注疏，可以发现早期的注疏与后期的注疏表现出显然不同的写作风格；不同宗派僧人的注疏又反映出不同的宗风和思想倾向。有些注疏望文生义，自由发挥，看起来似乎简直没有道理，然而这不正是中国僧人发展中国佛教的方法之一吗？陈寅恪先生曾经这么说："我偶取《金刚经》对勘一过，其注解自晋、唐起，至俞曲园止，其间数十百家，误解不知其数。我以为除印度、西域外国人外，中国人则晋朝、唐朝和尚能通梵文，当能得正确之解，其余多是望文生义，不足道也。隋智者大师天台宗之祖师，其解'悉檀'二字，错的可笑。好在台宗乃儒家五经正义二疏之体。说佛经，与禅宗之自成一派，与印度无关者相同，亦不要紧也。"[1]我想，认真研究中国僧人的注疏，对我们理解与掌握佛教中国化的进程一定具有重要的参考价值。这是一个很大的题目，我希望今后有机会静下心来，认认真真地从事这方面的研究。

陈垣先生在《校勘学释例》中总结了他校勘《元典章》时所用的四种方法：对校法、本校法、他校法、理校法。这几种方法，我在本书校勘过程中都使用了。但是，敦煌遗书又有些特殊情况。比如说，敦煌遗书有一个特点，卷子大抵残缺不全：有的首残，有的尾残；有的首尾均残。同一种经文，往往要采用两号乃至更多的卷子才能凑齐，甚至依然凑不齐。有的卷子本身虽不残，但抄写者抄了一半便扔下了，经文仍是残缺的，仍

---

[1]　转引自蒋天枢：《陈寅恪先生传》，载《纪念陈寅恪先生诞辰百年学术论文集》，北京大学出版社，1989年12月。

需补遗。另外，敦煌卷子都是抄本，除了部分佛经抄写得比较认真，抄后均有三校外，一般都比较粗率。错漏增衍，所在多有。我这次所用的30多号卷子，没有一号是内容完整的。往往是这一号卷子落了这一段话，那一号卷子落了那一段话，如此等等，只有把诸有关卷子凑在一起，才能把内容凑齐，明白其意思。在这样的情况下，确定某一个卷子为底本，以其他本子为参校本，校勘时，只指异辨误而不动底本文字，这种通常的方法就不可用了。只能不确定底本，斟酌诸本，校订录出一个相对比较正确的本子。但是，如果这样做，就等于在诸多参校本之外，由整理者自己又整理出一个新的本子（我称之为"整理本"①）。这种方法较利于读者阅读，但对于文献整理者本人来说，则相对是比较危险的。因为在整理过程中，很可能会因为整理者本人水平因素、主观感情因素乃至一时失察而指鹿为马，闹出笑话。再说，整理出一个与前此诸本都不相同的新本子，会不会有"伪造古董"之嫌呢？凡此种种，不免使我踌躇再三，如履薄冰。

反复考虑后，我决定还是应给读者一个更便利、更实用的本子，以利阅读与研究。但同时，也应该让读者知道整理者到底对原文作了哪些整理，亦即给读者鉴定、批评整理者工作的，与不利用整理本而直接利用原件提供条件。

我的办法是尽可能把各抄本整理、录校为比较正确的整理本。在整理中，凡逢异文，则辨析、选择我认为最正确的文字写入整理本，其他一概写入校记。（中略）②

用上述方法整理出来的整理本与校记，是否符合我前面提出的条件，是否能满足读者的要求，只有请读者鉴别了。

整理佛教典籍，本身是一件难度较大的工作；整理敦煌遗书中的佛典，则难上加难。笔者不惮学植浅薄，遽尔从事这一整理《般若心经译注集成》的工作，其中之甘苦，正诚不足与外人道也。另外，过去有一句老话，叫做"功夫在诗外"，这当然是对的。但我发现现在可以有一句新话，叫做"功夫在学问外"，就是说做学问的人不能把精力全部集中到学问上，而必须耗费在与学问无关的事上。问题还在于为了能做学问，必须付出那种耗费，这才是真正的可悲。

本书的整理已经告一段落。虽然我自觉已尽心尽力，但鲁鱼亥豕之误，不敢说无；标点的错误及不妥，更在所难免。尤其有的原文错漏，无法卒读，则标点时更难以下手。另外，有些注疏，如前述《慧净疏》，又衍出文字雷同而相对独立的新注疏。这些注疏往往出现虽系异文，但两俱可通；或虽略有窒碍，但大致可通的情况。此时，很难判断那些异文到底是后人的有意改动还是书手的无意错抄。在这种情况下，我只能以各注疏现有文字为依据进行标点，这就难免出现几种注疏的文字大体相同，标点却互不相同的情况。在此，衷心希望前辈学者、诸山大德、诸位同好及广大读者不吝赐教。我希望能在诸位的协力下将来把这个《集成》修改得更好。

整理敦煌遗书，是我的导师任继愈先生交给我的任务。几年来，我一直在先生的

---

① 原文作"精校本"，下同。此后我把这一表述改为"整理本"。

② 原文此处交代录文校勘体例。为避文繁，故予省略。有兴趣者可参见《藏外佛教文献·录文校勘体例》。

指导下从事这项工作。这本《集成》也是这项工作的一部分，也同样灌注了先生培育我的许多心血。在此，我只能说，我希望今后能做一些更好的工作，以不辜负先生的培养和期望。

在本书的编纂、整理过程中，上海古籍出版社及该社府宪展同志给予了多方面的支持与帮助，特表示衷心的感谢。

1990 年 3 月于京西缘督室

《藏外佛教文献》出版前语①

《藏外佛教文献》第一辑出版在即,朋友们要我写几个字谈谈筹办经过与感想,真是酸甜苦辣,感慨系之。

一

我是由专攻印度佛教转入专攻佛教文献学的。所以当我进入佛教文献学这一领域后,第一个感觉就是中华民族真可谓是一个具有高度文明自觉的民族。"文明自觉"是我自造的一个词,意思是不但创造了文明,而且对自己创造的文明具有清醒的意识,并自觉采用各种手段使这一文明发展与延续。因为有这种文明自觉,所以历朝历代都孜孜努力于前代典籍的搜集、整理,作为当朝治乱,乃至供子孙后代修身、齐家、治国、平天下的借鉴。我们常说,中国人具有强烈的历史感,实际上这种历史感正是从"文明自觉"这一基础上生发出来的。中国佛教在发展过程中出现了统一的藏经,出现了历朝历代都要编修大藏经这种传统,这些现象在印度佛教史上并不存在,正是中华民族高度文明自觉的反映。

1984年起,我参与任继愈先生主持的《中华大藏经》的工作。赓续古代大藏经的传统,《中华大藏经》分上、下两编。上编以《赵城金藏》为基础,汇集历代正藏;下编则为历代续藏与新编入藏。正藏与续藏都是古人编的,现有经本在。新编入藏则要求把散逸在正藏、续藏之外的诸种佛教典籍尽量汇拢收入。或为见闻不广所囿,或为收集困难所拘,或为宗派立场所缚,或为物质条件所限,历代都有大批珍贵的佛教文献没有能够入藏,处在自生自灭的境地,不少文献因此湮没无闻。这不能不说是佛教与中国文化的一大损失。近代以来,这批典籍已经越来越引起有识之士的注意,很多学者通过对它们的研究,得到卓越的成果。今天,在编辑新的大藏经时,努力发掘、收集与整理现存的各种藏外佛教文献,是不可忽视的大事。这些资料,包括近代以来从梵文、巴利语、藏文、蒙古文等各种文字翻译的佛教典籍;敦煌藏经洞保存的大量佛教典籍;各

---

① 曾载《法音》1995 年第 12 期。

地图书馆、博物馆保存的未为历代大藏经所收的古代佛教典籍;正史、地方史志、丛书、类书、个人文集中保存的佛教资料;与佛教有关的金石资料;近现代的佛教著作与资料。一般来说,典籍整理工作,越早进行,收集得也就越多;而越是推后进行,则文献的散佚、损失也就越大。

文献是文化的主要载体之一,佛教文献是佛教文化的主要载体之一。我曾经说过这么一番话:

> 现在尚流传于世界、且自成体系的佛教大藏经主要有三种:南传巴利语三藏;汉文大藏经;藏文甘珠尔、丹珠尔。梵文佛典虽仍有留存,且近年来不断有新的梵文佛典被发现,但大抵均为单部残页。虽然它的研究价值不能低估,但毕竟已不足成为完整的大藏。另外,中国还保存有完整的傣文大藏经、蒙古文大藏经、满文大藏经,出土不少残缺不全的西夏文大藏经,但上述佛藏基本是从前述三种主要的佛藏转译的。因此,巴利语三藏、汉文大藏经及藏文甘珠尔、丹珠尔等三种佛藏在佛教研究中的意义和价值是不言自明的。

> 就上述三种主要的佛藏而言,汉文大藏经所收经籍的数量最多,其经籍所涉及的时代跨度最大,地区涵盖面最广,所包容的佛教派别也最多。因此,巴利语及藏文佛藏固然有其不可替代的独特的研究价值,汉文大藏经的价值显然更值得人们重视。

> 近代以来,西方的佛教学者大抵沿着巴利语佛典—梵文佛典—藏文佛典这么一条路线来展开佛教研究,从事汉文佛典研究的人相对来说较少,这种情况与汉文佛典本身的价值相比很不相称。所以形成这么一种局面,除了其他种种原因外,语言的障碍及对汉文大藏经及其价值不甚了解,大约也是重要因素。现在,有的学者已开始注意到这一问题,中外都有学者在呼吁并从事汉文佛典的英译工作。我深信,更多的人会越来越认识到汉文佛典的重要价值,从而对它展开深入的研究,而汉文大藏经也会在这一过程中,为人类文化的重建与发展作出它应有的贡献。[①]

可以设想,如果我们把目前还散佚在藏外的佛教文献尽量搜集、整理出来,并收归入藏,则汉文大藏经将对佛教的发展与研究、对人类文化作出更大的贡献。

搜集、整理藏外佛教文献的困难,首先在搜集,其次是整理。这里以相对比较容易的敦煌遗书为例来谈谈。

第一步,要把敦煌遗书的家底摸清。也就是要搞清敦煌遗书中究竟哪些为未入藏佛典。由于存世的敦煌遗书缺乏可用的综合目录,已经编成的诸目录还有种种缺陷,不能直接使用,不少敦煌遗书断头缺尾,还没有鉴定定名,这就需要先对这五六万号敦煌遗书逐一审核编目。而敦煌遗书分藏在世界各国,有的在私人手中,给编目造成极大的困难。经过多年努力,我已经用电脑编成三万多号敦煌遗书的草目,但距目标的完成,还有很大的距离。就目前世界敦煌学界的现状而言,大家都企盼着这一目录问

---

① 《八—十世纪佛教大藏经史》,中国社会科学出版社,1991 年,第 5—6 页。

世,然而由于种种困难,编目工作究竟何时可以完成,实在没有底。

第二步,是把拟整理典籍的所有经本会聚在一起。首先,由于目录还没有最后完成,就不能保证把所有的经本真正一网打尽。其次,已经确定的经本,有时因为收藏单位或收藏者秘不示人而无法得到。再次,必须注意到有些敦煌遗书还存有其他传世本,如房山石经本、民间传本、日本古钞本等等,应想方设法,全部搜集齐全。如上种种障碍,实难尽述。只能尽人事而听天命。不过皇天毕竟不负苦心人。如第一辑中发表的《佛为心王菩萨说头陀经》,有五个汉文本,一在英国,一在法国,一在日本,二在中国(分藏于北京图书馆与天津艺术博物馆),由于诸方的厚爱,竟全部收齐。此外还得到粟特文本的汉译本及古代文献中的诸条引文。实为意外之喜。

第三步,确定底本、校本,进行录文、校勘、标点。敦煌文献原件均为古代抄本,照片多有模糊不清。鲁鱼亥豕之处,所在颇多;文意漏断之处,亦为常见。有的尚存校本,可以参用;有的只剩孤本,唯凭理校。至于敦煌遗书特有的辨字析词,自不待言。在这种情况下,如何整理出一个较好的本子,以不负古贤今人之望,常常使人有如履薄冰之感。

第四步,印刷出版。这看来是一件很简单的事,其实大不然。学术著作出版难,已成为出版界的常识。加之佛教典籍必须用繁体字出版,而当今中国大陆繁体字出版物已经非常少见。此外出版物上种种排版错误,更是屡见不鲜,以致有"无错不成书"之叹。怎样解决这些问题,把一本本高质量的书送到读者手中呢?

可以说,从1984年起,我的工作主要围绕上述中心进行。我只是一介书生,除了一支笔、几本书,别无长物。虽有不少学术前辈支持,但他们也一样无钱无权。庄子说:"吾生也有涯,而知也无涯。以有涯随无涯,殆矣!"现欲以有涯之生而随困难无涯之佛典搜集整理工作,岂不殆哉!然而,总要有人来从事这项工作,总要有人入地狱。"路漫漫其修远兮,吾将上下而求索。"

二

一个"缘"字,真说尽天下事物发展之精华。

李家振先生从上海到北京,在中国佛教文化研究所工作时间不长,我们就认识了。初时虽然交往不多,但他知人善任、勇于办事、勇于负责的作风,一心为佛教文化事业办实事的精神给我留下深刻的印象。很多事,正因为缺少李家振先生这样的人,所以办不成功。大概由于我曾经在英国大英图书馆整理过敦煌遗书,又主持着北京图书馆藏敦煌遗书的编目与整理工作,对敦煌遗书的鉴别、整理积累了一定的经验,所以李家振先生找我商议合作整理大英图书馆藏敦煌遗书之佛教典籍的事。我当然责无旁贷。在这个过程中,我提出,为了让广大读者尽快看到与利用这些宝贵的资料,也为了团结与动员更多的人共同把这件有意义的事办好,有必要创办一份刊物,专门发表经整理的藏外佛教文献。李先生很赞同我的意见,但因时节因缘未熟,也只限于议论而已。

114

但李先生是有心人,他向香港志莲净苑的宏勋法师转达了这一设想,宏勋法师也十分赞同,并表示可以在经济上给予支持。这样,一份专门刊登藏外佛教文献的刊物,由纸上谈兵,变得可以实际启动了。

1994年10月,我应邀到日本从事半年关于敦煌遗书之鉴伪与断代的研究,在日本期间,除了自己的研究工作外,还参与了多个研究班的活动。例如龙谷大学西域文化研究会的《高昌残影》研究班、京都禅文化研究所的《达摩六论》研究班、牧田谛亮先生主持的七寺经典研究班、入矢义高先生主持的《观世音经灵验记》研究班等。研究班是日本学者创造的一种集体研究方式,在原典的整理与研究方面,运用得尤其广泛。其方法是确定整理或研究对象后,大家分头寻找各种底校本,然后按照约定,各自整理自己所承担的部分,定期聚会,共同讨论研究。这种方式,便于集思广益、取长补短,的确是出成果、出人才的好方法。参加这些研究班,对我的启发很大。我们中国的学者,基本上处于个体劳动状态。即使是合作项目,也是大家在一起共同讨论纲目、体例之后,分头去写,然后交给一个人汇总统稿,较少集体逐字逐句进行讨论与修订。我从日本写信回国,建议我们的编委会也采用研究班的形式来整理藏外佛教文献。这一建议,很快得到国内编委的赞同。

赵朴初先生、任继愈先生、周绍良先生、吴立民先生慨然答应担任本书顾问。

就这样,各种因缘条件逐渐会聚起来了。

三

规划设想容易,真正做起来难。世界上的事情,大抵如是。

对我们这些书生来说,文献的整理,应该说是本分事。只不过我们面对的是佛教典籍,且大多为古代写本,故底校本的搜集、确定,典籍的录文、校勘、标点等等,难度大大超出一般意义的古籍整理而已。所以,真正让人头疼而无措的,不在典籍整理本身,而在其他一些问题上,明确地说是经济问题。

比如前面提到,现在的书籍,误植漏校,在所多是。既然我们决心把高质量的《藏外佛教文献》送到读者手中,又缺少充裕的经费,那举凡录入、校对等全部工作,只能由编委会自己承担。好在现在个人电脑已经普及,虽说档次低一些,编委会同仁几乎每人都有。但由于《藏外佛教文献》必须用繁体字印刷,而大陆通行的汉字处理系统多为简体字,可以处理繁体字的系统价格昂贵,非我等能够承受,并必须在高档次电脑上使用。所以,开始时我们只能采用台湾的一个繁体字系统。第一辑的稿件已经编校完毕,问题来了,我们用的这个系统只支持轻印刷,不能印刷出高质量的书籍。无奈,我们只好去再购买繁体字系统。由于经费关系,我们买的是最便宜的一种。可是没有想到,不知什么原因,近两个月来,无论有关同志怎样殚心竭思,这个系统就是不肯正常工作。真是焦头烂额,走投无路。直到我写这篇文章的时候,问题还没有解决。

又比如,最近出版社方面希望我们能够支付一笔费用。当然,出版社作为企业,提出这一要求无可厚非。但我们实在没有这种经济力量。截止到我写这篇文章时,这个问题也还没有解决。

凡此种种,真所谓"功夫在学问外"。

虽然困难重重,但编委会的诸位同人,仍然以"虽九死而无怨"的精神,锲而不舍,孜孜努力。鼓舞大家的,一是为佛教文化、祖国文化作一点贡献的信念;再就是广大读者的支持。

我们收到不少读者来信,很多读者在信中充分肯定了我们工作的意义,称这一工作"为保护我国的优秀文化遗产,对佛教研究事业的发展起到促进作用","是一件很有意义的大事"。认为《藏外佛教文献》必将成为"研修佛学之案头宝典",希望我们能够"排除一切困境,走上光辉的里程",要求我们"能多出一些高水平、高质量的文章"。不少来信表示将成为《藏外佛教文献》的长期读者,要求继续订阅以下各辑。

一封封热情的信像火炭一样温暖着我们的心。面对这样的读者,我们有什么理由不以更加勇猛精进的态度,排除万难,把《藏外佛教文献》的事情办好,以高质量的出版物来回报读者的厚爱与各界人士的关心与支持呢?

做一点好事是不容易的。我们的先辈为了理想,越流沙、赴绝域,为我们树立了楷模。我们现在虽然面临不少困难,但与先辈相比,又何足道哉。"万事开头难",我相信,有如此热情的读者与各界的支持,我们一定能够不负众望,开拓前进。

1995 年 11 月 13 日于缘督室

《藏外佛教文献》缘起^①

　　《藏外佛教文献》在历尽波折之后,终于与诸位见面了。

　　佛教传入我国已经两千年。在这两千年中,它与中国传统文化相互激荡、相互影响,终于与儒、道两家鼎足而三,成为中国文化不可分割的组成部分。它不但已经深深地融贯在中国人灵魂的深处,而且对东亚各国有着不可忽视的巨大影响。大藏经则是随着佛教的传入与发展而形成的中国佛教典籍的总汇。法教津流,大藏经有其不可磨灭的贡献,以致在漫长的中国历史上形成两大文化传统:一是历代都要为前朝修正史;一是南北朝以来,历代都要编印新的大藏经。这两大文化传统,千年以来,流传不替。近几十年来,尤其是近十几年来,随着人们对佛教及其在中国传统文化中的地位与价值的再认识与再评价,出现一个整理佛教文献、编辑大藏经的新的热潮。当前,中国社会正处在一个飞速发展的新时期,包括佛教在内的各种传统思想都面临一个如何适应这一飞速发展的形势,以及如何在这样一个飞速发展的社会中重新定位的问题。对于中国佛教来说,在肯定其合理的宗教价值的同时,努力提高其文化品位,则是至关重要的。在这里,整理佛教典籍、编辑新的大藏经,对肯定佛教的宗教价值与提高佛教的文化品位,都具有重大意义。新时期的中国文化需要新的理论,而新理论的诞生离不开思想资料的积累;中国的新理论又必然是在对传统中国文化,包括对佛教文化的全面扬弃过程中诞生。从这一角度讲,整理佛教典籍、编辑新的大藏经对中华民族新文化的构建也有着重要的意义。当今的世界越来越小,各国的交流日益扩大,文化的撞击已成为时代之必然。而佛教已经并将继续在这一交流与撞击中显示其生命力,为人类文化的发展作出应有的贡献。从这一点讲,佛教典籍的整理,不仅是十分必要的,而且是非常迫切的。

　　"藏外佛教文献",顾名思义,即未为历代大藏经所收入的各类佛教文献。

　　或为见闻不广所囿,或为收集困难所拘,或为宗派立场所缚,或为物质条件所限,历代都有大批珍贵的佛教文献没有能够收入大藏经,被散逸在藏外,处在自生自灭的境地,不少文献因此湮没无闻。这不能不说是佛教与中国文化的一大损失。今天,在编辑新的大藏经时,努力发掘、收集与整理现存的各种藏外佛教文献,就是一件不可忽

---

　　① 《藏外佛教文献》第一辑,宗教文化出版社,1995 年 12 月。略有修订。

视的大事。举例而言,敦煌藏经洞中的大批古佚佛典,就为我们了解与研究中国佛教的历史打开了一个崭新的天地,也是促成"敦煌学"产生的主要动力之一。遗憾的是,藏经洞发现至今已经90余年,对敦煌佛教文献仍然缺乏全面的系统的整理。此外,古代僧人的佛教著作,近代以来从梵文、巴利语、藏文、日文等翻译的印度佛教、藏传佛教原著数量甚巨;散见于正史、金石、地方史志、个人文集乃至诸种丛书、类书、专著中的各种佛教资料比比皆是。团结各界人士,系统地发掘、收集与整理这些藏外佛教文献,以供宗教界、学术界之急需;俟条件成熟时,将这些珍贵资料收入新编的大藏经,为中华民族的文化积累作出贡献,这就是《藏外佛教文献》的基本宗旨。古代,以智升为代表的僧人,曾经对佛教文献学的建设作出巨大贡献,其成就远远超出当时传统目录学的水平。赓续古代佛教文献学的优秀传统,进一步建设与发展佛教文献学,是今天佛教文献研究者的任务,也是《藏外佛教文献》愿为之奋斗的目标之一。

编辑、出版一种整理藏外佛教文献、发展佛教文献学的出版物的设想,酝酿、构思已久。但因时节因缘未熟,一直未能实现。1994年夏,决定以《南亚研究·佛教文献专辑》的形式发行。但由于种种原因,这一设想终于流产。由于这一原因,迫使我们不得不把出版物名称改为《藏外佛教文献》,并删去原定刊登的关于南亚研究方面的内容。也由于这一原因,原定在1995年6月出版的第一辑直到今天才与诸位读者见面,这是我们必须向诸位订阅《南亚研究·佛教文献专辑》的读者说明并道歉的。由于中国佛教文化研究所与香港志莲净苑的大力支持与慨施净财,才使《藏外佛教文献》有可能面世。在编辑与改刊的过程中,我们收到不少热情洋溢的来信,对我们的工作表示坚决的支持,提出了有益的建议。在此,谨向中国佛教文化研究所、香港志莲净苑以及所有对《藏外佛教文献》给予帮助与支持的四众朋友致以衷心的感谢。

《藏外佛教文献》编委会主要由有志于从事与支持佛教典籍整理及佛教文献学研究的人员组成。由于我们整理的对象是佛教文献,因此,无论从学术角度还是从宗教角度,我们都要求自己必须以高度负责的态度,向读者提供尽可能准确、完善的资料。我们的具体做法是,编委会集体以研究班的形式对整理者递交的每一份初稿逐字逐句核对底本、校本,进行审读、修改、定稿。所以,发表在《藏外佛教文献》中的各种典籍、文章,一方面固然是整理者个人研究的成果;另一方面也是编委会集体心血的结晶。在商品大潮冲击下的当代中国,能够甘坐冷板凳,不计名利,静下心来认认真真为佛教文化事业添砖加瓦的人当然不少,但也不能说很多。在此,谨对编委会诸位同仁的支持与奉献表示衷心的谢意。实际上,编委会诸位同仁都明白,我们现在从事的正是一件所谓"吃力不讨好"的工作。《藏外佛教文献》中发表的诸种文献,都是从原始资料的收集开始,一点一滴地做出来的。且不谈收集原始资料时所遇到的种种困难,仅就文献的录文、校勘、标点而言,编委会诸位同仁已深知其中的甘苦。如第一辑不少文献是从敦煌文献中整理出来的,原件均为古代抄本,照片多有模糊不清。鲁鱼亥豕之处,在所颇多;文意漏断之处,亦为常见;至于文字之错讹变体,则向为敦煌学之难点。有的尚存校本,可以参用;有的只剩孤本,唯凭理校。研究班上,编委会同仁经常为了一个文字的辨认、一个标点的使用乃至一段意群的辨析,争论得不可开交。虽然绝大多数情况下大家的意见终归于统一,但有时也不得不遗憾地留下若干存疑的问题以待方家指正。佛法宏深,本难底测;筚路蓝缕,更增艰辛。如果由别人先整理,我们再在别人整理的基础上校定修正,固然会容易得多。然而,不可能人人都站在他人的肩上去摘取桂冠,总要有人来做这种艰苦的原始资料整理工作。因此,虽然明知是"吃力不讨好",大家都还用"以精益求精之心,求尽善尽美之境"的精神来要求自己。当然,我们也知道,真正的尽善尽美之境仅存在于彼岸世界。但俗话说:"取法于上,得之于中;取法于中,得之于下。"我们只有高标准、严要求,才能在整理中少犯错误,犯小错误。

古人云:"论益物深,无过于法。何者?法是佛母,佛从法生。三世如来,皆供养法。故《胜天王般若经》云:'若供养法,即供养佛。'是知法教津流,乃传万代。"①由于我们的水平有限,发表在《藏外佛教文献》中的诸文献整理本必然有不少不能尽如人意之处。我们恳切地希望专家学者、诸位读者、各方人士不吝赐教。

1995 年 10 月

---

① 《历代三宝记》卷十五,见《大正藏》第 49 卷,第 120 页中。

《〈藏〉外话佛教》①

——关于《藏外佛教文献》的访谈录

　　由《藏外佛教文献》编委会编辑、宗教文化出版社出版的《藏外佛教文献》第一辑出版以来，受到各界好评。《佛教文化》主编何云先生就此访问了《藏外佛教文献》主编方广锠先生，下面是这次访谈的记录。

　　何云（以下简称"何"）：《藏外佛教文献》第一辑出版之后，在各方面引起良好的反响。我最近看到著名学者方立天教授的评论文章，称赞这本书的出版是"佛教文献史上具有里程碑意义的盛事"；另外据我了解，这本书已经在日本的有关学者中引起轰动。国内的不少僧尼、居士也纷纷来信要求订阅。在此对该书的成功，向你表示祝贺。

　　方广锠（以下简称"方"）：谢谢。这本书能够出版，取得成功，首先要感谢你们中国佛教文化研究所以及香港志莲净苑的经济资助及其他各种支持。没有你们大家的支持，这本书不可能出版。当然，编委会的全体成员为了这本书也真是吃尽辛苦，费尽心血。所以，这是大家共同的事业，共同的成功。

　　何：大藏经是中国佛教世代精华的积累，是中国人贡献给世界的一份文化瑰宝。它不但对中国文化，而且对东亚各国有着不可忽视的巨大影响。所以，我们中国佛教文化研究所始终十分重视对大藏经的研究、整理与编纂。

　　方：是啊！佛教在中国、在东亚流传两千年，大藏经有着不可磨灭的贡献。其实，大藏经不仅仅是宗教典籍，其内容包括哲学、历史、文学、天文历算、民族边疆、中外关系、音乐舞蹈、艺术建筑雕塑等各个领域，总之，在古代，宗教文化是人类文化的主要表现形态之一，而大藏经则是佛教文化的主要载体之一。以致我国南北朝以来，历朝历代都要编修大藏经，这已经与历朝历代都要修正史并列，成为我国历史上的两大人文景观。千年以来，流传不替。作为一个中国人，我们应该为大藏经这一文化瑰宝以及中华民族具有的编纂大藏经这一文化传统自豪，也应该为此贡献力量。

　　何：近十几年来，你的主要精力一直放在佛教文献的收集、整理与佛教文献学的研

---

　　①　曾载《佛教文化》1996年第4期、第5期连载。有删节。

究上。但有人认为,佛教是一种宗教,对现代社会没有多大的积极作用,当然也就不重视佛教典籍的整理。不知你对这个问题怎么看?

方:我认为,佛教的社会作用应时空与社会条件的变化而变化。有时是负面的、消极的;也有时是正面的、积极的。两者都不可抹杀,也不能用一方面去否定另一方面。因此,对佛教在不同时代、不同地区、不同阶级的人群中的实际社会作用,以及对这种社会作用的评判,必须用历史的眼光,作实事求是的具体的科学的分析。另外,我们必须看到,佛教不仅仅是一种巨大的宗教存在,也是一个不可忽视的巨大的文化存在,对中国传统文化的各个方面都有深刻的影响。当然,佛教文化对中国传统文化的具体影响,也必须一分为二地进行实事求是的分析。既不可因其消极方面掩盖其积极方面,也不可因其积极方面忽视其消极方面。但应该指出的是,如果说在宗教层面上,佛教的消极面要大于它的积极面的话;则在文化层面上,佛教的积极面要大于它的消极面。

当前我们正在建设的社会主义精神文明,不是凭空架构的楼阁,必然是在对传统文化进行全面扬弃的过程中产生,其中就包括佛教文化。因此,继承佛教文化的优秀部分是弘扬中华民族优秀传统文化之必须,是今天建设社会主义新文化之必须。而整理佛教典籍自然成为其中极其重要的一个方面。

此外,当今的世界越来越小,各国的交流日益扩大,文化的撞击已成为时代之必然。而佛教已经并将继续在这一交流与撞击中显示其生命力,为人类文化的发展作出应有的贡献。从这一点讲,佛教典籍的整理,不仅是十分必要的,而且是非常迫切的。

何:你刚才的这番话主要从社会的角度谈了整理佛典的意义。那么,就佛教本身而言,目前从事这一工作的意义何在呢?

方:我想可以从两个方面来谈。

第一,当前,中国社会正处在一个飞速发展的新时期,包括佛教在内的各种传统思想都面临一个如何适应这一飞速发展的形势,以及如何在这样一个飞速发展的社会中重新定位的问题。对于中国佛教来说,在肯定其合理的宗教价值的同时,努力提高其文化品位,则是至关重要的。在这里,整理佛教典籍、编辑新的大藏经,对肯定佛教的宗教价值与提高佛教的文化品位,都具有重大意义。

第二,整理佛教典籍与我国佛教的健康发展有着密切的关系。讲到佛教的健康发展,用佛教语言来说,关键是"绍隆佛种,续佛慧命",也就是接班人的问题。而接班人不仅需要熟悉佛教仪轨、遵守佛教戒律,还必须精通佛教义理,进而能够发展佛教义理。我认为,佛教理论是佛教的灵魂。南北朝以后,宋明以前,印度佛教的理论不断传入,中国人在消化这些理论的过程中不断有所创新,从而使当时的佛教生机勃勃,在意识形态领域里独占鳌头。宋明以降,印度佛教已经衰灭,源头活水已断,中国佛教此时既没有理论上的重大创新,原有的佛教理论又为宋明理学所吸收,所改造,于是只剩一个信仰的躯壳,这是佛教走向衰落的重要原因。我们说近代佛教复兴,其标志首先是"南欧北韩"及一批高僧大德对佛教义理的钻研与弘扬。因此,对当前佛教界来说,培养一批高水平的理论人才,提高理论水平,提高文化档次,乃是当务之急。收集、整理、研究佛教典籍,对于佛教界来说,也正是培养佛种、弘研义理的极好方式。

何: 你这么说,自然也有道理。不过,有的先生认为,历代编纂的大藏经已经很多了,收集的资料也很丰富,我们只要研究这些大藏经就足够了,是否有必要再来收集整理大藏经之外的佛教文献呢? 那些文献当时既然没有被收入大藏经,可见它们并没有太大的价值。你对此有什么看法?

方: 这种看法是片面的。

首先,古代编辑的大藏经虽然多,但免不了都有各自的局限,所以收集的典籍并不齐全。这种局限大体有四个方面。第一个局限是见闻不广。我们以历来被作为典范的由唐智升 730 年在长安编成的《开元大藏》中所收义净译著为例来谈谈。这部藏经收入义净译著 200 多卷。其实,义净译著总共有 107 部,428 卷。绝大部分是在洛阳、长安两地的官方译场完成的。义净逝世于 713 年,17 年后智升编藏时却只调查到 370 卷左右。其中有的典籍还只知其名而未能找到经本,所以只收入 200 多卷。义净的情况既是如此,则那些年代更早、活动区域更远、名气更小的译师的情况也就可以想见了。第二个局限是收集困难。有些典籍虽然知其名,但找不到经本。智升《开元录》列出的这类经典就有 1148 部 1980 卷。我们知道,《开元大藏》总共收经 1076 部 5048 卷,由此可知没有找到的经典所占比重之大。第三是被宗派立场所局限。历代编纂大藏经的僧人都有自己的宗派立场,难免因此影响自己的编藏工作。比如智升对中国人撰写的佛教著作挑剔极严,除了个别著作外,绝大多数都被他排除在大藏经之外。又如辽代编纂大藏经,因为《坛经》是慧能的言行录而竟然敢于称为"经",故此宣布烧毁。第四是受物质条件的限制,无法把收集到的经典都收入大藏经。由于上述原因,历代都有大批佛教文献没有能够收入大藏经,被散逸在藏外,处在自生自灭的境地,不少文献因此湮没无闻。这不能不说是佛教与中国文化的一大损失。

其次,没有收入大藏经的资料是否就不重要呢? 也不是的。如前面所讲智升所列的 1148 部经,都是他认为应该入藏的重要经典,只是他没有能够找到经本而已。敦煌藏经洞发现后,大批已经被湮没的典籍重见天日,使我们了解古代佛教的真实情况,许多研究者依据这些资料作出大量卓越的研究,就充分证明了这一点。

所以,努力发掘、收集与整理现在还能够找到的各种藏外佛教文献,将对保存与发扬佛教文化、中国文化有着无可估量的重大作用。

何: 所谓"藏外佛教文献",大体包括哪些方面? 数量大概有多少?

方: 藏外佛教文献包括散逸在藏外的古代僧人的佛教著作,近代以来从梵文、巴利语、藏文、日文等翻译的印度佛教、南传佛教、藏传佛教经典,散见于正史、地方史志、金石、个人文集、丛书、类书、各类专著中的佛教资料。至于数量,现在很难作精确统计。根据我粗略估计,现存辛亥革命以前的有关佛教资料总数大约在 3.5 亿字左右,已经收入历代大藏经(包括日本《大正藏》、《卍续藏》)大约为 2.5 亿字,即有 1 亿字左右的资料需要我们去收集整理。辛亥革命至今的资料总数大约也不会少于 1 亿字。

何: 这么多的资料,收集整理起来一定很困难。

方: 是啊! 已经收入大藏经的资料,就好比矿石已经被历代编藏者炼成钢铁。只是有的是精钢,现成就可以利用;有的是粗铁,还需要我们再作加工而已。收集整理藏外佛教文献，就是要我们自己去找矿、开矿、炼钢。比如说，《藏外佛教文献》第一辑中的《头陀经》是依据五号敦煌遗书校勘定稿的。这五号敦煌遗书分别收藏在英国、法国、日本和中国北京、天津。最终把它们全部找齐，的确费了不少心血。这当然也要感谢很多人的帮助，没有他们的帮助，仅凭我们自己的力量是不行的。所以，藏外佛教文献的收集、整理，需要社会各界的支持、理解与帮助。

何：对在第一辑中发表的文献，你还有什么要介绍的吗？

方：第一辑中发表的文献，绝大部分是从敦煌遗书中整理出来的，绝大部分是初次发表的。有的以前虽然有人整理过，也都是残本，而我们发表的则是完整的全本，研究的价值自然要更大一点。对于这些文献的具体研究价值，在第一辑的《卷首语》及每篇文献的题解中都作了介绍，这儿就不多说了。我想特别提出的是，细心的读者也许已经注意到，我们在第一辑中纠正了大藏传本《俱舍论》的一个错字——"可"。这个字应该是"所"，但由于草书字形相似，所以大藏传本写错了，而且连错了三处。请参见第一辑第247页的校记。"可"字在原文中虽然也能够讲通，但模糊了佛教很注重的"能"、"所"关系。《俱舍论》是一部重要著作，大藏本是千年传本，竟然有这样的错误而一直没有被发现，这也说明我们正在从事的佛典整理工作的重要。

何：我看到过你在1995年12月的《法音》杂志发表的题为《藏外佛教文献出版前语》的文章，在那篇文章中，你谈到编纂第一辑的很多困难，你能够再谈谈吗？

方：谈起这个问题，真是感慨万分。在《出版前语》中我谈了直到那时为止遇到的种种困难，诸如出版方式的问题、出版社的问题、电脑系统的问题等等。在那篇文章中，我曾经用了"焦头烂额、走投无路"八个字来形容当时的处境，实际上，与后来的挫折相比，那时的困难真不算什么。

何：你说的"后来的挫折"指什么？

方：在各方面。尤其是中国佛教文化研究所的支持下，我们终于克服了《出版前语》所说的各种困难，在1996年1月5日印出样书。在审阅样书时，突然发现书中竟有不少明显的错误。这实在使我们吃了一惊。为什么逐字逐句如此认真地集体整理出来的文献，竟然还会有这么多错误呢？仔细检查，原因主要是电脑转换系统及工作经验不足。这与我作为本书的主编，对工作过于自信，过于乐观，没有抓紧后期校对工作有着直接关系。所以，我要承担全部责任。我们整理的是佛教经典，无论如何不能把有错误的书籍送到读者手中。起先，想采用抽页的方式补救，但经过试验，这种方式给印刷厂的装订工作带来很大麻烦，印刷厂方面表示无法接受。最后，只好下决心把已经印出的书全部报废，全部制版重印。于是编委会同人再次对全书作了认真修订，然后制版、印刷。就这样，直到5月份，重新印刷的书才出厂。比原计划的出版时间整整晚了半年。

在这半年当中，不少读者多次来信催问，有些读者非常生气。的确，我们的书一拖再拖，不能按时出版，难免引起读者的意见。在此，我借贵刊这次访谈的机会，向所有的读者表示衷心的歉意，

现在我的书桌上摆着第一辑的初印报废本、抽页重订本与重印正式本等三种印

本,时时提醒我记住这个教训。

何:真是好事多磨啊!在第一辑的编纂过程中,你的最大感受是什么?

方:我们曾经提出一个口号,作为激励自己的标准:"以精益求精之心,求尽善尽美之境。"当然,我们也知道,真正的尽善尽美之境仅存在于彼岸世界。但俗话说:"取法于上,得之于中;取法于中,得之于下。"我们只有高标准、严要求,才能在整理中少犯错误,犯小错误。实际上,当我们在工作中坚持这一标准的时候,我们的工作就做得好一点。如我们稍有松懈,就会出问题。所以,今后我们一定会把这一标准时刻放在心中。

如第一辑《缘起》所说,我们这种工作正是所谓"吃力不讨好"的工作。一切从原始资料开始做起,其中的辛苦,不是个中人绝难体会。而因为是从原始资料开始做文献整理,则正如古人所说的:"校书如扫落叶,旋扫旋生。"无论我们怎样兢兢业业,错误绝对是在所难免,只是错得多少与大小的问题。有错误,则自然正好成为别人批判的靶子。而等到评定职称的时候,这些工作往往不能作为成果,理由是整理不算研究。

何:你这么说也太悲观了。既然这样,你们为什么还在从事这一工作?

方:这里无所谓悲观不悲观,我不过是在介绍实际存在着的一种现象而已。不过,文化是需要积累的,因此,总要有人来做文化积累的工作。高速公路是用水泥沥青铺成的,总要有人来铺水泥沥青。前面说,我们整理的文献会成为别人批评的靶子,其实,这种批评可以使我们把文献整理得更好,学术就是在批评与反批评中前进。对于佛教文献的整理工作,金克木先生曾经比喻为"下地狱"。但这是一项民族之大事,世代之大事,因此,无论再难,总得有人去做。既然如此,我不入地狱,谁入地狱!而且文献收集之类的事,做得越早,收集得越多;做得越迟,资料的散失越多,收集越困难。这也是一个规律。也就更加不允许我们有什么犹豫彷徨。这就是我们成立"藏外佛教文献编委会",编辑《藏外佛教文献》的原因。

何:你们的最终目标是什么?

方:当今世界现存的佛教为南传、汉传、藏传三大体系,每个体系的佛教都有自己传承的经典。值得一提的是,在我国,三大佛教体系具全,三大体系的佛教典籍也最多。这在世界上是独一无二的,是我们的骄傲。其中,汉传佛教以及藏传佛教在我国孕育为辉煌的中国佛教,又流传到东亚各国,对各国文化的发展产生了不可估量的影响。因此,中国是当之无愧的"佛教的第二故乡"。但是,随着近代国势日弱,民生日蹙,我们在佛教研究的许多方面都落后于世界。举例而言,近代以来,世界的佛教研究基本上沿着梵文佛典、巴利语佛典、藏文佛典的道路前进。由于种种原因,对梵文佛典、巴利语佛典的整理,我们都落在世界的后面。对藏文佛典的研究,现在也很难说我们一定掌握着优势。如果我们在汉文佛典的整理研究方面再落后于世界,则实在愧对祖先,愧对"佛教第二故乡"的称号。目前日本、韩国、美国等国家以及我国台湾地区都比较重视这一事业,将大量人力、物力投入其中。我们实际上已经处在相对落后的地位。对此必须有清醒的认识。当前世界已经进入信息社会,在信息社会中,知识产权在社会财富中所占的份额将越来越大。大藏经是我们祖先留下的一份知识遗产,我们不能让这一份遗产的知识产权丧失在我们这一代人手中。当然,仔细分析,我们在佛教典籍的整理与编辑方面还是有自己的优势,如果把这种优势发挥出来,急起直追,完全可以在汉文佛教典籍的整理方面作出应有的贡献。

我们的优势是什么呢? 首先是藏内佛教的校勘标点,其次是藏外佛教的收集整理。就藏内佛典的校勘标点而言,我们中国人,总要比外国人做得好。至于藏外佛典,虽然不少散逸在国外,但毕竟大多保存在国内。问题在于我们怎样把这些资料收集起来,整理出来,归入大藏,这就是摆在我们面前的艰巨任务。上述两个任务完成得好,编辑一部新的代表中华民族最高水平的大藏经就有了坚实的基础。

由于近年以来各种各样的影印藏经不断出版,所以,藏内佛教资料相对比较容易得到。就好比是公共图书馆的藏书,无论是谁,无论什么时候,都可以方便地查阅使用。但藏外佛教文献则不然,必须从原始资料开始,一点一滴地去整理。虽然近几十年来,已经有不少有志之士注意到这件工作,并取得不少卓越的成果,但总的来说,还处于个人的、分散的、零乱的状态,缺乏较为系统的规划与坚持不懈的努力,距离目标的达成还有遥远的距离。所以,我们现在需要在藏外佛教文献的收集与整理方面下大功夫。

实际上,现在我们编纂大藏经,如果只局限在已经入藏的资料圈子中炒冷饭,则不如不编。只有把眼光放宽到未入藏资料上,才能突出我们的特色,占据历史的高峰,真正编纂出无愧于我们时代的大藏经。所以,以《藏外佛教文献》的形式收集整理散逸在大藏经之外的佛教资料,一旦条件成熟,把整理好的资料纳入大藏;条件一时不成熟,也可以起到"藏外佛教文献集成"的作用,这就是我们的目的。

何:下一步你们打算怎样做?

方:编辑大藏,固然泽被千秋。但兹事体大,谈何容易。不过,既然利国利民,总会有人来做。这当然需要等到各种条件成熟之后才能正式上马。所以,我们的想法是在目前条件下,能够做多少事,就尽量先去做。只要抱着只讲耕耘,不问收获的心情,尽自己的力量,能做多少,就做多少,自然功不唐捐,事不虚抛。《藏外佛教文献》的第二辑已经编辑完成,不日即可付印。第三辑的编辑工作也已经开始,计划在年内付印。只要经费有保证,我们就把这件事做下去,一直做到底。

关于《藏外佛教文献》的选篇、录校及其他①

——简答黄征、杨芳茵先生

　　《藏外佛教文献》第一辑(以下简称《藏外》)出版以后,引起佛教界与敦煌学界的注意,短时间内,出现方立天先生、荣新江先生、邓文宽先生、林明珂先生等四篇书评,既有鼓励又有指正。正常的学术批评是学术健康发展的前提。在此,对诸位先生的支持与指教,谨代表编委会表示衷心的感谢。

　　另有黄征先生与杨芳茵先生合作《读〈藏外佛教文献〉第一辑》(以下简称《黄文》)一篇,该文涉及到对藏外佛教文献选篇、敦煌佛教遗书的总体评价及敦煌遗书录校等一些重大问题,因此有必要作简单答辩。正常的学术反批评也是学术健康发展的前提。需要说明的是,《黄文》是黄、杨两位递交的会议论文(1996年8月,兰州,中国敦煌吐鲁番学会年会)。我没有参加这次会议,后来从参加会议的友人处得到一份,特此向友人致谢。现在所用的就是这份。

　　《黄文》共分十个部分,可归纳为如下七个问题。

一、关于《藏外》的选篇标准

　　《黄文》提出"《大正藏》已收的不应属于'藏外'"(第2页),由此批评《藏外》名不副实,用《黄文》的话说是:"因此,这部书的'藏外'云云与所辑录的内容是略有出入的。"(第3页)这涉及到《藏外》的选篇标准。

　　实际上,关于《藏外》的选篇标准,第一辑的《卷首语》中交代得十分清楚,即:

　　　　"藏",指佛教大藏经。传统所谓"大藏经",专指汉文大藏经,包括正藏与续藏,它是我国汉文佛教典籍的总汇。我国的汉文大藏经种类虽多,仍有不少与佛教有关的文献散逸在藏外。……(这些散逸在藏外的佛教文献)均可称为"藏外

---

　　① 曾载《中国敦煌吐鲁番学会通信》1997年第1期。本文发表后,黄征、杨芳茵先生的《读〈藏外佛教文献〉第一辑》正式发表在《浙江大学学报》(哲学社会科学版)1998年第1期。此次将《藏外佛教文献》的简称由原文的"文献"改为"藏外",文字亦略有修订。

佛教文献"。——已经入藏的典籍固然重要，散逸在藏外的文献也不容忽视，必须认真加以整理。应该说明的是，历代正藏，均经多次校勘，一般质量较高；而续藏所收典籍，往往有较大随意性，且缺乏版本的精选与校勘，颇有文字错讹等情况。因此，有的典籍虽然已经为某续藏所收，但如果新发现的传本比已入藏本更加完善，则也应该成为整理的对象。

上面的文字包括两层意思：第一，所谓"藏"，特指"我国的汉文大藏经"。这是我们选篇的基本原则。第二，有些典籍，虽然收入历代续藏，但如果需要整理，也是我们整理的对象。特殊情况需要特殊处理，这是根据历代大藏经与散逸佛典的实际情况设立的变通原则。

我们的上述选篇原则是根据汉文大藏经的编纂形成史及其结构演变史的实际情况决定的。限于篇幅，本文不可能对这个问题展开讨论，可参见吕澂、周叔迦先生的有关论述。也可以参见发表在《闻思》创刊号上的拙文《〈大正新修大藏经〉评述》。

《黄文》发出这样的设问："如果这样来衡量，那么敦煌卷子中大量佛经都是历代大藏经之外甚至日本《大正藏》之外的，也应该以异本（文字出入实际很大）而辑入《藏外佛教文献》了，而这是本书编校者不会认同的。"（第2—3页）这段设问表明，《黄文》对佛藏与敦煌遗书中佛经的关系还不甚了了，因此对我们的选篇原则也就没有搞明白。

二、关于变换录校底本

《藏外》的《录文校勘体例》中规定可以变换底本，并说明了具体的变换办法。这是针对敦煌遗书的特殊情况，总结了以往录校工作中存在的实际问题后提出的措施。《黄文》认为这样做的"好处是读者时时刻刻都能明白哪段文字根据哪一个本子录校，但问题也很明显：读者无法知道哪个本子是最重要的本子，亦即后来纷纷充当底本的本子与主要底本之间是否完全出于一个系统"（第3页）。《黄文》提出的两个问题看似有理，实际都不成立。

首先，《藏外》的体例是逢异出校，所以，读者完全可以根据《藏外》的体例来判定哪一个本子较为优秀与重要。其次，只要是不同系统的异本，《藏外》就将它们分别整理，绝不混同。如果在校勘某本时需要参校不同系统的异本中的文字，我们也不把该异本列为校本，而是列出该异本的具体名称。《黄文》作者只要认真参见《藏外》对《天公经》与《佛母经》的校记就可以明白。

《黄文》提出上述疑问的另外一个原因是还没有掌握敦煌遗书的诸种形态。《黄文》整理对象分为"都是足本"、"一个是足本"、"都是残本"等三种情况，介绍了古籍校勘的通常做法。对"都是残本"，《黄文》是这样说的："如果都是残本，由于无法弄清是否都出于一个系统，我们一般只好选一个残缺较少、错漏不多或有原题之类优点的本子作为底本，其余本子都只作补校本，凡底本残的部分据某本补、据某本校，仍保持原底本的地位。"（第3页）并提出："没有太大的优点也就不必改变传统方法。"（第3页）上述传统方法如果够用，自然不用变法。但问题在于作为敦煌遗书的整理者，《黄文》的作者应该了解敦煌遗书还有一种情况：都是残卷，但无论哪个残卷保留的文字都不足全文，只有拼合后才成全璧，甚至依然不全。这时，传统的三种方法都不能用。比如甲残卷抄写拙劣，错误甚多，但保留文字较多；乙残卷错误虽少，但保留文字较少；两残卷有文字部分重合。此外还可能存在情况类似的丙卷、丁卷等。这时只能变换底本以充分利用诸卷各自的优点，逢异出注以保持诸卷各自的面貌。又如《藏外》第一辑发表的《佛说金刚经纂》，一个文献，断为两截，尚可缀接，别无校本；第二辑发表的《七组法宝记》的整理本，一个文献，断为两截，互不缀接。除了变换底本予以整理之外，还能有什么别的办法吗？

理论与方法都必须与实际相适应，如果不适应，就要发展理论，进行变法。

三、关于古今字、通假字等

《藏外》的《录文校勘体例》第十条规定："古今字、异体字、正俗字、武周新字一律改为标准繁体字，不出校记。"又规定："通假字第一次出现时改为正字，出校记。以后径直改为正字，不出校记。"

《黄文》主张古今字不可径改，如"元来"不应改为"原来"、"迷或"不应改为"迷惑"之类；通假字不应径改，如"智惠"不应改为"智慧"、"从令"不应改为"纵令"之类（第3—7页）。

我认为《黄文》观点不可取，理由有三：

首先，任何人，从事任何工作，总有一个目的。我们出版《藏外》的目的是为现代读者提供一个较为实用、可靠的读本。《藏外》以中等及中等以上文化程度的读者为对象，他们绝大多数并非文字研究者或敦煌研究者，敦煌遗书特有的正俗字、古今字、通假字等，一般被他们视为畏途。因此，只要意义没有歧义，内容不会被误解，文献整理者就有责任用规范的标准繁体字来取代这些不规范的不通用字，为他们排除阅读的障碍。当然，对于以特定对象为读者的古籍整理，必须保留原字，这自然另当别论。

其次，汉字本身随着时代发展而不断演进，因此我国历代都曾经运用法令整理与规范汉字。我们在古籍整理的实践中，除了特殊情况外，当然应该遵守这些规范。把不规范的字全部保留，等于把原卷照样摹写一遍，看起来学术价值高，实际上并不能保证正确摹写了每个字。这样还不如去看原件或照片。任何文献整理都有时代性。这种时代性的表现形式之一，就是废止已经不通用的字，改为当时通用的字。这样做需要辨字正字，既费功夫，又可能出错，对整理者很危险，但对读者最有好处。《藏外》便是这样做的。当然，我们还没有做到尽善尽美的地步，还要努力。如果哪位读者提出我们还有哪些字没有规范为标准繁体字，哪些字的正字有误，我们心悦诚服地接受。但如果说根本不应该进行正字，则实在恕难从命。

再次,敦煌遗书蕴含着丰富的研究信息,具有多方面的研究价值。大而言之,可以分为三个方面:文物研究价值、文字研究价值与文献研究价值。正因为如此,敦煌遗书才成为宝藏。然而,《藏外佛教文献》整理者在整理文献时,只是侧重于保留它的文献价值,没有必要把上述三种价值全部保留下来。对文字研究者,最适宜的方式,是请他们去查阅照片等复制件;对文物研究者,则只有去查检原卷。当然,文献由文字组成,文字与文献不能截然分离,因此,用正字法正字时必须注意文字的意义有没有歧异,文献内容会不会被误解。只要不会产生上述误导读者的可能,就应该采用正字法。这样,文献整理才能删繁就略,达到最佳效果。

在此,我愿意照录我为《敦煌愿文集》所写书评中的一段话:

> 根据本书(指《敦煌愿文集》)辑校体例第六条,本书录文时对常见俗字径改为通行的繁体字,但如原卷的简化字与现代简化字相同者,则予以保留,繁简混用者,亦予以保留。但我发现在《愿文集》的实际录校中,不但保留了简体字,有些俗字也没有改正而一仍其旧。我以为,这种做法似不可取。

> 敦煌遗书载有文物、文字、文献等各种各样的研究信息,但是,作为录校本则没有可能把所有的信息全部包容进来。且不说敦煌遗书的文物信息,即就文字而言,敦煌遗书字形繁杂,我们没有可能,也不必要在录校本中保留这些字形。我认为,录校本的目的是给研究者及中等以上文化程度的读者提供一个比较方便易读而内容可靠的读本,亦即应该尽量保留它的文献价值。因此,应该利用正字法,尽可能把敦煌遗书上的字正为通行的标准繁体字,为读者扫除阅读障碍。对于那些实在无法用正字法"正"过来的字,当然只好照录。如果想为文字的研究者也提供若干信息,可以用附录的形式把有关的字附上,而不必在正文中保留这些特殊的字。其实,真正研究敦煌文字,靠录校本是绝对不行的,必须自己查阅原件或原件的拷贝件。尽可能采用正字法正字,也为排字印刷减轻了负担,从而减少了错误率。不知黄、吴两位先生以为然否?

这篇书评将发表在《敦煌吐鲁番研究》第二辑上,事先(1996年7月,亦即兰州会议前)曾经寄给黄征同志过目。如果黄征同志在《黄文》中除了提出他的观点外,也能够提一下我的上述意见,并加以批驳,那就好了。那样一方面可以使读者得知双方的看法,另一方面如果能够驳倒我的意见,自然也就证明了《黄文》的观点是正确的。

四、关于译音词

敦煌遗书中有些译音字的译法五花八门,主要是一些专有名词,很不规范。如《佛母经》诸本对优波离译法不一,歧名纷纭,所以录校本按照约定俗成的规则作了统一。但《黄文》认为译音字不可改,应该"照录底本而适当出校异本情况"(第7页)。

其实,在两千年的中国佛教发展史上,绝大部分专有名词已经有了约定俗成的规范译法。后来玄奘对许多译名不满意,指斥为"讹也",自创了许多了新译名。但具有讽刺意味的是,玄奘的新译名相当大一部分都没有得到社会的公认,未能流传开来。

敦煌遗书中译名不统一的原因是多方面的,有的纯属误抄,有的受方言音的影响,如此等等。如系前者,除了可以据此研究误抄的规律外,一般说没有太大的研究价值;如系后者,则对研究地区方言音乃至音韵学有一定的用处。但是,一篇文献,译名不统一会给读者造成极大的麻烦,这是一个非常普通的道理。鉴于此,我们的办法是一方面依照约定俗成的原则把这些专有名词规范化;一方面把各种异译反映在校记中,以最大限度地保留研究信息。我们认为这是一个两全其美的办法。

如《佛母经》中,同一写本上中既有"优波离",又有"优婆离"等多种译法,一文之内,译音词不能统一。如果按照《黄文》作者的意见,只是照录原文,这样整理本中同一篇文献中的同一个人,将会有许多不同的名字。这似乎有悖整理本的宗旨。

五、关于《敦煌大藏经》

大藏经,是一个特定的佛教术语,指按照一定的编纂原则编纂的佛教典籍总汇。我在广泛调查了敦煌遗书中佛教典籍的实际情况后,主张敦煌遗书是古代敦煌僧人的弃藏,其中没有完整的大藏经,自然也不可能整理出《敦煌大藏经》。

《黄文》则认为:"我们坚信,敦煌本佛经如果进行全面整理,加以辑录和校点,用传世大藏经作比勘,一定能够整理出一部《敦煌大藏经》。"(第1页)

遗憾的是,像这类学术问题,无论信心怎样大也没有用,要凭事实说话。

中、英、法已经公布的敦煌遗书为2万号左右,就文献的绝对文字量而言,已占全部敦煌遗书的三分之二左右。就已入藏佛教典籍的种类而言,情况如何呢?

我们以8—10世纪我国标准大藏经的正藏目录——《开元释教录·入藏录》来衡量一下。《开元释教录·入藏录》收经1076部,5048卷,但在前述敦煌遗书中却只有170部左右[①]。如果以5048卷这一大藏经的标准卷数来衡量,则相差更多。

因此,我们可以把敦煌遗书中的已入藏佛典整理为《敦煌佛典集成》,但绝对整理不出《敦煌大藏经》,因为它根本不存在。这是已经被目前事实所证明,并将继续被时间所证明。当然,如果说到敦煌遗书中的佛教典籍价值,这是性质完全不同的另外一个问题,我已经有《敦煌遗书中的佛教文献》(载《西域研究》1996年第1期)专门介绍,此不赘述。

---

①　此为本文写作时的数字。截至2010年新的调查数字为不足500部。将来还可能有少量增加。数字虽然变化,本文结论不变。

六、关于封锁资料

《黄文》指责我们没有公布《藏外》所用有关敦煌遗书的图版,并用了这样的语句:"除了本书辑录者外,全世界几乎没有谁能接触和使用这些卷子,他们像'古董'一样被'保护'着。……不知何故,该书既未附图版,也未作任何说明,因而该书的录文就成了读者唯一信奉的材料,不管其录文是否正确、排版是否无误。事实上该书被校改的地方太多。"(第2页)言下之意,是在指责我们封锁资料,以此居奇并误导读者。

应该指出,《黄文》的上述指责是不公平的,不负责任的。

首先,众所周知,图版公布权属于敦煌遗书收藏单位,不经同意,任何人没有权力发表这些图版。这是国际惯例。《黄文》作者从事敦煌学多年,应该有这点常识。另外,即使得到许可发表图版,还有经济问题。既有编辑者的经济能力问题,也有读者的承受能力问题,这也是常识。在敦煌学界,发表录校而不附图版,可说是一般情况;同时也发表图版的,倒是少数。《黄文》作者自己的《敦煌愿文集》就没有附图版,也没有人因此而提出批评,为什么独独以此指责《藏外》呢?

其次,北图以及《藏外》整理者从来就没有封锁资料或据资料为奇。相反,北图的这些资料这些年来一直向所有查阅资料的研究者开放,无论哪位研究者,只要按规定办理有关手续,都可以查阅。作为这些资料的最早整理者,我们确有"近水楼台"之便,但我们不但鄙弃封锁资料的不良风气,还主动提供各种方便,例如主动向有关研究者介绍与提供新发现的资料、提供更方便的场所等等。我就曾经主动向黄征同志打过招呼,表示可以向他提供北图的有关资料。即以这次《藏外》发表的敦煌遗书为例,对于实在没有时间与条件来北图查看原件,但又提出要求,希望能看到图版的研究者,我们也尽可能提供了各种方便,供这些研究者研究与批评我们的录校。《黄文》作者既没有到北图来过,也没有提出想看这些敦煌遗书原件或所谓放大件的要求,便无端提出上述指责,是极不负责的。

再次,我们并没有要求读者把我们的录校当做"唯一信奉的材料",相反,我们一再表示,我们的工作有错误,有存疑,希望得到指教。《藏外》中所用的资料也并非全部没有公布过。即使属于没有公布过的资料,除了可以来北图查阅之外,任何研究者,只要不具偏见,就可以从我们的题解与校记中得到大量资料与信息来评判我们的工作。又何谈我们的录文"成了读者唯一信奉的材料"呢? 此外,凡是对原文作校改的地方,我们一律出注说明,这样做,目的就是为了"以供研究者参考"(见《录文校勘体例》第三条),也明明起到反映原卷原貌的作用,怎么反而变成"与原卷原貌越加远离了"呢?

七、关于录文补校

　　《黄文》最后提出 40 余条具体的录文补校意见,有的有道理,有的没道理,有的属于见仁见智一类,也有不少既与《藏外》的录校体例不合,也与一般的文献整理体例不合。限于篇幅,不一一讨论。凡是有道理的,我们都将考虑吸收,并向黄、杨两位致谢。

　　上面对《黄文》提出的问题申述了我的不同意见。如我在去年的一篇文章中提到,由于我们是从原始资料开始工作的,"无论我们怎样兢兢业业,错误绝对是在所难免,只是错得多少与大小的问题"。我们也知道,我们整理的文献会成为别人批判的"靶子",虽则如此,我们愿意当这个靶子,因为"这种批评可以使我们把文献整理得更好,学术就是在批评与反批评中前进。"(《〈藏外〉话佛教》,载《佛教文化》1996 年第4、5 期)我们欢迎一切正常的学术批评,也希望学术批评能够遵循正常的方式进行,不要夹杂其他因素,让一些不良风气滋长起来。

1997 年 1 月

《金刚经赞研究》序①

　　达照是 1998 年中国佛学院的本科毕业生。按照中国佛学院的安排,1998 年秋季起跟从我学习研究生课程,专攻佛教文献学。我与达照,名为师生,实际上可说是忘年交。从达照身上,我看到解行相应的僧人风范,也看到中国佛教的希望。

　　本书是达照研究生毕业论文的扩充。毕业论文的题目是我给的,当时的想法,是对《梁朝傅大士颂金刚经》作一个异本的清理。《梁朝傅大士颂金刚经》属于藏外佛教文献,自形成后,一直在民间流传。宋代以后出现的多种关于《金刚经》的集解,都将它作为批注之一收入。有关情况,可以参见本书的第一章第一节。或者由于这类集解的流行,《梁朝傅大士颂金刚经》的单行本反而逐渐湮没。上个世纪 20 年代,日本矢吹庆辉在英国图书馆收藏的敦煌遗书中寻找未入藏典籍,发现其中保存着《梁朝傅大士颂金刚经》的单行本,如获至宝,收入他的《鸣沙余韵》。其后,日本编纂出版《大正藏》时,特意在第 85 卷设立“古逸部”,收入敦煌等地发现的历代大藏经未收古逸典籍。《梁朝傅大士颂金刚经》被列为古逸部之首。由于一直在藏外流传,所以该《梁朝傅大士颂金刚经》有多种异本出现,而《大正藏》所收只是其中的一种,不能反映该文献的全貌,应该重新加以整理。再说,佛教典籍在流通过程中出现异本,这属于佛教文献学应该研究的重要现象。前此,《藏外佛教文献》已经整理发表了若干种异本佛典,如《天公经》、《佛母经》、《华严十恶品经》等。我希望通过《梁朝傅大士颂金刚经》的整理,把佛典异本演化的研究向前推进一步。

　　此外,敦煌遗书《梁朝傅大士颂金刚经》被发现后,引起学者持久的兴趣,百年来研究一直在进行。已经发表的成果,既有一般的学术论文,也有学位论文。最近的成果,则有四川大学张勇先生的研究,后纳入作者的博士论文《傅大士研究》。从总体看,新的资料虽然不断被发现,但新的突破却非常有限。几十年来,研究者的结论始终局限在这部著作是后人托名之作。但到底是何人所作,什么时候所作,就所说纷纭,莫衷一是了。至于《梁朝傅大士颂金刚经》的思想,则很少有人涉及。所以,我也希望达照的研究不要局限在所谓的“书皮之学”,即不仅要做传本、作者的考证,也要对该文献的思想倾向作一个深入的研究。

---

① 《金刚经赞研究》,达照著,宗教文化出版社,2002 年 12 月。

　　但坦率地说，达照研究后最终得到的成果之大，出于我的意外。

　　首先，他在敦煌遗书中发现了一批以前不为人们所注意的新资料，从而证明早在《梁朝傅大士颂金刚经》出现以前，已经出现了一种名为《金刚经赞》的文献。该文献是根据无著所造《金刚般若论》科判中的"七义句"创作的，创作者应该是一个深受唯识思想影响的僧人。该文献本来以偈颂的形式单独流传，但在流传的过程中被其他人改造，从而出现诸多异本。包括加入天台思想、用无著的"十八住处"统摄全部偈颂、以及将偈颂与《金刚经》经文相配等等。其后，又出现对该《金刚经赞》的注释，并产生将"赞"改称为"颂"的倾向。最后，大约在公元822年至831年之间，有人将该《金刚经赞》改名为《梁朝傅大士颂金刚经》，并编纂了所谓傅大士拍板唱经歌的故事。《梁朝傅大士颂金刚经》产生后，又经过若干演变，出现了不同的异本。达照根据目前收集到的资料，将从《金刚经赞》到《梁朝傅大士颂金刚经》的整个演变过程，分为三个阶段，并整理出八种互有异同的传本。这一工作，完全突破了以往研究者因把眼光仅仅集中在《梁朝傅大士颂金刚经》这一文本本身，从而造成的局限，在更广大的范围内，将这一文献演变发展的来龙去脉作了一个彻底的清理。

　　其次，在本文清理的基础上，达照对《金刚经赞》的思想作了深入的研究，主张该文献以"唯识思想"为中心，涉及唯识无境、唯识三性、五重唯识观、唯识修道五位、唯识熏习说等唯识的基本理论。同时也具有浓厚的禅法思想以及其他大乘佛教的思想。在上述研究的基础上，提出该文献是宗派佛教兴盛时期的产物。将对《梁朝傅大士颂金刚经》的研究提升到新的高度。

　　最后，作者还对文献中涉及的本生故事、典故与历史人物作了专题研究。

　　总之，达照在广泛掌握原始资料的前提下，在继承百年来学术界对《梁朝傅大士颂金刚经》研究成果的基础上，在"书皮"与"内涵"两个方面全面地突破了前人的研究水平，其工作是值得充分肯定的。就一部文献而言，考证与研究的工作能够做到这一程度，应该说是难能可贵的。

　　但达照本书的意义并不局限在此。

　　首先，中国佛教中有些现象很值得注意。不少僧人生前名气很大，比如担任过显赫的高级僧职，死后却默默无闻，乃至现在已经完全不为人们所知。有些僧人，乃至俗人生前名气并不大，但随着时间的推移，他们的名气却越来越大，甚至称祖称圣。对于前一种现象，古人就有过评论，即慧皎所谓的"寡德适时"云云。慧皎的评论一直被后世认同，以为确论。其实在我看来，问题并不这样简单。当然这是另外一个问题，与本文无关。至于后一种现象，古代似乎没有引起人们充分的重视，现在则开始为人们所注意。傅大士就是后一种现象的代表人物之一。

　　傅大士，即傅翕，浙江东阳人。生活在南北朝晚期，主要活动于著名的崇佛君主梁武帝时代。由于时代风气的熏习，他成为一个崇佛的居士。作为一个下层的百姓，有着深厚中华传统文化的积淀，却缺深研佛教义理的条件，他很自然地带有浓重的三教合一色彩，并很自然地走上信仰性佛教的道路。傅翕不甘寂寞，诣阙上书，希求得到梁武帝的赏识。但他不可能挤入以精英文化为主流的佛教上层，所以他的活动地主要在东阳一带。他的著作与事迹,也主要靠门弟子及傅氏家族而流传。从傅翕的一生,我们可以知道,三教合一思想在中国的出现,并不是偶然的,它有着深厚的社会文化背景与民众基础。

从中国义理性佛教的层面来看,傅翕是一个不足道的人物。道宣的《续高僧传》对他虽有记载,乃承袭法琳《辩正论》的文字;而法琳的《辩正论》,所据乃"傅大士碑"①。至于隋唐诸种经录,对傅翕的著作都不屑一提。但随着经典崇拜的流行,傅翕作为转轮藏的创制者,其形象被刻造在转轮藏上,因而留名。我以为,转轮藏上的傅翕形象,可以看作义理性佛教与信仰性佛教相互连接的一个象征,因为这时在民间的信仰性佛教中,傅翕已经逐渐被塑造为弥勒的化身。这也就是《梁朝傅大士颂金刚经》产生的基本背景。值得注意的是,从晚唐五代起,傅翕在中国佛教禅宗中的影响逐渐加深,这与《梁朝傅大士颂金刚经》在这一时期的广泛流传也是互为表里的。死后几百年,傅翕总算达成生前的愿望,挤入了佛教的主流文化。但这时,傅翕已经被改造成傅大士了。

如何看待上述现象? 我以为这说明中国佛教与其他一切文化形态一样,本身是可以分为若干个层次的。比如义理性佛教与信仰性佛教就是两种不同的层次。但是我们又必须看到,这两种不同形态的佛教,中间并不存在绝对不可逾越的鸿沟。而是互相依存、互相渗透、互相转化。《金刚经赞》,亦即《梁朝傅大士颂金刚经》的产生与演化过程,就是对上述观点的极好证明。从这个角度讲,"《梁朝傅大士颂金刚经》现象"还值得我们进一步深入研究。

其次,敦煌遗书中,佛教文献占据 90% 以上,决定了佛教研究在敦煌学研究中举足轻重的地位。但是,与敦煌学的其他领域相比,敦煌佛教研究在我国显得相对滞后。追究其原因,应该是多方面的。但研究者的不谙熟佛教,或者说,佛教研究者不注意利用敦煌资料,应该是重要原因之一。由于达照有较好的佛学素养,所以,他从文本中的一个"七义句",敏感地意识到《金刚经赞》与无著论的关系;从"一大阿僧劫"与"三大阿僧劫"差异,追索到天台思想的介入。达照的成功再次证明,研究要靠资料,而资料只有在行家的手里才能充分显示其价值。从这一点讲,只有佛教研究者真正重视敦煌资料,或敦煌佛教的研究者加强自己的佛学素养,中国的敦煌佛教研究才能真正兴盛起来。我期待着这一天的早日到来。

从中国佛学院毕业后,达照到普陀闭关,开始他修学生活的新阶段。我预祝他在解行相应的道路上不断前进,不断取得新的成果。

2002 年 3 月 30 日

---

① 参见张勇:《傅大士研究》第一章,巴蜀书社,2000 年 7 月。

国图新入藏《观弥勒菩萨上生兜率陀天经》侧记

2002年3月30日（星期六）接国图善本部李际宁先生电话,中国书店介绍一件刻本佛经,据说是辽代的,开价20万元。国图有意购买。希望我4月1日（星期一）下午到中国书店参与鉴定。听说是辽代的刻经,我很感兴趣。由于辽国实施禁止书籍出境的政策,所以除了考古出土外,传世的辽代刻书极为稀见。1991年在前苏联首次接触一批辽代刻书,叹为观止。前几年鼎丰拍卖公司曾收入一件刻经,经我鉴定,确为辽代。当时建议国图购入,以补充馆藏。但后来国图未买,由一位私人藏书家购藏。至今引为憾事。不过,值得赞许的是这位藏书家正在影印该辽代刻经,这一珍贵的文物从此将化身数百,功德无量。听说又有辽代刻经面世,故虽说4月1日已另有安排,还是调整了日程,准备届时参加鉴定。

4月1日上午,李际宁先生通知,辽经收藏者未能及时将那件刻经拿来,下午的鉴定取消。

4月2日星期二为社科院宗教所返所日。上午在所里接到李际宁先生电话,说出让者已将刻经拿来,希望我立即到中国书店。但当时分身乏术,徒唤奈何。

当天晚上,李际宁先生电话介绍:该刻经从山西来,为《观弥勒菩萨上生兜率陀天经》,卷轴装,共13纸,首纸残,存12纸。每纸28行17字。有尾题。无千字文帙号,有版片号。尾有刻工题记“隰州张德雕板”。有音义。入潢。杜伟生用高倍放大镜观察,确定为麻纸。李际宁介绍,该件与鼎丰拍卖的辽刻风格不类,不像是辽代刻经。字体拙重,有可能是金代所刻。

李际宁希望我第二天,也就是星期三一定去中国书店看看,因为收藏者急着要走,而中国书店彭经理也要出差。但我星期三要给研究生上课,又约了张国风。另外,既然这件东西可能是金代的,而国图所藏金代刻经数量甚多,买不买这件都行。所以推辞了。

4月3日（星期三）李际宁先生来电话,约我星期四上午务必去中国书店。并说卷尾不是音义,是咒语,但不知是什么咒语。李际宁对工作如此负责、热心,而星期四我也可以安排时间,便答应。当晚做了一点案头的资料准备工作。

《观弥勒菩萨上生兜率陀天经》,简称为《弥勒上生经》,北凉沮渠京声译,是弥勒信仰的重要典籍之一。历代大藏经均收,但中原系与南方系传本的文字略有不同。经名也有差异。中原系称作《观弥勒上生兜率天经》，南方系称为《观弥勒菩萨上生兜率陀天经》，多一个"陀"字。《房山石经》之辽金刻本中未收本经，故无法查核北方系藏经情况。敦煌遗书中有斯 5555 号，缝缋装，首尾完整。经名亦作《观弥勒上生兜率陀天经》，行文自有特点，经末有"慈氏真言"。李际宁谈到此次的刻经后有咒语，估计应该是该慈氏真言。从目前情况看，该经之传本系统至少有中原藏经系、南方藏经系、敦煌写本系等三种。三种传本在名题、行文以及所附真言等方面均有一些差异。

4月4日（星期四）上午与国图善本部主任张志清、副主任陈红彦以及李际宁到海王邨，彭震尧、刘建章两位先生接待。先看了中国书店春季拍卖图录中 152 号、153 号两件敦煌遗书，以及 151 号《云笈七签》。接着出示今天的主要鉴定物刻本《弥勒上生经》。

该经入眼，顿时有点吃惊。当初听李际宁介绍，有 28 行 17 字之说，已经提示它与写经有关，但当时没有怎么太放在心上。看到实物，感觉马上不同。一眼看去，写经风格很浓。不少字的写法，保留着唐代写经的特点。从总体看，该刻经乃写经上版，应该没有疑问。就格式而言，我国的写经，南北朝时已经出现 28 行 17 字的规格，但没有成为标准。到了唐代，这种格式成为写经标准。但我们现在发现的唐代刻经，如英国的咸通《金刚经》，都不是标准格式。而《弥勒上生经》的格式则完全符合唐代写经标准。

纸张已入潢，质地较粗糙，与盛唐的标准写经纸不同。但我们知道，唐代多处生产纸张，各地纸张质量、规格各不相同。如有供城纸、蒲州纸等区别。晚唐五代敦煌当地所造的纸，质地也比较粗糙。而该《上生经》纸长 55.6 厘米，高 31.6 厘米，框高 22.6 厘米。与唐纸相类，而与宋纸、辽纸的规格、质地迥然不同。总的来讲，宋辽时期，刻本比较普遍，造纸业为了适应这一变化，所造之纸，薄而致密。我们从传世的宋刻本及丰润辽藏可以看到宋纸、辽纸的标本。唐代的纸张，主要用来书写，要求自然不同。这一刻经的纸张，亦应是某地自造。

从传本的系统来说，可见下表文字比较：

	中原系（大正藏）	南方系	写本系	新刻本
名题	观弥勒上生兜率陀天经	观弥勒菩萨上生兜率陀天经	观弥勒菩萨上生兜率陀天经	观弥勒菩萨上生兜率陀天经
行文一	佛告优波离，弥勒先于波罗捺国劫波利村波婆利大婆罗门家生，却后十二年二月十五日，还本生处，结加趺坐。（419c14 – 419c16）	佛告优波离，却从十二年二月十五日，于波罗捺国劫波利村波婆利大婆罗门家本生处，结加趺坐。	佛告优波离，却后十二年二月十五日，于波罗捺国劫波利村婆波利大婆罗门家本所生处，结跏趺坐。	佛告优波离，却后十二年二月十五日，于波罗捺国劫波利村婆波利大婆罗门家本所生处，结跏趺坐。
行文二	如是处兜率陀天昼夜恒说此法。（420a06）	如是处兜率陀天昼夜恒说此不退转法轮法。	如是处兜率陀天昼夜恒说此不退转法轮法。	如是处兜率陀天昼夜恒说此不退转法轮法。

	中原系（大正藏）	南方系	写本系	新刻本
行文三	告优波离：汝今谛听！是弥勒菩萨，于未来世当为众生，作大归依处。（420b16－420b17）	告优波离：汝今谛听！是弥勒菩萨，当为未来世一切众生，作大归依处。	告优波离：汝今谛听！当是弥勒菩萨，为未来世一切众生，作大归依处。	告优波离：汝今谛听！是弥勒菩萨，当为未来世一切众生，作大归依处。
真言	无	无	慈氏真言	慈氏真言生内院真言

再比较最后一段：

大正藏	南方系	敦煌本	新刻本
佛告阿难：汝持佛语，慎勿忘失。为未来世，开生天路，示菩提相，莫断佛种。此经名《弥勒菩萨般涅槃》、亦名《观弥勒菩萨生兜率陀天劝发菩提心》，如是受持。佛说是语时，他方来会十万菩萨得首楞严三昧，八万亿诸天发菩提心，皆愿随从弥勒下生。佛说是语时，四部弟子天龙八部，闻佛所说皆大欢喜，礼佛而退。（420c14－420c22）	佛告阿难：汝持佛语，慎勿忘失。为未来世，开生天路，示菩提相，莫断佛种。此经名《弥勒菩萨般涅槃》、亦名《观弥勒菩萨上生兜率陀天劝发菩提心》，如是受持。佛说是语时，他方来会十万菩萨得首楞严三昧，八万亿诸天发菩提心，皆愿随从弥勒下生。佛说是语时，四部弟子天龙八部，闻佛所说皆大欢喜，礼佛而退。	佛告阿难：汝持佛语，慎勿忘失。为未来世，开生天路，是菩提相，莫断佛种。此经名《弥勒菩萨般涅槃》、亦名《观弥勒菩萨上生兜率陀天劝发菩提心》，如是受持。佛说是语时，他方来会十万菩萨得首楞严三昧，八万亿诸天发菩提心，皆愿随从弥勒下生。佛说是语时，四部弟子天龙八部，闻佛所说皆大欢喜，礼佛而退。	佛告阿难：汝持佛语，慎勿忘失。为未来世，开生天路，示菩提相，莫断佛种。此经名《弥勒菩萨般涅槃》、示名《观弥勒菩萨上生兜率陀天劝发菩提心》，如是受持。佛说是经时，他方来会十万亿菩萨得首楞严三昧，八万亿诸天发菩提心，皆愿随从弥勒下生。佛说是经时，四部弟子天龙八部，闻佛所说皆大欢喜，作礼而退。

从上表看，新刻本与中原系差距较大，与南方系、写本系较为接近。但又自有特点。

当时的基本判断是：

首先，从纸张、内容、总体风格等因素，排除近代伪造的可能。

其次，该《上生经》并非大藏零本，而是民间单刻。从单刻本与大藏本的关系角度讲，元代以下，这样的民间传本，由于受大藏经的影响，大抵为经折装。辽金虽有卷轴装刻本，但从纸张、字体、风格等方面，将该《上生经》与《赵城金藏》比较，显然都比《金藏》要早。所以，可以排除元以下刻本，乃至排除金代刻本的可能。该《上生经》显然是上承写本而来。

前此有该刻经乃辽刻的说法，那么，到底是否辽刻呢？

辽代刻经，近代已经出土不少。本刻经与辽代刻经纸张、风格完全不类。李际宁最初排除本件是辽代刻经的可能，是正确的。我向中国书店的先生打听，这件刻经来源如何？前此为什么说它是辽代的？回答是，这件刻经与前此在鼎丰拍卖的那件辽刻本原由同一人收藏。因听说那件被定为辽刻，所以称这件也是辽刻。既然如此，则原来所谓的辽刻，自然不足据。现在无法得知这一件《上生经》的原出土地，大约它与鼎丰辽经同时出土。在古代，不同时代的经典混杂流通，乃是常事。黑城出土的西夏文献，就是证明。因此，即使鼎丰辽经与本件同一处出土，也不能证明本件的年代。

从纸张、字体、格式、传本、总体风格乃至若干特征性表现看，应该考虑它的年代甚早。与存于英国的唐刻《金刚经》核对，此件不如《金刚经》手法纯熟，工艺水平要低。但风格有相近之处。尤其若干字的习惯写法完全一致。当然，要说它比《金刚经》更早，目前还没有依据。但说它与《金刚经》同时代，或晚一点，完全可以成立。即使留有余地，本件的年代不会晚于五代、宋初。

隰州，治所今山西隰县。隋置，后废。唐又置。宋有。辽有，但在辽宁，与前隰州不是同一个地方。金先为南隰州，后去"南"。详见地名辞典。辞海有解释，甚为简略。

离开中国书店，我把上述意见告诉善本部诸位，并希望善本部不要错过这个机会。

2002 年 4 月 5 日（星期五），打电话找李际宁，没有找到。随即找到张志清先生。张志清先生说，昨天下午已经把这件《上生经》拿回国图善本部。我放心了。

2002 年 4 月 5 日记

说明：

协助国图善本部鉴定收购《上生经》后，一直惦着写一篇考订文章。但杂事缠身，只收集了若干资料，没有成文。前此，李际宁先生谓，希望我就该《上生经》写一篇文章，先登在善本部所办内部刊物《文津流觞》上。作为曾经在善本部工作过的人，自然责无旁贷。原想将那篇考证文章写出来，就可以应命。没有想到因循至今，未能完成。只好将当初参与鉴定时我的笔记略加整理，聊以塞责。本文虽然不是详尽的考证，但正因为是当时的种种思考，则可能对善本部诸君将来从事有关鉴定工作，更有参考价值。

2002 年 11 月 25 日晚赴印度前

刻本《妙法莲华经》卷二题耑

　　《妙法莲华经》卷二，刻本，打纸入潢，研光上蜡，卷轴装。全卷原 22 纸，现前 9 纸已脱，存后 13 纸，长 657 厘米。每纸 27 行，计 351 行。长行每行 17 字，偈颂每行 20 字。各纸右端有版片号，唯古代接裱时有剪遮或部分剪遮者。尾全，存尾题"妙法莲华经卷第二"。附原轴，两端涂朱漆。上下边栏墨划，卷尾竖栏木刻。略有残破及虫蛀，保存基本完好。惜前此藏家不识怜爱，竟用透明胶纸补其残破，数之有四处，令人痛心。今揭去胶纸，略作修整，续接护首，以利保存。

　　原卷无题记，细审纸张、字体、行款、刻工工艺及总体风格，知为早期刻经。但非大藏逸经，乃属单刻零本。余生平所见国内外早期单刻佛经不下数十种，自晚唐五代至辽宋西夏，其风格演变，线索宛然。本卷乃 10 世纪中叶刊印。按中国王朝计，则刊印于五代辽宋初，又以五代辽之可能为大。刊刻地区为我国北方，约今山西一带。时晋北大抵归辽；而晋中、晋南属五代北宋。地域连接，文化趋同，版刻风格亦相近。比较应县、曲沃、高平所出诸经，自可明了。而与蜀刻《开宝》、闽省刻经，风格迥然不同。此卷与高平所藏《妙法莲华经》卷六，原属同一副版片。年逾千载，历经如磐风雨，该版印经竟能有两卷存世，且曾有机缘置于同桌比对，不可不谓因缘之不可思议。经余鉴定之早期刻经，若依年代排序，以咸通九年《金刚》及三十三分《金刚》居首，此两卷《法华》，份亦属十指之内。

　　10 世纪乃我国书籍由写本向刻本转换的关键时期，而纸张之演化亦为这一转换时期的重要互动因素。治书史者不可不察。

　　　　　　　　　　　丁亥年十一月初四日方广锠书于缘督室

跋北宋佛教法事文书

北宋佛教法事文书,共十纸,经鉴定,可分为四组。

第一组:一纸,为《明道三年(1033)福建路建阳县普光院众结寿生第三会劝首弟子施仁永斋牒》。

寿生会是依据《寿生经》组织的一种民间会社。《寿生经》,又称"受生经",中国人所撰伪经,我国历代经录均无著录,历代大藏经亦均不收,日本《卍续藏》依据民间刻本收入。其实,《寿生经》及由《寿生经》衍生的各种宝卷、科仪尚有多种,至今依旧在民间流传。笔者收集到的就有《佛门受生因果宝卷》、《佛请受生科、投元辰科范、给受生阴阳牒合抄》等七、八种之多。该经称凡在南赡部洲投生为人,均先曾在冥司借了寿生钱。现冥司库房空虚,催促借钱人纳还。纳还者将有种种善报,不纳者将有种种恶报。寿生会的功用就是劝导民众烧赛冥司寿生,纳还寿生钱,以得善报。

从本文书可知,这种寿生会由寺院僧人出面组织,并邀请若干俗家信徒为劝首。劝首既负劝导别人的责任,本人自然也是烧赛冥司寿生的积极参与者。本文书的持有者施仁永就是这样一个人物。

欠债既要还钱,余财自可储蓄。故烧赛冥司寿生又演化为烧存冥财,以备后用的形态。明吴承恩撰《西游记》载有唐太宗入冥故事,记载唐太宗入冥后,借用了阳间河南开封府相良所存一库冥财,布施孤寒饿鬼,方得还阳。而相良在阳间只是一个卖水穷汉,每日得钱,除了日常花费,统统斋僧布施,并买金银纸锭,焚烧记库,在冥间竟存下13库金银。敦煌遗书斯2630号亦记载唐太宗入冥故事,但该遗书尾残,失缺唐太宗还阳部分,故无从知晓其中是否亦有借用冥财的记叙。但是,由本文书可知,这种烧赛冥司寿生的活动,至少可以追溯到北宋。直到近代,这种烧存冥财的活动,依然在我国的一些地区存在。

经济活动,应有契约,亦即本文书所谓"事须给牒"。本文书即施仁永生前烧赛冥司寿生的凭证。该文书记载,施仁永所烧寿生钱已经存入冥司第九库,死后可以"执此合对文牒,诣库照证"。按照法事仪轨,这样的牒文,应一式两份。一份称为"阳牒",交烧赛冥司寿生者收为凭证;一份称为"阴牒",当场烧化,以通知冥司曹官收存冥财。阴阳两牒须各自斜角对折后拼合在一起,然后骑缝签押,以为勘合的凭证。本文书背面有半行骑缝文字,作"众结寿生第三会□□□",证明此乃由施仁永本人保存的阳牒。

本牒是现知年代最早的有关烧赛冥司寿生活动的原始文书。

第二组：两纸，为《皇祐三年（1051）福建路建阳县施仁永为先妣吴氏三十四娘荐福功德疏》。现两纸脱落，但文字相连，文书内容完整。

本文书是施仁永在当地功德普光院为亡母吴氏三十四娘作佛事荐福的疏文，属于比较典型的功德疏。类似文书，敦煌遗书中亦有保存。

第三组：五纸，为《皇祐伍年（1053）福建路建阳县施仁永预修生七牒》。

中国佛教主张亲人亡故后，家属每七天要做一场法事，从一七到七七，四十九天共做七场。然后在百日、周年、三周年还要再做三场法事，总计十场。这种葬仪的依据是《十王经》。

《十王经》，中国人所撰伪经，约出现于晚唐，题"成都府大圣慈寺沙门藏川述"。描述亡灵从一七到三周年分别为地狱十王审讯的场面。按照《十王经》的说法，地狱十王各自负责审理的场次如下：

一七	秦广王	二七	初江王
三七	宋帝王	四七	五官王
五七	阎罗王	六七	变成王
七七	太山王	百日	平正王
周年	都市王	三年	五道转轮王

《十王经》认为，亡灵死后三年内，按照上述次序，逐次接受地狱十王的审讯。三年期满，经五道转轮王发落，按照生前的善恶行业，再入轮回。如果阳间亲人在上述地狱十王审讯的日子为亡灵做法事，则"十斋具足，免十恶罪，放其升天"。

死后靠别人为自己做法事，难免有点不放心。故约晚唐五代起，我国流传一种活人为自己做七的法事活动，称"预修生七"。也是一七到七七、以及百日、周年、三年，总计十场。上述《十王经》，又名《阎罗王授记四众预修生七往生净土经》，说明它的预修生七的功能。

敦煌遗书中虽然保存《十王经》多号，但没有留下有关预修生七法事的实用文书。本组文书则是现知年代最早的关于预修生七的实用文书。

本组文书是皇祐五（1053）施仁永为自己举办预修生七法事的阳牒，现存一七、二七、六七、七七、周年五份，每纸背后亦有半行骑缝签押，其中四份作"皇祐伍年癸巳十一月二十日预修生弟子施仁永合同文字"，一份作"皇祐伍年癸巳十一月二十日预修生七会弟子施仁永合同□会文字"。亡佚三七、四七、五七、百日、三年五份。从现存五份牒文看，施仁永于皇祐五年十一月初十，请僧人到自己住宅，一次性做完十场预修生七的法事。由于法事念诵的经典完全一样，不排除当时实际上把十场法事归并为一场的可能。这说明，随着时代的迁移，此类预修生七的法事日趋简便。阳牒本身是十一月二十日书写的，属于事后追认，也证明北宋时此类法事的程序已不甚严格。

据《明道三年（1033）福建路建阳县普光院众结寿生第三会劝首弟子施仁永斋牒》，明道三年时，施仁永40岁，则皇祐五年（1053）时他已年届花甲，故有预修生七之举。

这组文书为我们研究北宋预修生七这一佛教法事的情况,提供了珍贵的实物资料。

第四组:两纸,为《皇祐六年(1054)福建建阳县施仁永忏供牒》。其中一纸为正文,一纸为封筒。

本文书是施仁永向当地禅居院布施,献佛回饭、乞僧转经,以求"家眷平安,资田蚕大熟"的凭据。文末所署日期为"皇祐六年四月八日",但皇祐六年于三月改元为至和元年,故皇祐六年无四月。考虑到四月八日为佛诞日,佛教寺院传统要举办各种法会,则本《忏供牒》应是禅居院劝缘僧惠有为筹备当年四月八日佛诞日法会,提前向施仁永化缘而留下的文书。因所作布施拟用于佛诞日,故日期署为"四月八日"。实际书写日期,应在皇祐六年一月到三月之间。

封筒相当于现代的信封。中间一行写"牒给 弟子施仁永收",骑缝一行为"大宋国福建路建州建阳县禅居院劝缘僧惠有谨封"。此类封筒在敦煌遗书中亦有保存。

上述四组文书,均为北宋福建建阳县崇政乡北乐里居民施仁永做法事的实用文书。时代跨度从北宋明道三年十月到皇祐六年初,约20多年。其中主要是皇祐年间的文书,明道三年的阳牒,因属烧存冥财的凭据而被长期保留。从上述法事文书,可以看到当时信徒信仰佛教的功利性特点。

佛教作为一种宗教,既有比较精细、高深的哲学形态,也有比较粗俗、普及的信仰形态。由此,它能够适应不同层次人们的不同需要。我把前一种形态称为"佛教的义理性层面",把后一种形态称为"佛教的信仰性层面"。义理层面的佛教以探究诸法实相与自我证悟为特征,以大藏经中收入的印度译典及中国高僧著述为依据,以追求最终解脱为主要目标;而信仰层面的佛教则以功德思想与他力拯救为基础,以汉译典籍中的信仰性论述及中国人撰著乃至诸多疑伪经为依据,以追求现世利益为主要目标。义理层面的佛教在我国佛教史上处于主导地位,它为佛教提供了高水平的骨干与活泼泼的灵魂,它的兴衰决定了中国佛教的兴衰;但信仰层面的佛教较义理层面的佛教影响更大、更深、更远,为中国佛教奠定了雄厚的群众基础,是中国佛教绵长生命力的基本保证。这两种层面的佛教虽然各有特点,有时看来截然不同,甚至尖锐对立;但又相互渗透、互为依存,绞缠在一起,相比较而存在。当两者相对平衡,佛教的发展便相对顺畅;当两者的力量相对失衡,佛教的发展便出现危机。在中国佛教的研究中,两者不可偏废。

应该指出,当前研究界对于信仰性佛教的研究不够重视,导致宋以下佛教的形态,至今若明若暗。这批北宋法事文书的面世,让我们有机会接触到当时广泛流传的信仰性佛教的第一手资料,从这一点讲,是非常有意义的。

2008 年 9 月 29 日于通县皇木厂修订

遐思敦煌遗书

1900 年,敦煌藏经洞被发现。

1903 年,叶昌炽得知这一消息。遗憾的是,出于我们目前还不太清楚的原因,他被假消息误导,从而与藏经洞擦肩而过。

1909 年,伯希和携洞中经卷赴京,北京学者大为耸动,敦煌遗书研究从此拉开帷幕。

1910 年,洞中剩余运抵北京,北京的学者得以进一步把握敦煌遗书的面貌,加深了对敦煌遗书的认识。

1925 年,王国维先生在清华大学作过一次讲演,题为《最近二三十年中国新发见之学问》,他说:

> 自汉以来,中国学问上之最大发见者有三:一为孔子壁中书;二为汲冢书;三则今之殷墟甲骨文字,敦煌塞上及西域各处之汉晋木简,敦煌千佛洞之六朝及唐人写本书卷,内阁大库之元明以来书籍档册。此四者之一已足当孔壁、汲冢所出。[①]

据笔者耳目所及,上述讲演首次将殷墟甲骨、西域木简、敦煌遗书、大内档案并提,并称之为"中国学问上之最大发见"。我想,这大约就是"近代中国四大学术发现"这一后来非常流行的提法的滥觞。

王国维首倡学术考据应该运用"二重证据法",亦即要将地下出土文物与传世文献典籍相印证。"二重证据法"的提出,从理论上论证了出土文物作为学术研究资料的合理性、必要性,这也说明王国维关注四大学术发现的原因。从此文物不仅是士大夫的清玩,更是学术研究的重要对象。但是,王国维将近代中国四大学术发现与孔壁、汲冢并列,称之为"中国学问上之最大发见",则可见他仅把上述新材料视为充实中国传统国学研究的资料,这不能不说是王国维视野的局限。

陈寅恪先生自称专治"不今不古"学,很自然地关注到四大发现中的敦煌遗书。他有着出东洋、下西洋多年留学的经历,从而比王国维多了一点广纳世界的胸襟。他在 1930 年所撰《敦煌劫余录·序》中,以广阔的学术视野与敏锐的学术洞察力,提出

---

① 王国维:《最近二三十年中国新发见之学问》,载《清华周刊》第 350 期。

"敦煌学者,今日世界学术之新潮流也"的论断,并发出"治学之士,得预此潮流者,谓之预流"①的呼吁。亦即把敦煌学的内涵从中国扩展到世界。陈寅恪的论断代表了中国学者对敦煌学性质与发展方向的新把握。

可惜终陈寅恪一生,虽然对若干敦煌遗书做过研究,但没有对他的上述论断作过全面的论证。

1998年,我曾经撰文指出,中国乃欧亚大陆四大文明古国之一,丝绸之路为古代中国联通西域的交通要道,而敦煌扼守着丝绸之路要冲。敦煌的地理位置,不仅使其成为丝绸之路之重镇,成为中原王朝经营西域之基地;也使其成为古代世界中国文化、印度文化、伊朗文化、西方文化等四大文化,以及儒教、佛教、道教、景教、祆教、摩尼教等六大宗教的荟萃之地,这一文化特性也反映在敦煌遗书中。正因为敦煌遗书内涵的研究信息是世界性的,所以这一门学问必然是世界性的。从上述背景考察敦煌遗书,可以进一步充实陈寅恪所谓"世界学术之新潮流"的重大意义,并对敦煌遗书在近代四大学术发现中的独特价值作出更加准确的定位。

常年浸润于敦煌遗书,我以为,敦煌遗书还蕴含一个有待发掘的重大价值。

文化主要依靠典籍传承。造纸术是中国贡献给世界的四大发明之一,最早产生于西汉,自东汉起,纸张开始广泛流传。最迟至东汉,手写的纸本典籍,亦即"写本"开始出现。东汉、三国、西晋,是写本逐步取代缣帛、简牍的时代。东晋以下,写本已成典籍的主要载体。最迟至唐代,中国发明雕版印刷术,刻本开始出现。五代宋初雕版大行,北宋成为刻本取代写本的时代。南宋以下,典籍以刻本为主,写本失去典籍主要载体的历史地位。南宋以后,写本虽存,功能已变。

也就是说,从东汉到北宋,写本的流通期约1100年;而从东晋到五代,写本的盛行期约为700年。遗憾的是,敦煌藏经洞发现之前,中国传世的宋以前写本极为稀见,大多深锁于宫掖,少数秘藏于私家。一般的学人,既难得一睹,亦无从研究。即使少数有幸者得以摩挲古写本,亦因缺乏相关知识而难以准确把握其特点。毛晋曾经收藏一卷假造的《金粟山大藏经》零本,上有钱谦益题跋。罗振玉曾经把这卷假《金粟山大藏经》送到日本参加大藏会。赵之谦将北宋《金粟山大藏经》误认为唐人写经,叶德辉进而以《金粟山大藏经》为标准来评价敦煌遗书。上述事例,说明即使中国的一流文人,亦缺乏必要的写本知识。后人论古籍,言必称"版本",且唯以"宋版"为矜贵。写本研究的缺失,起码使700年学术文化之依托难明。

所谓写本研究的缺失,起码包括如下内容:

第一,对写本形态研究的缺失。

举其小者,写本上的乌丝栏是怎样画出的,至今众说纷纭,大多不得要领。举其大者,古代写本究竟有些什么样的装帧形式,这些装帧形式各有什么特点,其渊源与发展如何?许多治书史者依然若明若暗。许多错误说法至今在书史学界占据统治地位。

① 陈寅恪:《敦煌劫余录·序》,载《国立中央研究院历史语言研究所专刊之四·敦煌劫余录》,1931年。

第二,无人关注写本对学者治学、学术沿革之影响。

今人做学问,依据的书籍只要版本相同,内容均一致。学人仅因其学养的高低或角度之不同,而有理解的差异,评价的不同。古人依据的是写本,写本因其流变性,极易产生异本。因此,学术观点的不同,很可能不是学养的不同,而是各自所依典籍的不同。对此,敦煌本《坛经》、敦煌遗书中的《般若心经注》均提供了极好的例证。

此外,除少数文献外,写本中的异本、异卷、异品及其流变嬗演,基本还没有引起人们的注意。还有写本中多主题文献的类型问题、写本的规范化问题、写本中的书写符号问题、写本对刻本的影响问题等等,诸多课题有待进行。

由此,敦煌遗书还将孕育一门新的学问——写本学,这一学问的产生将对中国中古学术研究的进一步开拓作出贡献。

一时代有一时代的学问。随着敦煌遗书的逐次公布,开创写本学的条件也逐渐成熟。那么,写本学是否会成为21世纪中国的学问之一呢?

2011 年 8 月 21 日于通州皇木厂

《国家图书馆藏敦煌遗书》前言①

　　清光绪二十六年五月二十六日（1900 年 6 月 22 日），道士王圆箓发现在敦煌莫高窟一洞窟甬道的墙壁后面有一个废弃的耳窟，其中装满了古代的遗书与文物。这个耳窟，就是后来举世闻名的藏经洞。王道士的这一发现，与甲骨文、汉简、故宫大内档案一起，被列为近代中国的四大学术发现。

　　国运衰则文运衰。敦煌遗书的发现没能得到中国有关人士的重视，一些外国探险家却闻风而来，以种种不光彩手段骗得大批敦煌遗书与其他文物，捆载以去。迨消息传到北京，在学者们的呼吁下，1910 年，清政府学部咨甘肃学台，令将洞中残卷悉数解京，移藏部立京师图书馆，亦即今天的中国国家图书馆。

　　敦煌解京的这批遗书成为国家图书馆敦煌特藏的主体。1949 年中华人民共和国成立后，文化部陆续将散藏于各地及散逸民间的不少敦煌遗书调拨或收购后移交国家图书馆，诸多贤达亦纷纷将自己珍藏的敦煌遗书捐赠给国家图书馆；自上个世纪 40 年代以来，国家图书馆亦颇致力于敦煌遗书的搜购。凡此种种，进一步丰富了国家图书馆的敦煌特藏，收藏总数已达 16000 余号。

　　由于历史的原因，国家图书馆藏敦煌遗书大体分为四个单元：

　　（一）劫余录部分，即陈垣先生《敦煌劫余录》所著录的部分

　　这一部分为 1910 年由敦煌解京的敦煌遗书。敦煌遗书解京后，京师图书馆从中挑选较为完整的，编为 8697 号。编号的方法是按《千字文》顺序逐一排号用字，从"地"到"位"，每字系 100 号。其中空缺"天"、"玄"、"火"等三字未用。并编纂了国家图书馆历史上第一个敦煌遗书目录——《敦煌石室经卷总目》。由于赠送奥地利博物院、赠送张謇、提存历史博物馆、原缺、被盗、遗失等情况，至 20 年代，这批遗书实存 8653 号。

　　1922 年，陈垣先生任馆长期间，以《敦煌石室经卷总目》为基础，编纂了敦煌学界第一部分类目录——《敦煌劫余录》。该目录所著录虽为上述之 8653 号，但因《敦煌石室经卷总目》时有一号多件的情况，而《敦煌劫余录》大体按照一件一款的原则著录，故《敦煌劫余录》共著录 8700 多款。新中国成立后国家图书馆为这一部分敦煌遗

---

　　① 《国家图书馆藏敦煌遗书》，任继愈主编，北京图书馆出版社，2005 年。

书拍摄缩微胶卷时,依《敦煌劫余录》顺序重新给号,共编成8738号。故此,这一部分敦煌遗书现有两种编号:一是千字文号,一是缩微胶卷号。

上个世纪20年代,馆内成立写经组,为馆藏敦煌遗书编目。据现有资料,先后参加写经组的先生有徐鸿宝、胡鸣盛、李炳寅、徐声聪、张书动、陈熙贤、于道泉、许国霖、李兴辉、孙楷第、朱福荣、王廷变、王少云、马淮等。1935年初,已为上述劫余录部分编纂了一个体例更为完善的分类目录,定名为《敦煌石室写经详目》。可惜的是,由于日本帝国主义进一步侵华,华北局势动荡,为避战乱损失,于1935—1936年将馆藏敦煌遗书装箱南运,写经组工作陷于停顿,已编好的《敦煌石室写经详目》及其索引未及最后定稿,被束之高阁。

(二)详目续编部分

解京的敦煌遗书经第一次挑选出8000余号之后,尚有一批残余。约1927年前后,由写经组从中继续清点、整理出1192号相对比较完整的遗书,亦依《千字文》排字,每字系100号。因上接《敦煌劫余录》部分,故这次编号从"让"字开始,共用了"让、国、有、虞、陶、唐、周、发、殷、汤、坐、朝"等12个字。中间空缺"吊、民、伐、罪"四字。写经组仿上述《敦煌石室写经详目》的体例,也为这批遗书编纂了目录,定名为《敦煌石室写经详目续编》。该目录初稿亦完成于1935年前,同样被埋没50余年。

(三)残卷部分

解京的敦煌遗书经过上述两次整理,尚余残片两木箱,存放在善本书库中。年深日久,渐被遗忘。1990年春,善本部搬库,得以"再发现"。

(四)新字号部分

除甘肃解京的敦煌遗书外,国家图书馆于其后几十年间,通过各种途径,陆续收藏不少敦煌遗书及其他写经。其主体部分约1600余号,冠以"新"字号,故一般称之为"新字号部分"。另有若干编为"简编号",与新字号部分一同存放。善本组编有《敦煌劫余录续编》,著录了其中的1065号遗书。

此外,还有少量敦煌遗书散存于其他善本特藏中。

综上所述,中国国家图书馆收藏的敦煌遗书总数在16000号以上,其中较大的写卷约有10000号,其余为残卷或残片。就来源而言,其中14000号左右属于敦煌解京部分,下余2000号左右则曾经流散于民间,最终归国家收藏。

国家图书馆对所藏敦煌遗书十分珍视,将它与《赵城金藏》、《永乐大典》、《四库全书》并列,作为善本部的"四大镇库之宝"。上个世纪90年代以来,在充分考察了国外修复敦煌遗书的经验与教训的情况下,制定了自己独特的修整方案,对敦煌遗书进行了有效的修复保护。这一工作已得到国内外专家的广泛好评。目前修复工作仍在进行。近年又在国家财政部的支持下修建专库,制作专柜、专盒,使馆藏敦煌遗书的保管条件达到世界先进水平。

几十年来,社会上乃至学术界一直流传一种误解,认为敦煌遗书的精华部分已被外国探险家等各色人等挑拣,国家图书馆所留存的是一批研究价值不大的糟粕。这不是事实。早在上个世纪30年代,著名学者陈寅恪先生在《敦煌劫余录》序中就曾经列举大量事实,批驳了所谓国家图书馆所藏是"糟粕空存"的说法。陈寅恪先生当时所依据的仅是《敦煌劫余录》所著录的 8000 余卷遗书。而在详目续编部分、残片部分以及新字号部分中,都发现大量珍贵的文献。如《尚书》、《毛诗》、《春秋》、《老子》、《庄子》、《列子》、《文选》、《刘子新论》乃至天文历法、阴阳占卜、诗歌变文、酒令舞谱、文字音韵、道教文献等等。至于佛教典籍,更是美不胜收,仅稀世的血经,就保存有多件。可以说,在流散的精华文献重新回到国家图书馆的今天,中国国家图书馆的敦煌遗书不但在文物绝对量或文字绝对量上占据世界第一位,而且在质量上也足以与世界上任何一个敦煌遗书收藏机构媲美。

敦煌遗书具有极高的文物价值、文献价值与文字研究价值。敦煌藏经洞发现百年来,世界各国学者对以敦煌遗书为主要代表的敦煌文物进行系统研究,开创了一门国际性的显学——敦煌学。陈寅恪先生曾经著文指出:每一个时代都有自己的时代学术之新潮流,而敦煌学就是"今日世界学术之新潮流"。敦煌学产生以来,在中国中古史研究的各个领域,尤其是历史、文学、语言、文字、社会、法律、宗教、音韵、医药、音乐、美术、舞蹈,以及民族史、边疆史乃至书法、绘画等诸多方面取得众多成就。它对中国中古史研究推动之大,是怎样估计都不过分的。敦煌学虽然取得巨大的成就,但也存在着两个不容忽视的问题。首先,由于敦煌遗书散藏在世界各地,一般人很难见到。这就使敦煌学的发展受到很大的局限。很多研究者在开展自己的课题研究时,往往很难知道敦煌遗书中是否存在着自己所需要的资料,也不知道应该到哪里去寻找这些资料。由此不得不留下缺憾。其次,由于一般人很难见到敦煌遗书,因此,相当长的一段时间之内,很多学者的敦煌学研究大抵根据其他学者的录文进行。由于敦煌遗书绝大部分为写本,写本因其固有的性质,在文本内容与文字书写方面往往各有特点。例如在文体内容上往往流变而不定型,且极易出现传抄的讹误,以致形成种种异本。而所写文字多古体字、俗字、异体字、假借字,乃至方音字等等,增加了辨识的难度。由于敦煌遗书横亘年代长、涉及地域广,抄写者身份复杂、水平不一,使得上述情况更为严重。因此,仅仅依靠他人的录文,已经不能满足敦煌学界研究的需要。

近十余年来,上述情况有所改变,各单位收藏的敦煌遗书的图版开始陆续出版。图版的公布,可以使研究者比较方便、有效地利用敦煌遗书的文献研究价值与文字研究价值,从而将促使敦煌学更加迅速而健康地发展。当前,国内外有些图书、文博部门,以及部分个人收藏家,经常把自己收藏的敦煌遗书秘不示人。其实,文物要公开、要研究,才能确认并实现其价值。文物只有公开后,才能为人瞩目,才能流传有绪,也才能使它增值。秘藏起来,成为"死宝",也就无所谓什么价值。

中国国家图书馆一向秉承"学术乃天下之公器"的传统,努力公开资料,提倡资源共享。国家图书馆敦煌遗书的"劫余录部分",曾经是上个世纪 50 年代及 70 年代末两度摄制成缩微胶卷。50 年代的缩微胶卷赠送印度;70 年代的缩微胶卷则与法国国家图书馆进行馆际交换。其后,台湾新文丰出版公司未经国家图书馆同意,便在其所出版的《敦煌宝藏》中利用缩微胶卷公布了"劫余录部分"的图版。由于当年国家图书馆拍摄这批缩微胶卷时,所藏敦煌遗书还未及修复,若干遗书首尾残破,皱折叠压;若干遗书墨痕深浅不一,有时难以辨认;也有若干遗书背面尚有内容,拍摄时遗漏。凡此种种,影响了缩微胶卷及《敦煌宝藏》的质量。此外,《敦煌宝藏》印刷亦有错乱图版等情。此次出版,善本部图书修整组为了保证图版的拍摄质量,对一些残破严重的遗书采取特事特办的方针,付出大量的劳动。随着馆藏敦煌遗书修整工作的进一步展开,残破遗书的修复将得到彻底的解决。

为了让更多的人进一步了解敦煌遗书这份民族的瑰宝,推动敦煌学的进一步发展,国家图书馆决定将馆藏敦煌遗书统一编号,编纂总目,重新拍摄,全部公开。这一工程从上个世纪 90 年代初开始,其间历经曲折。这次在国家财政部的资助下,在全国古籍整理出版规划领导小组的支持下,在国家图书馆各级领导的指导下,我们有信心优质高效地完成这一工程,为民族文化的建设作出自己的贡献。

向一切曾经对这一工程给予过支持、付出了精力的人们,致以衷心的感谢与祝福。

2004 年 12 月 25 日

《英国图书馆藏敦煌遗书目录（斯 6981 号—斯 8400 号）》后记^①

  英国图书馆是世界著名的敦煌遗书的四大收藏单位之一。由于历史的原因，该馆的敦煌遗书主要收藏在英国图书馆远东与印度部（THE BRITISH LIBRARY ORIENTAL AND INDIA OFFICE COLLECTIONS）下属的中文部与印度部。中文部所藏原属英国博物馆，以汉文遗书为主，偶尔也有一些其他文字的遗书夹杂其间。印度部所藏原属印度事务部图书馆，以非汉文遗书为主，也有少量汉文遗书夹杂其间。

  现存于英国图书馆中文部的这批敦煌遗书自入藏后，受到有关人士的高度重视，修复与编目的工作断断续续一直在进行着。1957 年，发表了由 Lionel Giles（翟林奈）编纂的《英国博物馆藏敦煌遗书注记目录》，这是关于这批敦煌遗书的第一个详尽目录。这个目录从斯 00001 号编到斯 06980 号，所编的 6980 号遗书，相对来说比较完整，保存状况也比较好。剩余的未编目遗书或因仅为小残片，或因残损易碎，或因许多残卷起皱或粘在一起，以致没有人敢去碰它。本世纪 50 年代，英国博物馆公布了前 6980 号敦煌遗书的缩微胶卷，使得学术界有可能从总体上把握并研究这批遗书。我国的刘铭恕先生曾依据缩微胶卷对这批遗书逐一定名、著录，编成《斯坦因劫经录》，发表在王重民先生主编的《敦煌遗书总目索引》（中华书局，1961 年）中。由于翟林奈的目录始终没有译为中文，且中国学者一般很难得到，所以刘铭恕先生的目录长期以来成为中国学者了解斯坦因特藏的主要依据，并对中国敦煌学的发展起到了积极的作用。此后，斯坦因特藏的编目工作长期停顿。但随着英国图书馆对未编目敦煌遗书修复工作的逐步开展，编纂新目录的工作也就开始提到议事日程上来。

  我从 1984 年开始从事敦煌佛教遗书的整理与研究。1985 年，在新疆乌鲁木齐参加由中国敦煌吐鲁番学会举行的国际敦煌吐鲁番学术讨论会期间，张广达先生转告我，英国图书馆有一批敦煌遗书需要编目，由于绝大多数都是佛教文献的残片，难度较大。他希望我能够承担这一工作。由于当时工作繁忙，无法抽出时间，只好婉谢。1988 年，考虑到可以抽出时间了，便委托正在伦敦进修的老同学葛维钧先生与英国图书馆接洽。中文部的 Frances Wood（吴芳思）博士接待了他，知道我有可能承担这一工

---

  ① 《英国图书馆藏敦煌遗书目录（斯 6981 号—斯 8400 号）》，宗教文化出版社，2000 年 6 月。

作,吴芳思博士很高兴,随即安排邀请我赴英,并开始办理手续,为我申请为期一年的王宽诚基金。这样,这项工作便正式启动了。其后,北京大学历史系荣新江教授向我提出,希望合作从事这一工作。荣新江教授对敦煌非佛教文献有较为深湛的研究,对佛教文献也表示有兴趣。他在1985年曾经访问过英国图书馆,比较了解情况。我本人不通英文,心中本有些忐忑,此时为有这样一个合作伙伴而高兴,便请当时正要赴英从事《英藏敦煌文献》(非汉文佛经部分)编辑工作的宁可先生代向吴芳思博士提出,最好由我与荣两人同行,申请基金如有困难,可改为一人半年。于是,荣新江教授与我分别于1991年3月与4月成行。

我到伦敦时,英国图书馆中文部所存敦煌遗书的修复工作已经接近尾声,系于Or8010项下的敦煌遗书共编为13900号。除去翟林奈已经编目的6980号外,还有近7000号没有编目。按原计划,我们本拟合编一个目录。先期抵英的荣新江教授提出,佛教文献数量太大,完成无日;非佛教文献数量既少,也是研究者注目的重点,应该早日完成,先行公布。主张两人分别编写两个目录,由他负责非佛教部分,我负责佛教部分。他的意见无疑是有道理的,于是我们按照这一新的分工各自工作。

1994年,荣新江教授编纂的非佛教部分目录由台湾新文丰出版公司出版。我承担的佛教部分则至今尚置囊中。因此,有必要在这里作一点解释。

首先,尚未编目的近7000号遗书中,佛教文献约为6400余号,工作量较大,不是短期可以完成的。其次,这些遗书绝大多数都是一些残头缺尾的残片,鉴定、定名工作的难度也相对较大。再次,我赴英虽有半年,但实际工作时间只有4个多月。因为刚到伦敦时中文部搬家,有一段时间不能正常工作;其后又因到法国与原苏联考察,占用了近一个月。由于时间非常紧促,我只能尽量加班加点,以在有限的时间中尽量多编几号。在4个多月的时间中,我大体是利用前3个多月为斯6981号至斯8400号的1400余号遗书编出详目;又利用最后不足一个月将斯8401号至斯13900号浏览一过,编纂了一个草目。应该说明的是,吴芳思博士对这批遗书已经编有一个草目,其中对若干遗书作了定名;台湾黄永武先生发表过斯6981号—斯7599号等600余号遗书的简目。我充分利用了他们的成果。此外,日本土肥义和先生曾经在英国图书馆工作过,留有一批工作记录。虽然他工作的重点是非佛教文献,但也记录了若干佛教文献,可供参考。上述成果为我的编目工作提供了方便。在此,我要向上面提及的诸目录的作者表示感谢。

1991年10月初回国后,目录初稿一直压诸箱底。一个重要原因是忙于其他工作,主要是我主持的北京图书馆敦煌遗书的编目工作。另一个重要原因则是在斯6981号—斯8400号部分中,有若干个卷子我当时没有看到;还有若干遗留问题因为没有遗书照片,无法定稿。

1997年7月,英国图书馆的"国际敦煌研究项目(IDP)"召开了一个关于敦煌遗书真伪鉴别的国际讨论会,邀请我参加。利用这个机会,我查阅了前此未能看到的10多个卷子,并对原稿中的遗留问题一一依据原卷作了查核,从而使这部分目录得以最后完成。

在此,我要特别感谢始终如一地支持这一工作的吴芳思博士。没有她的支持,这个目录不可能产生。是她申请经费,安排了我的两次伦敦之行。在伦敦期间,为了便于我的工作,她特意从书库中调来大批参考工具书,并让我在中文部的办公室中编目,而不是像一般读者那样,在阅览室提阅。她还把办公室中存放各种贵重书籍、物品的保险柜的钥匙交给我,供我存放敦煌遗书,这样,我就可以安心而方便地加班,不必顾虑必须在库房工作人员下班以前将敦煌遗书归库。除了工作方面给予各种支持乃至特殊的方便条件以外,她在其他方面也给予多方照顾,使我这个不通英文的中国人能够在伦敦愉快地生活。还有,吴芳思博士主动提出并申请经费,促成了我与荣新江教授1991年夏天的原苏联之行,使我得以考察原苏联保存的敦煌遗书与西夏黑水城文献,对我来说,这是一个重要的学术经历。其实,对吴芳思来说,安排我们去苏联,不仅给她自己增加了筹措经费的麻烦,还缩短了我们在伦敦的工作时间,实际上等于推延了英国目录的完成。但吴芳思博士出于对中国敦煌研究者的善意,出于希望中国的研究者能够尽可能多地掌握在中国国外所藏敦煌遗书情况的良好愿望,仍作出这样的安排,使我至今感念不已。这些年来,吴芳思博士的工作重点之一,就是促成敦煌遗书在中国的公布,从而使得中国学者能够更加便利地利用这些珍贵文献,这也是我要特别感谢她的。

我也要向在第一次赴英期间给予各种帮助的 Graham Shaw、Beth McKillop(马克乐)、徐小薇(Xiaowei Bond)、汪涛(Wang Tao),以及第二次赴英期间给予各种帮助的 Susan Whitfield(魏泓)、Gramme Hatt(葛汉)等先生与女士表示衷心的感谢。向为我先后二次访英提供经费的王宽诚基金会与英国学术院表示衷心的感谢。

本目录因中国社会科学院出版基金的资助,才得以出版。在此,仅向中国社会科学院科研局黄浩涛先生、章绍武先生、韦莉莉女士,中国社会科学院世界宗教研究所的张新鹰同志及科研处的其他同志表示衷心的感谢。也感谢宗教文化出版社给予的种种支持与方便。

本目录初稿的计算机录入与校对由李瑞芹承担,索引程序的编制由方曦承担。在此也对他们的劳动表示感谢。还要提出的是,在本目录最终定稿的紧张日子里,张丽给予了巨大的帮助。她一方面承担着繁重的本职工作,一方面帮助我将大批录文输入计算机,同时还协助处理诸多杂事乃至生活琐事,使本目录最终得以顺利完成。最后,要感谢俞兰同志在识别章草方面所给予的帮助。

遗憾的是,有个别文献因为没有缩微胶卷,无法录文,只好留下空缺。更大的遗憾则是,这里发表只是斯06981号至斯08400号部分,而斯08400号至斯13900号部分至今仍是一个草目,无法公布。希望今后有机会完成全稿并奉献给读者。天下事,不如意者常什九,一个人,也只能尽人事以听天命了。

2000年6月于北京太阳宫三真堂

《英国图书馆藏汉文敦煌遗书》前言[1]

敦煌遗书,中国人心中沉沉的痛。

历史是在具体的历史环境中由具体的历史人物创造的。只有尽力还原那些历史环境,体察那些历史人物,才能真正把握那段历史的本来面貌。我曾经撰文指出:"作为一个中国学者,在百年以后重新回顾敦煌遗书流散这一段历史时,当然要申述民族的尊严。但同时,还应该保持一个学者的客观的历史理念与实事求是的科学精神。两者是统一的。我们应该少一些情绪的冲动,多一些理智的分析,以总结其经验教训,使我们整个民族都更加成熟一点、聪明一点。"[2]以后如有机会,我打算写一本书,分析探讨敦煌遗书流散这一历史事件,以及由这一事件所折射出来的中外各色人等的精神面貌。

1907 年、1914 年被斯坦因骗走的大批敦煌文物,历经变迁,现主要分藏在英国博物馆、英国图书馆及印度新德里博物馆。其中英国图书馆收藏的汉文敦煌遗书共约14000 号,占全部汉文敦煌遗书实际总量(指总长度或总面积)约三分之一。此外,还收藏原印度事务部图书馆的非汉文敦煌遗书数千号。

中国人民对这批流落在海外的国宝始终十分牵挂。不断地有学者远渡重洋去探访、去研究。上世纪 50 年代,英国博物馆将约 7000 遗书拍摄为缩微胶卷。80 年代,台湾汇总英国、中国、法国的敦煌遗书缩微胶卷,影印出版了《敦煌宝藏》,其中属于英国的部分共计 55 册,收入遗书 7599 号。90 年代,我国学者又与英方合作,出版了《英藏敦煌文献(汉文佛经以外部分)》,总 15 册。

《敦煌宝藏》所收数量虽达 7000 多号,但尚非全璧,且图版质量不能令人满意。《英藏敦煌文献(汉文佛经以外部分)》图版质量堪称一流,但如其名称所示,仅收非佛经文献,故所收不足英国汉文敦煌遗书实际总量的百分之十。

由此,出版英国图书馆所藏全部汉文敦煌遗书,以全面反映这批遗书的总体面貌,成为敦煌学界的一个共同愿望。特别是 1983 年中国敦煌吐鲁番学会成立以来,中国

---

[1]　《英国图书馆藏汉文敦煌遗书》,方广锠、吴芳思主编,广西师范大学出版社,2011 年 9 月。

[2]　方广锠:《关于敦煌遗书的流散、回归、保护与编目》,收入《敦煌遗书散论》,上海古籍出版社,2010 年 12 月。

的敦煌研究突飞猛进,各收藏单位的图录不断推出。至今为止,俄国藏敦煌遗书(全17册)、法国藏汉文敦煌遗书(全34册)已由上海古籍出版社出版。中国国家图书馆藏敦煌遗书已由北京图书馆出版社出版136册,剩余十来册年内将全部推出。中国大陆诸多图书馆、博物馆已经或正在出版所藏敦煌遗书,台湾的一些收藏单位也在实施或规划相关出版计划。在日本,杏雨书屋正在出版,书道博物馆已经出版。而收藏量位居世界第二的英国图书馆还将敦煌遗书秘藏深库,这使得尽快公布英国全部敦煌遗书的呼声越发高涨。此外,1900年藏经洞被发现以后,1907年斯坦因到达前,遗书并未大规模流散。斯坦因是大批取得遗书的第一人。他一次性成捆、成包地攫取了藏经洞中约三分之一的遗书。1908年伯希和进洞翻检,将藏经洞彻底翻乱。因此,唯有英国的藏品最有可能重现敦煌遗书在藏经洞启封之初的原始保存状态。特别是英国的很多遗书上有斯坦因或他的中国助手蒋孝琬书写的早期编号与注记,它们为我们研究敦煌遗书的原貌提供了线索。所以,全部公布英藏敦煌遗书,对研究藏经洞的性质有着无可替代的特殊价值。

感谢广西师范大学出版社的远见与魄力,接受了我提出的这一选题。更要感谢英国图书馆的吴芳思博士,自始至终对这一计划予以全力支持,并合作主编这一规模巨大的图录。我们,也就是我、吴芳思博士与广西师范大学出版社最早的设想,是全部重新照相,以向读者提供最为清晰的图版。遗憾的是,由于某些我们无法掌控的原因,这一设想最终没能实现,我们只能利用馆藏缩微胶卷来编印图录。虽然部分缩微胶卷是前些年拍的,但大部分还是半个多世纪前拍摄的那批。好在吴芳思博士想方设法找到一份从来没有动用过的缩微胶卷母版,好在现代计算机技术可以提供新的手段以提高图版质量。尽管如此,某些照片的质量依然不能令人完全满意,我们应该向读者表示歉意。

此次出版的《英国图书馆藏敦煌遗书》,每册均附有本册所收敦煌遗书的条记目录。条记目录尽可能吸收了敦煌学界的研究成果,但限于见闻,挂一漏万之处,恐所在多有,还望识者不吝指教。

敦煌遗书是一批残破的古代书籍,入藏以后,英国方面断断续续对其中一些遗书进行修复。现在看来,由于缺乏经验,早期采用的某些修复措施并不成功。但上世纪70代这批遗书转由英国图书馆保存后,在吴芳思博士的促进下,英国图书馆修复部的诸位先生加强了与世界各国同行的相互交流及学习,采用新的思路、新的方法对敦煌遗书进行修复,取得很大的成绩。特别应该提到的是,修复部主任马克穷数年之功,最近将著名的咸通九年《金刚经》修复完毕,修复效果相当理想。作为一个中国学者,我对英国图书馆及相关人员为保护这批中国珍宝所付出的心血与努力,表示衷心的感谢。

同时应该说明,上世纪50代拍摄缩微胶卷后,英国图书馆对敦煌遗书的修复工作仍在进行,这使得有些遗书的外观与该遗书在缩微胶卷中呈现的形态出现差异。我们编目所依据的是修复后的原件,而有些图录却依据原缩微胶卷。于是产生这样的情况:有些遗书的外观著录与它的图录并不完全吻合。但事情都是一分为二的,缩微胶卷中也有一些原卷现已看不到的信息。这些信息为我们研究英国图书馆的敦煌遗书收藏史提供了珍贵的资料。

英国图书馆所藏的汉文敦煌遗书的主体部分系于 OR.8210 号之下,有些残片系于 OR.8212 号之下,还有百余号混杂在原印度事务部图书馆所藏的非汉文敦煌遗书中。OR.8210 号主要为斯坦因 1907 年从莫高窟搞到的敦煌遗书,也包括 1914 年从王道士手中搞到的数百件敦煌遗书,混杂了个别非敦煌遗书,加上英国图书馆近年新购两号,共编为 13952 号。OR.8212 号内容杂乱,有纸本、有木牍、有绢画、有毛织物。来源虽然以斯坦因第三次中亚考古所得为主,也夹杂第一次、第二次考古所得的一些文物,包括敦煌、甘肃其他地区以及新疆出土的文物,共编为 1964 号。其中的非佛经部分纸本遗书已经出版,可参见沙知、吴芳思《斯坦因第三次中亚考古所获汉文文献(非佛经部分)》(上海辞书出版社,2005 年 8 月)。所谓混杂在原印度事务部图书馆所藏非汉文敦煌遗书中的汉文遗书,主要指那些一面抄写非汉文,一面抄写汉文的卷子,也有个别卷子全为汉文。如能将 OR.8212 号中的敦煌残片、夹杂在非汉文遗书中的那百余号汉文敦煌遗书也纳入这次的出版计划,可谓十全十美。但最终本图录实际纳入 OR.8210 号中的遗书。非不愿也,实不能也。天下事,总会留点遗憾。

图录的出版与条记目录的编纂,得到上海师范大学哲学学院的大力支持,得到敦煌学界诸多朋友的大力支持。得到多年来,特别是 2009 年在伦敦同甘共苦、排除万难的同伴们,以及英国图书馆诸多正义人士的大力支持。谨以一瓣心香,向你们感恩,为你们祈福!

2011 年 2 月 25 日于北京通州皇木厂

《天津文物公司藏敦煌写经》序[①]

　　敦煌自西汉经略西域以后,便逐渐繁荣起来,成为中原与西域交通往来的重镇,也是中外文化的交汇点。敦煌莫高窟则是著名的佛教石窟群,从东晋十六国到清,虔诚的佛教徒在这里开凿了数不清的洞窟,以寄托自己对美好生活的向往。

　　公元1900年6月22日(清光绪二十六年五月二十六日),一个名叫王圆箓的道士,非常偶然地在莫高窟一个洞窟甬道的墙壁中发现了一个古代废弃的耳窟,其中储藏着从公元4世纪到公元11世纪的古代遗书与文物,这个洞窟,后来编作第17号,就是著名的敦煌藏经洞。

　　据说王圆箓发现藏经洞后,曾向敦煌县政府作了报告,但没有引起县政府及当地士绅的重视。其后,王圆箓将洞内文物作为礼品馈赠各色人等,敦煌文物开始碾转流散。1907年和1908年,时任职于英属印度政府的斯坦因与任职于河内的法国远东学院的伯希和先后闻讯来到莫高窟,以不光彩的手段骗得大批敦煌遗书与其他文物,捆载以去。迨消息为北京学者得知,1910年,在罗振玉等人的呼吁下,清政府学部咨甘肃学台,令将洞中残卷悉数运京,移藏部立京师图书馆,亦即今天的中国国家图书馆——北京图书馆。但是在运京之前,王圆箓偷偷藏匿若干;运京途中,续有散失;运抵北京之后,有关人员又暗中下手,监守自盗,不少敦煌遗书由此流散在社会上。其后,日本的大谷探险队与沙俄的奥登堡探险队分别于1911年和1914年先后来到敦煌,从当地人士手中求购及从莫高窟各洞窟又搜寻到一批敦煌遗书。1914年,斯坦因也再次来到敦煌,又从王道士手中弄走一批敦煌遗书。

　　敦煌遗书具有极高的文物、文献研究与文字研究价值。敦煌藏经洞发现百年来,世界各国学者对以敦煌遗书为主要代表的敦煌文物进行系统研究,开创了一门国际性的学问——敦煌学。我国著名学者陈寅恪曾经著文指出:每一个时代都有自己的时代学术之新潮流,而敦煌学就是"今日世界学术之新潮流"。敦煌学产生以来,在中国中古史的各个领域,尤其是历史、文学、语言、文字、社会、法律、宗教、音韵、医药、音乐、美术、舞蹈,以及民族史、边疆史及至书法、绘画等诸多方面取得丰硕成果。它对中国中古史研究推动之大,是怎样估计都不会过分的。因此,敦煌遗书与甲骨文、汉简、大内

---

　　① 《天津文物公司藏敦煌写经》,文物出版社,1998年10月。

明清档案一起,被誉为近代中国四大学术发现。

　　由于敦煌遗书有如此重大的价值,因此,自从发现之日起,特别是1910年以来,敦煌遗书便为中外学术界、收藏界所注目。由于绝大多数敦煌遗书都收藏在北京图书馆以及大英图书馆、法国国家图书馆、俄国科学院东方研究所等单位,所以,因种种原因而散传在社会上的少量敦煌遗书便成为收藏者寻觅的秘宝。也因为敦煌遗书一时名高价昂,使得一些利欲熏心之徒千方百计伪造赝品,使得社会上流传的敦煌遗书鱼目混珠,真伪杂陈。

　　天津市文物公司历年收得颇多敦煌遗书。最近经过鉴定考订,将其中30号写经编印成册,公之于众。30号这个数字与总共6万余号的敦煌遗书总数相比,虽然不足两千分之一,但尝一脔肉可以知一鼎之味,我们可以由此得知敦煌遗书的概貌。

　　综观天津市文物公司所藏敦煌遗书,大体有如下几个特点:

　　第一,内容较为丰富

　　在这些遗书中,既有大乘经、大乘律、大乘论,还有小乘经、小乘律。既有显教经典,又有密教经典。既有我国传统大藏经已经收入的经典,也有还没有被我国的传统大藏经所收的经典。既有正统的"真经",也有中国人自己编纂的所谓"伪经",既有白文本,又有注疏本。既有正规经典,也有反映当时宗教活动实际情况的斋文。我国三大主要译师——鸠摩罗什、玄奘、义净的译典都有包罗。

　　第二,时代跨度较大

　　敦煌遗书的时代跨度大体为公元4世纪下半叶到公元11世纪初,约700年。而本书所公布的30号敦煌遗书的时间跨度大体为公元6世纪到公元10世纪,约500年。从这批敦煌遗书,可以清楚地反映出500年间,敦煌地区书写载体、书写工具、书写字体、书写风格的演变,反映出人们宗教心理和审美情趣的嬗变。

　　每一件敦煌遗书都是稀世之珍,自不待言。天津市文物公司所藏敦煌遗书又有若干甚为珍贵的藏品。如第1号《摩诃般若波罗蜜经》卷第二,虽然仅剩2断片15行,但为南北朝写本,且目前所见敦煌遗书中仅此一件。而第3号《大智度论》卷三十,南北朝末年或隋代写本,长近10米,可称海内孤本。如第4号《四分比丘尼戒本》,与现行通行本文字有异同,为研究佛典写本的演变,提供了难得的资料。第7号《大般涅槃经》卷第二十四、第25号《比丘含注戒本》分卷与传统本不同。又《比丘含注戒本》为我国传统大藏经所不收,日本《大正藏》等藏经虽据日本传本入藏,但与敦煌本行文有较大差异。天津市文物公司所藏《比丘含注戒本》基本完好,为研究该文献提供了珍贵资料。第13号《中阿含经》卷第十九等多件写经含有武周新字,其中有的使用周遍,有的使用不周遍,反映了不同时代武周新字流传的实际情况。不少写经有古代题记,有的有近代收藏家题跋,为研究这些遗书的流传提供了第一手资料。尤其值得一提的是第8号《大般涅槃经》卷第四十的背面有40余块古代裱补纸,其中有字者31块。经审查拼接,竟为唐开元年间的一份斋文。从这份距今1200多年前的文书,我们犹可想见当时那肃穆庄严的宗教场面。

　　这些敦煌遗书情况各异:有的卷面受损,残破不全;有的后有余空,属于兑废;有的前后不类,缀接错误。如此等等,对我们了解敦煌遗书的性质及古代的入藏原因都有直接的帮助。有些写经在近代流传过程中为收藏者托裱。一般来说,像敦煌遗书这样珍贵的古代遗书,如非万不得已,最好不要托裱。因为托裱会损害原件的原貌,降低遗书的文物价值,有时甚至会损害它的文献研究价值或文字研究价值。因此,我殷切希望并再次呼吁敦煌遗书的收藏者慎重行事,千万不要随意改变所藏敦煌遗书的外观。

目前社会上散传的敦煌遗书中除了夹杂一些赝品外,也夹杂了若干日本写经、传世古写经等。以往,由于对写经的诸种形态缺乏必要的研究,人们往往将上述写经混在一起,当做敦煌遗书。此次天津市文物公司特意将所藏两卷日本写经作为附录,与敦煌遗书一起公布,以使人们能够对这两类不同的写经进行对照鉴别,这是非常有意义的。

在国内诸图书馆、博物馆、文物公司、古旧书店等单位乃至许多私人收藏者手中,还收藏有不少敦煌遗书。我希望这些单位与个人能够像天津市文物公司一样,将自己收藏的敦煌遗书公布出来。这样一则为推动我国的学术发展作出贡献;二则可借此机会对所收藏的敦煌遗书进行认真的鉴定考证;三则文物经过考订、公布,从此就流传有绪,也就提高了该文物本身的价值,这对于收藏者本人来说,也是一件好事。

1998 年 8 月 19 日

《中国书店所藏敦煌文献》序①

1900 年 6 月,在中国北京,义和团运动如火如荼。其后而来的八国联军侵华以及丧权辱国的《辛丑条约》,把苦难深重的中国人民再一次推入水深火热的境地,

1900 年 6 月,时居敦煌莫高窟的道士王圆箓偶然在一石窟甬道的右侧发现隐藏着一个耳窟,亦即其后举世闻名的藏经洞,其中装满了古代的遗书、文物。其后若干年中,闻风而至的英、法、日、俄各国探险家纷至沓来,采用各种手段,将洞藏大部分珍贵遗书、文物捆载以去。

自从我从事敦煌研究以来,经常遇到这样的提问:假设藏经洞遗书不被外国探险家掠走,将会如何? 我的回答是:历史不能假设。我认为,如果我们熟悉 20 世纪初那段苦难的中国史,了解列强对中国的种种野心,包括对中国西北边疆的种种谋划,了解清政府的腐败无能,各级官员的徇私渎职,文人士大夫的短视守旧,全民族文物意识的淡漠,中西学风的差异,那么,虽说王道士发现藏经洞是一种偶然,但藏经洞只要被发现,则洞中文物的流失可以说是一种必然。且不说 1840 年以来的 100 年中,这样的事件层出不穷;即使近 20 多年来,类似的事情不也时有所闻吗?

古代敦煌是中国文化、印度文化、伊朗文化、西方文化等四种文化,儒教、佛教、道教、景教、摩尼教、祆教等六种宗教的汇聚之地,文化积淀极为丰厚。晚唐、五代、宋初,敦煌有相当长的时间不在中央王朝的有效统治之下,史书对它的记载简略疏阔,史家对它的情况也若明若暗。藏经洞遗书的面世,在敦煌研究、西北史地研究、诸多宗教与文化的研究方面打开一个全新的天地,促成了"敦煌学"这一世界显学的产生。早在1930 年,我国著名学者陈寅恪就热情讴歌:"敦煌学者,今日世界学术之新潮流也。"然而,藏经洞发现的遗书,或散落异国,或秘藏私家。研究者,特别是中国研究者要想取为研究资料,其重重困难,是局外人难以想象的。所以中国学者为之慨然:"敦煌者,吾国学术之伤心史也。"

这一局面,从 20 世纪 90 年代起大为改观。以上海古籍出版社为代表的中国出版界,包括四川人民出版社、甘肃人民出版社、江苏古籍出版社、浙江教育出版社等以极大的民族责任感,下大决心、花大气力,致力于敦煌遗书图录的出版。这些图录的出

---

①　《中国书店藏敦煌文献》,中国书店,2007 年 8 月。发表时有删改,此处按原文刊出。

版,对敦煌学的发展起到极大的促进作用。近十几年我国敦煌学蓬勃发展,这些出版社功不可没。

进入 21 世纪以来,敦煌遗书图录的出版,依然保持着强劲的势头。上海古籍出版社于 2005 年 3 月,完成《法藏敦煌西域文献》全 34 册的出版;于 2005 年 10 月,完成《俄藏敦煌艺术品》全 6 册的出版。上海辞书出版社于 2005 年 8 月完成《斯坦因第三次中亚考古所获汉文文献(非佛经部分)》全 2 册的出版。北京图书馆出版社于 2005 年推出《国家图书馆藏敦煌遗书》全 150 册的出版计划,到 2006 年年底,已经出版 50 册,其图录规模与出版速度前所未有,其图版质量也名列前茅。

在我国,除了若干图书馆、博物馆及少数其他单位与个人外,一些古旧书店、文物商店也收藏有敦煌遗书。1998 年,天津文物商店出版所藏敦煌遗书的图录,曾为学界称道。现在,中国书店出版所藏敦煌遗书的图录,更是一件值得以手加额,庆之贺之的大好事。

承中国书店善意,这次收入图录的 90 余件遗书,我均曾得以考察、鉴别、著录。敦煌遗书具有文物、文献、文字等三个方面的研究价值。以下,也分别这三个方面,略述中国书店这批敦煌遗书的价值,以为芹献。

讲文物价值,首先要看写本的年代。古籍界以往讲善本,注重的是宋、元刻本,有一页一金的说法。敦煌遗书的出现,打破了宋、元刻本独擅胜场的局面。从年代看,中国书店这批遗书中有东晋写本 1 号,南北朝写本 12 号,隋写本 2 号。众所周知,敦煌遗书中保存的主要是唐写本,其中尤以 8 到 9 世纪的吐蕃统治时期写本,以及晚唐、五代、宋初的归义军统治时期写本为多,唐以前写本所占比例较小。所以,敦煌遗书中的唐以前写本,因其年代久远、数量稀少,历来为人们珍视,具有较大的文物价值。中国书店的这批敦煌遗书,唐以前写本约占 15% 以上,值得珍视。

在上述早期写本中,ZSD2081 号《大般涅槃经》卷七尤为珍贵。该号为隋代写经,我们知道,隋文帝、炀帝父子两代佞佛,统治时期广为提倡写经造像。故隋祚虽短,留下的写经不多,但质量大抵为上品。ZSD2081 号为卷轴装。首尾均全。存有卷端的护首与卷尾的原轴。护首有竹质天竿,有护首经名,有缥带(已断,留有残根)。尾轴两端涂有朱漆。首尾经题完整,卷尾有燕尾,还有题记。敦煌遗书原为寺院弃藏,故首尾完整的经卷数量很少,像 ZSD2081 号这样附有护首、原轴,完整保持卷轴装原貌,又有题记的卷子更可谓凤毛麟角。

此外,考察时发现,该卷所用纸张为打纸,砑光上蜡。

打纸,是我国古代一种经过特殊的捶打工艺所制造的纸张。古代的手工造纸,所造纸张表面粗糙,纤维浮扎。用这种纸张写字,用笔涩滞,容易洇墨。所以,古人发明捶打工艺制成打纸。打纸厚度变薄,纤维致密,纸张本身更加牢实,书写时也不易洇墨。为了使纸张能够历时长久,古人又发明在纸张表面上蜡的工艺。打纸砑光上蜡后,表面光洁如莹,用手轻轻抖动,发出金石之声。洵为我国古代纸张中的极品。

如果仅仅是打纸砑光上蜡,在敦煌遗书中还算常见。这个卷子最令人惊异的在它每张纸的长度。

该卷总长 775.4 厘米,由 7 张纸粘接而成,首纸为护首,末纸为结尾,下面是中间 5 张纸的数据:

长度(厘米)	抄写行数
138.0	81
140.8	83
143.0	84
142.4	84
140.2	84

敦煌遗书所用纸张,虽因时代的不同而有差异,但大体在 40 厘米到 50 厘米左右。几年前我们曾经在国家图书馆藏敦煌遗书中发现某写卷中的一张纸,长度竟达 130 多厘米。编目同仁无不叹为异数。而中国书店该 ZSD2081 号隋代写经中间 5 张纸的长度均为 140 厘米左右,最长者达 143 厘米。不仅在目前面世的敦煌遗书中绝无仅有,就笔者所知而言,这也是世界上现知的 7 世纪以前的纸张中,单纸长度最长的。古代纸张为工匠在纸浆池中,用抄子一张一张抄出。能够制造出如此长度、如此质量的纸张,是我国古代造纸术的奇迹,为我们研究隋代的造纸工艺提供了的重要标本。

这号隋写《大般涅槃经》还有一点值得提出的,是它的缥带。敦煌遗书的缥带可分两种,一种用丝绸折叠缝制而成,我们称之为"折叠带";一种为编织而成,我们称之为"编织带"。前者较为常见,后者非常稀少。此件隋写《大般涅槃经》的缥带虽然已断,仅留残根一截,但为绿红白三色编织而成的编织带,色彩鲜艳如新。

提到缥带,中国书店收藏的 ZSD1790 号也值得一提。众所周知,考古发掘中时有古代丝绸出土,但古墓出土的丝绸,遇到空气即氧化变质,甚难保存。敦煌因其特有的风土条件,遗书所存之缥带均保持古代原貌。ZSD1790 号亦为《大般涅槃经》,卷轴装,乃抄写于 7—8 世纪的唐写本。首尾均全,有题记。护首保存完好,护首所系缥带为折叠带,敦煌遗书中的折叠带一般均为素绢,而此号的缥带织有团花,甚为罕见。此缥带长 58 厘米,保存完整,在敦煌遗书中也不多见。对于研究唐代的丝绸工艺亦有一定的价值。

此外,从形态上讲,这批遗书除了常见的卷轴装外,还有经折装、缝缋装,体现了我国古代书籍的各种装帧形式,丰富了我们对于书史的知识。

顺便想说的是,这批敦煌遗书中有 27 件残片,合装成册,题为"敦煌残拾",前有黄宾虹 1951 年题记。原为方懿梅所藏。方懿梅,字子才,安徽人。上个世纪 30、40 年代在北京活动,收藏不少敦煌遗书残片,其后逐渐转让他人。安徽博物馆石谷风所藏敦煌遗书残片[1]、启功收藏的部分敦煌遗书残片[2]均出自方懿梅原藏。据我所知,方懿梅的还有部分藏品,目前由另一位收藏家收藏,尚未公布。由于这批残片篇幅不大,以前曾有人怀疑它们或者属于吐鲁番遗书。但石谷风藏品中的《灵宝度人经》可与敦煌

---

① 《晋魏隋唐残墨》,安徽美术出版社,1992 年 10 月。
② 《敦煌写经残片》,北京师范大学出版社,2006 年 6 月。

遗书斯 6076 号缀接。由此证明这批残片的确出自敦煌藏经洞①。

从文献价值的角度谈,中国书店的这批敦煌遗书更是美不胜收。

敦煌遗书本为佛教寺院弃藏,所藏以佛教典籍为主。中国书店的敦煌遗书也不例外,已为历代大藏经所收的佛典占据总数的一半以上。除了已入藏文献外,与佛教有关的文献还有在敦煌当地翻译的佛经,以及变文、斋文、经疏、忏悔文、羯磨文、疑伪经乃至法门名义集钞这样的工具书。至于非佛教文献,则有道教的《灵宝自然斋行道仪》(拟),还有社司转帖、账契、诗歌、书仪、民俗作品等等。

由于篇幅的关系,在此只能择要对一些文献作简单介绍。

ZSD2971 号,《八相变》,敷衍释迦牟尼八相成道故事,属变文。本号虽为残片,仅剩 1 纸 6 行,但与敦煌遗书中所存同一主题的其他文献均不完全相同。因此,它不但提供了一个新的文本可供校勘,而且对研究写本的流变性提供了新的资料。

ZSD2205 号,《比丘尼羯磨文》(拟),该《比丘尼羯磨文》为南北朝写本,它的文字与《昙无德律部杂羯磨》②、《羯磨》③的相关章节比较相似,但又均不相同。中国佛教早期戒律不全,曹魏时比丘才正式举行授具足戒的仪式。其后律本逐渐译出,但因印度佛教已经分派,故传入中国的戒律也各不相同。印度佛教各派戒律在中国呈现势力此消彼长的态势。比如南北朝《十诵律》较为流行,唐代《四分律》流遍天下。ZSD2205 号《比丘尼羯磨文》既非《十诵律》系统,亦非《四分律》系统,为我们研究当时的僧团戒律提供了宝贵的资料。

ZSD2980 号,《吉凶书仪》(拟),书仪即古代的尺牍大观,为友朋交往、官场往来、节庆贺吊、婚丧嫁娶时所用的种种实用文书的范本。本号存 11 行,前残,中存《新妇亡吊亲家翁母书》,从注文可知,该书仪还可以改为《女婿亡吊亲家翁母书》使用。敦煌遗书中存有书仪多种,但本号书仪未见著录,为我们研究书仪的形态及当时的社会风俗提供了新的资料。

ZSD1361 号背面,抄有三首诗。作:

> 可连(怜)学生郎,每日画张,看书度痒(庠),泪落数千行。
>
> 云云天上去,父母生我身。少来学礼(里)坐,长大得成人。
>
> 春日春风动,春来春草生。春人饮春酒,春鸟弄春[声]。

这三首诗与该号背面的《社司转帖稿》连抄,笔迹相同,均为敦煌永安寺学士郎宋宗宗于 803 年所写。曾先后由程毅中、柴剑虹、徐俊等录校发表。其中第二、第三两首诗,敦煌遗书存有其他抄本;第一首诗则唯见于本号。有的录文把本号第一首诗补足为五言诗,但我认为中间两句为四字,全诗依旧可通,这就要考虑原文是否词的雏形。当然,这是一个可以进一步研究的问题。

ZSD2207 号,《十想经》,本号非常简短,连同首尾题,仅 186 字。特录文如下:

---

① 参见方广锠:《晋魏隋唐残墨缀目》,载《敦煌吐鲁番研究》第七辑。

② 参见《大正藏》第 22 卷,第 1043 页中栏第 7 行到第 1045 页中栏第 25 行。

③ 参见《大正藏》第 22 卷,第 1056 页中栏第 7 行到下栏第 2 行、第 1063 页下栏第 16 到 27 行。

佛说十想经

如是我闻。一时薄伽梵住拘尸那城近力士村娑罗双树闻临般涅槃。

尔时世尊告诸苾刍言：诸苾刍，若有苾刍临欲命终，忆念十想。何等为十？

一、不染着想。二、于诸有情而起慈想。三、所有结恨当生舍想。四、或有恶戒而生忏悔，于一切戒起受学想。五、若作大罪起轻小想。六、作少善根生广大想。七、而于他世生无畏想。八、于诸行起无常想。九、于一切法起无我想。十、而于涅槃生寂静想。汝诸苾刍当如是学。

尔时薄伽梵说是经已，诸苾刍众皆大欢喜，信受奉行。

十想经一卷

从形式看，该经序分、正宗分、流通分等三分具足。从内容看，符合印度佛教的思想，与一般所谓中国人所撰疑伪经全然不同。然而，传统经录中对此经却没有记载。如何看待此经呢？我认为，从该经的遣词结句看，它很可能是吐蕃统治敦煌时期译出的。类似的经典，还有一批。由于没有流传到内地，所以不为内地传统经录所记载。在敦煌遗书中，据我所知，亦仅有三号。另两号为国家图书馆的 BD00693 号 8、法国的伯 3919 号 B2。以往我们都认为玄奘翻译的《般若波罗蜜多心经》是翻译经典中最短小的经。但《心经》共 260 个字。如果我上述《十想经》也是翻译经典的推论可以成立，则这部经典才是汉译经典中最为短小的。

ZSD2202 号，《下女夫词》，这是唐代在举行婚礼时常用歌词。迎亲男方被女方拦截门外，双方互相答问，戏谑调笑。是研究唐代婚俗礼仪的重要资料。敦煌遗书中虽然存有多件，但本号依然有多处文字可以校补其他写本之不足。

上面介绍均为敦煌遗书特有文献。即使那些传统存有写本的文献，比如已经收入传统大藏经的文献，中国书店此次公布的遗书，亦往往有与传统大藏经本分卷不同、文字参差者。这对于研究写本系统的演变有着较高的价值。

由于篇幅的关系，上面的介绍未免有挂一漏万之失。总之，中国书店这批敦煌遗书为我们提供了丰富的研究资料，也向我们提出一些新的研究课题。我相信，随着研究的进一步深入，一定可以更加全面深入地揭示这批敦煌遗书的文献价值。

至于文字价值，我想就不必再加饶舌。这批遗书最早的是 4 到 5 世纪东晋写本，最晚的是 10 世纪末北宋写本，时代跨度达 600 年左右。也就是说，它们反映了 600 年来中国文字的演变、书风的变迁。一册在手，识者自会评价。

此次中国书店敦煌遗书图录还有一个特点，是公布了一批相关的其他古代写本。其中包括敦煌藏文写本、西夏文写本、蒙古文写本、日本写本。此外还有几件近代写经。

藏文写本包括敦煌吐蕃统治时期抄写的《无量寿宗要经》与泥金绀青纸写经。后者是否出于敦煌藏经洞，尚有不同意见，还可以再研究。西夏文、蒙古文写本并非出于藏经洞，但均有一定的文物价值与文献价值。日本写经有日本天平时期（8 世纪）写经 1 件、平安时期（8 到 12 世纪）写经 2 件、镰仓时期（12 到 14 世纪）写经 1 件。反映了日本古代写经的概貌。敦煌遗书与日本古写经，一在西域，一在东海，近年来已经成为佛教文献研究的两大重点,交相辉映。相信两种写经的研究各自扬长避短,相互配合,一定可以把佛教文献学研究推向新的高峰。

最后简单谈谈这几件近代写经。众所周知,敦煌藏经洞遗书押运进京后,敦煌遗书声名鹊起,部分不法之徒利欲熏心,便力图伪造敦煌遗书,以求获利。但是,要想伪造敦煌遗书,其实并不容易。首先,敦煌的纸张均为古代手工造纸,古今造纸原料不同、工艺不同、造纸作坊周围的水土不同、造纸所用填充料不同,今人不可能造出与古纸一模一样的纸来。古代的纸张经过千百年岁月的浸染,其沧桑感一望可知。今人伪造古代写经,首先要找与古纸近似的纸张,其次要作旧。这都不是容易事。国图有几件近代伪造的写经,所用为近代机器造纸,露出马脚。我见过一件署有李盛铎题跋的伪经,自称是梁武帝亲笔所写。作伪者既要把伪卷作旧,又不能搞得品相太差,以降低其市场售价。于是采用反复摩擦表面的办法,结果在这一点上正好露出破绽。作伪之难,还有文字、墨色、界栏、笔迹、内容乃至作伪者本人的文化素养等诸多方面。一个人,想要具备上述所有作伪的条件,按照我的看法,那几乎是不可能的。而他在作伪过程中的任何一点疏漏,都会露出马脚,从而戳穿他的作伪把戏。所以,伪卷固然可以蒙人一时,但毕竟会真相大白于天下。如何鉴别伪卷?当然要靠大量经验积累。但最简单的办法,就是拿真卷来对照,俗话说:"不怕不识货,就怕货比货。"在真卷面前,伪卷无所逃其形。

收入本图录的几件近代写经,就是上世纪上半叶有人仿照敦煌遗书有意作伪。它们的纸张、字体、墨色、行款乃至总体风格,都与敦煌遗书不同。读者可以之与真卷比较。这几件伪卷,原为中国书店库房旧藏。此次毅然把它们收入图录,验明正身,公开示众,免得它们今后再招摇过市,做了一件大好事。中国书店这一胸襟令人佩服,这种态度值得与敦煌遗书相关的其他单位效仿。

现在世界各处流传的敦煌遗书中存有伪卷,这是一个客观事实。伪卷的存在已经影响敦煌学的健康发展,这也是一个客观事实。但伪卷的认定却是一件应该十分慎重的事情。现在中外敦煌学界都有一点"见卷疑伪"的倾向,我本人对此很不以为然。按照我 20 多年来在国内外考察的经验,伪卷的确存在,但其比例并不像有些学者渲染的那么高。过分渲染伪卷的存在,既不符合事实,也有碍敦煌学的健康发展,有碍中国文物市场的健康发展。

除国家图书馆外,中国国内公私收藏的敦煌遗书约有 3000 号左右,已经公布图录的已有 2000 余号,还有 1000 号左右至今尚未公布。我希望中国书店藏敦煌遗书图录的出版,能够起到榜样的作用,希望其他诸敦煌遗书收藏单位见贤思齐,把收藏品都公布出来,由"死宝"变成"活宝",为推动我国新文化的建设发挥积极的作用。

2007 年 1 月 5 日于通州皇木厂

《敦煌学佛教学论丛》后记[①]

敦煌遗书是佛教寺院的遗藏,其中绝大部分是佛教文献。这就规定了佛教研究在敦煌研究中的重要地位。然而,由于历史与现实的种种原因,我国的敦煌学研究队伍主要由历史、文学、考古、艺术、语言文字等领域的研究者组成,佛教研究者相对较少。因此,与其他领域相比,我国的敦煌佛教研究显得落后了。在几次敦煌学国际学术讨论会上,与会的中外学者都指出敦煌佛教研究相对落后的状况已经不适应敦煌学发展的形势需要,呼吁要重视与加强敦煌佛教的研究。这对于我,一个以搞佛教与佛教文献研究为己任的研究者来说,是一个很大的压力,当然也是一种鞭策。

1983年,我参加了在兰州召开的中国敦煌吐鲁番学会成立大会。但真正从事敦煌佛教研究,则是从1984年开始的。起先的想法是理清敦煌遗书中那些未为历代大藏经所收的典籍,收入《中华大藏经》,并以此研究中国佛教与敦煌地区性佛教。但是,由于敦煌遗书散藏世界各地,又没有一部可以完全依赖的总目录及相关索引,所以,我的工作只好从最基础的敦煌遗书的编目,包括对大量无名断片的鉴定、定名开始。此后,由于种种机缘与各方的大力支持,我在北京图书馆善本部工作四年,主持《北京图书馆藏敦煌遗书总目录》的编纂,还应邀到大英图书馆为尚未公布的敦煌遗书编目,并有机会考察了收藏在法国、俄国及日本的部分敦煌遗书。由此接触了大量的敦煌遗书原件,为目录编纂与文献研究打下良好的基础。因此,十余年来,我在敦煌学领域的主要工作实际是敦煌遗书的编目。包括《北京图书馆藏敦煌遗书总目录》、《大英图书馆藏敦煌遗书汉文佛教目录(S6881—S13677)》与《新编敦煌遗书总目索引》等三项。这些工作有的接近完成,有的还在艰难地进行着。此外,写了若干篇敦煌学方面的论文。本论丛所收的,就是上述论文的主要部分。另外有些论文,或者因为已经纳入我的博士论文,且至今没有发现新资料,不需改动;或者因为原稿不在手头;也考虑到本书的篇幅,所以没有收入本论丛。

收入本论丛的22篇论文,部分已经发表过,部分尚未发表。发表过的文章,在收入本书时,程度不等地均有所修订。鲁迅先生曾说他是"不悔少作",那当然由于他的文章都是千锤百炼,以至字字如金。我则深感写文章也是一种"遗憾的艺术"。常常

---

① 《敦煌学佛教学论丛》(上、下),中国佛教文化出版有限公司(香港),1998年8月。

是文章刚写完时,自己觉得在文章中提出了或解决了一个或几个问题,既轻松,又自得。但后来就觉得不满意,且随着时间的推移及新资料的发现,不满意的程度越来越深,有时甚至觉得无地自容。所以我总不放过可能的修改机会,以免谬种害人。

收入本书的文章,大体可以分为三大部分。前 6 篇属于第一部分,内容为敦煌学一般。对于敦煌遗书,我起初总有一种见木不见林的感觉,随着自己接触到的原卷越来越多,开始产生一种总体把握意识。随着这种意识的增强,对藏经洞封闭的原因与年代,对敦煌遗书的分类等敦煌学界的热点与难点问题,逐渐形成自己的观点。这些观点有些已经得到敦煌学界同行的赞同,有些还在讨论之中。中间 13 篇属于第二部分,内容为敦煌佛教、主要是敦煌佛教文献的研究。这些文章又可以分为两类,一类是对某号遗书或典籍的个案研究,一类是对某种典籍的综合性研究。我认为,作为细密的研究,前一类当然是重要的;但从敦煌佛教研究与敦煌佛教文献研究的现状之急需而言,第二类似乎更重要。故计划今后把更多的力量放在后一类。最后 3 篇属于第三部分,大体相当于附录性质。

敦煌佛教研究,日本学者已经做了很好的工作,中国的学者也做出一些扎扎实实的成绩。但从总体来看,仍然是一片有待进一步开拓的领域。希望收入本书的这些论文能够对这一领域的开拓起到若干作用。这些论文的写作乃至结集出版得到各方面的支持,特表示衷心的谢意。对论文中的诸种错误与不足,也切望得到各方面的指教。

呼唤《羽田亨目录》中的敦煌遗书早日面世[①]

　　我手头有一份敦煌遗书目录复印件,原稿用上海图书馆的稿纸抄写,标题为《日本羽田亨收藏李木斋(盛铎)旧藏敦煌遗书目录》(下称《羽田亨目录》),共23叶,抄录敦煌遗书428号。这份目录是十多年以前,一位先生给我的,让我留心寻访。我注意到这份目录与王重民先生所编《敦煌遗书总目索引》之"散目三",《李氏鉴藏敦煌写本目录》完全一样。"散目三"末尾并有按语:"按:此目亦载一九三五年十二月十五日及二十一日《中央时事》周报,题为《德化李氏出售敦煌写本目录》,即《学斠》所谓'以八万元日金售诸异国者'。"《学斠》其时为《中央时事》周报的一个专栏。按语没有说明李盛铎将这批敦煌遗书卖给日本的哪一位,根据复印件的记载,则这批敦煌遗书其后归著名敦煌学家羽田亨收藏。

　　羽田亨(1882—1956)为日本京都大学教授,曾任校长,是敦煌学的奠基者之一。现日本京都大学人文科学研究所设有羽田亨纪念馆。据称,纪念馆中收藏了若干敦煌遗书的照片,其中有些照片正是上述《羽田亨目录》著录的敦煌遗书。根据知情人介绍,李盛铎的这批敦煌遗书实际并非卖给羽田亨,而是卖给日本的某氏。因羽田亨是著名的敦煌学家,故某氏曾经委托羽田亨代为鉴定与整理这批敦煌遗书。所以,所谓"羽田亨收藏"之传说有误。

　　细审《羽田亨目录》,可以发现其中有甘露二年的《维摩义记》,有景教的《志玄安乐经》;有《论语》、《尚书》、《毛诗》、《左传》、《礼记》;有《琴谱》、《历日》;有宫廷写经,有疑伪经,有官府文书,亦有世俗经济文书。真是精华迭出,美不胜收。藏经洞敦煌遗书分藏世界各地,总计大约6万余号,其中绝大部分都已经面世。尚不为人们所知的,最多只有一二千号,且收藏极其分散,收藏渊源又歧杂多样。而《羽田亨目录》所载的这400多号敦煌遗书收藏如此集中,内容如此精美,来源又如此清楚,在剩余的一二千号敦煌遗书中可谓独占鳌头。也就是说,这是最后一批尚待发掘的"敦煌宝藏"。

---

　　① 曾载《中华读书报》2001年11月21日。日文本以《发掘を待つ最后の"宝藏"》为名,先期载日本《中外日报》,2001年1月30日第一版。这批敦煌遗书的收藏单位日本大阪杏雨书屋现已开始公布图录。

今年是敦煌藏经洞发现 100 周年。由于藏经洞敦煌遗书的发现,一百年来,在世界各国学者的共同努力下,一门世界性的显学——敦煌学——迅速崛起,极大地推动了中古中国史及中外交流史的研究。我曾经著文①指出,敦煌学能够在 20 世纪成为一门世界显学,是由两个因素决定的。首先,敦煌地处丝绸之路要冲,中国文化、印度文化、波斯文化、西方文化等四种文化,儒教、佛教、道教、景教、摩尼教、袄教等六大宗教在此汇合,决定了敦煌遗书所蕴含的文化信息的世界性,从而决定了敦煌学的世界性。其次,本世纪以来,敦煌遗书流散世界,也是促成世界范围研究敦煌学的高潮兴起的重要因素。后者虽然是偶然的,但我们应该肯定它在百年敦煌学形成过程中所起的作用。

中日两国是一衣带水的邻邦,自古以来,文化交流非常兴盛。中国的典籍曾经源源不断地传到日本,推动了日本文化的发展。也有不少日本的典籍传到中国,如天平写经等等,至今为各收藏单位宝藏。尤其值得一提的是,有些典籍,在中国已经亡佚,在日本却有保存;因日本的保存,而使这些典籍重光。古代有天台宗的典籍回传中国,近代有《续藏经》的中国典籍汇编,现代更有名古屋七寺中国佚典的发现。这些事例都是两国典籍交流的佳话。

由于历史的原因,敦煌遗书流散世界。这固然是中国文化的不幸,所谓中国"学术之伤心史也"。但是,这些遗书在各国得到很好的保护,并向全世界学者开放,以促成敦煌学的兴起,这又是中国文化的幸运。目前保存在日本的敦煌遗书,与英、法等国不同,绝大部分是从中国购买的。购买者出于对中国文化的赞赏、对文物的爱好,斥资、甚至斥巨资购入。购入后对这些珍贵文物予以精心的爱护,妥善的收藏。从这个角度讲,我作为一个中国的敦煌学研究者,衷心感谢这些文物的爱护者与保护者。这也充分证明敦煌是人类的敦煌,敦煌遗书是人类共同的文化遗产。

敦煌藏经洞发现百年来,敦煌学迅猛发展,但是,由于缺少一个总目录,始终没有摆脱"找宝式"的研究倾向。为此,我正在着手编纂世界的敦煌遗书总目录。"总目录"云云,最起码的要求是应该收录齐备。所以,特别渴望《羽田亨目录》中的这批敦煌遗书能够尽快面世。

《羽田亨目录》所著录的敦煌遗书的面世不仅对敦煌遗书总目录的编纂具有重大意义,如此大量的精美遗书的面世必定对推动敦煌学进一步发展也产生巨大影响。不仅如此,可以预期,这批遗书的面世,对日本收藏的其他敦煌遗书真伪的鉴定也具有不可估量的价值。众所周知,日本敦煌学家藤枝晃先生有一个著名的"藤枝推论",即日本收藏的敦煌遗书的绝大部分(占98%)都是赝品。他的这一推论的形成,与他对李盛铎印章的研究有很大关系。按照藤枝晃先生的研究成果,日本收藏的敦煌遗书上的李盛铎的印章有好几种。那么,这些种类的李盛铎印章中,究竟哪些是真的? 哪些是假的呢? 藤枝先生没有表述明确的结论。我们知道,所谓假印章,大多是书贾所为。而《羽田亨目录》中的敦煌遗书是李盛铎后人直接出售到日

---

① 方广锠:《关于敦煌遗书的编目》,载《北京理工大学学报(社会科学版)》2000 年 5 月。

本,没有经过书贾之手,也一直没有分散。因此,它们无疑可以为我们研究李盛铎藏品的真伪提供一个参照系,为解决日本所藏敦煌遗书的"身份",为最终解决"藤枝推论"作出贡献。

敦煌在中国,敦煌学在世界。没有世界各国学者及热心人士的共同努力,不会有今天敦煌学蓬勃发展的大好局面。敦煌学要继续发展,同样需要各国学者及热心人士的关心与支持。为此,我恳切呼吁《羽田亨目录》中所著录的敦煌遗书能够尽快面世。敦煌学界会感谢这批遗书的收藏者多年来为收藏、保护这批遗书所做的努力;更会感谢收藏者公开这批遗书,以促进敦煌学发展的义举。我也相信,这批遗书的公布,会带动其他的收藏者公开自己的收藏,最终促成世界敦煌遗书的全部公开,这将是敦煌学的盛大的节日。

我殷切地期望这一天早日到来。

《敦煌佛教经录辑校》前言（摘录）^①

一

　　佛教于西汉末年传入我国中原地区，佛经也同时传入。据史籍记载，最早传入的佛经，是由大月氏使臣伊存口授给博士弟子景卢的《浮屠经》。景卢把这部佛经笔录流传，产生一定的影响。据汤用彤先生考证，可能直到西晋末年，这部《浮屠经》尚存。后虽亡佚，但它的内容，还可以根据史籍的记载予以考索^②。

　　东汉以后，随着西域僧人来华的增加，佛经的翻译也逐渐兴盛起来。据不完全统计，东汉时已经译出各种佛典 292 部,395 卷。三国时又译出 201 部,475 卷(此处采用《开元释教录》的统计数。三国的译经数中不包括失译经)。待到两晋南北朝，译出的佛典更是成倍增长，总数至少已有三四千卷。

　　中华民族从来就有着十分强烈的历史感。自古以来，宫廷中就设有史官，撮记国家大事。传统也十分重视对文献、典籍的收藏、著录、整理。在这种文化传统的影响下，佛教传入后不久，我国僧人便开始从事佛教典籍的收集、整理、鉴别、分类、著录。其后，这一工作越来越得到人们的重视，从而编撰出一大批佛经目录。

　　佛经目录，传统简称为"经录"。我们知道，佛教的组成因素有三个，亦即佛、法、僧三宝。佛教经典作为法宝的代表与体现，自然受到信徒们的高度重视。围绕着经典，出现了各种各样的宗教活动。研究佛经经典、研究由经典组成的大藏经及其形成的发展史、研究围绕经典进行的种种宗教活动，也就成为佛教研究的重要内容之一。而经录就是展开这些研究的最基本的资料。因此，经录绝非单纯的佛经典籍的书单子，它是佛教传播的集中反映，从中可以窥见佛教宗派的兴衰、佛教思想的流传、佛教势力的消长、地区群众的信仰、佛教经典的来源以及其他许多问题。长期以来，很多研

---

　　① 《敦煌佛教经录辑校》，江苏古籍出版社,1997 年 8 月。前言原为三部分，本文为其第一部分与第三部分。

　　② 参见拙作《浮屠经考》，载《法音》1998 年第 6 期。

究者从事佛经经录的研究,从而出现所谓"经录学",成为佛教文献学的重要组成部分。

佛教经录最早产生在什么时候,还需要认真考证。据有些佛教典籍记载,最早的佛教经录有所谓秦始皇时期的"古经录"、西汉刘向校经时的"旧经录"等,但当时佛教还没有传入中国,所以这些传说都不足凭信,实际上面的传说都是后代佛教徒为了把佛教传入中国的时间向前推而编造出来的。

佛教典籍记载的较为早期的经录还有所谓东汉明帝时期摄摩腾等翻译《四十二章经》时编纂的《汉时佛教目录》一卷,由汉末朱士行编纂的《朱士行汉录》一卷等。由于确有《四十二章经》的翻译以及朱士行这个人物,因此,似乎这两种经录的存在是可能的。但是,我们至今没有任何证据可以证明有过这么两种经录。所以,学术界一般认为这两种经录也都出自后代佛教徒的臆测。我个人认为,所谓《汉时佛教目录》显然不可信。至于《朱士行汉录》,则应具体分析。朱士行是三国时魏人,是第一个出家为僧的汉族人。他对佛教特别感兴趣,下了很深的功夫。为了搞清当时流传的《般若经》的道理,他舍身西行,到于阗(今新疆和阗)求法,克服种种困难,求觅到《放光般若经》正品梵书胡本十九章。据经典记载,朱士行志业精粹,专务经典,因此,他完全有可能编纂经录。当然,这还是一个需要进一步考证、研究的问题。

现在可考的最早经录应是记录竺法护所译经典的《竺法护译经录》,一卷。这部经录虽然已经亡佚,但是在《出三藏记集》等后代经录的"竺法护译经"部分,对竺法护所翻译的经典记载得特别详细,不少经典都特意注明翻译的年月日。早期译经而能留下如此详尽记载的,相当稀见而可贵。可以想见,后代经录的这些记载都是有所依据的,它们的依据想必就是已经失传的《竺法护译经录》。所以,我们现在可以根据后代经录的这些记载,依稀窥见《竺法护译经录》的大致情况。

其后佛经目录大批涌现,据现存典籍记载,到唐宋为止,编纂出的经录总数大约有几十种,但真正被保存下来的只有十几种。大多是综合性目录、藏经目录与佛藏解题目录。综合性目录的早期代表是梁释僧佑的《出三藏记集》,后期代表则是著名的由唐释智升编纂的《开元释教录》。藏经目录的代表是各种经录中的《入藏录》以及像《开元释教录略出》这样的专门目录。佛藏解题目录出现得较迟,直到北宋时才真正成熟,如惟白的《大藏经纲目指要录》、王古的《大藏圣教法宝标目》。这些经录作为我国佛教经录的主流,历来为人们所重视。

敦煌藏经洞的发现,使废弃千年的大批古文献重新与世人见面。敦煌文献的主体部分是与佛教相关的典籍,包括了一大批经录。其中既有全国流通的各种综合性目录,也有敦煌本地寺庙编纂的目录,大部分未为历代大藏经所收。这些新资料大大开拓了我们对佛教经录的认识,解决了佛教文献学研究中一些长期悬而未决的问题,为佛教经录研究乃至佛教研究开辟了新的天地。因此,敦煌文献中所保存的佛教经录越来越引起研究者的注意。由于敦煌文献分藏于世界各地,查索、检阅比较困难;不少经录原为当时的工作目录,书写既潦草,文字又难辨;加上很多照片漫漶不清,增加了文字辨识的困难度。相比之下,敦煌文献特有的古今字、正俗字、异体字等等,反而不算是特别的难题了。因此，将敦煌文献中的佛教经录全部搜集起来，分类录文，无疑可向有关研究者提供重要的参考资料。

本书即是敦煌文献中诸佛教经录的集成。

（中略）

三

我于 1978 年考入中国社会科学院研究生院，开始踏进科学研究的门槛。我们这些后来被社科院有些人戏称为"黄埔一期"的第一批研究生，就大多数而言，既是被耽误的一代，又是幸运的一代。所谓"耽误"，即我们的黄金年华被"文化大革命"冲跑了；所谓"幸运"，则是我们恰好碰上了改革开放的好年代。与前辈相比，我们可以把更多的精力放在事业上。不过，那时候，我搞的是印度哲学、印度佛教。对于敦煌，只是抱有一种兴趣，根本谈不上什么研究。

1983 年，一个偶然的机遇，使我有幸参加了在兰州举行的中国敦煌吐鲁番学会成立大会。事情是这样的：大会邀请我的导师黄心川先生出席，但黄先生因故不拟前往。而我恰好要到敦煌去参加一个关于因明的学术讨论会，所以黄先生就把请柬转交给我，让我代为参加。自己既然没有研究过敦煌，又是一种代为出席的身份，所以，刚开始，我对这个会议不是很重视，只是因为有兴趣，所以愿意去听听，如此而已。开会的前两天，我还特意与杨化群先生结伴跑了一趟甘南拉卜楞寺。目的是想寻访嘉木样一世所著的一部《大宗派源流》。据法尊法师生前介绍，这部著作中有大量的叙述印度佛教史的内容，与已经广为世人所知的《布顿佛教史》以及《多罗那他佛教史》相比，有过之无不及。为了能进一步利用藏文资料研究印度佛教，我前此已经跟随中央民族学院李秉诠先生学习了一年藏文。此时很想找到这本著作，一方面可以进一步学习藏文原著，一方面也能深入研究印度佛教。遗憾的是，拉卜楞寺虽然收藏有这部著作，由于机缘未熟我们却未能见到，只好怏怏而归，去参加敦煌吐鲁番学会的成立大会。

1983 年的中国敦煌吐鲁番学会成立大会，在中国敦煌学史上是一件划时代的大事。以此为转折，中国的敦煌学开创了全新的一页。就我个人而言，这次大会同样具有重要意义。我本来只是来"听会"的，但通过大会，对于敦煌学的重要性，尤其是敦煌学对佛教研究的重要性，以及佛教对敦煌学研究的重要性，都有了清晰的认识，因此油然产生一种跃跃欲试的投入感。会议结束，我陪同任继愈先生返回北京，一路上，任先生几次谈到敦煌遗书对佛教研究的巨大价值，谈到整理敦煌佛教遗书的重要意义。先生的话，使我在会议上得到的认识进一步升华，更加明确与深刻。就这样，我心中的种子开始一点点地抽芽了。

1984年起,我跟随任继愈先生攻读佛教文献学,先生安排我阅读大藏经与敦煌遗书,要求我把敦煌遗书中的佛教典籍整理清楚,把其中为历代大藏经所不收的典籍清理出来,为我们国家正在编辑的《中华大藏经》所用。老实说,任务是清楚了,但面对五十来本《大正藏》与一百多本《敦煌宝藏》,一时不免有点茫然,真有老虎吃天,不知从哪里下嘴之感。先生强调,要我一定要"沈潜笃实"地从原著着手,于是我老老实实地一个卷子、一个卷子地过。我从来认为,干什么事情不干则罢,要干,就要尽力把它干好。当硕士研究生时,季羡林先生给我们讲课,主张搞研究的人,一定要把有关资料一网打尽。现在任先生给的这个任务,实际上就是要把敦煌遗书中可为《中华大藏经》用的资料一网打尽。也就是说,我应该搞清楚敦煌遗书中究竟有哪些典籍是历代大藏经所不收的,这些典籍每种各有多少号,每号的优劣如何,哪些可以作底本,哪些可以作校本,进而把它们录校出来。这就要求我必须从总体上去把握全部敦煌佛教遗书。我当时虽然对照着大藏经一个卷子、一个卷子地看了不少,但心中却总摆脱不了若明若暗、见木不见林的感觉,怎么也建立不起对敦煌遗书的总体观念。因为北图的部分卷子虽然有一个分类目录,但英、法的敦煌遗书完全是一笔流水账,有的鸡零狗碎,有的东一榔头,西一棒槌,让人丈二和尚摸不着头脑。怎样才能把应该收入《中华大藏经》的资料全部收集起来,整理出来呢? 真有点着急。我当时还属于敦煌遗书"珍藏说"的信奉者之列,按照"珍藏说"的观点,这批敦煌遗书是敦煌寺庙的完整藏书,在当初就被人们视为珍宝。因为某种外部威胁,故而被敦煌僧众藏入洞中,以防受损。我想,既然它们在入藏之前是一批完整的藏书,自然应该有自己严密的组织结构。如果能恢复它的原组织结构,就可以从总体上把握它,这样,整理起来就方便了。怎样才能恢复它的原组织结构呢? 我开始注意到敦煌遗书中收藏的佛经目录。我想,当初敦煌僧众珍藏这些遗书时,一定会把这些遗书的总目录也珍藏在洞中的。如果能够发现这个目录,一切事情就好办了。于是,我开始逐一收录敦煌遗书中各种各样的佛经目录。

当时,中国敦煌吐鲁番学会已经组织了"敦煌文献丛刊"编委会,拟对敦煌文献分门别类地进行整理,于是,我对敦煌佛经目录的整理也被纳入这一计划之中。这就是本书得以产生的原由。

本书得以顺利编纂,首先要感谢周绍良先生。这不仅因为周先生代表编委会具体负责本书,还在于周先生对本书的编纂花费了大量的心血。从选目、洗相到录文体例、格式、题解的要求等,不嫌其烦地指点(应该说明的是,在录文体例这一方面,我没有完全依照周先生"完全照录原文,有异文入校记"的要求去做,而试图用精校本的方式来反映敦煌文献的价值)。尤其是本书原计划抄写后照相排版,周先生专门为我安排了抄写人员,用规规矩矩的正楷把全书抄写一过。由于格式与抄写纸张的变动,不少文献还抄了两遍。其间转稿、审稿不知花费多少精力。回想我多次到广济寺找周先生,他顶着炎炎烈日为我取稿的情景,私心区区,实不能已。

此外,敦煌研究院施萍亭先生协助提供敦研349号遗书,中国人民大学历史系沙知先生为我抄录了上博41379号遗书,北京图书馆分馆李玉珍师傅积极帮助洗相,黎明、李际宁、黄霞、苏军、李保华诸同志帮助校对，白旭滨、任重同志协助用计算机出样，特在此表示衷心的感谢。

本书共收录敦煌文献中的佛教经录 385 号，相关的非敦煌文献之佛教经录 3 号，总计 388 号。所录敦煌文献分别收藏在中国国家图书馆、英国大英图书馆、法国国家图书馆、俄罗斯圣彼得堡东方研究所、敦煌研究院、上海博物馆以及台北"中央图书馆"。凡是我所能见到与掌握的敦煌文献中的佛教经录已经全部收入。开始工作时，主要根据照片或缩微胶卷录文。其后因调到北京图书馆工作，有机会接触北图所藏的敦煌文献原卷，又有机会到大英图书馆工作半年及到法国、苏联考察，所以，不少文献尽可能根据原卷重新录文或作校勘。虽则如此，我没有能够看到的、遗漏的卷子恐怕还有。虽则自己在录文时战战兢兢，如履薄冰，但错辨误认恐怕仍在所难免。本书的大部分卷子先后录文、抄写均达五遍，反复移录，有时亦难免鲁鱼之讹。再，如上文所说，我力图用精校本的方式来反映这批敦煌文献的价值，这种方法究竟如何，还有待读者的检验。本书采用的分类法、本书对某些卷子的分类，也可以再讨论。总之，本书的缺点与不足想来一定不少，敬请读者与方家指正。

1993 年 5 月 15 日

伪梁武帝书《法华经》跋①

日前某单位请我鉴定一批敦煌文物。其中有一件写经,为《妙法莲华经》卷四,首残尾存,有尾题,卷尾有题记。据题记,该经乃梁武帝萧衍所写。卷后附有署名为著名藏书家李盛铎的题跋,称在他所得到的敦煌南北朝写经中,"惟此为冠"。去年嘉德拍卖公司拍卖过一件原藏清宫,传为晋索靖,实为隋、唐人书章草,后为故宫博物院以天价收回。这件事曾在社会上引起一阵不大不小的轰动。如果此次出现的该写经真的出于敦煌藏经洞,真的是梁武帝亲手书写,则无疑又是一大新闻。

该写经长 272.7 厘米,高 25.2 厘米。共存乌丝栏 141 行,其中末尾有 11 个空行,实抄经文 130 行,每行大抵为 17 字。现存 4 纸,每纸长度及乌丝栏行数如下:第一纸,长 91.4 厘米,49 行;第二纸,长 44.8 厘米,24 行;第三纸,46.8 厘米,24 行;第四纸,89.7 厘米,44 行(空 11 行)。该写经卷面磨损严重,已被通卷托裱。

写经首部的经文已经残缺,起首经文为"尔时学、无学二千人闻佛授记",相当于《大正藏》第 262 号《妙法莲华经》卷四第 9 册第 30 页中栏第 24 行。末尾经文为"随顺是师学,得见恒沙佛",相当于《大正藏》第 9 册第 32 行中栏第 15 行。所存经文为"妙法莲华经授学无学人记品第九"末尾部分及"妙法莲华经法师品第十"全文。存品题"妙法莲华经法师品第十"及尾题"妙法莲华经卷第四"。

尾题后有题记一行,作"天监二年四月八日,梁国皇帝菩萨戒弟子萧衍敬写。/"题记字迹与经文字迹一致,显然出于同一个人之手。尾纸末有一长方形朱印,文字字体甚古,但模糊难辨。不过,可以清楚辨别出的是所用印泥并非油质,而是水质。

从卷面看,此件曾由中国著名藏书家李盛铎收藏。第一纸首部有方形朱印"木斋/审定/"一枚。第四纸尾部朱色水印之上,有长方形朱印"德化李/氏凡将/阁珍藏/"印一枚。第四纸后附粘一纸,上有李盛铎题记 6 行。第四纸与题记纸骑缝处有长方形朱印"木斋"一枚。

题记原文如下:

考南朝梁武帝笃学善书。凡三教/九流之学,无不深究博涉。且尤崇奉/佛教。此卷为其手写,真非易觏之品,/希有之宝也。缘余自敦煌所获经/卷,南北朝

---

① 曾载《哲学、宗教与人文》,商务印书馆,2004 年 12 月。结尾部分有修订。

人所写者,惟此为冠。庆幸/之余,因记以昭后人之重惜。木斋/

题记无年月。署名下押长方形朱印"木斋"。与骑缝印同。

该卷收藏在一个木盒中,从盒盖里侧题记看,这件写经曾流入日本,由日本某氏收藏。

经过仔细考察,这是一件民国年间伪造的敦煌遗书。民国年间伪造的敦煌遗书,有多种形态。有的遗书不伪题款伪,即在真的敦煌遗书上添写题跋;有的纸张不伪文献伪,即在敦煌藏经洞出土的空白古纸上抄写文献。有的纸张文献全伪,即在现代的纸张上抄写文献。前两种伪造的敦煌遗书只是部分伪,后一种则是全伪。所谓梁武帝书《法华经》(以下简称"梁武帝法华")就是这样一种全伪的赝品。

理由如下:

第一,纸张有问题

鉴定敦煌遗书,纸张为第一要素。因为古代的真篆隶草,均可模仿;但古代的纸张,出于古代的造纸工艺、古代的造纸原料、古代的造纸工场特有的水土条件,又经过千百年时光的老化,这些因素,都是无法模仿的。敦煌藏经洞出土写卷时代跨度达800年,纸张来源也十分丰富,因此纸张的形态非常复杂。虽则如此,不同时代的纸张仍然有着非常鲜明的时代特征。而"梁武帝法华"纸张的质料与我们现知的南北朝写经的纸张无一相同。虽然经过作旧、托裱等处理,但仍可以看出该件所用纸张较南北朝纸张厚实,质地也全然不一。

纸张的长度也有问题。南北朝写经随其每纸长度不同,书写的行数也不同。一般有两种规格。一种长37厘米到42厘米,一般抄写23行到25行;一种长50厘米到53厘米,抄写27行到29行。当然,上面所说只是一般情况,有时会有例外。但是,没有长达90厘米的单张纸。全部6万号敦煌遗书中,这种规格的纸也极其少见。而在社会上流传的伪卷中,则可以见到这么长的纸张。现"梁武帝法华"的四纸中,两纸所抄为24行,但纸张规格不符合敦煌遗书南北朝写经的规范。还有两纸的长度均在90厘米左右,可谓异数。

第二,行款有问题

如前所述,敦煌遗书中南北朝写经的行款并不统一,有每纸23行、24行、25行、27行、28行、29行等等。也有每纸行数更少或更多的。但最常见的是每纸24行、27行、28行等。"梁武帝法华"的四纸分别为49行、24行、24行、44行。颇为奇特。

第三,字体有问题

敦煌遗书南北朝写经,早期字体为隶书,或隶书意味甚浓之楷书。随着时代的变迁,渐渐脱隶入楷。到晚期,为略带隶书意味的楷书。不同时代、不同地区的写经,隶书的风格不同。总的来说,字体由局促到舒展。天监二年为公元503年,为南北朝中期,此时的书法隶楷兼备。但南方的写经倾向笔法清秀,北方的写经倾向字形滞重。"梁武帝法华"看起来属于隶楷兼备、偏重于隶书的风格,但入眼给人一种不自然的感觉。从总体看,拙而做作。所谓"不自然"、"做作",固然是鉴定者的一种主观感受,但我的经验,第一眼得到的这种感受很重要。仔细分析,这种感受建立在大量接触敦煌遗书所形成的对敦煌遗书的总体把握的基础上,也建立在对所鉴定遗书的总体风格的感受上。

一个人生活在隶书流行的时代,虽然当时流行的隶书的形态、笔画或许凝重沉滞,但这个人天天写隶书,他写出的遗书笔画流畅,气韵通贯。相反,一个人写惯了楷书,当他摹仿敦煌遗书中的隶书时,为了摹仿得真,要尽量顾及原字的种种特征,这种心态反映到他的作品中,则运笔作势,气韵自然板滞,从而显得做作与不自然。有长期临帖经验的人,当亦有这种感受。

第四,文献有问题

该件抄写姚秦鸠摩罗什译《妙法莲华经》"授学无学人记品第九"之后部分及"法师品第十"全文。该罗什译《妙法莲华经》当时甚为流行,本来应该没有问题。但问题出在分卷上。

根据历代经录及敦煌遗书实际调查,《妙法莲华经》有七卷本、八卷本、十卷本等三种不同的卷本。分卷虽然不同,内容完全一致。不同卷本的卷品开阖情况如下表所示:

《妙法莲华经》不同卷本卷品开阖表

品次	品名	七卷本卷次	八卷本卷次	十卷本卷次
1.	序品	第一卷	第一卷	第一卷
2.	方便品	第一卷	第一卷	第一卷
3.	譬喻品	第二卷	第二卷	第二卷
4.	信解品	第二卷	第二卷	第三卷
5.	药草喻品	第三卷	第三卷	第三卷
6.	授记品	第三卷	第三卷	第三卷
7.	化城喻品	第三卷	第三卷	第四卷
8.	五百弟子受记品	第四卷	第四卷	第五卷
9.	授学无学人记品	第四卷	第四卷	第五卷
10.	法师品	第四卷	第四卷	第五卷
11.	见宝塔品	第四卷	第四卷	第六卷
12.	提婆达多品	第四卷	第五卷	第六卷
13.	劝持品	第四卷	第五卷	第六卷
14.	安乐行品	第五卷	第五卷	第六卷
15.	从地涌出品	第五卷	第五卷	第七卷
16.	如来寿量品	第五卷	第六卷	第七卷
17.	分别功德品	第五卷	第六卷	第七卷
18.	随喜功德品	第六卷	第六卷	第八卷
19.	法师功德品	第六卷	第六卷	第八卷
20.	常不轻菩萨品	第六卷	第七卷	第八卷
21.	如来神力品	第六卷	第七卷	第九卷
22.	嘱累品	第六卷	第七卷	第九卷
23.	药王菩萨本事品	第六卷	第七卷	第九卷
24.	妙音菩萨品	第七卷	第七卷	第九卷

品次	品名	七卷本卷次	八卷本卷次	十卷本卷次
25.	观世音菩萨普门品	第七卷	第八卷	第十卷
26.	陀罗尼品	第七卷	第八卷	第十卷
27.	妙庄严王本事品	第七卷	第八卷	第十卷
28.	普贤菩萨劝发品	第七卷	第八卷	第十卷

现"梁武帝法华"有尾题,为卷四,却截止到"法师品第十"。这种分卷法,与上述三种卷本无一相合。至今在敦煌遗书中也未见先例。也是一件十分奇怪的事情。

第五,题记有问题

"梁武帝法华"卷末题记作"天监二年四月八日,梁国皇帝菩萨戒弟子萧衍敬写"。"四月八日"是佛诞日,佛教寺院一般会在当天举行灌顶法会。在这一日写经供养,自然具有特殊的意义。但问题在于,根据历史记载,虽然在天监二年,梁武帝也曾有过一些佛教活动,但当时他还没有舍道入佛。梁武帝正式宣布舍道入佛,是在天监三年(504)。这一年的四月八日,梁武帝发表《舍道文》,谓:

> 维天监三年四月八日,梁国皇帝兰陵萧衍稽首和南十方诸佛、十方尊法、十方圣僧。伏见经云:发菩提心者即是佛心,其余诸善不得为喻。能使众生出三界之苦门,入无为之胜路。故如来漏尽,智凝成觉;至道通机,德圆取圣。发慧炬以照迷,镜法流以澄垢。启瑞迹于天中,烁灵仪于像外。度群迷于欲海,引含识于涅槃。登常乐之高山,出爱河之深际。言乖四句,语绝百非。应迹娑婆,示生净饭。王宫诞相,步三界而为尊;道树成光,普大千而流照。但以机心浅薄,好生厌怠。自期二月,当至双林。宗乃湛说圆常,且复潜辉鹤树。阇王灭罪,婆数除殃。若不逢值大圣法王,谁能救接。在迹虽隐,其道无亏。弟子经迟迷荒,耽事老子。历叶相承,染此邪法。习因善发,弃迷知返。今舍旧医,归凭正觉。愿使未来世中童男出家,广弘经教,化度含识,同共成佛。宁在正法之中,长沦恶道;不乐依老子教,暂得生天。涉大乘心,离二乘念。正愿诸佛证明,菩萨摄受。弟子萧衍和南。①

按照佛教的惯例,信仰佛教必须举办一定的仪式。对居士来说,就是受三归五戒与菩萨戒。梁武帝何时受菩萨戒?史传阙载。但我们可以根据有关资料推得。

发布上述《舍道文》的三天后,亦即同年四月十一日,梁武帝下诏督促群臣也舍道入佛,谓:

> 朕舍邪外道以事正,内诸佛如来。若有公卿能入此誓者,各可发菩提心。老子周公孔子等,虽是如来弟子。而化迹既邪,止是世间之善,不能革凡成圣。其公卿百官侯王宗族,宜反伪就真,舍邪入正。②

四月十七日,有人响应梁武帝的号召,表示愿意舍道入佛,请求准予受菩萨戒。

> 四月十七日,侍中安前将军丹阳尹邵陵王上启云:"……臣昔未达理源,裹承外道。如欲须甘果翻种苦栽,欲除渴乏反趣咸水。今启迷方,粗知归向。受菩萨

---

① 《广弘明集》卷四,载《大正藏》第52卷,第112页上栏。
② 《广弘明集》卷四,载《大正藏》第52卷,第112页上栏—中栏。

大戒,戒节身心。舍老子之邪风,入法流之真教。伏愿天慈曲垂矜许。谨启。"①

由此可见,在当时,受菩萨戒是接受佛教信仰的必备手续。既然梁武帝在天监三年四月八日大张旗鼓地宣布舍道入佛,则可以想见,他必然在此前不久,很可能是当天,举行了受菩萨戒的仪式。无论如何,不可能在一年以前已经受了菩萨戒,而要到一年以后,再宣布舍道入佛。在此,由于作伪者的文献功底与佛教知识的缺陷,使赝品露出明显的马脚。

我以为,作伪者正是利用天监三年四月八日的《舍道文》中"梁国皇帝"云云,再加上敦煌遗书中常见的"菩萨戒弟子某某敬写"之类的题记,凑成"天监二年四月八日,梁国皇帝菩萨戒弟子萧衍敬写"这条题记。

第六,印章有问题

应该说,作伪者具备了相当的古代文史知识,知道古代的印泥均用水调制而成。因此,捺在"梁武帝法华"卷末的印章也是水印。但问题是,像梁武帝这样的人所写的佛经,应该捺个什么印呢? 史传阙载,无可考察。但作伪者又不死心,一定要造出个印来,以便结结实实地唬人。但既然史传阙载,便只能凭空划虚。不过凭空划虚更容易露出破绽。所以一般作伪者的心态,到这种时候,就给你搞一个模模糊糊,似是而非的东西,让你无从查考。"梁武帝法华"卷尾的印章就是这样一个东西。

细察卷尾印章,看来应有两行六个字,但点画断断续续,文字模模糊糊。最后一个字,隐约可辨,似乎是个"院",其他五个字的辨识,就在虚无缥缈间了。

第七,作旧勉强

本件很明显地给人一种有意作旧的感觉。

为了把新写的经卷伪装成经历千百年风尘的古物,需要作旧。但有意的作旧,总是不能替代千百年风尘的自然侵蚀。本件也是如此。本件全卷四纸虽然完整,但卷面磨损较为严重,且通卷磨损均衡。要造成这样的效果,有几种方法,一是无数次地反复打开、卷起,并且卷起的时候一定要特别使劲,有意加强卷面的摩擦。二是用另一物体,反复摩擦卷面。再就是埋到沙堆中摩擦。谁会这样去对待一件由梁武帝书写的如此珍贵的写经呢? 只有作伪者。

按理说,下了如此大的功夫造出来的一个伪卷,不应在作旧方面这样马虎,露出这样明显的破绽。是否作旧者害怕把这个著名帝王抄写的佛经搞得过分破旧,品相搞得太差,会损折它的市场价格;而不作一些旧,则不像是一千多年前的古物。所以如此处理。这种心态还可以再研究。如果我的上述推测可以成立,则作伪者在作旧方面并非很马虎,而是很动了一番心计的。

下面就要谈到李盛铎了。

李盛铎,生于1858年,死于1937年,字椒微,号木斋,江西德化(今九江)人。1909年,清政府学部咨甘肃,收购残存敦煌遗书并押解送京。当时由何彦升办理此事。1910年,敦煌遗书从甘肃敦煌押解到京,首先被送到何彦升的儿子何鬯威家。何鬯威

---

① 《广弘明集》卷四,载《大正藏》第52卷,第112页中栏一下栏。

便伙同岳丈李盛铎，以及刘廷琛、方尔谦等人肆意窃盗，每人各得数百卷精品。

李盛铎所得敦煌遗书后大多流入日本，中国公私诸家亦有收藏。上个世纪市场上出现一批敦煌遗书伪卷，据传不少与李盛铎有关。李盛铎所藏及托名李盛铎所藏敦煌遗书，往往钤有"德化李氏凡将阁珍藏"、"敦煌石室秘籍"、"李盛铎印"、"两晋六朝隋唐五代妙墨之轩"、"木斋审定"、"木斋真赏"、"麐嘉馆印"、"木斋"等印章。

"梁武帝法华"钤李盛铎印三种四方："木斋审定"印一方，卷首；"德化李氏凡将阁珍藏"印一方，卷尾；"木斋"印两方，骑缝处与题记后。

前两种印，藤枝晃先生发表过专题论文，附有这两种印的多幅照片，充分论证了这两种印有各种形态。国家图书馆有"木斋审定"印，为铁线篆，与"梁武帝法华"所钤完全不同，也可以证明藤枝晃的观点。藤枝晃没有指出在他文章中被示众的诸多印章，到底哪个是真的，哪个是假的。不过我们知道，李盛铎死后，他的藏书印连同藏书落到书贾手里。李盛铎因收藏敦煌遗书而出名，据说有的书贾为了提高藏品身价，在自己收集的真真假假的敦煌遗书上盖上李盛铎的印章；亦有书贾为了提高藏品身价，自造李盛铎印章钤印在真真假假的敦煌遗书上。因此，目前外间流传的敦煌遗书，钤有李盛铎真印者未必是真的敦煌遗书；钤有李盛铎假印者未必是伪卷。这次同时让我鉴定，与"梁武帝法华"同一出处的另一件敦煌遗书，首尾亦钤有与"梁武帝法华"一模一样的"木斋审定"印与"德化李氏凡将阁珍藏"印。虽然有此两枚印章，虽然该件的贞观年道宣书写的题款为伪，但原件的确是南北朝晚期的敦煌遗书，品相甚佳。因此，在日本大阪某收藏家所藏的李盛铎藏品的主体部分公布之前，在对李盛铎的用印规律进行充分研究之前，仅凭目前的流传品，想要仅依据李盛铎的上述印章，就做出敦煌遗书真伪的鉴别，恐怕难得要领。

最后要讲讲李盛铎的题记。笔者此后特意到北京大学图书馆考察了李盛铎手迹，此伪卷题跋与李盛铎手迹完全不类，可以肯定并非李盛铎所书。

由此，这是一个彻头彻尾的伪卷。

敦煌遗书武德写卷《胜思惟梵天所问经论》卷四跋

李唐皇朝以突厥血统御世中华,刚取得政权时,为取得汉人的文化认同,追认老子李耳为先祖,尊崇道教,压抑佛教。故敦煌遗书中唐初武德年间的佛教写经极为稀见。最近武德六年(623)写《胜思惟梵天所问经论》的面世令人欣喜。

该写卷为卷轴装。首断尾全,共 12 纸。卷前部下边略有磨损,尾部下边略有撕裂。此外全卷保存基本完好。尾有原轴,两端涂深棕色漆。有乌丝栏。有尾题,作"胜思惟梵天所问经卷第四"。本遗书尾题虽作"胜思惟梵天所问经卷第四",但内容实为《胜思惟梵天所问经论》卷四。末有题记:"武德六年四月,沙门玄会供养谨造。"

拙以为该遗书具有如下价值:

敦煌遗书大抵残头断尾。本遗书总长约达 6 米,有尾题与题记。据我多年调查,全世界敦煌汉文遗书总数约为 58000 号,而长度达 6 米左右,且有尾题、题记者,大约仅 1000 余号。由此可知该卷之可贵。尤为可贵的是,该卷乃武德年间所写。由于武德年间佛教的发展受到压制,写经事业也大大萎缩,因此,度尽劫波,留存至今的写经更显珍贵。根据我目前的调查,现存有武德年款的敦煌遗书共有 3 号。除本号外,另两号分别为收藏在上海博物馆的上博 50 号《救疾经》(武德六年)与收藏在英国图书馆的斯 04635 号《四分律删繁补阙行事抄》卷上(武德九年)。

本卷题记中的玄会(582—640),为隋唐著名僧人。《续高僧传》卷十五有其本传,可参见。本遗书虽非玄会亲笔所书,却也是由他出资修造,作为法宝而供养。在一千多年的时空转换中,该卷由长安转到敦煌,最后凭借藏经洞得以留存。吉光片羽,弥足珍贵。

从写卷形态看,无论在纸张、字体、行款及总体风格方面,本写卷与隋代写经均极为相近。上博 50 号《救疾经》亦如此。由此,唐初武德写经可归为隋代写经之余绪。贞观之后,写经形态为之一变,盛唐风格开始显现。从这一点上说,本写卷具有标本意义。

就内容而言,虽然《胜思惟梵天所问经论》为历代大藏经所收,但敦煌遗书中前此未曾发现。因此,就敦煌遗书而言,本写卷可谓海内孤本。虽仅剩卷四的后半部分,然可由此窥见该典籍早期的流传状态,并为对入藏本的校勘提供一个年代最早的传本。

本卷首部有现代接出护首一纸,装有天竿、缥带。扉叶有扉画,为一菩萨,一胁从,足踏祥云。护首有题签："唐武德画佛写经，宾虹题。"旁有阳文朱印。该护首、扉画亦可成为我们研究现代仿敦煌画，乃至研究上世纪 30 年代敦煌遗书流传状况的珍贵资料。

想当年，多少敦煌遗书流失海外。故若干年前，我曾撰文感慨"国运蹇则文运蹇"。本遗书也曾流入日本，近年从日本回归。抚今追昔，不胜感慨。

2009 年 12 月 30 日于通州皇木厂

影印敦煌遗书《大乘无量寿经》序[①]

　　清光绪二十六年五月二十六日（公元1900年6月22日），正当中国北方爆发的义和团反帝运动如火如荼之时，远离战火硝烟数千里之外的河西走廊的尽头——敦煌莫高窟，一个名叫王圆箓的道士，非常偶然地在一个洞窟甬道的墙壁中发现了一个古代废弃的耳窟，其中装满了从公元4世纪到公元11世纪的古代遗书与文物。震惊世界的敦煌遗书由是出世。这个洞窟，后来编为第17窟，就是举世闻名的藏经洞。

　　敦煌遗书出世后，少量遗书逐渐在当地人士中流传。1907年、1908年，时任职于英属印度政府的斯坦因与任职于河内的法国远东学院的伯希和先后闻讯来到莫高窟，以不光彩手段骗得大批敦煌遗书与其他文物，捆载以去。1910年，在中国学者的呼吁下，清政府学部咨甘肃学台，令将洞中残卷悉数运京，移藏部立京师图书馆，亦即今天的中国国家图书馆。其后，日本的大谷探险队、沙俄的奥登堡探险队先后来到敦煌，斯坦因也又一次来到敦煌，分别搞走不少敦煌遗书。由此造成目前敦煌遗书主要分藏北京、伦敦、巴黎、圣彼得堡、日本的局面。

　　藏经洞发现至今已近百年。敦煌遗书的出世，孕育了国际显学——敦煌学，敦煌学对中国中古史研究的推动之大，是怎么估计都不会过分的。所以敦煌遗书成为世人注目的瑰宝。由于敦煌遗书绝大多数为公立单位收藏，故散藏在私人手中的写经极为稀见与宝贵。

　　殷禄成先生世居敦煌。根据敦煌遗书《敦煌名族志残卷》，隋唐以来，"阴"姓在敦煌"尤为望族"。后代敦煌未见"阴"姓而有"殷"姓，两者关系待考。殷禄成先生家族新中国成立前亦为敦煌望族，伯祖父曾任敦煌商会会长，曾接待过著名画家张大千。由于家世因缘，收藏有敦煌遗书。世事变迁，沧海桑田，殷禄成先生收藏的敦煌遗书也多经磨难。值得庆幸的是，尚有《大乘无量寿经》一件完好保存。

　　《大乘无量寿经》是印度大乘佛教经典，系公元8、9世纪敦煌陷蕃时期根据藏文本译出。该经要旨在于弘扬无量寿宗要经陀罗尼，认为凡能书写、供养该陀罗尼者，除罪消灾，往生净土，福德无量。由此成为陷蕃时期敦煌人士写经修功德的重要对象。该经有异译本传世，为北宋僧人法天所译，名作《佛说大乘圣无量寿决定光明王如来

---

　　① 曾载《敦煌学辑刊》2001年第1期。有修订。

陀罗尼经》。但敦煌本则因没有传到内地，不为中原人士所知，故在我国历代经录中没有记载，也不为我国历代大藏经所收。幸有敦煌遗书的出世，使我们能够得以窥见该经全貌。殷禄成先生藏本保存完好，属8、9世纪写本，至今已逾千年，且有当时的写经生"唐再再"的题名，实为不可多得的珍品。其文物与文献价值，自不待言。

现殷禄成先生拟将该经影印成册，以供养念诵。发心功德，令人欢喜赞叹。殷先生的甥女安静与我是中学同学，她出生在敦煌，讲起莫高窟壁画、藏经洞经卷、王道士破壁、斯坦因骗宝等等，如数家珍。严格说来，我的敦煌学知识，最初是由安静启蒙的。今殷先生为影印本索序于我，自然义不容辞。因拉杂序之，并赞曰：

一佛顿现多化身，功德知有几恒沙。

今时所发弘誓愿，他日定化菩提芽。

1999 年 6 月 9 日

《大梵寺佛音——敦煌莫高窟〈坛经〉读本》评价^①

禅宗是中国化的佛教;《坛经》是禅宗的基本经典,是中国人所撰且获得"经"之权威的唯一佛典。这一情况,足以奠定《坛经》在中国佛教史上的地位。然而,正因为如此,《坛经》便屡遭厄运。《景德传灯录》卷二十八载,慧能弟子南阳国师慧忠曾感慨地说:"吾比游方,多见此色,近尤盛矣。聚却三五百众,目视云汉,云是南方宗旨。把它《坛经》改换,添糅鄙谭,削除圣意,惑乱后徒,岂成言教? 苦哉! 吾宗丧矣!"慧忠逝世于唐代宗大历十年(775),距离慧能去世的唐玄宗先天二年(713)才 60 余年。明乎此,后代《坛经》之出现多种不同的传本,便毫不足怪了。

敦煌本《坛经》的出现引起人们极其浓厚的兴趣,无论如何,这是我们现在知道的年代最早的抄本。人们希望通过对敦煌本《坛经》的研究窥见慧能《坛经》的原貌,从而进一步推动对禅宗的研究。因此,本世纪来,依据敦煌本《坛经》进行的新的录校与研究不断涌现,并带动了传世本《坛经》及禅宗的深入研究。

敦煌遗书散藏世界各地,敦煌本《坛经》也有好几个写本。这些写本的发现与公布有一个过程,人们对它的录校与研究也有一个过程。在此,简单回顾一下这个过程,或者不无益处。

现在看来,最早被发现的敦煌本《坛经》是大谷探险队成员吉川小一郎在敦煌得到的ろ36 号,册子装。该写本后归旅顺博物馆收藏,在《大谷光瑞氏寄托经卷目录》(稿本,年代不详,约 1914 年至 1916 年)、叶恭绰《旅顺关东厅博物馆所存敦煌出土之佛教经典》(载《图书馆学季刊》第一卷第四期,1926 年)、《关东厅博物馆大谷家出品目录》(载《新西域记》下卷,1937 年)中均有著录。遗憾的是该写本现下落不明。但日本龙谷大学图书馆藏有该写本首尾两叶的照片。首叶照片为《坛经》之首,虽然只保存了首题及 5 行经文,但蕴藏着重要的研究信息;末叶照片为《大辩邪正经》之尾,有题记"显德五年己未岁三月十五……"及杂抄经文。1989 年,井之口泰淳、臼田淳三、中田笃郎等在《旧关东厅博物馆所藏大谷探险队将来文书目录》中公布了这两张照片。由于只有这么两张照片,我们现在无法据以判断该写本所抄之《坛经》是否完具。1994 年我在日本时曾就此事询问过龙谷大学的有关先生,据说当时没有全部拍

---

① 曾载《敦煌研究》1998 年第 1 期。

摄,只拍摄了这么首尾两拍。这或者与大谷探险队属于净土真宗派,不太重视禅宗典籍有关。1994年潘重规先生的《敦煌坛经新书》首次利用它作校本。以下称旅博本。

其次被发现的是藏于英国的S.5475号,也是册子装,首尾完整。1923年由日本矢吹庆辉发现。1928年,《大正藏》第48卷公布了它的录文;1930年,《鸣沙余韵》公布了它的照片;50年代,大英博物馆发行了缩微胶卷。所以,在相当长的一段时间内,对敦煌本《坛经》的研究大抵依据这个抄本。以下称斯坦因本。

第三个被发现的是藏于北图的冈48号。该号卷轴装,只抄写了《坛经》的末尾部分,有尾题。1930年陈垣曾用附注的形式在《敦煌劫余录》中作了著录,但没有引起研究者的重视。50年代与80年代初,北图两度公开该号的缩微胶卷,仍未引起研究者的重视。1986年黄永武《敦煌最新目录》再次著录。1991年日本田中良昭首次发表录校、研究。以下称北冈48号。

第四个被发现的是现在藏于敦煌县博物馆的敦博077号。册子装,首尾完整。该号原藏敦煌任子宜家,据任称乃1935年得自敦煌千佛山上寺。该写本抄写禅文献多件,《坛经》是其中之一。另还有孤独沛《南宗定是非论》、神会《坛语》、净觉《注般若波罗蜜多心经》等。40年代向达赴敦煌考察时曾二度录文,并在所撰《西征小记》(载《唐代长安与西域文明》,三联书店,1957年)中作了著录,世人由此知道该写本的存在。但此后该写本下落不明,很多有心人四处寻访。1983年周绍良先生发现它被敦煌县博物馆收藏,便组织拍摄照片。1993年,杨曾文首次发表录校研究。以下称敦博本。

上面就是至今为止学术界知道的敦煌本《坛经》的四个写本的简单情况。

1997年4月,笔者在整理北图藏敦煌遗书时,从尚未定名的残片中鉴定出一件《坛经》,现公布于下,这是我们现知的第五号敦煌《坛经》写本。

该残片编号为"有79号",有乌丝栏,共10行。但仅前5行抄写经文,后5行空白。所抄内容如下:

（前剪）

迷妄即自悟,佛道成行誓愿力。今既发四弘誓/愿讫,与善知识无相忏悔三世罪障。大师言:善/知识！归依觉,两足尊;归依正,离欲尊;归依净,/众中尊。从今已后,称佛为师,更不归依余邪迷/外道。愿自三宝

（后缺）

原卷为卷轴装。上述5行文字自首行"迷妄"至"大师言:善知识",及"大师言:善知识"至末行"三宝"分属《坛经》的先后两段经文,中间缺漏140余字。显然,这是涉"大师言:善知识"重文而漏抄的一例。古代敦煌抄经,因原卷错抄而作废时,为节约纸张,往往将错抄部分剪下,接粘空纸后继续抄写。而剪下之错抄部分则备作他用。本号背面抄有其他文献,就是证明。这种例子,在敦煌遗书中颇多见。

上述五种遗书,北图的两种都是残卷,其中北有79号只有5行;旅博本下落不明,可利用者仅首叶照片一张;敦博本与斯坦因本首尾完整。其中敦博本抄写质量最高,校勘、研究价值最大。周绍良先生评价说:"过去研究者据伦敦藏本加以臆测、考证、

订补之处,得此本而霍然,毋庸费辞矣。"(《敦煌新本六祖坛经序》,载《敦煌新本六祖坛经》,上海古籍出版社,1993 年 10 月)

此外还应该提及的是西夏译《坛经》残片。

此类残片最早发现于上世纪 20 年代,30 年代罗福成曾发表研究论文,日本学者也曾经发表过研究成果。其后又续有发现,现分藏各处,计 12 个残页。有史金波考释译文《西夏文六祖坛经残页译释》(载《世界宗教研究》1993 年第 3 期)。据史金波先生告诉笔者,从纸张、笔迹等形态看,他考察过的诸残页原来均属同一写本。西夏文《坛经》是根据汉文《坛经》翻译的,有的研究者认为,它的底本就是敦煌本。无论如何,在现存诸《坛经》传本中,西夏文本的年代与流行地域最接近敦煌本,文字也最接近敦煌本,因此它无疑是研究敦煌本《坛经》时必须参考的资料。

敦煌本《坛经》被发现后,国外利用它们发表录校,或利用它们与传世本《坛经》进行合校、对勘、英译的,先后有:

一、《大正藏》第 48 卷(大正一切经刊行会,1928 年),所用为斯坦因本。

二、铃木大拙与公田连太郎合著的《敦煌出土六祖坛经》(森江书店,1934 年),所用为斯坦因本。

三、宇井百寿《第二禅宗史研究》(岩波书店,1941 年),所用为斯坦因本。

四、陈荣捷(Wing-tsit Chan)《坛经——禅宗的基本经典(The Platform Scripture, The basic Classics of Zen Buddhism)》(美国圣约翰大学出版社,1963 年),所用为斯坦因本。

五、菲利普·B·阎波尔斯基(Philip B. Yampolsky)《敦煌写本六祖坛经译注(The Platform Sutra of the Sixth Patriarch, the text of Tun-Huang Manuscript, translated, with notes)》(美国哥伦比亚大学出版社,1967 年),所用为斯坦因本。

六、柳田圣山《禅语录》(中央公论社,1974 年),所用为斯坦因本。

七、柳田圣山《六祖坛经诸本集成》(中文出版社,1976 年),所用为斯坦因本。

八、驹泽大学禅宗史研究会《慧能研究》(大修馆书店,1978 年),所用为斯坦因本。

九、石井修道《惠昕本六祖坛经之研究——定本的试作及其与敦煌本的对照》(载《驹泽大学佛教学部论集》第十一号,1980 年;第十二号,1981 年),所用为斯坦因本。

十、金知见《校注敦煌六祖坛经》(载《六祖坛经的世界》,韩国民族出版社,1989 年),所用为斯坦因本。

十一、田中良昭《敦煌本六祖坛经诸本之研究》(载《松冈文库研究年报》第五号,1991 年),首次对北冈 48 号进行录校。

十二、凯瑟琳·杜莎莉(Catherine Toulsaly)《六祖坛经(Sixieme Patriarche Sutra de La Plate-foyme)》(法国友丰出版公司,1992 年),所用为斯坦因本,但除斯坦因本外,还附有北冈 48 号及旅博本的照片。

上面仅为笔者目前所掌握的资料,想必会有遗漏。从上面所列可以看出,几十年来,国外研究者对敦煌本坛经的研究基本上局限在斯坦因本上,而斯坦因本又因种种原因被称为"天下恶本",这自然影响到敦煌本《坛经》研究的质量。进入 90 年代以来,这种情况有所改变,研究者开始注意到斯坦因本以外的敦煌《坛经》。不过,国外的研究者还没有条件利用敦博本,这是一个缺憾。

我国的情况如下:

一、郭朋《坛经对勘》(齐鲁书社,1981 年),所用为经铃木整理的斯坦因本。

二、郭朋《坛经校释》(中华书局,1984 年),所用本同上。

三、杨曾文《敦煌新本六祖坛经》(上海古籍出版社,1993 年),所用为敦博本与斯坦因本。

四、潘重规《敦煌坛经新书》(台北佛陀教育基金会,1994 年),所用为斯坦因本、敦博本、北图冈 48 号、旅博本。

由于众所周知的原因,80 年代以前,我国对敦煌本《坛经》没有发表过整理本。80 年代初郭朋先生从事这项工作时,受客观条件的限制,用的是二手材料。但是,随着敦博本的再发现,我国的敦煌本《坛经》研究迅速出现新的高潮。本文所要介绍的由邓文宽校注的《大梵寺佛音——敦煌莫高窟〈坛经〉读本》(以下简称《读本》)就是在这个高潮中涌现的一本值得一读的新书。

《读本》有几个显著的特点:

(一)全面利用已知的敦煌本《坛经》

《读本》整理时,北有 79 号还没有被发现。再说北有 79 号是错抄废稿,仅 5 行,校勘价值不是很大。因此,所谓"全面利用已知的敦煌本《坛经》"是指全面利用了当时已知的敦博本、斯坦因本、旅博本与北冈 48 号等四个敦煌本《坛经》写本。

如前所述,本世纪国内外出现的 16 个《坛经》整理本中,除了潘重规本外,所利用的敦煌遗书资料各有参差,但没有一个整理本全面利用了上述四个敦煌本《坛经》写本。潘重规本虽然利用了全部四个敦煌写本,但他整理时所用的敦博本不是原件,也不是照片,而是向达录文的一个复印件。录文毕竟是录文。我没有审核过向达的这一《坛经》录文,但若干年前我审核过向达的另一个录文,所录是任子宜该藏本中所抄的另一件禅文献——净觉《注般若波罗蜜多心经》,有若干错讹。向达的这个《坛经》录文恐怕也不能保证完全无误,加之向达曾经将这个录文与斯坦因本对勘,并将对勘结果附注在录文上。潘重规本在整理时没有分清哪些是向达录文原文,哪些是向达的校注,从而出现一些错误。也就是说,由于条件所限,也由于整理者的疏忽,潘重规本所谓的"敦博本"实际是不可信的。

《读本》的校注者则收集了上述四个敦煌本《坛经》的全部照片,用于《坛经》的整理。因此,至今为止,实际只有《读本》是真正全面利用已知敦煌本《坛经》完成的第一个整理本。不仅如此,《读本》还吸收、利用了西夏文《坛经》在校勘上的价值,而这正是前此的整理者大多忽略了的。

充分占有原始资料是任何文献整理工作都不能忽视的基础,《读本》校注者在这方面用力甚勤,值得称道。这使得《读本》从一开始就占据了一个比较高的起点。

(二)充分注意西北方言语音对文献形态的影响

若干敦煌遗书因受西北方言语音的影响,形态发生变化。这一问题的提出,由来已久,但研究则嫌不够深入。1986 年,李正宇撰文指出因方言语音的影响,若干敦煌遗书止摄、于摄混同,将这个问题的研究向前推进了一步。《读本》的校注者在整理实践中十分重视对这一问题的研究,指出《坛经》中的方言替代字可以归纳为五个大类:

（一）"止"摄、"鱼"摄混同;

（二）声母"端"、"定"互注;

（三）声母以"审"注"心";

（四）韵母"青"、"齐"互注;

（五）韵母"侵"、"庚"互通。

应该说,校注者通过自己的文献整理实践,将西北方言语音对敦煌遗书的影响的研究又向前推进了一大步。当然,具体的结论正确与否,还可以再讨论。大而言之,敦煌本《坛经》到底是在广东形成的慧能原本,还是在敦煌抄出的敦煌流通本,这直接涉及西北方言语音影响论在敦煌本《坛经》的整理中是否适用。小而言之,上述五个大类,每类是否都能成立;某些具体的校勘意见,是否还应该再商榷。如此等等。但是,校注者注目的方向,问题的提出,不仅仅对《坛经》,而且对整个敦煌遗书的整理均有较大的理论意义,值得进一步深入探讨、研究。

（三）努力使《坛经》通俗化、普及化

前此的诸种《坛经》整理本都是作为一种学术著作面世的。校注者则在《后记》中开宗明言:"这本小书是一册面向广大僧俗人士的《坛经》读本。"这说明校注者整理《坛经》时的定位,就是力图整理成一个尽量通俗、普及的读物,这也是本书与前此的诸种《坛经》整理本显著不同的地方。

从《读本》的标题,我们就可以看到校注者的这种意图。校注者为本书起了一个更加通俗形象的新名字——《大梵寺佛音》,以取代《坛经》冗长拗口的原名;并附加一个副标题——《敦煌莫高窟〈坛经〉读本》,一方面说明这是敦煌本《坛经》,另一方面说明这是一个通俗的"读本"。

在《读本》中,校注者对不少词语加了注释。有些注释,对专业研究者来说,或者是多余的,但对一般读者来说,想必可以起到扫除阅读障碍的作用。特别是校注者对《坛经》中的许多中古口语词汇作了详细的注释,不少注释并联系与引用其他敦煌遗书的用例加以说明,使得本来晦涩的行文显得开朗显明,这也是值得称道的。

当然,《读本》在录文、校勘、标点等方面也有不少不足之处。有些注释也可以再斟酌。

录文如第 26 页"唯有一僧,姓陈明惠顺","明"字显系"名"字之误。这或者是电脑排版之误。

校勘如第 30 页"惠定体一不二",底本敦博本原作"惠定体不一不二",是对的。"不一不二"是佛教术语。参校本斯坦因本作"惠定体一不二",漏"不"字。《读本》据斯坦因本删"不"字,以对就错。

标点如第 22 页一段,敦博本原文作"将衣为信禀代代相传法以心传心当令自悟"，斯坦因本则作"衣将为信禀代代相传法以心传心当令自悟"。此段文字以斯坦因本为正，故应把"将衣"校改为"衣将"后，标点作："衣将为信禀，代代相传；法以心传心，当令自悟。"文从字顺。但《读本》"将衣"失校，并以理校方式在"禀"下添"为六"二字，将全句标点为："将衣为信，禀为六代，代相传法，以心传心，当令自悟。"因文意仍不通顺，故校注者怀疑"代相传法"的"代"字可能应为"世"，避唐太宗名讳改作"代"。过于穿凿了。

注释如第 23 页注①，原文叙述五祖见到慧能所撰偈颂后，知道慧能已堪得法，但为了掩人耳目，"乃谓众人曰：'此亦未得了。'"《读本》注释"未得了"作"不得了"，不甚恰切。弘忍的"未得了"不是赞叹、肯定，而是批评、否定。这儿的"了"是"了义"的意思，亦即批评慧能的偈颂也没有达到最高境界。弘忍对神秀偈颂的评价是"依此修行，不堕三恶"，亦即仅能免于三恶道而已，离真正的解脱悟道还有相当距离，所以不予首肯，不授衣钵。对慧能偈颂表面也持否定态度，所以说："此亦未得了。"

类似问题，不一一罗列。校注者邓文宽先生与荣新江先生合作，将有《敦博本禅籍校录》与《敦煌禅籍四种汇校》两种学术著作问世，我们相信这两种著作将弥补《读本》的不足，把敦煌本《坛经》的整理提高到一个新的水平。

最后谈谈《坛经》的标题。

《坛经》有一个冗长的标题。这种风格的标题，在后期印度大乘佛教，特别是密教中屡见不鲜，在藏传佛教中也司空见惯，但"秦人好简"，中华佛教撰著而有这种标题的，笔者寡闻，唯此一见。

问题还在于这个标题的书写很有特点，在敦博本中，它分为两行，写作：

南宗顿教最上大乘摩诃般若波罗蜜经六祖惠能大师于韶

州大梵寺施法坛经一卷兼受无相　　戒弘法弟子法海集记

由于"韶"字已到地脚，所以"州"字换行齐头抄写。也就是说，敦博本之分两行，并非标题格式的特殊要求，如果纸张允许，它也可以抄为一行。特殊的是在"无相"与"戒"之间留约三、四字之空；"戒弘法弟子法海集记"用细字。

在旅博本中，它分为三行，写作：

南宗顿教最上大乘摩诃般若波罗蜜经

　六⌐祖惠能大师于韶州大梵寺施法坛经一卷兼受无相

　　戒⌐弘法弟子法海集记

"⌐"符在敦煌遗书中表间隔，一般记于所标注字的右上方。从这两个间隔符号来看，似乎《坛经》的标题不仅冗长，还有一定的书写规则。仔细研究这个标题，第一行末字"经"下明明仍有余空，但抄写者毅然换行，并降一字，用间隔号，抄写第二行。说明在抄写者看来，"六祖"以下必须换行。至于"戒"上的间隔号，意义似乎与前不同。因为"无相"两字已接近地脚，无空三、四字的余地，所以只好换行后再空三、四字接抄，也就是说，"戒"上的间隔号，所表示的似乎不是一定要换行，而是提醒人们注意，"戒"字前要留空格，抄写时必须下属，不能上联。旅博本标题无细字。

在斯坦因本中,它也分作三行,是这样写的:

南宗顿教最上大乘摩诃般若波罗蜜经

六祖惠能大师于韶州大梵寺施法坛经一卷

兼受无相　　戒弘法弟子法海集记

虽然"经"字已到地脚,但换行后的"六"字降一字,说明标题的此处是按照旅博本提示的必须换行的规则书写的,否则会像敦博本一样换行后齐头。"一卷"两字已经到地脚,"兼"字另起时只降一字,与"六"字齐头,意为此属正常换行。因此,斯坦因本的书写格式实际与旅博本同。唯"兼受无相"用细字。

归结起来,书写《坛经》标题时的格式要求是:一、录为两行,"六祖"以下要换行。二、"无相"与"戒"之间要留空。三、有细字。不过细字的书写似乎并无规律。故本文暂时不予讨论。

潘重规本注意到这种格式,录文时仿斯坦因本将标题录为三行,但将"戒"字上联,并出注谓:"伦敦本(S. 5475)'兼受无相'顶格(原文降一字,并非顶格,潘本此处误。——方按),空二格书戒字。敦博本'兼受无相'下亦空二格书戒字。案'戒'字当与上'无相'连属,与'弘法弟子'分开。"(转引自邓文宽《近年敦煌本＜六祖坛经＞整理工作评价》,载《周绍良先生欣开九秩庆寿文集》,中华书局,1997年3月。)显然,潘重规本只是机械比附斯坦因本格式,没有认真加以研究其实际内涵。将"戒"字上联,则完全无视原写本的抄写规范。

《读本》的校注者也注意到这个问题,并在对首题的校记中提出这样一个观点:"我认为底本前二行中,'南宗顿教最上大乘摩诃般若波罗蜜经'是《坛经》正题,'六祖惠能大师于韶州大梵寺施法坛经一卷兼受无相戒'是其副题,'弘法弟子法海集记'是原编者题名。"站在上述考察的立场上,我认为《读本》校注者的这个观点可以成立。有意思的是,据我的印象,中国古代书籍似乎没有正题、副题之分,这种取名方法是近代西学东渐以后才有的。如果上述观点可以成立,则正题、副题的取名法,在古代已经出现了——哪怕只是一个特例也罢。

但校注者将"戒"字上联,并认为将"戒"下属是旅博本的错误,这个观点却是我们无法接受的。如前所述,现有所有敦煌本《坛经》写本"戒"字都下属,我们没有理由否定这种格式的正确性。现在的任务是要解释何以会出现这一现象。我认为,它应该与慧能首创的"无相戒"及其理论有关。有的先生推测,"兼受无相"以下可能漏重文符号,故而空缺,亦可备一说。不过,敦煌遗书的书写规矩,如"兼受无相"这样连续多字重复,重文符号的标著法是"兼々受々无々相々",似乎不会出现敦煌《坛经》写本这样的空缺。总之,这是一个需要进一步研究的问题。

敦煌本《坛经》仅一万余字,但仅一个标题就歧说众出,深堪玩味,则看来全经的整理真还需要再下苦功。

评《敦煌愿文集》^①

《敦煌愿文集》（以下简称《愿文集》）出版了，为黄征、吴伟两位先生贺。捧着厚逾砖块的《愿文集》，不禁感慨系之。整理敦煌文献，笔者亦为同道中人，深知其中甘苦。《愿文集》中所收文献之绝大部分，以前不甚为人们所关注，更无从谈其整理。从《前言》可知，这本《愿文集》是黄、吴两位利用缩微胶卷一字一字辨识录文，又依据并不齐全的《敦煌宝藏》核校完成的。这与我们这些在北京的敦煌学同道相比，条件更为艰苦。而黄、吴两位竟锲而不舍，以数年之功，完成这一巨帙，则作者付出的心力之巨，可以想见。由此，对黄、吴两位的大愿力与大辛劳，更是充满敬意。

此类文献以前较少有研究者注目。其主要原因，或者是人们对它在敦煌研究以及佛教研究中的意义与地位还缺乏清楚的认识。其实，与其他敦煌文献相比，这批文献有自己独特的不可替代的作用，其价值起码不比其他敦煌文献逊色。黄、吴两位已经在《前言》中对这批文献在宗教学研究方面、文学研究方面、史学研究方面、民俗学研究方面、语言学研究方面、文体学研究方面以及对石窟艺术与壁画艺术研究方面的价值作了阐述。当然，由于如下文所说，对"愿文"的概念尚有不同看法，则对这些文献的研究价值自然也可以再作评价。这个问题暂且不谈。我是研究佛教的，从佛教研究角度，我想是否还可以补充如下两点：

第一，对信仰性佛教的研究价值

佛教是一个复杂的社会现象。既是一种宗教存在，又是一种文化存在。过去，人们对佛教的宗教层面的存在看得比较重；现在，人们又对佛教的文化层面的存在看得比较重。其实，在我看来，这是一个事物的两个方面，不能畸侧偏颇。

就佛教的宗教层面而言，东晋以来，中国佛教就明显地现出义理性佛教与信仰性佛教这两大分野。对中国广大的老百姓来讲，对他们的生活、思想影响最大的，主要是信仰性佛教的形态。我们常说，两千年来，佛教已经融化到中国人的血液中，成为中华民族灵魂的有机组成部分。在这个过程中，信仰性佛教所起的作用之大，必须予以充分的评价。就好比老百姓对三国的理解与对三国人物的情感，主要不是从陈寿的《三国志》来，而是从罗贯中的《三国演义》来一样。遗憾的是，由于种种原因，以往我们对

---

① 曾载《敦煌吐鲁番研究》第二辑，北京大学出版社，1997 年 10 月。

义理性佛教比较重视,研究得比较多;而对于信仰性佛教则相对比较忽视,涉猎这一领域的研究者也寥寥无几。究其原因,研究要靠资料。义理性佛教保存的资料多,研究起来了相对方便一些;信仰性佛教保存的资料少,研究难度自然要大得多。这当然不是唯一的原因,但也的确是重要原因之一。《愿文集》中收集的资料反映的全部是当时活动于民众之中的活生生的信仰性佛教的实况,为我们今后研究信仰性佛教提供了第一手资料,从这一点讲,黄、吴两位的工作为中国佛教研究新领域的进一步开拓,立有汗马功劳。

第二,对地区性佛教的研究价值

佛教的地区性问题,近年来越来越引起人们的重视。中国地域辽阔,各地风俗民情不同,地区性文化的特点比较显著。那么,佛教的情况如何呢?我们说,佛教从印度传入中国,与中国传统文化相结合,在新的条件下酝酿发展为与印度佛教有着显著区别的中国佛教,从而使得中国成为佛教的第二故乡。那么,在佛教与中国传统文化相结合的过程中,中国的各地区性文化是否也曾经起到过作用?从中国佛教发展的历史来看,从东晋十六国到南北朝中期,与中国的政治实体分裂性适应,佛教的地域性特点表现得很突出。隋唐以后,中国佛教趋于融合与统一。但是,统一以后的中国佛教是否还有区域性特点?这就是一个需要认真研究的问题。这个问题把握不好,中国佛教史研究中就缺少一个重要的内容。由此派生的另一个问题是:中国佛教还传播到朝鲜、日本、越南等东亚各国,共同形成汉传佛教圈。那么,朝鲜、日本与越南的佛教到底作为与中国佛教同质同类的不同支派而存在?还是已经独立成为与中国佛教不同质的独立的朝鲜佛教、日本佛教与越南佛教?解决这些问题,需要的是冷静而科学的态度,缜密而细致的研究。敦煌文献提供了大量的敦煌地区的古代佛教资料,为我们把敦煌地区佛教作为一个标本解剖提供了可能,从而为解决上述问题开了途径。从这一点讲,《愿文集》起到添砖加瓦、推波助澜的作用,自有它不可磨灭的价值。

黄、吴两位先生的工作还有几点是值得称道的。

首先,他们广撒大网,从已经公布了缩微胶卷的全部英、法、中敦煌文献中来筛选有关文献,这就为整理工作奠定了坚实的资料基础。然而,这一工作犹如披沙淘金,没有持久的毅力与甘坐冷板凳的献身精神是不可想象的。黄征先生在《前言》中充分肯定吴伟先生在这方面的劳绩,并称之为"黄金搭档",诚哉斯言!世界敦煌文献总数大约在6万号左右,其中一半以上是残片。已经公布的英、法、中部分,虽然只有近两万号,实际已经包括了相对较为完整的敦煌文献的绝大部分。两位先生既然已经把这批文献认真筛滤一过,则可以说已经把敦煌文献的主要部分包揽了。在没有公布的敦煌文献中肯定还会有类似资料,可供今后补充,但根据我对各国尚未公布的敦煌文献的了解,可以肯定,今后这种补充将是有限的。两位先生花大力气收集起来的这些资料,不仅在数量上,而且在文体类上都有一定的代表性,从而为下一步的深入研究提供了一个台阶。我想,任何人都不能无视这个台阶。遗憾的是《愿文集》中只包括了两位先生收集到的600号文献中的271号,还不足二分之一。当然,这是由于客观条件限制的缘故,无法全部发表。但如果能够用附录的形式,把这600个卷号全部分类公布,则对此类文献的进一步研究,功莫大焉!

其次,由于两位先生做了比较扎实的基础性的资料收集工作,在文献整理中比照出一批相关文献,以及同一文献的不同抄本,从而使文献的整理更加科学。《愿文集》中所整理的这批文献,原本大多是敦煌僧人抄录后供本人今后做法事时参考的,有点相当于我们现在的私人笔记。文献的这种纯私人自用性,反映在文献形态上,便是抄写时非常不规范,除了敦煌文献常见的诸种抄写特点之外,省书略写、内容杂糅所在多是。在当初,只要本人能看懂就可以了;在现在,则给文献整理带来极大的困难。在这种情况下,如果某文献只有一个抄本,则录校定稿时往往颇费斟酌;如果能够有不同抄本以为对照,自然可以起到事半功倍的作用。日本《大正藏》第85卷抄录了大量的敦煌文献,可惜囿于当时的条件,很多文献都只利用一个写卷,未能发现有同类抄本,以至录文多有失误,现在必须重新整理。而《愿文集》对不少文献都找到它的不同写本,利用以为校本,则在这一方面显然比《大正藏》第85卷高出一筹。这种寻找不同抄本的工作,最后往往表现为在题记或校记中注明某文献有几个抄本这样一句话。而这一句话的背后,不知花费了编校者多少辛劳。尤其《愿文集》中这些文献,格式大体雷同,文句互有抄袭,要确定它们到底是同一文献的不同抄本,还是完全不同的两个文献,或者是同一文献在流传过程中形成的异本,非得下一点实实在在的死工夫不可。

小学功夫,本是《愿文集》编校者的强项。现在《愿文集》中,则如蒋礼鸿先生序言所说的,把卷子中的衍、脱、误、倒、残、俗、假借之字都逐个厘定。由于大部分文献过去从来没有人整理过,所以这种工作的难度显得格外大。季羡林先生在序言中用"开拓性"、"破天荒"六个字来评价本书,我觉得就录校而言,尤其精当。值得指出的是,编校者在录校这些文献时,往往不仅仅局限在该文献本身,进而从同类文献甚至其他文献寻找到录校的依据。如第11页《愿文》之"知泡幻之不坚,悟浮生之难保"句,录校依据的两个抄本原文都没有"泡"字,编校者则从斯1523号找到根据,证明"幻"上脱一字,进而从斯2717号找到例句,证明所脱为"泡"字,从而把这个句子补充完整。类似的例子很多,仅同页的"是知红颜易念念之间"的"易"、"即日种后身之福"的"日",也都是用这种方式补正的。如果没有平时资料的厚积,不可能作出这种高水平的校勘。

本书也存在一些不足。

首先是对《敦煌愿文集》所收的这些文献的文体应如何界定。

这一点在学术界是有不同看法的。郝春文先生认为,《敦煌愿文集》所收文献的主体实际是斋文。斋文有其特定的文体结构,愿文只是斋文的一种,不能作为通称。至于"发愿文",是与斋文的文体结构不同的另一种文献,不应混淆①。而《愿文集》的编校者则认为"以祈愿禳灾为主要内容的文章都是愿文",把"愿文"确立为类名,认为有狭义愿文与广义愿文之分,而《愿文集》"就是以广义愿文为准则校辑的"(前言)。

---

① 郝春文:《关于敦煌写本斋文的几个问题》,载《首都师范大学学报(社会科学版)》1996年第2期。

所以《愿文集》收集的内容极其宽泛,不仅包括郝春文先生所谓的斋文,还包括诸如发愿文、燃灯文、转经文、镇宅文、咒愿新郎新妇文乃至写经题记等等,不一而足。

郝春文先生主要是从结构特点这一角度来把握"斋文"这一类文体的;黄、吴两位先生则主要是从有"祈愿"这一内容的角度来把握"愿文"这一类文体的。标准不同,看问题的角度不同,结论自然不可能一致。虽说是各执一词,公说公有理,婆说婆有理,但针对同一对象,毕竟应有一个客观标准。总的来说,郝春文先生的基本观点是正确的,有些论点则还可以商榷。而黄、吴两位先生用《敦煌愿文集》这一书名汇总一批相关文献供学者研究的做法自然无可厚非,但他们对"愿文"这一文体的界定从总体来说不可取,只能造成研究上的混乱。只是这个问题并非单纯的文体问题,涉及佛教的宗教仪轨、活动方式、信仰形态,牵涉面比较广,在此无法详述,容后另文讨论。

其次是若干文献的定名尚可斟酌。

《愿文集》所收大体为释门应用文。既是应用文,便有标准文本与实际使用文本之区别。郝春文先生将这二者分别称之为"斋仪"与"斋文";黄、吴两位则分别称之为"愿文范本"与"愿文"。在此不讨论两家的定名何者更科学。仅从《愿文集》目录看,定名有"某某范本"与"某某范本等"之区别,可见编校者心目中是严格区分这两类文献的。亦即定名为"某某范本"的仅指标准文本;而定名为"某某范本等"的,指既有标准文本,又包括实际使用文本。但《愿文集》中某些文献的定名使人有名实不符、全书体例不一之感。

如斯 2832 号,被编校者定名为"愿文等范本"。据《愿文集》该号的题解,该号内容共分三类,一类为"发愿文性质的范本";一类为十二月文;一类为赞颂文。《愿文集》录校了前两类,删略了第三类。也就是说,录文中除了"十二月文",便是"发愿文性质的范本",亦即标准文本。但审察被《愿文集》判为"发愿文性质的范本"的部分,《皇甫长官福可事》等多篇文献显然不是范本,而属于实际使用的文本。其实,编校者也已经发现这个问题,并以校记的形式指出其中若干篇实际不是范本,而是使用文本。既然这样,按照《愿文集》的体例,似乎应将该号定名作《愿文范本等》较为合适。另外,审察被《愿文集》判为"发愿文性质的范本"的部分,还可以发现它们不是完整的范本,大多是范本的"叹德"部分的一些套语,用于赞叹被追福者、祈福者、或斋主的"德行"。类似这样的文献,《愿文集》有定名作"愿文段落集抄"(第 193 页)的。则是否将同类文献的名称统一为好?

体例不一还反映在对合集中的文献的篇名的厘定上。有的篇章由编校者按照原题命名。有的篇章由编校者根据内容予以拟名。但也有相当数量的篇章,编校者仅在校记中表示注意到这是一篇不同的文献,但在正文中,却仍然把它们混同于其他文献,这容易引起读者的误解。由于手民之误,正文的校记号颇有脱漏等情,更加增加阅读与研究的不便。

此外,具体文献的定名也有可议之处。如伯 3269 号,《愿文集》因其中有"唱佛燃灯,启嘉愿者"而拟名为"燃灯文",但该文实际为"结坛文",首句"结胜坛于星宫"交代得很明白,燃灯只是结坛的诸多仪轨之一而已。又如第 79 页之"美竹"篇,校记中拟名为"亡夫人文",实际应为"亡夫文"。

第三是录校错漏问题。

《愿文集》录校的错漏相当多,错漏的情况也比较多样,在此就一一不列举了。

对于敦煌文献这样的录校对象,凡是从原始资料着手从事录校者,要想做到十全十美,完全没有错误,只能是一种理想。当然,我们都应该尽量向理想境界努力,但理想境界的达到毕竟要有一个过程。《敦煌变文集》经过几十年的努力,目前还不能说十全十美。《王梵志诗》不过几百首,录文校注本出了多种,没有一种可以使人完全满意。这都说明敦煌文献录校的艰巨性。所以,我在这儿提出《愿文集》录校错漏比较多,只是希望引起编校者、读者的注意,希望今后能够不断修订,出版质量更加上乘的修订本。另外,有些文献前人已经有录文成果,看来《愿文集》的编校者没有充分参考吸收。

此外,本书的手民之误也相当突出。诸如文字误植、注释号错漏等等,甚至连版权页上都有错字。这也反映出本书的校对相当粗疏,令人遗憾。

最后想就一个具体的录校体例问题,与编校者商榷。

根据本书辑校体例第六条,本书录文时对常见俗字径改为通行的繁体字,但如原卷的简化字与现代简化字相同者,则予以保留,繁简混用者,亦予以保留。但我发现在《愿文集》的实际录校中,不但保留了简体字,有些俗字也没有改正而一仍其旧。我以为,这种做法似不可取。

敦煌遗书载有文物、文字、文献等各种各样的研究信息,但是,作为录校本则没有可能把所有的信息全部包容进来。且不说敦煌遗书的文物信息,即就文字而言,敦煌遗书字形繁杂,我们没有可能,也不必要在录校本中保留这些字形。我认为,录校本的目的是给研究者及中等以上文化程度的读者提供一个比较方便易读而内容可靠的读本,亦即应该尽量保留它的文献价值。因此,应该利用正字法,尽可能把敦煌遗书上的字正为通行的标准繁体字,为读者扫除阅读障碍。对于那些实在无法用正字法"正"过来的字,当然只好照录。如果想为文字的研究者也提供若干信息,可以用附录的形式把有关的字附上,而不必在正文中保留这些特殊的字。其实,真正研究敦煌文字,靠录校本是绝对不行的,必须自己查阅原件或原件的拷贝件。尽可能采用正字法正字,也为排字印刷减轻了负担,从而减少了错误率。不知黄、吴两位先生以为然否?

《敦煌之恋》也荒唐①

按：本文曾刊登在中华书局《书品》2000 年第 4 期。奇怪的是，《敦煌之恋》竟然于昨天，即 2002 年 5 月 18 日得到首届徐迟报告文学奖。真是：

《敦煌之恋》真荒唐，竟然得奖更荒唐。

既然能得徐迟奖，可见该奖不咋样。

今将发表在《书品》上的《〈敦煌之恋〉也荒唐》中有关斯坦因让王道士为玄奘塑像的错误叙述予以修订，收入本书。

光阴迅倏，敦煌藏经洞从 1900 年发现至今，已经整整一百个年头了。一百年来，我们民族由积衰积弱发展到初步的独立、富强。一百年来，一门以原敦煌藏经洞所藏遗书为主要研究对象的世界性学问——敦煌学，开始形成，发展，并显示其强大的生命力。

随着敦煌藏经洞发现一百周年的临近，近年来坊间出现了好几本关于敦煌的书，如《百年敦煌》、《敦煌之恋》等。这些书的选题不错，文笔大多也很美。但书中表达的某些观点，实在让人难以苟同。特别需要指出的是，这些书几乎都有一个通病，就是往往出现一些知识性的错误。另外作者叙述问题、处理问题的态度过于随便，以至出现一些不该有的疏漏。

关于《百年敦煌》一书，敦煌研究院的有关先生已经召开过座谈讨论会，也有报刊公开发表了《〈百年敦煌〉，何其荒唐》的文章。这里就不谈了。想谈谈《敦煌之恋》的一些不足之处。

因为篇幅关系，本文主要想谈谈《敦煌之恋》的第一章。

第一章的标题是《王道士的"功德碑"》。作者主要叙述敦煌藏经洞的发现与洞内文物的流散。但作者在这一章中所用的表现手法、所表述的观点使人很难接受。其行文的粗疏也令人吃惊。

例如，斯坦因、伯希和等西方探险家骗取藏经洞文物这一历史事件，其过程基本是清楚的。但《敦煌之恋》中，作者施展其文学的想象，虚构了如下一些场面：

---

① 曾载《书品》2000 年第 4 期。有修订。

"斯坦因……专门请来了一位工匠,在千佛洞南部的一个小洞窟里塑造了一座玄奘的坐像。特别有趣的是,这位踏上中国的土地后一再声称自己的腿硬不会行跪拜礼的欧洲人,竟然虔诚地跪在了玄奘像前,而且一跪不起。"(第16—17页)文章下面叙述斯坦因怎样热泪盈眶,怒斥王道士不配做玄奘的信徒,乃至感动得王道士也热泪盈眶,"被万里之外的这位'师弟'的虔诚彻底征服了"(第17页)。

斯坦因的确利用王道士崇拜玄奘的心理以施展其骗术,并在莫高窟塑了玄奘的像。但不是他自己塑造,而是委托王道士塑造。书中描写与事实不符。

又如:书中对斯坦因将银子交给王道士这一场面这样描写:

"斯坦因拿出4个马蹄银来,学着中国人的样子在上面吹了吹,发出悦耳的响声。

"王道士接过白花花的马蹄银,呜呜地哭了起来。这个颠沛流离了几十年的兵痞兼道士,什么时候见过这么多的银子啊! 他的膝盖发软了,眼看就要跪倒在洋人的脚下了。斯坦因一把拉住他,紧紧地将他'亲爱的师兄'拥抱在怀里,久久地拥抱着,四只眼里的热泪同时流淌下来:斯坦因胜利的喜悦之泪和王道士感激的眼泪。"(第18—19页)

书中还虚构了伯希和与王道士谈价钱的场面:王道士存心"重重地敲一下年轻的洋博士","狠了狠心,咬着牙伸出了4根指头",索要400两银子。伯希和一口答应。"作为回报,他给了伯希和格外的优惠:让他进洞子自己挑选"(第22—23页)。

对于藏经洞文物流散过程中各有关人物的态度与责任,我们无疑应该进行探讨,对于任何出卖民族利益的行径,都应该进行鞭笞。但这一切应该是历史的、科学的。王道士当时的表现,斯坦因等人的著作中有叙述,其他种种材料也可供参考。但作者弃而不顾,如此肆意丑化王道士,想达到什么样的宣传目的呢? 我认为,过分地渲染王道士的贪财,其客观效果实际是减轻了斯坦因等西方探险家的罪责。因为按照《敦煌之恋》的表述,斯坦因的出价已经使王道士喜出望外;而伯希和根本是按照王道士的出价成交的。既然如此,这些西方探险家又有多大的责任呢? 但历史的真相恰恰是王道士纯属受骗上当,这才更加说明这些西方"学者"的狡诈。

书中斯坦因吹马蹄银的细节,不禁叫人哑然失笑。银元吹后会嗡嗡作响,凭响声可鉴定其成色。马蹄银因其状似马蹄而得名,既不可能有人去吹,吹后也不会发声。

书中称:"据后来的资料统计,斯坦因两次所盗敦煌文物计有:图书、经卷、写本、刻本11604卷……"其实,在《敦煌之恋》出版的1996年,国内学者大都知道英国图书馆收藏的敦煌遗书,仅汉文部分的编号就是13699号。只要稍微打听一下,就不致出现这种疏漏。

《敦煌之恋》写道:伯希和押送"战利品"路过北京,为了炫耀,在六国饭店举行了颇为隆重的展览。"到了这个时候,北京的学者才知道敦煌藏经洞的重大发现,才知道其中不少已被外国人盗走。学界巨子们扼腕顿足,痛心疾首。陈寅恪恸哭流涕曰:'敦煌者,吾国学术之伤心史也。'"(第24—25页)

其实,伯希和1908年3月在敦煌骗取遗书,10月到北京,根本就没有张扬。1909年8月,伯希和再次到北京,随身携带了若干遗书,此次才披露他的敦煌之行。而他骗取的敦煌遗书这时已经安全收藏在巴黎了。这些情况,在 1989 年甘肃教育出版社出版的《中外著名敦煌学家评传》中都有记叙,只要稍微做一点案头工作,就不至于出错。

尤其可笑的是,1909 年 8 月。陈寅恪还只有 20 岁,根本不是什么"学界巨子"。当年夏天,陈先生从上海复旦公学毕业;同年秋,赴德国留学,开始其多年的留学生涯。而"敦煌者,吾国学术之伤心史也"这句话,也根本不是陈寅恪先生讲的,且恰恰是被陈先生批评的一种说法,事见陈先生 1930 年所撰《敦煌劫余录序》。当然,在敦煌学界,把这句话挂在陈先生名下由来已久,《敦煌之恋》的作者想必只是人云亦云、未加深考而已。

在第一章的结尾,作者这样说:

"一些专家说,如果不是斯坦因和伯希和,那些无价之宝可能被王道士及其徒子徒孙烧成灰,给善男信女治了病。而斯坦因和伯希和将宝盗去以后,每一卷都用玻璃盒子装着,书库里有恒温恒湿,空气也经过过滤,保护得非常之好。而且都拍了照片,供各国学者借阅、参考。不管中国人外国人,只要是副教授以上的研究人员,都可以看,方便得很。而我们自己保藏的敦煌经卷,却很难看到。北京图书馆所藏一万多件敦煌文书,连北京图书馆的人编书都看不到原件。东北某地博物馆保存有一批敦煌吐鲁番文书,装在麻袋里面,堆在地下室。一些专家去借阅,打开麻袋一看,顿时傻了眼。由于长时间的受潮发霉,已经变黑,结成炭块了。谁也不敢动,只好原封不动地将麻袋扎起来。因为一动就化成灰了。"(第 29—30 页)

坦率地说,看完这段话,我的情绪可以用"充满愤怒"四个字来表达。我为作者这样不负责任的写作表示愤怒。

上面一段话,表达了三层意思:

一、敦煌遗书要是没有被西方探险家搞走,就会让愚昧的中国人糟蹋了。

二、外国的敦煌遗书开放研究,中国的谁也看不到。

三、外国人保管得好,中国人糟蹋文物。

面对这些严重的指责,作为一个中国学者,应该讲几句话。

首先,我认为历史不能假设,上述说法完全站在假设的立场上,是站不住脚的。而我们现在目睹的事实是:留在中国的敦煌遗书绝大部分由国家图书馆收藏。私人手中的藏品,除少量后来流散国外之外,绝大部分通过收购、捐赠等各种途径,其后汇聚到国家图书馆及各省市的图书馆、博物馆。现在仍在私人手中保存的敦煌遗书,也被当作瑰宝珍藏。这一事实充分证明,敦煌遗书留在国内,照样得到充分的重视与保护。所以,《敦煌之恋》的作者在这里所说的,无论是作者自己的观点也罢,是什么专家的观点也罢,都是没有道理的。

其次,国外敦煌遗书的开放程度,并不完全相同。英国、法国较为开放,一般人都能看到,并不需要副教授之类的资历。日本、俄国就不那么容易。特别是日本,许多敦煌遗书至今没有公开。有些博物馆需要支付较高费用才准予阅览。中国的情况也不相同。有些图书馆、博物馆较为闭锁,有些则较为开放。至于《敦煌之恋》所说的"北京图书馆所藏一万多件敦煌文书,连北京图书馆的人编书都看不到原件"则纯属谣传。我本人就是《中国国家图书馆藏敦煌遗书总目录》的编目负责人,我们的编目工作,完全依据原件进行。为了顺利进行编目工作,北京图书馆甚至将敦煌遗书库从原典藏组划归编目课题组负责管理。《敦煌之恋》的作者不做认真调查,依据道听途说的一面之词,便写下上面的文字,歪曲了北图的形象、中国的形象,实在令人遗憾。

再次,我不否认国外的敦煌遗书得到很好的保护。但是,英法日俄我都去过,没有见到"每一卷都用玻璃盒子装着"的情况。不知《敦煌之恋》的作者上述说法的依据何在。中国所存的敦煌遗书,同样得到精心的保护。比如国家图书馆,有恒温恒湿的书库、过滤的空气,一点不比国外差。不知为什么,对国家图书馆的这一情况,有些人就是视而不见;或者根本不想去了解,却偏去听信那些偏执之词,实在叫人不可理解。至于说东北某博物馆将敦煌吐鲁番文书装入麻袋,放在地下室,以至"受潮发霉","结成炭块"之事,是一个十分严重的指责。如果事情属实,有关责任人应该承担行政与法律责任。但我曾经在东北做过调查,所以我可以负责任地说,上述说法纯属谣言。问题在于为何有人造这个谣?为何有人传这个谣?为何《敦煌之恋》的作者不加调查,轻信了这个谣?是一种什么心态在起作用?

除了第一章,随便翻翻,就可以发现书中有不少不应出现的笑话:如第 219 页说日本人森田把维摩诘当做第一个恋人,并以此为标准寻找到妻子。然而维摩诘是一个男性菩萨,在敦煌壁画中,其典型形象是长须潇洒、凭几论辩的中年男子。作者连维摩诘是男是女也没有搞清就贸然落笔,实在令人哭笑不得。顺便说一句,冯骥才所撰《人类的敦煌》(文化艺术出版社,1997 年 12 月)一书,据说是历史文化巨片《人类的敦煌》的文学本,总体来看写得还不错,但书中可斟酌之处乃至知识性的错误也还不少。比如该书第 65 页说维摩诘有病,"佛派十大弟子登门问疾,他竟然避而不见"。其实,根据《维摩诘所说经》,不是维摩诘避而不见,而是释迦牟尼的十大弟子都不敢去见维摩诘。

类似的笑话还有一些,比如《敦煌之恋》第 228 页说到席臻贯感动了巴黎图书馆东方部主任吴其昱博士,该"吴女士"对席如何如何。然而吴其昱是华裔男性老先生,已经退休。巴黎图书馆东方部主任是莫尼克·科恩女士。同页说席臻贯与吴其昱谈话时,席称吴为"博士同志",这有悖于情理。我在巴黎时曾与吴其昱先生多次见面并蒙款待,我也算是个博士,但吴先生从不称我"博士同志",只是客气地称我为"方先生"。

平心而论,《敦煌之恋》的文笔不错。有些章节,比如关于席臻贯的叙述感人至深。但是,作为报告文学,所述事实必须正确无误,这应该是最起码的。如果事实有误,则副作用要比正面作用更大。行文至此,觉得有些"报告文学"实在是一个怪胎。"报告"应该真实,"文学"允许虚构。虽说一般都认为"报告文学"的虚构应该是在客观事实的基础上加以适当的、合理的想象,但现在不少"报告文学"完全是不顾事实地凭空虚构,则欲其不成为怪胎,难乎哉也。

《敦煌之恋》的题材不错,作者力图表现几代人的前赴后继的努力的意图也值得肯定。但是，一个这样重大的题材，理应慎重对待。尤其就一部普及性的作品而言，由于影响的群众面较大，作者也应该有更大的社会责任心，应该把历史的真实告诉群众，而不应是把一些似是而非的流言蜚语公开化。在当前社会普遍浮躁的情况下，我们更加呼唤作者的社会责任感。此外，叙述一个问题，应该对这个问题的基本方面有一个基本的了解，庶可少犯错误。否则，像《敦煌之恋》这样偏听偏信，又不能慎重其事地做深入细致的调查，则要想不闹笑话，实在太难。

警惕伪"敦煌画"

　　若干年来,市面上有时会出现一些所谓"敦煌画"。有大幅、有小张;有手绘,有版刻;有的单独成幅,有的粘为扉画;有的画在纸上,有的画在麻布上;有的有题款,有的没有题款,有题款的往往是古代的名人题款;有的从海外流回,有的乃中国原藏;有的在私人手中流转,有的在著名单位收藏;有的有名人鉴赏担保,有的无名人鉴赏题跋。其中有的经我鉴定后拍卖公司未上拍,也有的曾正式拍卖上市。

　　这批东西绝大部分于上世纪三四十年代产生在北京。因为涉及到某些具体的人,这里不便谈它们的来历。但希望有关收藏者,遇到这种东西多保持一点警惕。

　　与真正的敦煌画以及诸多敦煌壁画摹本做一对照,真伪即可分别。

2010 年 12 月

给大英图书馆馆长的抗议信^①

尊敬的英国图书馆馆长阁下：

我是来自中国的敦煌学研究者方广锠，上海师范大学教授。我从事敦煌遗书研究已有 25 年。主要成果有中国国家图书馆名誉馆长任继愈主编，我为常务副主编的大型图录《（中国）国家图书馆藏敦煌遗书》（全 150 册，已出版 110 册）。由我主编的《中国国家图书馆藏敦煌遗书总目录》即将完成。此外，我正在编纂全世界各国敦煌遗书的《世界敦煌遗书总目录》。

英国图书馆收藏敦煌遗书 14000 号，是敦煌遗书的重要组成部分，也是我工作的重要对象。从 1991 年开始，我多次来贵馆，进行敦煌遗书编目，得到贵馆 Graham Shaw 先生和 Frances Wood（吴芳思）博士等人士的大力支持，我对此表示深深的感谢与由衷的敬意。阶段性成果《英国图书馆藏敦煌遗书目录（斯 6981 号—斯 8400 号）》，2000 年已经出版，并赠送贵馆。其余遗书的编目工作正在紧张地进行。

多年前，贵馆 IDP^② 就对我的《中国国家图书馆藏敦煌遗书总目录》的编目成果提出不合理要求。今年 5 月，为在中国出版英国敦煌遗书图录，我依据与贵馆的合同，带领一批中国学者再次来到英国，从事敦煌遗书的调查。工作中，我感到 IDP 负责人 Susan Whitfield（魏泓）博士未能给予正面合作。她升任贵馆亚非部主任以后，未与我商议，以我的名义拟定授权书，派蒙安泰先生让我签字，该授权书要求我把近二十年辛勤劳动的编目成果的电子本交给 IDP。我认为这是十分不妥当的。请参见所附魏泓博士单方面草拟的授权书。

虽然我感到魏泓博士的要求是无礼的，我还是本着"敦煌在中国，敦煌学在世界"，本着促进敦煌学发展的立场，表示如下三点：第一，同意合作，可以提供资料。第二，合作不能损害第三方，即出版社的利益，需要得到出版社的许可。可以采取与 IDP

---

① 2009 年，笔者依据与大英图书馆事先签订的协议，带领工作团队到该馆从事敦煌遗书的考察编目。其间，英国图书馆亚非部新任负责人（原 IDP 负责人）Susan Whitfield（魏泓）向我勒索编目成果。遭到拒绝后，她利用职权下令禁止我们阅览敦煌遗书。故写此信。此后，在馆长林德丽爵士干预下，我们恢复了正常的工作。在此，向馆长林德丽爵士、向英国图书馆一切主持正义的人们表示衷心的感谢。

② IDP，国际敦煌项目（International Dunhuang Project）的英文简称。

图版同步上网的方式提供目录,便于得到出版社方面的理解与许可。第三,合作应该是双方互利的,应该本着这一原则考虑合作的具体方式,共同推进敦煌学的发展。

尽管我给予如此合情合理的回答。尽管我出于善意,前此已经向 IDP 提供了不少英国敦煌遗书的目录研究成果,而且目前正在向 IDP 提供我们这次在英国的测量数据。但没有想到,由于我拒绝按照她的要求签订上述授权书,魏泓博士竟然于昨天决定,不准我再查阅敦煌遗书原卷,使我们的编目工作被迫停止。魏泓博士剥夺了我作为一个敦煌学研究者、一个读者应有的权利,为大英图书馆开了一个恶劣的先例。不仅如此,我们这次赴英工作,是依据中国广西师范大学出版社与贵馆签署的合同办事。魏泓博士这一举动,属于单方面不履行协议。

馆长阁下,您想必清楚,贵馆所藏敦煌遗书是当年斯坦因在中国积贫积弱、有关人员愚昧无知的情况下,用极其不光彩的欺骗手段搞到的。此事极大地伤害了中国人民的感情与权益。作为一个敦煌研究者,我主张在历史问题尚未解决之前,开放所有的敦煌遗书,采取合作的态度,供给全世界的研究人员使用。作为中国学者,我可以与世界任何一个平等待我的国家、单位、个人合作。但绝对不会答应魏泓博士企图强加给我的蛮横霸道的所谓"授权书"。

作为一个公共图书馆,它的基本理念是开放资料、服务读者。英国国家图书馆想必也是如此。魏泓的行为,违背了这一基本理念,让在世界上享有盛誉的英国图书馆蒙羞,也在世界敦煌学历史上留下不光彩的一页。

为此,我写信给您,抗议魏泓博士的上述行为。并希望馆长阁下帮助解决,以使我们顺利完成研究工作。

谨致

诚挚的敬礼!

方广锠 2009 年 8 月 26 日于伦敦

面对敦煌遗书时的感觉

网友"禅茶一味"问："当您面对敦煌遗书的时候是什么感觉？"

人的心境随着环境的变化而不同，所以这个问题真的很难用一句话来回答。

初次接触敦煌遗书的时候，新鲜、激动。几万件看下来，新鲜、激动的感觉自然没有了。

时间充裕的时候，我会仔细品尝。遇到一些好卷子，真是心神俱醉，这种享受，人间难得，妙处也难以用语言形容。但时间紧张的时候，只想在有限的时间中赶紧把工作做完，往往工作结束以后，才感觉腰酸背疼、眼不聚焦。这种罪，也挺难受。特别是遇到好卷子，却又没有时间仔细考察，感觉更加难受。比如这次在英国，一共5个人，他们4人著录，我最后验收复查并定时代。只要我动作稍微慢一点，面前等待复查的卷子就会堆起来。有时遇到好卷子，我有意压下来，放在一边，想过一会再抽空仔细研究。但有时可以如愿以偿，大多数情况却是下班时间已到，还未能抽出空暇，只好匆忙验收、定时代，交回阅览室前台。遗憾呀！当然，大规模著录完成，大批人马回国后，我还是抽时间把其中部分卷子单独提出来，仔细品尝了一番。但时间不够，未能把应看的全部看完，所以依然遗憾。这里又要提到那个魏泓，如果不是她捣乱，我还可以多看几个。

当看到那些精美的写卷、纸张乃至轴头，以及各种各样以前见所未见、闻所未闻的装帧方式，我会赞叹老祖宗高超的工艺并感到自豪。当发现新材料，或发现新问题时，会特别兴奋。新材料、新问题越重要，兴奋度越高。但有时一连几小时都泡在小残片中，或遇到的还都是些《金刚》、《法华》、《大般若》等常见的文献，自然索然沉闷。不过，敦煌遗书编目本身就是沙里淘金，沙子多，金子少的情况是正常的。不管金子怎么少，总得一粒一粒把沙子数完。还要睁大眼睛仔细数，以免放过金子。虽然工作中一直警惕自己，要仔细，要认真，要精益求精，但事后复查，总会发现有一些疏漏粗拉的地方，需要返工。这时候内心的懊恼，也是无以复加。

在国外遇到国内见不到的好卷子，自然会心生感慨。遇到一些比较费思量的疑难卷子，会搜索枯肠，力争解答疑难。遇到有些单位故意刁难，拒绝阅览敦煌遗书的要求，我会憋气。遇到那些主动邀约以及充分给予协助的单位，我会由衷感谢。看到私人手中保管得很好的卷子，我会赞叹。无论公私，遇到那种有意撕裂、分割卷子，或种种保护性破坏,我会心疼。

总之,我是一个普通而又普通的普通人,有着普通人的喜怒哀乐。我想,我上面说的感觉,大概是一般人都会有的。或者说,一般人有的喜怒哀乐,我都会有。要说不同,是我与敦煌遗书的缘分比较好,在很多好心人的帮助下,我看到的敦煌遗书比一般人多,所以我非常惜缘、非常感恩。这种惜缘与感恩,也是我一定要做好敦煌遗书编目的动力之一。

2010 年 1 月 13 日于通州皇木厂

《印度文化概论》绪论（摘录）①

一、编写目的

"文化"是一种极其复杂的社会现象，它是人类在社会历史实践中所创造的所有物质财富和精神财富的总和，是千百年来人类社会历史实践的总积淀。

人类总是以地域为单位，组成不同的社会结构，创造其文化的。因此，文化必然有其地区性。也就是说，每一地区均有自己的独具特色的文化，这一文化表现出该地区的固有传统，铸造着该地区人们的心理素质。

部分不能脱离整体而存在。在地球上，没有任何一个地区是可以永远与世隔绝的。从这一角度讲，文化的地区性是相对的，而各地区之间的相互联系与交流却是绝对的。那么，这种交流是以什么方式进行呢？它的最终结果又怎么样呢？

在历史上，地区间的文化交流，有的以武力征服的形式进行，有的以商业贸易的形式进行，有的以宗教传播的形式进行，如此等等。不同文化的相互交汇，必然会起矛盾，起冲突，激荡起浪花；但同时，又相互吸引，相互融合。其结果，有的是你中有我，我中有你，成为一个整体。如我国从春秋开始的中原文化与楚文化的融合；两晋南北朝发生的北方民族大融合。有的也可能始终扞格参差，最后分道扬镳。当然，虽然分道扬镳了，但你中亦有我的血，我中也有你的肉。如伊斯兰教文化从公元 8 世纪起就进入印度，公元 13 世纪初在南亚次大陆取得统治地位，但 1948 年最终还是出现"印巴分治"。当然，事物是复杂的。印巴分治固然有着不容忽视的文化背景，更重要的还是当时的政治、经济背景，前人已多有论述，在此就不详述了。

总之，文化交流的结果，可能使几个小地域的文化渐渐交融，形成大地域的统一的文化；也可能引起地域的冲突、动荡乃至分裂。毫无疑问，前者是符合历史前进方向的，而后者则是逆历史潮流而动的。从长远来看，世界必然走向大同。因此，我们的任

---

① 《印度文化概论》，中国文化书院 1985 年函授教材。绪论原文共五部分，本文为其前三部分。

务，就是发展和维护前一种交流。古代，当文化的交流是自发而不是自为的时候，是盲目而不是清醒的时候，冲突乃至流血是难免的。那么，现代的人类是否该因此而学得聪明些了呢？

人类已经进入了航天飞机的时代。地球正在日益缩小，交流正在日益扩大。在这个时代，闭关自守、故步自封，就会落后。而落后就要被淘汰。只有面向世界、面向未来，打开门户，加速与世界各国的文化交流，奋发努力，开拓前进，才能自立于世界民族之林，为人类作出较大的贡献。但是，这种交流必须是清醒的、自为的。

怎样才能实现清醒的自为的交流？先决条件有三点：有自知之明睿——明白自己的短处与长处；有鉴别之慧眼——了解对方的长处与短处；掌握文化交流的一般规律。所以，我们有必要学习一般的文化史知识，并学习世界各国的文化史。

印度是我国的近邻，与我国有着悠久的传统友谊。早在两千年前，两国的文化交流就达到很高的水平。以佛教为代表的印度文化传入我国之后，被铸造为中国文化的一部分，在社会的各个领域都留下深刻的影响。现在，我们如果不研究佛教，就无法研究魏晋之后的中国历史、哲学史、文学史。而不了解印度文化的总背景，也就不可能真正了解佛教。因此，学习印度文化史，既可以让我们了解文化史的一般规律，也可以让我们了解印度文化的具体特征，还有助于我们反思自己的文化传统，清理民族的思维方式。为此，我们编写了这一本《印度文化概论》。笔者自忖并没有这个能力，也不企求在这几万字的小册子中全部满足读者对上述三个问题的要求。如果读者在阅读了这本小册子后，对印度文化有一个大体的印象，并产生进一步研究的兴趣，笔者就非常满意了。

二、印度文化的三要素

印度著名的历史学家高善必说："凡是不带偏见的观察家站在公正的立场以敏锐的洞察力来考察印度时，就会发现印度具有两个相互对立的特点：它的多样性和统一性。"①

的确，印度的多样性，或者说差别性真是无穷无尽，而且常常是不协调的、矛盾的。这种多样性表现在各个方面：地理、气候、人种、语言、风俗习惯、生活方式、社会发展程度及至衣食住行等等。举例来说，在人种方面，印度素有"世界人种博物馆"之称。这儿包括了世界各个人种：白种人、黄种人、黑种人、红种人。以致有的学者甚至说印度没有一个纯粹的印度人种。在语言方面，据调查，印度共流行 179 种语言和 544 种方言。《印度宪法》规定"应优先普及和发展"的语言就有 14 种。因此，在同一张 10 卢比的纸币上，不得不同时印上 12 种不同语言的文字。从社会发展程度来说，德里、孟

---

① D. D. 高善必：《印度古代文化和文明史纲》，载《南亚与东南亚资料》1982 年第 3 期，第 130 页。

买、加尔各答,现代化大城市正在蓬勃发展,但许许多多的部落民还过着原始人的生活。西部旁遮普邦的农业已采用资本主义农场的经营方式,东部的农民却仍在封建地主那沉重的地租剥削下挣扎。即使在同一个邦,甚至同一个区县、同一座城市中的印度人,他们之间的文化差异也是相当大的。近代印度诞生了泰戈尔这位世界文坛上杰出的人物,但是泰戈尔晚年居住地附近的桑塔尔族人和其他部落民却至今还不知道有泰戈尔这么个人物。他们中不少人至今还停留在渔猎和采集野果的阶段。印度的科学技术,尤其是高能物理成绩显著,从事这一方面的科研人员数量之多,在世界上屈指可数。但就在这一类现代化高级科研机构附近,一座座古老的寺庙人头簇拥,香烟缭绕。人们在这儿向嗜血的迦梨女神、向法力无边的湿婆神、毗湿奴神以及其他许许多多大神、小神、树精、鬼怪虔心祈求保佑。有的人为了治好疾病,万事走运,竟杀死自己的孩子,作为祭神的牺牲。宣传"平等、博爱、自由"的印度宪法已颁布了几十年,广大不可接触的贱民仍受到最不人道的待遇,甚至惨遭杀害。

凡是到过印度的人都会有种种体验和观感。比如:印度人吃饭不用筷勺,直接用手抓。喝水唇不粘杯,而是张着口,临空把水倒入口腔。印度教徒额头画着各种表明身份的符志,婆罗门们带着"圣线"。苦行者仍盛行各种苦行,把牛粪烧成灰涂抹在身上。妇女喜穿各色纱丽,眉心点着红色的吉祥痣。她们头顶着擦得锃亮的铜水罐行进在乡间的小路上。著名的宗教城市贝拿勒斯的恒河边一堆堆焚烧死尸的火焰在摇曳,恒河的台阶上千千万万人在沐浴着恒河的圣水,以求灵魂的洁净。印度各地到处都有各种各样的寺庙,崇拜着各种各样的神祇。印度教徒喜欢吃牛奶、奶油。喝红茶自然加入牛奶,烧菜有时也放一种精炼的奶酪。但他们绝对禁忌吃牛肉。现代印度的国父、圣雄甘地曾经这么说:"在我看来,保护牛,是在人类进化上最可惊的现象之一。它使人类超脱了自己的种族。在我看来,牛象征着整个的次等的人类世界,人通过牛,晓得他和生命的同一性。牛是印度千百万人的母亲。它是一个怜悯的诗篇。保护牛,意味着保护整个上帝的哑巴礼物。"[①]牛年老无用后便放生。那些被放生的母黄牛,特别是白色母黄牛最受尊崇,被视作"神牛"。它们可以在现代化城市的大街上悠然徜徉,随意躺卧。过往车辆都绕避而行。它们可以任意大嚼路旁摊贩的蔬菜水果,而小贩只是吆喝几声,把它们轰走了事。……

这就是印度。所有这一切,都反映了印度文化的某一个侧面。它们的总和,就是印度文化。

那么,在如此复杂多样、差别纷繁的印度文化现象中,到底有没有统一性? 如果有,它又是什么呢?

圣雄甘地这么说:"印度文化只有三种要素。(一)耕田的犁,(二)手工的纺织机,(三)印度的哲学。"[②]我们认为,甘地总结的三要素一语道破印度文化的本质。

印度自古以来一直是一个自给自足的农业社会。只有把握这一经济基础,才能真

---

① 转引自《今日至印度》,周尚、周安编译,商务印书馆,1944 年 5 月,第 11 页。

② 转引自《印度文化十八篇》,糜文开著,台湾东大图书有限公司,1984 年 3 月,第 48 页。

正理解印度文化的发生、发展，理解其内涵的精神实质。这就是甘地所说的"耕地的犁"、"手工的纺织机"的真正含义。而所谓"印度哲学"，指的是印度的宗教哲学。因为在印度，哲学与宗教始终融为一体，密不可分。这种宗教哲学笼罩在社会的每一个角落。无论是文学艺术、伦理道德、生活方式、思维模式，无不浸透着宗教哲学的因素。甚至不少政治事件、历史事件的背后，都有着强烈的宗教哲学背景。可以说，印度的宗教哲学是印度文化的灵魂。因此，只要真正把握住建立在自给自足的农耕文化基础上的印度宗教哲学，便能真正理解印度的文化。本书即企图从这个角度出发，对印度文化做一番鸟瞰式的概述。

"宗教"是与"世俗"相比较而存在的。任何一个社会，如果只有宗教文化，没有世俗文化，这个社会是不可能存在下去的。在印度，所谓"世俗文化"，大致可以分为如下几类：为治国安邦平天下服务的，诸如考梯利亚的《实利论》及各类法经、法典；各种科学技术，诸如医学、天文学、数学，各类技艺、技巧等；文学艺术各门类，诸如文学、美术、音乐、舞蹈等；为生活的某些特定领域服务的，诸如《欲经》等；最后必须提到的，还有世俗文化的哲学代表——唯物主义派别顺世论。上述世俗文化理所当然都是印度文化的一部分，不过应该指出，除了顺世论在哲学上严守唯物主义立场外，其他各领域的世俗文化无不受到宗教哲学的严重渗透。甚至连对世界文化有过重大贡献的自然科学各领域都不能幸免。正因为如此，我们在上文指出唯有印度的宗教哲学才是印度文化的灵魂。为了在有限的篇幅内尽可能提纲挈领地讲清印度文化的主要特点，本书把论述的重点放在印度的宗教哲学，特别是在印度有巨大影响，而国内对它却介绍甚少的印度教上。对于印度的世俗文化，则概要介绍几个最主要的门脸。

三、本书的上下限

印度与古埃及、古巴比伦及中国并列，是世界四大文明古国之一。它的可考历史，如从印度河文明的鼎盛期，及考古发掘的摩亨佐达罗、哈拉帕两城市的鼎盛期算起，至今已有 4000 多年。

在这 4000 多年的印度历史上，有一个非常惹人注目的现象，就是这一块地理上自成单元的土地，从来没有因其周围有高山、大海的屏障而安然无恙。它一次又一次受到外来民族的入侵。这些外来民族带来了自己的文化，与当地原有的文化既相互冲突，又相互影响，汇合在一起，共同创造出新的文化形态。这些文化的回合，有的看来比较成功，有的则看来还不那么成功，还需要接受历史的进一步检验。如果有哪位研究者愿意以印度文化为对象，研究不同文化的交融与发展，从而探索其一般规律，那一定是十分有意义的。因为在这一方面，印度文化的确非常典型。

在这许多次外来入侵中，有三起入侵曾对印度历史、印度文化产生过全局性的影响。这就是发生于公元前 1200 年左右的雅利安人的入侵、从公元 8 世纪开始的伊斯兰教势力的入侵与近代的西方殖民。雅利安人入侵的结果，是雅利安文化从此成为印度文化的主流之一。可以说,后代印度文化就是雅利安文化与原居于印度的达罗毗荼人文化融合的结果。经历了 3000 年的漫长岁月之后,这两种文化现已结为一体了。伊斯兰教的入侵从 8 世纪开始,到 13 世纪初建立了几乎统治全印度的德里苏丹国。如果说,前此各异民族,诸如雅利安人、希腊人、月氏人、塞种人、嚈哒人的多次入侵,最后都以民族的同化、文化的融合而告终的话,伊斯兰教的入侵则大为不同。虽然它与印度传统文化也相互影响,甚至产生出锡克教这样深受两种文化影响的宗教,但伊斯兰教始终保持着自己独立的地位。如果我们追究何以会出现如此不同的结果,则也许可以提出这么两点:(一)前次入侵的诸民族本身的文化发展水平与印度原有文化相比较,相对的要低一些。而伊斯兰教则迥然不同,有自己的一套完整而严密的理论与教规、教义,并不比印度原有文化的水平低。(二)前次入侵的诸民族大抵是无根之水。其中尤以大夏希腊人为典型。而进入印度的伊斯兰势力则有广阔的伊斯兰世界为其背景。正由于伊斯兰文化与印度文化始终是印度大地两支相对独立的文化形态,才使印度在 1948 年的具体的政治、经济条件下,分裂为印度与巴基斯坦两个国家。第三次西方殖民,是与前两次性质迥然不同的殖民掠夺,给印度人民带来了巨大的灾难。但是,毋庸讳言,殖民者也带来了较为先进的西方近代科学技术,近代资产阶级的先进思想,对印度文化的发展也产生了巨大的影响。

　　从上面的简述可以明白:(一)要想对印度文化史作一番全面的综述,不仅上下贯串几千年,而且涉及背景完全不同的宗教乃至东西方文化交流、西方殖民史等等。这么大的题目,绝不是这一本几万字的小册子所能承担的。(二)如前所述,在伊斯兰教入侵之前,印度已经存在一种可称之为“印度文化”的文化形态。伊斯兰教入侵后,这种文化形态与伊斯兰教文化相比较而存在。“印巴分治”之后,这种文化形态则成为现代地理、政治实体的印度的主要文化,或占统治地位的文化。(三)现代印度的文化直接源自古代的印度文化。(四)以 1206 年德里苏丹国的建立为标志,印度发生了天翻地覆的变化。印度文化虽说因其建立在自给自足的农耕文化基础上,变化极其缓慢,但此时也不容其不变。如盛极一时的佛教灭亡了,印度教中掺进不少伊斯兰教因素,如此等等。待到西方殖民进入,又给这一文化以巨大的冲击。

　　综上所述,把印度文化的古代部分划作一个阶段来研究是适宜的。故此,笔者计划在这本小册子中着重叙述从印度河文明开始,到 1206 年德里苏丹国建立为止的印度文化史。至于后两个阶段的文化史研究,则打算另找机会进行。因此,严格地讲,这本小册子应定名为《古代印度文化概论》。但几位朋友对我说:印度文化的精华就在古代部分。又看到国外几部类似著作断代与我一样,却都定名为《印度文化史》。因此,笔者也就依照朋友们的建议,将本书定名为《印度文化概论》。

　　由此应当说明,本书所说的印度,是指古代印度。亦即中国史籍中的“身毒”、“新头”、“信度”、“天竺”。它的地理位置大体相当于整个南亚次大陆,势力强盛时甚至达到现阿富汗喀布尔河谷一带。而作为现代地理、政治实体的印度,只是古代印度的一部分。

　　顺便指出,除了极短暂的时期外,在漫长的历史年代里,这块南亚次大陆从没有统一过,总是林立着大大小小许多王国与部落。即使在短暂的统一的年代里,各地方势力,各地的藩国也依然存在。甚至直到 1948 年印度独立时,全国还存在大小几百个土邦王国。因此,所谓"印度",在古代并非是一个国家的名称,而是一个地区的名称。这个名称是古代外国人起的,因为外国人从西北方向进来,遇到的第一条大河是印度河。7 世纪游历印度的我国高僧玄奘也在他的名著《大唐西域记》中说:"印度之人,随地称国。殊分异俗,遥举总名,语其所美,谓之'印度'。"①印度历史上的这种分裂性,正是印度文化多样性的原因之一。而现代印度之所以成为一个整体,也正是我们在前面所讲的,小地域文化经过长期交流而融汇为大地域文化的结果。

---

① 玄奘:《大唐西域记》卷二,《大唐西域记校注》,季羡林等,中华书局,1985 年 2 月,第 161 页。

《印度禅》前言①

一

什么叫禅?

这个问题实在难以回答,因为在"禅"这个词中蕴涵了太多的历史积淀。在它随着佛教从印度传到中国,又从中国传到日本等东亚各国,乃至近代走向世界的历史过程中,在不同的时间与空间中,禅不断地吸收不同文化的营养,依据不同的条件,变幻着自己的形态。犹如滔滔的长江,从巴颜喀拉山麓发源,到崇明岛出海,一路上吸纳百川,浩浩向前。那么,什么叫长江? 是它发源地的清清溪流? 是在横断山脉间怒号的金沙江? 是伴着三峡的猿啼滚滚向东的巨浪? 还是在肥沃的东部平原上缓缓徜徉的洪波? 什么叫长江? 那组成了长江的众多支流,那雅砻江、岷江、嘉陵江、汉水、湘江算不算长江?

对现代人来说,日本佐藤幸治所撰《推荐禅》一书封面上的对禅的解说词也许具有一定的代表性:

> 禅在某种意义上正在超越宗教。它是透视自然与人生的佛教徒的哲学,是科学的身心锻炼法,也是一种优秀的对话技巧。②

但这也只是现代人,更正确地说是部分现代人的观点。在这部分现代人看来,禅是一种优雅潇洒的生活态度,一种超脱烦恼的处世方式,一种健康身心的锻炼手段,或者干干脆脆就是一种气功。他们已经不再认为禅与宗教还有什么联系。他们中的有些人虽然不否认禅与神秘主义还有着说不清、理还乱的关系,但同时坚信,随着科学的发展,这种不清不白的关系最终一定能够说清,神秘主义最终将不神秘。如上所述,佐藤也认为禅正在超越宗教。

但日本著名的禅学家铃木大拙则这样讲:

---

① 《印度禅》,浙江人民出版社,1998 年 11 月。
② 佐藤幸治:《禅のすすめ》,讲谈社,1989 年 12 月第 51 次印刷。

从本质上看,禅是一种见性之法,并为我们指出挣脱桎梏走向自由的道路。①

显然,铃木大拙依然把禅看做是宗教修持的方法之一。这是现代另一部分人对禅的态度。

本世纪以来,禅在西方世界甚为流行。其原因之一,当然应该归功于以铃木大拙为首的一批日本学者的大力提倡。但更深层的原因,则根植于人们对现代社会动荡而高节奏的生活的一种反思,对躁乱而高度物化的社会的一种厌恶与对宁静平和的心境的一种渴望。归根结底,无非是灵与肉这对矛盾在作怪。

本书在此并不想探讨禅在现代西方社会流行的原因,而只是指出,禅在现代的变形,根植于现代社会人们的精神需求。以今律古,我们同样可以看到,在古代,在不同的时间与空间,禅也在不断地随着当时人们的精神需求而变幻着自己的形态。

那么,从古至今,禅怎样变幻它的形态呢?

现代西方人所理解的"禅"从日本走出,以致西方人至今用"禅"的日语发音"zen"来称呼这种来自东方的神秘主义。但日本的"禅"又来源于中国的禅宗。中国的禅宗固然应该溯源到由印度传入的佛教,但同时,它又深深扎根于中国的传统文化之中。正是在这个意义上,人们通常把禅宗称作中国化的佛教。中国禅宗所谓的"禅"也因此与前此中国佛教所谓的"禅"大相径庭,眉目全非。

前此中国佛教所谓的"禅"实际是"禅定"的简称。现代人们往往把"禅定"当做一个词,看成一回事。其实,严格地讲,在佛教中,"禅"与"定"是有着不同内涵与外延的两个词,是两种不同的修持方法,代表两种不同的修持境界。禅,又称"静虑",指静心思虑的心理状态。定,又称"三昧"、"等持",指心凝住一境而不散乱的心性作用。在佛教的修持体系中,依据修持程度的高低,可以把禅分为四个档次,称为"四禅"。这"四禅"分别与色界的"四禅天"相应,佛教认为修持四禅者死后可以根据各自的修持成就,分别投生到相应的四禅天中。定也可以按照程度的高低分成四个档次,它们分别与无色界的"四无色天"相应,所以定又被称作"四无色定"。佛教认为修持四无色定者,死后也可以根据各自的成就投生到相应的四无色天中。关于四禅天与四无色天,请参见第一章中关于佛教世界模式的介绍。在佛教的世界模式中,无色界是比色界更高级的区域,生活在无色界的众生也要比生活在色界的众生更为优越。所以,"定"自然是比"禅"更高级的修持方式。虽然禅与定的高下档次不同,但无论修禅还是修定,都需要修持者结跏趺坐,澄心调息,都有特定的修持方式。除了修持者本人的主观体验外,非修持者很难从外在表现上去区别修持者所达到的境地。这也是中国人把禅与定相互混淆的原因之一。

在中国禅宗产生以前,佛教修习禅定需要采用特定的结跏趺坐等姿势,有特定的观心调息等方法,于是就有出定、入定的区别。虽然有所谓达摩面壁九年的传说,但一般人修习禅定,不可能成年累月坐在那里不吃不喝。所以佛教传统有"入定"、"出定"之说。就是把开始结跏趺坐,修习禅定称之为"入定";当需要吃喝拉撒时,就要停止

① 铃木大拙:《禅风禅骨》,耿仁秋译,中国青年出版社,1989年10月第一版,第9页。

禅定,称之为"出定"。一个修持者,无论入定时的修习达到多么高的境界,一旦出定,就外表而言,看起来与普通人也就没有什么区别。

中国禅宗的"禅"则完全不同。在禅宗看来,如果修持禅定时能够摄心不乱,而一旦出定,内心又陷入散乱状态,那么这种修持又有什么意义呢?所以,禅宗六祖慧能在《坛经》中给禅定作了全新的定义与更高的要求:"外离相曰禅,内不乱曰定。"[1]亦即完全不在乎外在的禅定的表象,但应该随时保持内在的禅定的修境。也就是在完全否定传统的结跏趺坐等姿势与方法的必要性的同时,要求修持者必须时刻自觉保持内心的修持状态。这实际是向修持者提出更高的修持要求。在具体的修持实践中,中国的禅宗认为,既然修持的目的是要明心见性,亦即建立佛教世界观,则不如干干脆脆,直截了当地在建立佛教世界观上下工夫。至于采用什么方法去建立,则是权用,要对机。无论如何,方法与目的相比,是等而次之的东西。怀让与马祖间关于坐禅的那段著名的公案,说明的就是这个道理。中国禅宗从这些新理论出发,开创出一代"中国禅"的新风。比较慧能与传统佛教对禅定的不同定义,可以清楚地看出,中国禅固然以佛教的禅定理论作为自己的源头,中国的禅宗固然仍属于佛教,但它以中国传统文化为背景,特别是以儒家的心性修养理论为背景,对佛教作了全面的融摄与改造,其中包括对佛教禅定修持理论与实践的改造。中国禅主要是在中国这块土地上,吮吸着中国传统文化的乳汁成长起来的。犹如巴颜喀拉山麓的涓涓溪流虽然确是长江的源头,但长江是汇拢了沿途的诸多河流,才成为东方第一大河一样。

中国的佛教从印度传来。它的禅定理论与实践也源于印度。但是,在印度,禅定被视为源远流长的瑜伽修持术的一个组成部分。

瑜伽,梵文原文作"Yoga",该词在印度现存最古老的典籍《梨俱吠陀》中已经出现,当时的意思是给牛马等牲畜"套上装具",并由这个本义,引申为"联系"、"结合"等意义,但当时它还是一个普通的词汇,没有后代赋予的种种神秘含义。等到"瑜伽"作为某种宗教修持术的名称时,这里的"联系"或"结合"已经超出普通的含义,特指通过一系列对身心活动的制约,特别是对心理活动的制约与引导,使自己达到与世界本原的神秘联系或结合,亦即所谓的"梵我一如"。这种意义的"瑜伽"用例,最早出现在古印度的中期奥义书中。印度的瑜伽修持者认为,通过这种修持,可以在当世得到各种神通与幸福,也可以得到来世的幸福或解脱。现代印度著名瑜伽大师奥罗宾多说:"瑜伽的原则,是将我们人类生存的某种能力或一切能力,化为达到神圣'存在'的一种手段。"[2]因为在他看来,"一切瑜伽共通底原始目的,是人的心灵之解放。从其今之自然底无明和碍限释出,放入精神本体,与最高的自我和'神明'相结合"[3]。所以,在印度,瑜伽修持术从其产生之初就与宗教结下不解之缘。

瑜伽产生于古代印度,是印度各宗教哲学派别共同采用的修持方法。印度各宗教

① 杨曾文:《敦煌新本六祖坛经》,上海古籍出版社,1993 年 10 月,第 19 页。
② 奥罗宾多:《瑜伽论》,徐梵澄译,商务印书馆,1987 年 3 月,第 1 页。
③ 奥罗宾多:《瑜伽论》,徐梵澄译,商务印书馆,1987 年 3 月,第 5 页。

哲学派别都在自己的修持实践中吸收与发展了瑜伽修持的理论与实践,佛教也不例外。无论是小乘佛教,还是大乘佛教都把瑜伽的表现形式之一——禅定当作宗教修持的主要内容。佛教传入中国,瑜伽禅定也随之传入,成为中国佛教徒的修持方法。不过,与中国佛教的禅宗是印度佛教所没有的一样,中国禅宗将禅定与儒家的心性修养理论相结合,所创造的独具特色的中国禅,在印度也是不存在的。

本书是"禅学丛书"中的一本,名为"印度禅"。顾名思义,其内容应该与《如来禅》、《祖师禅》、《分灯禅》、《日本禅》等其他几本论述"禅"的书并列,介绍与论述"禅"的源头——印度流行的"禅"。但如前面已经介绍的,在印度,"禅"只是佛教"禅定"修习的一个较低层次;如下文将要叙述的,佛教的"禅定"修习后来又汇入印度瑜伽,成为印度瑜伽的一个有机组成部分。因此,如果脱离印度瑜伽,根本不可能把"印度禅"讲清楚;如果冒用"印度禅"的名义来介绍整个印度瑜伽,则未免有以偏概全之嫌。所以自从接受本书的写作任务以来,我一直对"印度禅"这个书名耿耿于怀。为了名正言顺,曾经建议把名称改为"印度瑜伽",以与所叙述的内容相一致。但编辑同志从"禅学丛书"大局着眼,主张仍然保持原名,不作更动。斟酌再三,局部当然应该服从总体,所以本书最后仍以《印度禅》的名义面世。

由此应该说明,本书虽然名叫"印度禅",但书中所介绍与论述的,实际是由古代印度人所创造,并流传至今的印度瑜伽。

二

虽然古代印度的哲人们大多认为世界有一个永恒不变的本原。但如果让我来编纂一本哲学著作,它的名字只有一个字——"变"。在中国,禅定的理论与实践随着时代的发展而不断变化。在印度,瑜伽的理论与实践也同样随着时代的发展而不断变化。

印度瑜伽的历史,可以大致划分为五个时期。本书也由此分为五章。

从远古开始,到公元前6、5世纪止,可称为原始瑜伽时期。

瑜伽这种东方神秘主义的修持法是古印度的土著居民创造的。至迟在公元前2500年的印度河文明时期,当地的人民就已经创造出并流行着瑜伽修持。雅利安人进入印度后,与西北印度的土著文化逐渐融合,形成了婆罗门教,同时也接受了瑜伽这种修持方法。由于资料的缺乏,我们现在对当时瑜伽修持的详细情况不是十分清楚。不过可以明显看出两个倾向:第一,当时,这种修持法还比较原始,形式既不统一,内容也很繁杂,显然还处在成长发展的过程中。第二,雅利安文化与土著文化的结合,婆罗门教的形成,为瑜伽的提高与发展,提供了新的契机,输入了新的营养。

本书第一章介绍原始瑜伽。为了使读者能够更好地了解促使瑜伽产生与发展的两种不同文化背景,第一章还简单介绍了印度土著文化的代表——印度河文明;介绍了雅利安人进入印度,建立种姓社会的概况。由于本书的叙述大量涉及印度的一系列上古文献,所以第一章还专门介绍了这些文献的概况。由于印度的瑜伽修持又与古代印度人心目中的世界模式息息相关,所以第一章特设一节介绍古代印度的世界模式。总之,第一章除了介绍原始瑜伽外,还为读者更好地理解印度瑜伽介绍了若干应该具备的预备知识。

从公元前 6、5 世纪,到公元 2 世纪左右《薄伽梵歌》形成止,可称为初期瑜伽时期。

首先要说明的是,有人将"原始"等同于"初期",比如将"初期佛教"称为"原始佛教"。其实,"原始"与"初期"的意义不同①。所以,本书分别用"原始瑜伽"与"初期瑜伽"指称印度瑜伽发展的两个不同阶段。

公元前 6、5 世纪在印度历史上是一个重要的时期。这时在思想文化领域的两大潮流对后代印度一直产生着持久的影响。一个是以婆罗门教为代表的正统派思想潮流,一个是以沙门思潮为代表的非正统派思想潮流。婆罗门教的基地在西北印度及中印度,此时正努力向东部印度渗透。沙门思潮的基地在东部,它的思想基础是东部的土著文化。沙门思潮组成非常复杂,以佛教、耆那教为主要代表。当时印度次大陆的宗教修行者,不论是属于正统派的婆罗门,还是属于非正统派的沙门,都把禅定、苦行等修持作为宗教实践的主要内容之一。反映当时婆罗门教思潮的主要典籍是奥义书,反映沙门思潮的主要典籍则是佛教、耆那教所编纂的经典。从这些典籍可以得知,这两大思想潮流既相互影响,又各自独立地对瑜伽的发展作出巨大贡献。在中期奥义书中,不但已经明确使用"瑜伽"这一名称,而且开始了瑜伽修持的理论化过程,将瑜伽修持与奥义书的中心命题"梵我一如"紧密结合起来。从而给古老的修持术赋予新的灵魂。从初期佛教以及耆那教的经典中可以知道,当时他们采用的是"禅定"这一名称,并建立与发展了为自己的宗教理论服务的独特的禅定理论体系。从总体看,沙门思潮,特别是佛教,在这一时期中占据重要地位,但婆罗门教顽强地酝酿着、发展着自己的势力。公元 2 世纪左右形成的《薄伽梵歌》以瑜伽的名义,对婆罗门教与沙门思潮的种种修持术作了系统的总结,从而为古典瑜伽的流行创造了良好的条件,也成为我们研究当时瑜伽流传情况的重要资料。

本书第二章着重论述正统派思潮中的奥义书瑜伽理论、非正统派思潮中的小乘佛教与初期大乘佛教的禅定修持与理论,以及也属于正统派系统,但带有总结性的《薄伽梵歌》的瑜伽理论。

从公元 2 世纪《瑜伽经》流行,到公元 12、13 世纪止,可称为古典瑜伽时期。

古典瑜伽以《瑜伽经》为主要标志。著名学者钵颠阇利总结前人关于瑜伽修持的理论,编纂成集大成的《瑜伽经》。传统的禅定此时被组织为瑜伽修持术的一个组成部分。《瑜伽经》的大纲是所谓"瑜伽八支",它们是"禁制、劝制、坐法、调息、制感、执持、静虑、三昧",由此达到最后的解脱。禅与定大体相当于八支中的最后三支。当时印度的众多宗教派别可以分为两大系统:以六派哲学为代表的婆罗门教正统派系统与

---

① 　参见拙作:《关于印度初期佛教研究的几个问题》,载《南亚研究》1994 年第 1 期。

以佛教为代表的非正统派系统。《瑜伽经》既以正统派哲学的数论理论为自己的哲学基础,正统派也以《瑜伽经》为自己的修持依据。此时佛教正是大乘理论组织化的时期,先后出现中观派与瑜伽行派两个学派。大乘佛教在继承与发展自己独特的禅定修持理论的同时,也向婆罗门教正统派靠拢,从《瑜伽经》汲取大量的营养。比如,在印度小乘佛教时期,禅定是佛教体系中一个重要的组成分支。当时佛教一般不用"瑜伽"这个名词。大乘佛教时期,"瑜伽"这个词开始被大乘佛教徒采用,如无著、世亲创立的唯识学派在印度称为"瑜伽行派",说明该派特别注重瑜伽修持。瑜伽修持在大乘佛教中占据重要的地位,不仅是信徒个人修持的方法,也是各教派构筑宗教理论的重要途径。公元 7 世纪起,密教出现。密教吸取婆罗门教与印度民间俗信的许多因素,特别注重瑜伽修持,从而也把瑜伽修持推到一个新的高度。

本书第三章主要介绍《瑜伽经》的瑜伽理论与修持方法。然后简单介绍中期大乘及晚期大乘(即密教)的瑜伽修持。密教的派别较多,本书把叙述重点放在国内论述较少的密教最后一个派别——时轮乘身上。

从公元 12、13 世纪诃陀瑜伽形成,到 19 世纪初期印度近代哲学开始,可称为诃陀瑜伽阶段。

诃陀瑜伽虽然产生于 12、13 世纪,但实际直接渊源于前此以《瑜伽经》为代表的古典瑜伽,同时也受到佛教,特别是密教无上瑜伽派的极大影响。但与古典瑜伽及佛教密教不同的是,它顺应当时印度哲学的主流,以吠檀多哲学作为自己的理论基础。与以追求解脱为主要目标的古典瑜伽及佛教相比,诃陀瑜伽更着重于追求神通。诃陀瑜伽兴起以后,对社会影响很大,逐渐成为当时印度瑜伽修持的主流。至今仍保持强劲的影响力。由于诃陀瑜伽特别注重身体的训练,也有不少人把它当做一种体育锻炼的方法。

本书第四章着重介绍诃陀瑜伽的修持理论与方法。

从 19 世纪初期到现在,可称为近代瑜伽阶段。

英国殖民主义对印度的入侵,使印度社会进入一个大动荡、大变革的新时期。19 世纪以来,随着印度民族资本主义的发展,反对英国宗主国的斗争掀开新的一页。民族资产阶级开始走上政治舞台,领导广大人民开展反对英国殖民主义的斗争。另一方面,西方先进的生产技术、科学技术、科学思想、社会民主思想与殖民主义一起传播到印度,给古老的印度社会以巨大的冲击。在这样的情况下,印度的民族资产阶级思想家为了更好地动员广大人民群众参加到反对殖民主义、反对封建主义的斗争中,有的向西方的思想武库中寻找与搬运思想武器;有的则从印度传统的思想文化、哲学宗教中去寻找动员人民、号召人民的旗帜。瑜伽也成为他们动员人民、号召人民的手段之一。另一方面,传统的印度瑜伽,在新思想、新文化的冲击下,也在汲取新的营养,以求得到新的发展。在上述两种因素的交互作用下,印度瑜伽开始从古代社会迈进近代瑜伽的新阶段。

本书第五章论述近代瑜伽。

三

本书目的是对印度瑜伽的历史作一个鸟瞰式的概述，以把开放在印度大地上的这一奇葩介绍给关心它的中国读者。这决定了本书主要是介绍性的，解释性的，而不是一本研究性的著作。书中有时也发表一些评论性的议论，发表一些作者个人的研究观点，但这主要是为了解析某些复杂的概念或澄清某些难懂的观点，以帮助读者更好地理解本书所叙述的对象，仅供参考。

需要说明的一点是，对于印度的传统宗教，现代外国人一般将它分为两个阶段，用两个名称来称呼。亦即以公元4世纪为界（亦有以公元7世纪为界者），将这以前的印度传统宗教，称作"婆罗门教"，而将此后的这一宗教，称作"印度教"。但印度人自己至今不承认这种分法，他们认为自己的宗教亘古未变，一直就是婆罗门教。只是在不同时代，出现不同的教派而已。按照"名从主人"的原则，本书不采用"印度教"这个名词，而用"婆罗门教"这个名词一以贯之。

此外，在引用文献方面需要说明的是：

一、凡属引文，只要是已经公开发表的文献，一律逐条注明原文出处。但有两种例外。一种为尚未正式发表的翻译文献，如姚卫群教授翻译的《瑜伽经》等，承译者好意，允我提前使用。但因尚未正式发表，无从注明出处，故仅在首次出现时出注说明，以下不再出注。另一种为笔者从外文著作中翻译的某些古印度文献，如《诃陀瑜伽灯论》等诃陀瑜伽文献，系转译自日文《瑜伽之哲学》，因系分段翻译评述，如逐条出注，必然行文烦琐，无端占据宝贵篇幅，故亦仅在首次出现时出注说明，以下不再出注。

二、本书引用的文献，包括中文文献、外文文献与翻译文献，在许多专有名词的翻译或使用方面很不统一。为了作者行文方便，也为了读者阅读方便，作者在引用这些文献的时候，对这些名词一般均按照通用规范作了统一。

三、本书引用的文献，包括中文文献、外文文献与翻译文献，笔者在引用时，在忠实表述原意的前提下，对其中的某些词句、文字或标点有所修订。个别文献，如《薄伽梵歌》，原为黑天与阿周那的对话录。行文中有许多两人相互间的呼语，而且这些呼语经常变换成歧杂多样的诸种尊称、代称等。如原样照引，则必须出注说明，否则读者不理解它们的含义；如作删略，则并不妨碍文意的连贯与理解。故一般均删略之。

四、凡属二、三两种技术处理，为避文繁，概不出注。由于这些技术处理仅出现在引文中，故凡是读者与原文核对时，发现引文与原文有所不符者，均为笔者所作的改动。如因此而有错误，自然也应该由笔者负责。

《印度禅》跋

　　写作本书对我来说是一件困难的工作。因为我虽然从研究印度宗教哲学起步,但近十余年来,主要精力用于汉文佛教文献的整理与佛教文献学的研究,只有部分精力偶尔还顾及印度宗教哲学这个领域,且主要放在印度佛教的研究上。对于瑜伽,由于它在印度佛教中有着重要的地位,所以一直是我注目的对象,也写过几篇有关论文,但毕竟没有系统地研究过。再说,瑜伽归根结底属于宗教实修的范围,这就更不是我这样的门外汉所能探其精微的。我曾经为自己立下这么一条规矩:写文章决不跨疆越界,即决不去写自己没研究、不熟悉的东西。我对瑜伽虽然不能说完全不熟悉,但起码是不太熟悉。更正确地讲,应该说对其中的有些部分比较熟悉;而对其中的另一些部分则在有点违背自己所定规矩之嫌。

　　由此,这本书的写作也就有了种种曲折。而它最后竟能完成,完全归功于浙江人民出版社杨淑英同志知之不多;至于实修部分,虽然从门外窥望过,但毕竟至今仍然站在门外。在这样的情况下,写作本书实锲而不舍的努力。她的敬业精神感动了我,使我觉得如不把这本书写出来,实在有负于她。于是打点精神,违背本意,来写这本明知吃力不讨好的书。她的敬业精神还感动了我的妻子,于是她代替杨淑英同志不断地催促我。

　　既然决定做一件事,就要尽力做好。这是我的一贯宗旨。因此,为了写作本书,仅收集资料就花费了大量的精力。不少书国内没有,便趁出国之机在国外收集、购买。遗憾的是,买回来的一大堆书,不少在写作中最后没能用上。至于写作,当然只能有几分资料说几分话,有几分把握说几分话,不能误导读者。于是,资料多的,就多说几句;资料少的,就少说几句。对自己做了研究,有心得的领域,便多说几句;对自己不太熟悉,或相对来说还不能够完全把握的领域便处处谨慎,能少说就少说几句;有些领域,自己既没有研究,又应该介绍的,便利用其他研究者的成果;至于实修部分,则噤者寒蝉,一句也不敢说。当然,凡属利用了其他研究者成果的,一律随文注出,并列入书后的《本书主要参考文献》,以示感谢及不敢掠美之意。另外,中国人对佛教比较熟悉,介绍佛教的禅定理论与实践,尤其是介绍中期大乘及密教禅定的书籍,近年来坊间出得不少。为了与坊间已经出版的有关书籍错开角度,所以对上述佛教的瑜伽禅定写得比较少,侧重介绍一些坊间的书籍谈的不多的小乘佛教及初期大乘佛教的观想方法及治禅病方法。对于中国人相对不太熟悉的婆罗门教正统派的瑜伽修持,则介绍的多一点。自己以为这样对中国读者或者更好一点,但全书因此难免有畸轻畸重之感。

这本书终于在我妻子的催促声中写完了,自己知道在行家,尤其是印度的瑜伽行家看来,一定毛病不少。希望诸方家不嫌浅陋,多予指正。将来如果有机会再回到这个题目上,一定加以修订。

在此要感谢我的师弟,北京大学哲学系的姚卫群教授,为了帮助我写作本书,他慨然将多年来从梵文翻译,已经交到商务印书馆,但尚未正式出版的印度六派哲学的诸原典供我使用。还要感谢我的师兄,中国社会科学院亚太研究所的朱明忠研究员,本书关于奥罗宾多的一节大量参考了他的研究成果。

感谢师兄、师弟,自然更要感谢我们的老师黄心川先生,没有他的培养,不会有我们的今天,自然也不会有这本书。提到老师、同学,不由回忆起 20 年前在北京大学的学习生涯及当年南亚研究所的诸多师友。

印度是我国的近邻。从历史上看,印度宗教哲学曾经与我国思想界有过极其亲密的血缘关系;从现实看,印度宗教哲学是世界宗教哲学的重要组成部分,并发挥着巨大的影响。然而遗憾的是,近代以来,我国的印度研究陷入极度的低谷。这与印度的重要地位及其与我国具有重要关系的现状很不相称,也与古代我国在这个领域里曾经达到过的高峰成为鲜明的对照。1978 年,中国社会科学院与北京大学曾经合办了一个南亚研究所,设在北京大学六院,致力于南亚,特别是印度的宗教哲学、历史文化、政治经济的研究。我和师兄弟们都是这个研究所成立后招收的第一届研究生。遗憾的是,这个研究所最终垮台,辛辛苦苦集合起来、培养出来的一批研究力量最终星散。此事至今思之黯然。

1998 年 1 月 27 日于劲松暗室

关于印度初期佛教研究的几个问题^①

——《渊源与流变》代序

佛教起源于印度,印度佛教则从初期佛教发展而来。因此,印度初期佛教,是全部佛教的根基。印度初期佛教在佛教研究中地位之重要,不言自明。近十几年以来,我国在印度初期佛教的研究方面,已经取得不少令人瞩目的成绩。不过,仍有不少领域需要开拓;已经开拓的领域,也有待于进一步深入。在此拟对初期佛教研究中的若干问题提出一些想法,以求教于先进与同好。

一、定名

中国人传统重视"正名",所谓"名不正则言不顺"。搞学术研究则首先应该重视研究对象的定义,即从内涵与外延两个方面对研究对象作一番界定。从内涵方面讲,定义应当能够简洁、明了、正确地概括与反映研究对象的本质特征;从外延方面讲,定义应当能够恰好覆盖它所述对象的势力范围。既不能跨马持枪冲进别人的领地;也不能留下一块地盘不闻不问。定义的结果即反映在定名中。

我国古代或者用小乘、大乘,或者用声闻乘、菩萨乘、佛乘,或者用各种判教理论从各个方面对印度佛教进行分判。由于分判的角度与立场不同,因此,上述分判虽然各有其道理,却都不是我们今天要求的科学意义上的分期,故而其名称也无法为我们今天直接采用。比较而言,小乘、大乘的分判法较为符合历史实际,但传统所谓的"小乘"可以指佛教发展的阶段,也可以指佛教的派别,范围比较宽泛。当它表示佛教发展的阶段时,包括了我们现在所谓的初期佛教、部派佛教等两个时期;当它表示佛教的派别时,则除了上述两个时期中活动着的全部佛教派别外,还包括活动于大乘时期的不少小乘派别。因此,我们显然不能用"小乘"来指代初期佛教。

近代以来,西方与日本的学者在佛教研究的实践中,认识到部派分裂以前的佛教

---

① 《渊源与流变》,中国社会科学出版社,2004 年 5 月。

有其特殊的性质,应该将它划分为一个独立的时期来加以研究,从而产生定名的必要,并先后提出"原始佛教"、"初期佛教"、"早期佛教"等名称。这些名称也传入我国,为我国的学术界所沿用。但我国学者在沿用这些名词时,并没有进行严格的分析与界定。有的研究者在自己的文章中,往往交替出现上述名词,不加区分,似乎这些名词先验地完全等价。其实,仔细分析,上述三个名词的含义还是有一定的差异的。

我认为,"原始佛教"这个名称中的"原始"两字,附加了某种价值的判断,值得斟酌。

我们知道,在宗教学研究领域,"原始"这个词有其特定的含义。学术界对于"原始宗教"是否算做宗教,曾经有过热烈的讨论,至今也没有形成统一的意见。无论如何,原始宗教,亦即自发的宗教与其后的人为宗教有着许多本质的不同,这是大家公认的事实。那么,我们能不能由此推衍,说原始佛教就其基本特征而言相当于原始宗教,与其后的佛教发展阶段有着许多本质的不同,甚至说原始佛教不算佛教呢?这显然并不合适。

即使撇开"原始"一词在宗教学研究领域中的特定含义与用法不谈,就该词的一般含义而言,该词除了表述事物处在产生初期外,偏重于强调事物的幼稚、粗糙与不完备性,以与该事物的正式发展阶段相区别。我们知道,佛教传统认为,从在鹿野苑"初转法轮"起,佛教就已经佛、法、僧"三宝具足",有了完备的形态。实际上,佛教在其初期阶段,的确已经具备一个宗教所需的各种基本要素,并非等到以后的某一个时期,等某种新的因素加入之后,佛教的形态才真正趋于完备,才成为正式的佛教。因此,用"原始"一词来定义佛教的初期阶段,在内涵上有一定的偏差。

"初期佛教"与"早期佛教"这两个名词,都从事物发展的阶段性的角度来定义这一时期的佛教,两者基本等价。不过,与"早期佛教"之完全从时间的先后着眼不同,"初期佛教"还强调了这一阶段的初始性,似乎更为准确。

综上所述,我倾向采用"初期佛教"这一名称。

二、初期佛教的基本特征

（一）宗教性

初期佛教作为一种宗教,自然具有宗教性,这似乎是不言自明的事,不必再进行讨论。其实不然,正是在这个重要的问题上,学术界、佛教界曾经有过不同的意见,至今也没有完全统一。

例如,初期佛教主张世界是自存的,否认有创世神的存在。有的研究者便据此认为佛教是"无神论",并由此推论:"宗教的本质是相信上帝,而我们在佛教中所看到的却是一个无神的宗教的惊人现象。因而有人倡议应当修改宗教的定义才能适应佛教。另一种合理的倡议,就是改变对早期佛教的态度而不亟亟于认为佛教是宗教。像苏联彻尔巴茨基就这样说:'佛教历史初期的主要思想,就是初转法轮,很难说它是代表一

个宗教。'"(参见虞愚:《释迦牟尼所处的社会和他的思想学说中的几个显著的特色》,载《现代佛教》1959年第9期)

我认为,这里存在两个问题:一是关于无神论的理解问题;一是部分研究者的思维模式问题。

佛教不承认创世神是否就等于无神论? 究竟什么才叫无神论? 关于这些问题,我已经在《有神论与宗教》(载《南亚与东南亚资料》1981年第2期。)一文中阐明了自己的观点,在此没有新的补充。所以,问题的关键就是一个思维模式问题。佛教是无神论这一论点最早由西方学者提出。西方学者熟悉的是基督教。基督教是一神教,信奉唯一的神——上帝。在他们的概念中,神,就是上帝。上帝具有创世、主宰等属性。所谓有神论就是主张有一个像上帝那样的创世神。从这种思维定式出发,他们自然对佛教这样没有创世神的宗教感到惊诧莫名。但是,在东方人的思想中,创世神的概念比较含糊,他们把一切超验的存在都视为神。其中既包括太上老君、玉皇大帝、孙悟空,也包括各种花鬼蛇妖。拿西方思想的框框来套东方的思想体系,不可能不出岔子。近代科学意义上的佛教研究是由西方学者开创的,西方学者的治学方法与他们的学术观点乃至思维模式一起传入中国,影响了中国学者的思想方法。现在应该是扭转在佛教研究中存在的"西方中心论"影响,澄清这些问题的时候了。

什么是宗教? 对超自然神秘力量的崇拜固然构成宗教的必备要素,对这种超自然力量的描述与追求更使宗教提高到一个新的层次。当这种追求不仅是企求让超自然力量来干预现实世界,以让自己在现实世界中得到某种现实的利益;而且是企求让自己脱离现实世界,与冥冥中的超自然力量合为一体时;宗教的作用才算真正发挥到了极致。初期佛教正是如此。

初期佛教主张在现实世界之外存在一个彼岸世界——涅槃,他们以涅槃世界的清净、圆满与永恒,来否定现实世界的基本价值,从而要求人们抛弃现实世界,追求彼岸的涅槃。初期佛教认为,对于一个人来讲,世界上无论什么事情都不能比了却生死更紧迫、更重要。因此要求人们抛弃身内、身外的一切,集中精力,努力修行,趋于解脱。马克斯·韦伯把佛教归为逃避现世类型,起码就初期佛教来说,是完全正确的。

追求涅槃是初期佛教全部教义最精华的部分,也是初期佛教宗教性的集中反映。

(二)践行性

从初期佛教的宗教性生发出的另一个显著特征就是它的践行性。

宗教讲的是信仰,而信仰就要践行。这本来似乎也是一个不成问题的问题,但是,在这个问题上,也同样有过不同的意见。有的研究者著文称释迦牟尼是一个杰出的思想家。我认为,在初期佛教的教义中的确包含一些思辨的成分,一些理论的色彩,甚至一些哲学的因素。但是,就其总体而言,它思辨的成分是很粗糙的;它理论的色彩是很淡薄的;它哲学的因素尚处在萌芽状态。在初期佛教的体系中,宗教践行的因素要远远大于哲学思辨的因素。其实,释迦牟尼并不注重,甚至在一定程度上反对玄奥的理论思辨。这种态度,在《中阿含·箭喻经》中表述得极为清楚。在他看来,生死事大,人的精力应该全部集中在宗教修习上;再说形而上的问题本身是超言绝象的,这些问题不能靠语言去说明,而要靠宗教修习去体证。所以,他创立的业感缘起论、四谛、八正道等学说都与比丘的修行解脱紧密相关。为了保证教团的宗教修习不受干扰,释迦牟尼制定出一整套比丘的修习规范与生活规范。可以说,整个佛教教团的存在与运作,完全是为着保证比丘个人的修习与最终的解脱能够顺利进行而服务的。这是我们在进行初期佛教教团研究时必须予以注意的问题。

初期佛教的宗教性与践行性源于比丘的个人解脱的要求,保证了比丘个人解脱的"实现"。但带来的问题是使比丘与教团脱离社会,脱离群众。所以后来大乘批评小乘"只知自利,不知利他",大乘菩萨运动以"普度众生"为口号,揭开了佛教史上新的一页。

三、初期佛教与种姓制

近代以来,许多著作与论文都谈及初期佛教与种姓制的关系。论述者一般都认为,释迦牟尼反对种姓制度,具有积极的社会意义。有的论著甚至因此把释迦牟尼视为伟大的社会改革家,认为他在一定程度上实现了废除种姓制度的理想。正是基于这一认识,近代印度的贱民,在印度宪法起草人安培德卡尔的领导下,掀起大规模的贱民改信佛教运动。其实,这完全是对佛教的一种误解。

释迦牟尼的确反对婆罗门教所主张的四种姓分立制度,尤其反对婆罗门至上的观点。与主张人们生而不平等的婆罗门教的四种姓制度相比,初期佛教承认所有的人在本性上是平等的,这显然具有积极意义。无视或抹杀这种积极意义自然是错误的。但我们必须联系婆罗门教与初期佛教的各自所处的社会背景来分析这一问题,联系恒河中下游一带当时普遍存在的刹帝利、上层吠舍与婆罗门的激烈斗争的背景来看待这一问题。只有这样,我们才能够正确地认识佛教"四姓平等"口号的实际意义。

首先,公元前5、6世纪的北印度,正处于原始社会瓦解,奴隶社会兴起的激烈动荡中。释迦牟尼出生的迦毗罗卫国,当时还处在原始社会末期。不少研究者都指出,释迦牟尼从当时的活跃着的原始社会形态中汲取养料,用于佛教教团的建设,从而使得佛教教团表现出一定的民主因素,这无疑是正确的。所以,释迦牟尼主张"四姓平等",实际也渊源于原始社会中人人平等的现实,这可以说是"四姓平等"理论的社会历史根源。而婆罗门教的发源地西北印度的社会发展形态比迦毗罗卫等地先进,已经进入了奴隶制社会。古印度的种姓分立实际是奴隶社会的一种表现形式。就当时而言,奴隶社会的出现乃是一种社会进步的表现。既然如此,逆历史潮流而动的"四姓平等"说无论体现了创立者多么善良的愿望,凝聚了人类多么美好的感情,如果说它在当时有什么社会作用的话,这种社会作用自然只能是消极的。

其次,在西方传入的奴隶制及婆罗门教的冲击下,恒河中下游一带的社会这时正处在激烈的变动中,也出现了一批奴隶制国家。在这些国家中,新兴的国王阶层与上层富商占据着社会的上层。而西方传来的婆罗门至上主义显然不符合他们的口味。

在这一背景下,恒河中下游一带出现一股强大的反对婆罗门教、反对婆罗门至上的思潮。即所谓"沙门思潮",初期佛教也属于这一沙门思潮。初期佛教与刹帝利国王以及上层富商吠舍有着密切的关系,所以释迦牟尼的反对婆罗门教的四种姓制度,反对婆罗门至上也就是顺理成章的事了。

再次,释迦牟尼的确主张"四姓平等",但这一命题实际是"众生平等"理论的自然推衍,只表述了一切众生都是四大五蕴所成,从自然本性上说是平等的这么一层意思。由于释迦牟尼在讲"四姓平等"的同时,又用业感缘起论解释了社会不平等的成因及其合理性。因此,他的"四姓平等"论并不具有实际的社会平等意义。相反,由于他要求人们到佛教教团中、到彼岸世界中寻求最终的平等,因此,毋宁说它的社会作用实际是消极的。佛典说:"如来教法中,不问于种姓。但观过去世,所作善恶业。"(《根本说一切有部毗奈耶》卷九)讲的就是这层意思。

所以,如果脱离当时当地的实际情况,撇开其他各方面的因素,单纯就事论事,则主张人与人的平等总比主张人压迫人要好。从这一点上讲,可以说佛教的理论有其进步的一面。正因为如此,它成为近代印度贱民运动的一面旗帜。但是一切理论都是在一定的历史环境中产生的,脱离具体的历史环境,就不可能得出科学的结论。历史在污秽与血中前进,从不以人的主观意志为转移。这就是历史悲剧不断产生的根源。

四、研究课题与方法

初期佛教研究是一个大题目,应该而且可以分为若干个相对独立又相互联系的课题,分别研究。

我认为大体可以把初期佛教研究分解为如下五个课题:

1. 初期佛教的典籍研究;
2. 初期佛教的历史研究;
3. 初期佛教的思想研究;
4. 初期佛教的教团研究;
5. 初期佛教的人物研究。

限于文章的篇幅,此处不拟对上述五个课题展开论述。仅就如何展开初期佛教研究问题简单谈谈看法。

初期佛教是印度佛教中已经为人们研究得比较多的一个领域。要有新的突破,首先在原始资料上应该有进一步的开拓。以往,我国在进行初期佛教的研究方面较为注意汉传资料的利用,对南传佛教的资料则开发利用得不够。最近,这一情况开始有所改观,研究者开始直接利用南传佛教的资料来对初期佛教进行描述(参见郭良鋆:《佛陀和原始佛教思想》,中国社会科学出版社,1997 年 12 月)。当然,如何利用这些资料进行更加深入的分析与研究则仍是摆在我们面前的任务。国外的研究比较注重南传资料的利用,但对汉传以及藏传资料则有所忽视。全面地利用所有的原始资料,应该能够使我们的研究提高到一个新的层次。另外，近代以来，随着考古工作的开展，大批佛教文物与碑铭被发现，为我们研究印度佛教提供了第一手资料，值得充分重视。其次，在研究方法上可以进一步改进。自从比较研究勃兴以来，已经有研究者从事佛教与基督教的比较等等。我认为，将佛教与它同时代、同地区活动的其他宗教，如婆罗门教、六师外道进行比较，可能更有现实意义。其中尤其值得注意的是耆那教，它与佛教不但时代相同、地区相同，阶级基础也相同。因而两者在学说方面有许多相同点，值得我们认真比较研究。另外，可否利用电脑对佛典进行数理统计，从而研究其年代与派别归属？这起码是一个可以尝试的问题。再次，虽然初期佛教是人们研究得较多的领域，但其中仍有不少空白有待填补。如阿难逝世以后，部派分裂以前的历史就是一例。当然，凡属空白，均为难点，这就需要我们花费更大的气力。应该说，我们的前辈已经为我们开创了比较好的基础，只要努力去做，我们完全可以在前辈开创的基础上取得更好的成绩，在这里，我们完全不必妄自菲薄。

组织力量，相互协调，全面规划，逐步展开。这应该成为我们研究初期佛教的方法。

《渊源与流变》后记

1978 年起,我就在中国社会科学院与北京大学合办的南亚研究所从事印度佛教的学习与研究。从 1978 年到 1984 年,大约有 6 年多的时间,一直在这个领域中摸索。其间曾经连续两年为北京大学哲学系新设的宗教专业开设印度佛教课程,一边研究,一边讲课,撰写了 30 多万字的讲稿。

1984 年开始,转入佛教文献学的领域,但对印度佛教研究并没有放弃。虽然没有那么多的时间专门从事这方面的研究,但随时注意着新资料的收集与新成果的进展,并抽空写了若干论文。

1993 年,我从北京图书馆调回中国社会科学院亚太研究所(即原南亚研究所),原以为从此可以有更多的时间踏踏实实地从事印度佛教研究,便重做规划,想在这个领域中认真做一点事。当时的一些想法,便反映本书的"代序"《关于印度初期佛教研究的几个问题》(原载《南亚研究》1994 年第 1 期。收入本书时有删节)中。这一设想得到所有关领导的支持,印度初期佛教研究被列为所的重点项目。但随即遇到中国社会科学院学科调整,我预定调整到宗教所。由于种种原因,办手续的时间拖延了多半年,最后于 1995 年 9 月正式到宗教所上班。新的单位有新的工作,于是我的印度佛教研究又成了一个未能完成的美好愿望。

虽则如此,对印度初期佛教的研究仍在断断续续地进行。只是由于情况的变化,课题设计也有所变化。如"代序"所述,原计划将初期佛教划分为不同的课题详加研究,首先计划进行的是初期佛教教团研究,但现在只好暂且先作一个概略的综合性叙述。原来参加这个项目的还有两位年轻的研究人员,但因为学科调整等原因,最后这个项目由我独立进行。

虽然已到知天命之年,但自己对自己却越来越不自信。不自信的内容之一,就是不知道自己到底还有没有可能把印度佛教研究这个题目做完。

1998 年 4 月于劲松暗室

《曲肱斋全集》序①

　　宗教文化出版社拟出版陈健民先生的《曲肱斋全集》，约我写一篇序。我答应了。

　　对陈健民这个名字，我并不生疏。1997 年 7 月，宗教文化出版社出版了他的著作《佛教禅定》;1998 年 11 月宗教文化出版社又出版了他的传记——陈浩望撰《佛学泰斗陈健民》。这两本书现在就在我的书架上。我有一个习惯，新书入手，先翻翻，大致知道一个梗概。兴趣较大就看一遍，兴趣不大就放一边。看一遍的属于学习，放一边的属于备查。关于陈健民的两本书就属于兴趣较大之列。

　　作为一个佛教研究者，为什么会对陈健民感兴趣? 就我而言，主要出于如下几点:

　　第一，我从印度佛教着手，开始学习佛教。学到密教，学不下去了。密教的一系列问题，经籍中、书本上都含含糊糊，令我恍恍惚惚。设法找人求教，有人告诉我三脉。态度神神秘秘，讲时欲言又止。后来看《密宗道次第广论》，才大致建立一点轮廓。再后来，对密教的知识逐渐积累，总算知道它是怎么一回事。但对它的宗教修习部分，还是不很清楚。因为不同的书籍，说法不同。好奇心，或者说求知欲，应该是人的天性。别人越说是秘密，自己就越想知道它的底细。既然这么多人都说陈健民的修习如何好，那我自然产生兴趣，一则通过他来检验我以前所学的知识;一则用我学过的知识来检验他。

　　第二，宗教不仅有理论，还有实修。研究宗教而不知道实修，不承认实修，也就不可能真正研究好宗教。宗教实修有各种形态。禅宗认为，担水砍柴，都是修道。但密教，特别是瑜伽修习，那完全是另一种路子。我曾经在拙作《印度禅》一书的跋中这样说:"我对瑜伽虽然不能说完全不熟悉，但起码是不太熟悉。更正确地讲，应该说对其中的有些部分比较熟悉;而对其中的另一些部分则知之不多;至于实修部分，虽然从门外窥望过，但毕竟至今仍然站在门外。"密教实修，过去是不允许别人从门外窥望的。现在佛教瑜伽士陈健民先生公开举办展览会，我自然要从容浏览一番。

　　第三，作为一个与佛教有了 20 多年因缘的佛教研究者，我所关心的不仅仅是佛教研究，也希望当今中国的佛教能够健康地发展。佛教要能够健康发展，需要有应时应机的理论、应时应机的修证方法以及应时应机的行为规范。我曾经撰文指出，修证法

---

① 《曲肱斋全集》，陈建民著，中国社会科学出版社，2002 年 9 月。

门的缺位,造成当前的"出离汉传佛教现象"。而"到印度佛教、南传佛教、藏传佛教中去寻求新的修持方法,以为汉传佛教进一步发展的营养",可以是解决修证法门缺位的途径之一①。蓝吉富先生评论说:"在古代,密宗一向是西藏、蒙古佛教徒的专业,而为汉地所不熟谙。而陈先生恐怕是有史以来的汉人中,对密宗理论与实践,下过最深功夫的一位。……陈先生是在密宗、禅宗、净土、华严四方面的理论与实践,都有独特见解的现代研究者。虽然这些观点并不一定能完全被人接受,但是他的创发性看法是值得赞叹的。"②我个人以为,陈健民先生一生的宗教实践,可以看做是 20 世纪汉传佛教对密宗诸派理论与实践的探索与研究。故无论是经验还是教训,我们都应该尊重他的经历,重视他的探索。

为了写这篇序言,我用两三天的时间把《曲肱斋全集》翻了一遍。内容之丰富,在意料中,也在意料外。但仅仅是简单的浏览,不可能对该书做出全面的评价;就我个人的学力、水平而言,也不足以对这部著作做出中肯的评判。应该说,这是一部需要学习、需要研究的著作。这一类的学习与研究,实际上已经开始。它也许会带来中国历史上的第五次汉藏佛教交流的高潮;也许结果完全相反,为汉传佛教开辟一条完全不同的新路。佛教讲因缘,在这个问题上,诸种因缘将怎样汇聚,又怎样发展,现在还不能看得很清楚。我将继续关注这个问题。

20 世纪是西方文明全面胜利的世纪。但文化的传播从来是双向的,20 世纪也是中国佛教(包括藏传佛教)开始走向世界的世纪。1972 年后,陈健民先生一直在西方传播佛教。《曲肱斋全集》中的《耶稣教五圣尊息法火供仪轨》,可以说代表了陈先生力图调和佛教与基督教的努力。这一努力既是陈先生在西方传教的需要,其中也可以看到中华文化的烙印。佛教将怎样在西方传播? 或者说西方的佛教将沿着一条什么样的道路前进? 我也将继续关注这个问题。

2002 年 3 月 24 日于太阳宫西

---

① 参见拙作《二十一世纪中国佛教的走向》,载《法音》2001 年第 9 期。
② 蓝吉富:《旅美佛教瑜伽士陈健民先生》,载《曲肱斋全集·总目录》,台湾圆明出版社。

《胜乐轮经及其注疏解读》序①

西汉哀帝元寿元年（前2），大月氏使臣伊存向汉朝的博士弟子景卢口授《浮屠经》。从那时至今，佛经的汉译史，已超过2000年。翻译，是一种文化的嬗移。所谓"嬗移"，是我生造的一个词，指翻译把某种文化形态，从一个文化圈搬到另一个文化圈；在实现这种搬移的同时，那种文化形态本身，由于种种原因，必定会发生某种变异。正是由于嬗移规律及其他一些规律的相互作用，2000年来，印度佛教演化为中国佛教，成为与儒教、道教鼎足而立的中华文化的有机组成部分。

某一区域文化的形成，由多方面因素决定，包括地理风土、人种民族、社会习俗、历史积淀等等。所有这一切，铸成这个区域的人文风格。这种人文风格一旦形成，就有了自己的生命力，并会顽强地维护自己的生命。这也是人类社会异化的一种表现形式。在这种情况下，外来的新的文化形态的植入，一定会经历一个被本地文化筛选、融化的过程。当然，这里还必须考虑文化传播的"势差规律"。也就是说，如果外来的是一种强势文化，或者说是一种先进文化，则本地文化的筛选力就相对较弱，强势文化会占据主导地位；如果外来的文化是一种弱势文化，则它能否在新的地区立足，完全取决于本地文化的包容开放性，或者封闭排外性。即使本地文化是开放而包容的，外来的文化也有可能完全被本地文化淹没，比如开封犹太教。印度佛教传入中国则是另一种情况。中印两国都是世界文明古国，两国的文化都有着悠久的历史与深厚的根基。所以，传入中国的印度佛教，经过本土文化长期的筛选、浸润、濡化，它的某些不适合的部分被改造，它的某些能够为本土所用的部分被吸收，最终被纳入大一统的中华文化怀抱中。

密教是印度佛教晚期的重要派别。原本讲究出家禁欲的佛教，如何最终演变成一个宣扬双修胜乐的密教，的确是一个值得研究的问题。以往不少学者认为这是佛教受婆罗门教左道性力派影响的结果。现在也有学者主张中国的道教在上述演变过程中也发挥过重要作用。后一种观点涉及笔者近些年来一直在探讨的、佛教发展中的中印文化汇流问题。这个问题很大，在此无法展开。我想指出的是，当宣扬双修胜乐的密教于宋代传入我国内地时，内地的主流文化开始进入宋儒时期。宋儒主张存天理而灭

① 《胜乐轮经及其注疏解读》，李南著，中国社会科学出版社，2005年。

人欲,当然不能赞同双修胜乐这类东西的存在。根据历史记载,当时有些密教经典刚刚翻译出来,就被朝廷下令烧毁,禁绝流通。这就是前面提到的,本地文化对外来文化进行筛选与改造的一种表现。但双修胜乐类经典及修持法,在西藏却得到欢迎并发展起来。无论在藏传佛教的前弘期,还是后弘期,这种修持始终被视为密法的正统,这类经典自然也绵延不绝。

双修胜乐是印度佛教的一个重要发展阶段,在我国西藏有着举足轻重的影响,而在汉文大藏经、汉文佛教典籍中却付之阙如。有些汉文佛教典籍涉及这个问题,但隐隐约约,语焉不详,这无论如何是一个遗憾。前些年,宗教文化出版社出版了佛教瑜伽士陈建民先生的《曲肱斋全集》。陈建民先生对密教的理论与实修,都下过很深的功夫,《曲肱斋全集》就是他一生修持的总结。但是,这毕竟是陈先生个人的总结,而且偏重于藏密。《胜乐轮经》是印度佛教密教无上瑜伽部研修双修胜乐的重要经典。现在李南将它的前4品及其注疏翻译出来,定名为《胜乐轮经及其注疏解读》正式出版,进一步打开了印度佛教密教无上瑜伽部堂奥的大门,为我们研究印度密教,研究汉传密宗与藏传佛教,研究中印两国文化的交流,都提供了第一手原始资料,这是应该庆贺的。

关于《胜乐轮经》的价值、版本等有关情况,李南在她撰写的《引言》中已经作了较为详尽的介绍,无须我再赘言。此书原稿是李南师从季羡林先生攻读博士时撰写的博士论文。其后她在博士论文的基础上扩充、修改,几经寒暑,终成此书。翻阅她的书稿,我不禁想起《续高僧传》中的记载,隋朝著名的佛教翻译家、翻译理论家彦琮曾经这样说过,一个好的翻译者应该具备如下八项条件:

> 诚心爱法,志愿益人,不惮久时,其备一也。将践觉场,先牢戒足,不染讥恶,其备二也。荃晓三藏,义贯两乘,不苦暗滞,其备三也。旁涉坟史,工缀典词,不过鲁拙,其备四也。襟抱平恕,器量虚融,不好专执,其备五也。耽于道术,淡于名利,不欲高衒,其备六也。要识梵言,乃闲正译,不坠彼学,其备七也。薄阅苍雅,粗谙篆隶,不昧此文,其备八也。八者备矣,方是得人。①

我想,从梵文原文翻译《胜乐轮经》,八备缺一,也难胜任。由李南翻译《胜乐轮经》,可谓得人。

最后想说的是,《胜乐轮经》全部51品,《胜乐轮经及其注疏解读》只翻译了其中4品,还有47品没有完成,任重道远!希望李南克服困难,用当年季先生翻译《罗摩衍那》的精神,早日把《胜乐轮经》全部翻译出来,贡献给大家。人一辈子其实做不了太多的事情,能够做好一件、两件,也就算不枉此生了。愿与李南共勉。

2005 年 9 月 1 日于英国伦敦

---

① 《大正藏》第 50 卷,第 439 页上栏到中栏。个别文字依据校记校正。

迦毗罗卫何处是[①]

　　迦毗罗卫城是释迦牟尼的故乡。它坐落在喜马拉雅山南麓，是释迦族聚居的古迦毗罗卫国的首都。释迦牟尼是该国净饭王的太子，本名乔答摩。他出家成佛后，别人尊敬他，称他为释迦牟尼，意为"释迦族的圣人"。

　　佛经上说，释迦牟尼准备降世前，从兜率天下视大地，发现了迦毗罗卫这一美丽、富饶、庄严、神圣的地方，于是化身为六牙白象，使净饭王的摩耶夫人感梦成孕。临产前，摩耶夫人按当地习俗回娘家分娩，半路上在蓝毗尼园生下了这一位未来的佛陀。释迦牟尼在迦毗罗卫度过了他的少年、青年时代。最终弃家出走，修道成佛，创立了佛教。

　　从此，迦毗罗卫便成为佛教徒心目中的圣地。在千百年的漫长岁月中，不断有人不顾千辛万苦，长途跋涉，前来顶礼朝拜。古印度著名君主阿育王曾亲自拜访过这一带，还在蓝毗尼等地刻石纪事，竖起了著名的阿育王石柱。我国去印度求法的高僧如法显、玄奘也都到过那里，并留下了有关记载。可是，奇怪的是，法显的《佛国记》与玄奘的《大唐西城记》及《大慈恩寺三藏法师传》对迦毗罗卫地望的记载有所不同。按法显的说法，迦毗罗卫在蓝毗尼西南约 15 公里处；而按玄奘的说法，它却在蓝毗尼西面约 23 公里处。迦毗罗卫究竟在哪里？似乎当时就有点模糊不清了。随着佛教在印度的衰亡，迦毗罗卫也逐渐颓圮废芜，为人遗忘，直至完全不为人们所知。

　　从上一个世纪以来，佛教研究开始在世界各国展开。由于搞清迦毗罗卫的位置对于佛教研究及考古学均有重大意义，故迦毗罗卫究竟在哪里便成了一个热门的题目。不少专家学者孜孜不倦地考证搜寻，企图发现这一被人遗忘的圣地。

　　印度考古局的费拉博士首先取得了成果。1895 年，他在尼泊尔南部靠近印度边境的地方发现了一根阿育王为拘那含牟尼佛（佛教传说中的过去七佛的第五佛）立的石柱。1896 年，他又发现了阿育王为纪念释迦牟尼诞生地而树立的蓝毗尼石柱。这样，蓝毗尼的地址就被确定下来。接着，1899 年，印度考古学家穆吉克以玄奘的有关记载为线索，在位于蓝毗尼西北约 23 公里、靠近印度边境的尼泊尔泰雷地区的提罗拉科特进行试掘，果然发现地下沉睡着一个古代的城镇。他喜出望外，宣布发现了古迦

---

　　① 曾载《法音》1983 年第 6 期。

毗罗卫城遗址。这一消息随即引起各界人士的关注。此后,不少书籍都载述了这一发现。一时,提罗拉科特即为古迦毗罗卫的说法似乎已成定论。1961 年后,印度、尼泊尔、日本等国的考古学者又在提罗拉科特地区进行大规模的考古发掘。发掘表明,这个古代城镇近似于长方形,四面有城墙卫护。城墙南北长 500 米,东西宽 450 米,周长约 2000 米。城墙用砖砌成,有好几个城门,西门还有警卫室。城内有用铁渣、砖块、碎砖铺成的道路。考古学家还在该城及其周围地区发掘出不少与佛教有关的遗址、遗物及其他文物。如佛塔遗址,据传阿育王为拘留孙佛(过去七佛的第四佛)立的石柱、佛舍利、摩揭陀时代的货币、人及动物的陶像、装饰品、彩陶、黑陶等。据考证,这些文物的年代可以上溯到贵霜王朝、巽伽王朝、孔雀王朝乃至释迦牟尼时代。

虽说提罗拉科特即为古迦毗罗卫的说法已为许多人接受,但此地出土的文物没有一件可以确证它就是迦毗罗卫。这不免是一件非常令人遗憾的事,也使人怀疑这儿到底是否真的就是迦毗罗卫。因此,就有人力图另辟蹊径,这就导致了庇浦拉瓦的发现。

庇浦拉瓦是印度北方边境一个隐没在沼地树丛与芒果林中的小荒村。距尼泊尔边境仅一公里。它在提罗拉科特东南约 25 公里,蓝毗尼西南约 15 公里处,位置与法显的记载基本吻合。早在 1898 年,英国人佩普就曾在此地的一个佛塔废墟中发现了一个滑石制的舍利壶。上面有婆罗谜字体的铭文:"这是释迦族佛世尊的遗骨容器,是有名望的弟兄及姐妹、妻子们(奉祀)的。"据佛经记载,释迦牟尼的遗体火化后,把舍利(骨灰)分给包括释迦族在内的八个国家分别供奉。不少学者认为佩普发现的这份舍利正是释迦族在八分舍利时分到的那一份。在这以前,欧洲有些学者还否认释迦牟尼是真实的历史人物,至此,这种说法不攻自破。佩普本人则坚持认为庇浦拉瓦就是古迦毗罗卫遗址,但是,由于其后不久提罗拉科特的发现,佩普的这一观点未能得到大家的普遍重视。

1962 年,在各国考古工作者大规模发掘提罗拉科特的同时,印度考古学家密特朗女士重新提出庇浦拉瓦才是古迦毗罗卫的观点,并进行了试掘。但这次试掘没有发现多少有价值的东西。70 年代初,由印度考古局主持,又在庇浦拉瓦进行了认真的发掘,这一次却取得了辉煌的成果。

首先,他们在佩普发现过舍利壶的佛塔废墟下部,又发现了两个滑石制的舍利壶。这两个壶的外形与佩普发现的那个完全相同,只是大小不一,且无铭文。从出土的状况判断,这两个舍利壶是公元前 4、5 世纪的东西。也就是说,正是释迦牟尼逝世时代的东西。更为惊人的是,他们在该佛塔东侧一个僧院遗址中发掘出 40 余枚赤陶制的封印和钵盖,其中一枚封印上用约公元 1、2 世纪的婆罗谜字体印着:"唵!迦毗罗卫的提婆跋陀罗僧院的比丘僧伽(所有)。"另一枚封印上为:"大迦毗罗卫的比丘僧伽(所有)"。钵盖上也有同样字体、同样内容的铭文。此外,还在此发现了其他一些文物,如赤陶的佛像、铜钵、念珠、铜币、银币、石锤等。1976 年 1 月 23 日,《印度时报》以《发现迦毗罗卫—— 一个被遗忘的世界》为题公布了有关庇浦拉瓦的发掘情况。消息引起轰动,各国报纸纷纷作了报道。

由于释迦牟尼的涅槃地拘尸那迦的大涅槃寺及古印度著名的佛教大学那烂陀寺

等寺院都是根据在该寺发现的刻有该寺名号的印章、封印才确定的，因此，不少学者认为，从庇浦拉瓦的发掘结果来看，尤其从有铭文的封印及钵盖来看，再证之以法显的记载，完全可以断定庇浦拉瓦才是古迦毗罗卫遗址。但主张提罗拉科特才是迦毗罗卫遗址的人并不肯放弃自己的观点。他们提出，这些封印与钵盖会不会是从其他地方传入的呢？他们认为，虽说提罗拉科特至今尚未发现可以确证它就是迦毗罗卫遗址的实物证据，但那儿发现的摩揭陀时代的货币、释迦牟尼时代的陶像、装饰品也完全可以证明这就是释迦牟尼时代的遗址，何况还有玄奘的记载呢？两种意见相持不下。

　　我认为，将来能否在提罗拉科特发现更有说服力的材料且另当别论，起码就目前的资料看，应该说庇浦拉瓦才是迦毗罗卫国的遗址。

《佛经中的民间故事》前言①

古代印度人民创作了许多民间故事。印度的佛教徒为了传播佛教,把这些民间故事加以改造,吸收到佛经中。随着佛教传入中国,佛经被译作汉文,这些故事也传入了中国。

佛教典籍浩如烟海,佛经中的这些民间故事又大抵散见于各处,欣赏起来很不方便。故此,我们从这些故事中挑选出 84 个,汇成一册,奉献于读者面前。

佛经翻译过来时均为古代汉语,不少故事行文晦涩,阅读起来不甚方便。为此,我们用现代口语进行了编译。编译时,一般尽量尊重原文与原故事情节。但对文脉不甚连贯的地方作了一些沟通梳连;对前后矛盾或显然不合理、有破绽的地方作了一些改动;对迷信色彩太浓的地方,在不影响原故事主要情节的基础上作了一些删改;并对环境气氛、人物心理、语言对话作了适当的渲染。这种编译方法是否可行,有待读者的评说。每篇故事后面均附有原文出处,有兴趣的读者可以参照原文。

民间故事与一切古代文化遗产一样,既有精华,也有糟粕。佛经中的民间故事则不免带有一些佛教的色彩。关于这一点,相信读者自会鉴别与正确对待。

本书除由方广锠、任远选题、编译外,还约请崔昌颐、方广鉴编译若干篇章。由于水平有限,疏谬之处,敬希指正。

编者
1987 年 6 月 26 日于北京

---

① 《佛经中的民间故事》,中国社会科学出版社,1989 年 12 月。

定位与坐标（摘录）[①]

最近应邀到日本从事半年合作研究，适逢中国佛教协会与日本京都佛教大学共同举办的第五届中日佛教学术交流会议在京都举行，遂往参加。与前几届不同的是，这一届虽然名称仍叫"中日佛教学术交流会议"，实际上参加者扩展到韩国。反映了国际间在佛教研究方面加强合作与交流的趋势。

会上一位韩国教授报告的题目是"东北亚佛教在佛教世界化中的作用"，他提出："现代东北亚佛教所面临的最大佛教事业就是佛教的世界化运动。所谓的佛教世界化运动就是指向世界传播佛教思想。"他认为，南传上座部小乘佛教因为本身固有的种种问题，不可能承担起这一重任，因此，"佛教的世界化由发展了佛教的根本思想，最后完善成为大乘佛教思想的北方佛教（方按：指以韩、中、日为中心的东北亚佛教）来实现比较合适"。他由此提出实现佛教世界化的方案，诸如成立国际性布教机构、设立国际性财团、培养与派遣布教师、英译佛教典籍等等。他的发言引起各种议论。有人问："中、日、韩佛教各有特点，又如何组织一个统一的机构呢？"有人说："组织这样的机构，进行这样的传教，恐怕已不仅仅是宗教问题，还会引发政治问题。"

我在台下坐着，一边听，一边想，作为一个佛教徒，具有这种传教的热诚，应该无可厚非。但是，作为一个现代的佛教徒，是否也应该认真考虑一下：在现实世界中，佛教究竟处在一个什么样的位置上？已经有了两千多年历史的佛教，将有一个什么样的未来？

前些年，美国夏威夷大学哲学系的一位教授发起东西方宗教的对话。去年，这位教授曾经率队到我所在的中国社会科学院亚太所与我们进行学术交流，阐述他东西方宗教对话的理论。在他看来，东西方的宗教都有其合理性，因此，需要通过对话这种方式来相互了解，得到沟通。从而使东西方人民加强友谊，避免冲突。一百年前，大部分西方人总认为基督教是世界的唯一真理，企图用基督教来教化与征服世界。一百年以后，很多西方人都认识到东方文化有其固有的活力与魅力，需要了解，需要沟通，需要对话。这不能不说是一种历史的进步。那么，对我们东方人来说，是不是也应该解放思想，更新观念，跟上时代呢？

[①]　本文原名《为什么想要编一本〈中国佛教文化大观〉》，载《佛教文化》2001 年第 4 期—第 5 期。后改名《定位与坐标》，作为《中国佛教文化大观》跋一。有删节。

　　人之区别于动物界,除了其他种种原因之外,一个重要的原因是人有对真善美的追求。这也是诸种宗教得以产生的动力之一。由于各种不同的文化背景、各种不同的社会条件,也由于创教教主的个人条件,大家对真善美的理解不同,追求自然各异。各种不同的宗教由是出现。古代,一个宗教一旦创立,总是宣布自己不但已经发现了真善美,而且垄断了通向真善美的道路。宣布要想得到解脱,唯有入我门来,否则只能永远在地狱中经受魔火的煎熬。现代的人,是不是应该聪明一点了呢?

　　世界上有没有绝对真理? 这个问题以前曾经长期争论,今后也许还会争论下去。在我看来,绝对真理犹如人们所追求的真善美的理想,只能存在于理想之中。在现实世界里,我们所把握的,只是一个一个的相对真理。当然,"无数相对真理之和,等于绝对真理"。然而,无论作为个体的人还是集体的人,所能够把握的,都是"有数"的,永远不可能把握"无数"。因此,现实世界中没有"绝对真理",没有不可以超越的东西。从这个意义上讲,任何人,如果宣称他已经把握了绝对真理,把握了亘古于今的教条,只不过说明他已经陷入思想的僵化,宣布他将从此走向停滞与枯萎。其实,我在这里讲的并不是什么新鲜的东西,佛教在两千年以前已经用佛教的语言说明了这一点:一切有为法都是无常变迁的,都不是绝对的存在;只有彼岸世界的无为法,才是永恒不变的、绝对存在的。但是,人们往往贵己贱人,党同伐异,遂使纷争不断。

　　当然,我不是说人应该满足于已经达成的相对真理,不要再去追求绝对真理,追求理想。人是应该有点理想的,人正是在不断克服相对真理、逼近绝对真理的过程中完善自己并推动社会的发展。问题在于追求一个新的目标时必须首先明白自己当前的坐标点,这才能设定出从当前坐标点到目标点之间的最佳路线。而明白自己当前的坐标点,则是一件相当困难的事,所以从来说:"人贵有自知之明。"

　　中国的佛教,衰微已极。原因固然是多方面的。去年曾经在上海参加一个佛教界的会议,会上僧俗两界对当前佛教的现状以及如何加以改善发表了许多意见,尤其对某些人道风的败坏深恶痛绝。我认为,作为一个人数众多的社会团体,鱼龙混杂乃正常现象。道风的问题自然是一个需要重视的大问题,但从历史上看,即使在佛教最为兴盛的南北朝、隋唐时期,这个问题也始终存在。因此,不是由于道风的败坏引起佛教的衰微,而是由于佛教的衰微加重了道风的败坏。在我国历史上,南北朝时期僧尼、寺院的数量最多,但人们却都认为隋唐时期佛教最兴盛,这是为什么呢? 主要是隋唐诸宗勃兴,佛教理论大发展。以至我们如果离开佛教就无法阐述隋唐时期的中国思想史。北宋以后,佛教急剧衰落,其主要表现是什么? 首先仍然是理论的衰落。此时在思想界独擅胜场的是宋明理学,佛教几乎占不上一席之地。因此,从佛教本身来看,由思想僵化而引起的理论的退滞,应该是佛教衰微的重要原因之一。所以,解放思想,也就应该是佛教应因现实社会的第一步。要解放思想,应因社会,首先也必须对自己的现状有一个清醒的认识,亦即"贵有自知之明"。

　　佛教有其宗教的层面,有其文化的层面。两者既不能截然分开,又有一定的差异。就宗教的层面而言,应该说,存在着的东西有其存在的合理性;当然,如果它不能随着社会的发展而发展,将会逐渐失去其存在的合理性。但从世界范围来看,各种宗教不断提高其文化品位,则是一种潮流,一种趋势。所以本书力图从文化的层面来考察佛教。历史上,中国的佛教曾经对中国文化的发展有过积极的影响,也有过消极的影响。温故可以知新,鉴往可以知来,所以我们编纂这一本《中国佛教文化大观》的目的是想通过对以往历史的回顾,探索某些规律性的东西,从而进一步理解佛教在中国文化中的位置与中国佛教的将来。

1994 年 10 月 25 日于日本京都

《中国文化通志·佛教志》导言①

一

佛教约于公元前 6、5 世纪,由古印度迦毗罗卫国的释迦牟尼创立。起初,它只是社会上众多宗教哲学派别之一,仅流行于北印度,主要是恒河中、下游地区。后因受到不少社会人士的欢迎,尤其得到许多国王与富商的支持,迅速发展起来,成为古印度主要的宗教派别之一。

佛教在印度的发展一般分作初期佛教、部派佛教、大乘佛教、密教四个时期。从释迦牟尼创立佛教到部派分裂为初期佛教时期。此时的基本教义主张世界充满各种痛苦;产生痛苦的原因是世人不懂佛法真理,贪耽于种种世俗的欲望与享受,从而使自己在业报规律的驱使下不断轮回;他们认为,只要能够断绝轮回,就能抵达无限圆满幸福的涅槃境地,这就是解脱;为了达到解脱的目的,必须按照佛教的教导采取正确的生活方式与修持方式。当时的教团由比丘、比丘尼、优婆塞、优婆夷等四种人按照一定的规范组成,均须遵守一定的戒律。但组织比较松散,没有统一的领导机构。约于公元前 4 世纪左右,佛教产生第一次分裂,形成上座部与大众部两大派,从而进入部派佛教时期。分裂的原因据说是对戒律的见解不同,但也有典籍说是由于对教义的观点不同。其后两大派辗转分裂,不同的典籍记载互异,有分裂为 18 派或 20 派等说法,但据地下出土的碑铭资料则有 20 多派。部派佛教时期,佛教的理论趋于严密化与体系化,各部派大多主张通过戒律、禅定、智慧等三种方式来争取个人的解脱,并把证得阿罗汉果位作为个人解脱的最高形式。公元前 1 世纪左右,正当部派佛教蓬勃发展的时候,大乘佛教开始在以佛塔崇拜为中心的在家信徒中酝酿产生,并得到不少出家僧人的支持。大乘佛教指责传统的部派佛教只求自我解脱,不讲普度众生,贬之为“小乘”,自称是能够运载更多的人超越生死,抵达涅槃彼岸的“大乘”。他们主张把佛的普度众生的品格作为每个佛教信徒的人格典范,即一个佛教徒首先应当是一个菩萨。然后通过布

---

① 《中国文化通志·佛教志》,上海人民出版社,1998 年 10 月。

施、持戒、忍辱、精进、禅定、智慧等六种方式修持菩萨行,认为这样就可以像释迦牟尼一样成佛,而不仅仅当一个只求自我解脱的阿罗汉。随着大乘佛教理论的深化,先后出现中观派与瑜伽行派等两大主要派别。密教则产生于公元7世纪,它吸收了印度教与印度民间俗信的许多因素,以高度组织化的咒术、仪礼为其特征,宣扬口诵真言密咒(语密)、手结契印(身密)、心作观想(意密)等三密相应,便可即身成佛。8世纪起,伊斯兰教不断进入南亚次大陆,11世纪后逐渐成为强大的势力。他们对佛教采取高压政策,到13世纪初,印度佛教基本消亡。19世纪以后,由一些反对种姓歧视、反对迫害贱民的人士的提倡,印度佛教有所复兴。

公元前3世纪,印度佛教在孔雀王朝阿育王的支持下,分南传、北传两条路线开始向外传播。南传佛教首先进入斯里兰卡,后逐渐传到缅甸、泰国、老挝、柬埔寨、印度尼西亚以及我国云南西双版纳地区,这一派所传的是属于部派佛教系统的斯里兰卡上座部。北传佛教分为两路,一路经由中亚传入我国,又从我国传到朝鲜、日本、越南等国,一般称为汉传佛教,这一派所传以大乘佛教为主。另一路传入我国西藏,后逐渐流传于我国的藏、蒙古、满、裕固、纳西等民族中,并传到蒙古人民共和国、俄罗斯、不丹、尼泊尔等国,一般称为藏传佛教,这一派所传以密教为主。

在两千多年的历史中,佛教广泛传播于南亚、东亚、东南亚与中亚,成为一个影响东方世界广大区域与众多人民的世界性的宗教。近代以来并对西欧、北美、非洲等世界各地产生一定的影响。

二

世界现存的三大佛教派别在我国均有流传,成为中国佛教的有机组成部分。其中汉传佛教、藏传佛教完全是在我国成长起来,并传播到其他各国的,所以不少人把中国称为佛教的第二故乡。两千年前传入的异邦宗教,与中国传统文化相互矛盾、相互吸引、相互冲突、相互融摄。其深入协调的结果,既深深地影响了中国传统文化的面貌,也极大地改变了自己的形态。正是在这样的过程中,外来的印度佛教,逐步演变成与中国传统文化紧密契合的中国佛教,并与儒、道两教一起,成为支撑着中国传统文化之鼎的三根主要支柱。

那么,中国佛教有些什么特点呢?

(一)融摄性

中国佛教的融摄性反映在两个方面:首先是对中国传统文化的融摄,其次是对佛教内部各种思想学说的融摄。

在佛教与中国传统文化的关系方面,正如不少研究者已经指出的,佛教初传时曾有一个依附于中国传统文化的阶段。我认为,这里所谓的依附,不应该理解为佛教只是消极地托附于传统文化之下,而应该理解为佛教在有选择地融摄与积极地协调。例如,佛教初传中国,很快找到了与中国传统文化的结合点——灵魂不死说。其实,印度佛教并不主张人有一个常恒不变的灵魂,与中国传统的元气灵魂说更是格格不入。但为了将轮回业报理论导入中国,他们接过了中国的元气灵魂说。三国时康僧会翻译《六度集经》就称:"魂灵与元气相合,终而复始,轮转无际,信有生死,殃福所趣。"①由于他们的努力,使轮回业报观念很快流传开来,达到使人们"观生死报应之际,莫不瞿然自失"(袁宏:《后汉纪》)的效果。又如东晋僧人不仅接过魏晋玄学"本无"的命题发展自己的佛教般若学,甚至仿照当时名士的风度参与清谈,从而扩大了影响。

由于印度佛教本身并不统一,随着历史的发展又出现不同的派别,各种学说歧义颇大。在印度,各不同派别斗争激烈,有时为了某种学说的胜负,甚至以性命相争,斩头相谢。但中国佛教则宁愿采用更为理性的"判教"方式,即力求把传入的各种不同的学说、观点会融在一起,排定其逻辑次序,以求消弭其矛盾,达到高度的和谐。其后中国佛教也出现宗派,但每当各宗派纷纷不已的时候,总有人出面从事会融的工作。比如宗密之会融禅、教两派;延寿之主张禅净双修。

在事物发展的过程中,矛盾的产生是绝对的。但中国佛教总有一种力量,力图融摄诸种异质因素,使之趋于和谐。这就是它的融摄性。

(二)创造性

中国佛教不仅具有融摄教内、外诸种异质因素的能力,并且具有在融摄诸种异质因素的基础上,创造出新的学说或理论,从而把自己提高或推进一步的能力。这是中国佛教能够长时期盛而不衰,保持勃勃生机的重要原因。

例如由于受到种姓制度与激烈的教派斗争的影响,印度佛教虽在理论上有所谓"众生平等"的说法,但在实际的宗教修习中又有"一阐提"人能不能成佛的争论。晋宋之际,僧人竺道生在印度《涅槃经》与中国传统"性善论"的影响下,孤明先发,提出一切众生都有佛性,即使一阐提人也能成佛。虽然他的观点受到当时部分墨守印度佛教旧说的僧人的反对,本人也被开除出僧团,但最终大家仍都服膺他的新观点。从中国哲学史上看,他的观点把中国哲学从玄学本体论提高到心性论,大大推动了中国哲学的发展。从此,一切众生都有佛性的观点成为中国佛教的主流。后来唐玄奘搬回印度最时髦的"五姓各别"说,但在中国就是流传不开。

最典型地反映中国佛教的创造性的,是中国式的佛教宗派的出现。例如禅宗虽然以"禅"命宗,但他们所谓的"禅"与印度佛教的禅定已经完全是两回事。相当多一批禅宗僧人平时既不读经,又不坐禅,只是直截了当地在建立佛教世界观上下工夫。他们的这种修习方式与印度佛教大相径庭,实际是上承中国儒家的个人修养,下启宋明理学的格物致知,成为中国人修身正心理论与实践的有机一环。正因为禅宗立足于中国文化的基础上对印度佛教作了一大创造,所以它成为对中国文化影响最大的佛教宗派。

---

① 《大正藏》第3卷第51页下。

（三）协调性

文化是一定社会经济的产物。文化水平有高有低,文化的传播也有一种"势差"现象。亦即文化只能由高向低发生影响,不能反过来由低度发展的文化去影响、改造高度发展的文化。中国历史上文化水平相对较低的少数民族统治者即使一时在政治上占支配地位,但最终不得不接受高水平的汉文化的意识形态,就是雄辩的例证①。但是,就中印文化交流而言,两大民族的文化水平大体相当,没有明显的势差。因此,佛教在中国,对于能够被自己融摄的中国文化,就尽量融摄之。而对于不可能被自己融摄的内容,则尽量协调之。

在儒、释、道三教鼎立的总格局中,儒家始终是中国文化的主流。中国聪明的统治者都明白,凡是要治国平天下,必须依靠儒家君君、臣臣、父父、子子的伦理纲常。佛教初传中国时,还一直坚持印度佛教沙门不拜君亲的传统。由于这一传统与中国的伦理纲常相冲突,所以不断产生纠纷与争议。最后,佛教终于接受了拜君亲的现实,与中国传统文化取得协调。

如果说,在拜君亲等具体问题上,佛教还作过某些抗争的话,则在与儒家、道教的总体关系上,佛教一直非常清醒地采取协调的立场。如梁武帝虽然尊崇佛教,但又把释迦牟尼、孔子、老子并称"三圣"。晋代著名佛教徒孙绰称:"周、孔即佛,佛即周、孔。盖外、内名之耳。……应世轨物,盖亦随时。周、孔救极弊,佛教明其本耳。共为首尾,其致不殊。"②自觉地立在与孔、周相互补充的地位。这就是后世中国三教合一思想的基础所在。在中国以宗法制为中心的文化结构中,孝道是人的立身之本;而印度佛教本来则不讲孝,只是联系轮回转世来解释亲子关系。但是,为了与中国文化取得协调,中国佛教大力宣扬佛教与孝道的统一,为此甚至不惜编造出大量的伪经。

由于中国佛教具有协调性这种功能,使得佛教能够得到一个相对宽松的外部环境,以利于本身的发展。

（四）适应性

进入阶级社会以来,人类社会从来分为不同的阶级。不仅如此,相同的阶级及不同阶级的人们之间还结成各种各样的阶层或利益集团。如何最大限度地得到社会各个阶级、阶层以及各利益集团人们的支持,是佛教能够顺利发展的关键。而佛教恰恰具有这种尽量适应社会各个不同层次的人们的不同需要的能力。

中国佛教的构成内涵比较复杂,其中既有比较高深的哲学形态,又有比较粗俗的信仰形态。所以既能满足知识分子玄奥的哲学思辨的要求,又能满足一般民众急功好利的世俗愿望。对在位的帝王将相,它承诺延祚增寿,赐福加禄;对失意的文人骚客,

---

① 文化传播中的"势差"现象,是任继愈在《佛教与东方文化》一文中阐述的观点。参见《任继愈学术著作自选集》,北京师范学院出版社,1991 年,第 267—268 页。

② 《大正藏》第 52 卷,第 17 页上。

它提供精神的避风港。对有意为善者,它答应来世的幸福;对犯法作科者,它提供赎罪的方法。总之,任何人只要信仰它,就都可以在它那里各取所需,各得其所。从而使得它在社会各阶层中都能得到支持者。

中国佛教为什么会有上述特点?这主要是因为受到中国社会与中国传统文化的制约与影响。

自秦汉以来,中国一直是一个高度集权的专制主义国家。国家权力在中国具有至高无上的地位,没有任何力量,也不允许任何力量与它抗衡。在历史上,中国的统治阶级既为了自己的利益而支持佛教,也曾经因为佛教势力过于庞大而毁释废佛。从总体上看,国家始终制导着佛教,并在佛教的发展中实现着自己的意志。中国佛教的领袖很早就认识到这一点,从而认识到为了佛教自己的利益与发展,必须从各个方面适应中国封建统治者的需要。释道安说:"不依国主,则法事难立"(《高僧传·释道安传》)就是上述认识的高度概括。这就决定了中国佛教发展的基本态度与方向。

以家族为中心的宗法制度是中国社会的基础。儒家思想就是在这一基础上产生,并为维护这一基础服务的。儒家提出的一系列关于君臣、父子、夫妇、兄弟、朋友等纲常名教,成为中国社会天经地义的道德规范。在这些道德规范中,处于核心地位的是真正体现封建宗法制度的对"君"的"忠"与对"亲"的"孝"。在忠、孝这两面旗帜面前,中国社会的任何势力都只能匍匐在地,顶礼膜拜,佛教也不例外。这就规定与制约了佛教发展的方向。中国佛教后来建立起将本派学说传承与寺院财产继承相结合的法嗣制度,从而形成中国佛教的宗派,这实际就是世俗社会宗法制度在佛教寺院中的再现。

自古以来,中国基本保持一种大一统的格局。即使在各地方政权割据的时代,中国人也认为统一是正常的,而分裂是不正常的。各分裂势力或以统一为己任,或奉某一政权为正朔。与此相表里,中国传统文化也具有一种大一统的品格,这主要反映在中国传统文化既有强大的趋同性与凝聚力,又具有一种恢弘的气魄与博大的胸怀,具有吸收、消化各种外来文化,会融各种不同观点的良好素质,并由此铸成中国传统文化的深层意识。正是中国传统文化的这种良好素质与深层意识,使它不但吸收、会融印度佛教成为中国佛教,并使中国佛教的融摄性、协调性相得益彰。

中国佛教特点及其产生原因是一个大题目,本文限于篇幅,只能略略点题。

三

中国的传统义化是多元的汇合。在展开中国传统文化诸元之分析时,越来越多的研究者认识到,必须重视佛教的文化品位,从而重视佛教对中国传统文化的巨大影响。

佛教是人类历史上的重大社会文化现象,是两千多年来无数佛教徒社会历史实践的总积淀。作为一种宗教,它有教主、教义、教团,亦即佛教所谓的佛、法、僧等三宝,在历史的不同时期,不同地区,发挥着或消极、或积极的作用。作为一种社会文化现象,它包摄了信仰观念、社会意识、道德规范、文学艺术、心理习俗,从而影响到社会文化的各个方面,也发挥了极大的作用。佛教在中国流传、发展了两千年,已经深深地渗透到传统的中国文化之中。人类文化是一个连续不断的过程,现代文化与传统文化不能,也不可能完全割断。在中国走向现代化的过程中,在我们建设现代化精神文明的过程中,我们必须批判地继承与发扬我国传统文化中一切优秀的成分。为此,就必须反思过去的一切文化形态与文化遗产,也包括探寻佛教文化在人们传统观念中存在的种种形态,分析佛教文化在人们心灵中积淀的种种影响。只有这样,才能真正克服佛教文化给中国传统文化带来的消极因素,吸取佛教文化中一切有价值、有活力的精华,来充实与发展新时代的中华民族新文化。

四

作为《中国文化通志》的《佛教志》,本书应该把中国佛教的概貌尽量完整地勾勒出来。另外,按照编委会的要求,书中应该写进作者个人的研究成果;而笔者的确也希望在撰写本书时写出自己的特色,亦即把自己研究中国佛教的心得写进去,以便向诸位先生请教。然而,如何才能在限定的30万字篇幅中完成上述两个任务,实在煞费苦心。在写作中,对一些人所共知的人物与问题,我尽量少写甚或不写,以便腾出篇幅论述前此较少接触的领域。虽则如此,由于篇幅的限制,许多问题仍只能略略点题;不少内容最后只得舍去;已经叙述的不少问题也往往不得不削足适履。所以本书最后成为一个关于中国佛教与佛教文化的纲要性的东西,在某些方面看起来有点畸轻畸重,这是要向读者致歉的。不过,与前此的同类著作相比,本书还是有一些新的内容,这是笔者差可自慰的。

写作中,参考了大量有关著作,有选择地吸收了若干最新研究成果。为节省篇幅,除部分随文注出外,大部分放在参考书目中列出。此外,应北京大学出版社之约,我邀请部分研究者共同编撰了一部《中国佛教文化大观》(已完成,待出版),本书写作时也参考与采用了该《大观》的若干成果。在此对有关先生一并表示衷心的感谢。

《道安评传》前言①

  中国佛教史上曾经有过所谓"名僧"与"高僧"之辩,起源于南朝梁释宝唱撰写的《名僧传》。该书共三十卷,载述了自佛教初传到南朝梁为止的历代著名佛教僧人425人的行状事迹。但其后不久南朝梁释慧皎又写了一部《高僧传》,慧皎在《高僧传序》中批评宝唱的《名僧传》,说:"自前代所撰,多曰'名僧'。然'名'者,本实之宾也。若实行潜光,则高而不名;寡德适时,则名而不高。名而不高,本非所纪;高而不名,则备今录。故省'名'音,代以'高'字。"②也就是说,慧皎认为当时的僧人实际可以分为"实行潜光"与"寡德适时"等两类。前一类人不但不追求出名,而且有意躲避世俗所谓的"名气",以便自己专心致力于佛教的修习。佛教本来是一种追求出世的宗教,所以他们的行为自然符合佛教规范。这类人虽然没有名气,但因为他们品德高尚,所以正是应该在僧传中予以记载并给予表彰的。后一类人品德低下,但由于他们着意媚俗,哗众取宠,所以在社会上名气很大。慧皎认为后一类人根本不能代表佛教,没有进入僧传的资格。在慧皎看来,一个人操行的高下与名声的大小并不一致。《名僧传》以名气之大小作为僧人入传的标准,只能引导僧人为争名而成为"寡德适时"之徒。所以慧皎以德行的高卓与否作为自己所撰《高僧传》的入传的标准。

  当时佛教界情况比较复杂,部分僧人貌似栖托高远,实际业尚鄙近,乃至钻营权门,戒律荡废。慧皎所谓的"寡德适时"之徒,实际是对这部分僧人的批评。所以,慧皎撰写《高僧传》这件事本身就含有以佛教的标准对释门的种种不良作风进行整肃的意思。慧皎的标准为后代其他撰写僧传的作者所推崇与遵循,成为轨式。而宝唱的《名僧传》后来则逐渐在中国本土失传。现仅存日本僧人宗性于日本文历二年(南宋理宗端平二年,公元1235年)于日本京都东大寺所藏三十卷中抄摘的一卷,后被收入日本《卍字续藏经》中,而东大寺的原本现在也已经亡佚无存了。也就是说,"名僧"与"高僧"之辩的结果,社会认可了"高僧",否定了"名僧"。

  佛教为了自身的健康发展,必须倡导精进、严明戒律、彰善惩恶、激浊扬清,从这一

---

  ① 《道安评传》,昆仑出版社,2004年7月。

  ② 《高僧传》,中华书局,1992年10月,第525页。标点有修订。以下凡属引文,标点往往有修订,不再一一注明。

点讲,慧皎的态度无疑是正确的。但是,慧皎把僧人分作"实行潜光"与"寡德适时"两类,把德行与名声机械地割裂开来,似乎两者绝对不可相容,这种眼光如用现在的观点来评论,则难免有形而上学之嫌。此外,什么样的人才算德行高卓,如何掌握这个标准,完全取决于撰写僧传的作者本人。由于作者本人观察问题的角度所具有的局限,他所撰写的僧传也就不免带上某种局限。再说,传记除了导扬高洁之外,另一个重要功能是留下前代的史料,供后人研究与镜鉴。但由于作者取材标准仅是"德行高卓",因此,历代僧传中往往记载了不少独处深山,厉行苦修的僧人事迹;而对历代僧官、僧统等曾经统领全国佛教界的僧团领袖及其如何统领佛教界的事迹却往往不予记载,或虽予记载却语焉不详。这就不免削弱了这些僧传的史料价值。此外,作者的这种价值趋向,也使得他在剪辑材料时偶尔自觉、不自觉地隐恶扬善,报喜不报忧,从而模糊了历史的真实。例如慧皎在撰写昙无谶传记的时候,就把昙无谶的一些秽行隐去不提,这就掩盖了昙无谶死亡的真实原因。凡此种种,都是我们在阅读和利用历代僧传的时候必须注意的。

　　一个佛教僧人,名而不高,其行为可能不足取,但由于他对佛教界本身、对社会已经产生某种影响,因此,这样的僧人,既是特定社会条件的产物,也是我们研究特定社会现象的标本,值得重视,值得研究。一个佛教僧人,高而不名,则说明他对社会、对佛教本身都没有产生什么大的影响。他们当中某些人的事迹,可能会由于某种原因被保留下来,并被记录在后代的著作或僧传中,从而对后代产生一定的影响。但这种影响之所以能够产生,其前提是他们后来被人们传扬,被载入典籍,有了"名"。一般来说,这些高而不名的僧人的影响均产生于后代,这与生前就推动佛教发展的僧人的作用不可同日而语。至于那些根本不为人们所知,他们的事迹也没有被记录与流传下来的僧人,无论其德行如何高操,我们也很难认定他们在佛教史上的具体影响。所以,对"名"采取绝对地排斥的态度,实际上是一种非历史主义的态度。在中国哲学史的研究中,曾经有过这么一个倾向:有的研究者对在中国哲学史上产生过重大影响的思想家不屑于下力气去研究,却专门发掘那些以往从来不为人们所知的人物,研究他们曾经提出过一些什么样的超越了时代的高明思想。我认为,每一时代都有每一时代的主流思潮。领导这一主流思潮的思想家,是中国哲学史、思想史上的弄潮儿。主流思潮与主流思想家,无论什么时候都是我们必须予以认真研究的重点。每一时代也都会出现一些超前的思想家,会提出一些超越当时一般思维水平的理论或观点。对于这些思想家与他们的闪光的思想,应该做实事求是的分析与总结,既不能随意抹杀,视而不见;也不应无限拔高,用个别取代一般。比较而言,我倾向于对那些主流思潮与领导了每一时代主流思潮的主流思想家下更大的力气去研究。因为只有充分研究了它(他)们对中国历史、中国哲学的影响,才能真正勾画出中国历史、中国思想史的走向。

　　佛教史也一样,只有对每一时代的每个主要代表人物进行深入的研究,才能清理与总结佛教发展的主要线索。实际上,除了上述"实行潜光"与"寡德适时"两类人以外,历代都有不少既"高"又"名"的僧人。他们志行高洁,声誉远播,一般均为当时的僧界领袖、佛教栋梁。这些人既代表了当时佛教的最高水平,引导着佛教发展的方向,又对后代佛教有着重大的影响。"江山代有才人出,各领风骚数百年。"两千年来的中国佛教史上,这样的僧人灿若群星。当然,在这些高僧中,能够真正成为中国佛教划时代标志的人物却为数不多。而本书要评述的道安却就是这样一个既"名"且"高"的中国佛教史上的一座高峰。著名中国佛教史学者汤用彤先生曾经将道安与其同时代的另外两个著名高僧竺法深与支道林作过比较。汤先生指出:道安比竺法深小 26 岁,比支道林大 2 岁。道安逝世时,支道林已逝世 19 年,竺法深也已逝世 10 年。故三人基本同时代。那时期,中原战乱,北方的士大夫与僧人纷纷南下避难,把魏晋玄学与佛教带到江东。而当支道林、竺法深避乱隐逸于东山时,道安却在战乱的河北传播佛教;当支道林、竺法深来到东晋首都建业(今江苏南京),受到东晋士大夫欢迎,声名鹊起之时,道安却带领徒众,风尘仆仆前往襄阳传教;支道林、竺法深逝世后,道安西入长安(今陕西西安),译经、注经,孜孜不倦,直至生命的最后一刻。汤用彤先生评价说:"其风骨坚挺,弘法殷勤,非支、竺两公所能望也。"并认为,"是则晋时佛教之兴盛,奠定基础,实由道安"①。汤先生的上述评论是非常有见地的。

我认为,道安用自己的一生,为佛教从两汉之际传入中国以来的将近四百年的历史作了一个总结,并为佛教在中国的进一步发展开拓了道路,指明了方向。道安的出现,标志着中国佛教初传期的结束。而道安死后,鸠摩罗什到长安,则标志着中国佛教迅猛发展期的开始②。因此,对道安的研究,历来是中国佛教研究的一个重要内容,为学术界、佛教界所重视。

本书拟对道安的一生进行研究与评述,以期反映中国佛教初传期晚期的基本面貌。道安生活在西晋末年与东晋十六国时代,当时诸国分立,诸朝代各有年号。道安本人又先后在西晋、匈奴汉、后赵、前燕、东晋、前秦等各国活动。为叙述方便起见,本书一般采用公元纪年,而视情况需要将各有关朝代纪年附注在其后的括号之中。附注时,道安在哪个国家的范围内活动,则将那个国家的纪年附注在前,并视需要出注其他国家的相关纪年。但在引用史料原文时,还是按照惯例将公元纪年括注在朝代纪年之后。至于月、日,因系中国农历,为避免换算之烦琐,一律采用中文数字,以示与公历的区别。

---

① 《汉魏两晋南北朝佛教史》上册,中华书局,1983 年 3 月,第 133、136 页,

② 关于我对中国佛教史分期的观点,请参见拙作《中国文化通志·佛教志》(上海人民出版社,1998 年 10 月)第一章的有关内容。

《云南阿吒力教经典研究》序①

　　侯冲承担的国家社科基金项目《云南阿吒力教经典研究》即将出版,让我写一篇序言,自然义不容辞。为他高兴之余,想谈谈忏仪佛教问题。

　　关注云南阿吒力教研究已有多年。起先,对这种宗教的认识是模糊的。只知道云南地区有这样一个宗教,但到底表现形态如何? 历史演化如何? 属于哪一系统? 现状如何? 都模模糊糊。看到过一些文章,有的认为它属于印度密教系统;有的认为它是印度密教的本土化,称之为"滇密";有的认为它属于藏传佛教系统。由于古代东南亚有过一个所谓"印度化时期",当时印度密教甚为流行,看过《真腊风土记》的,想必都会有所印象。云南毗邻东南亚,因此,说阿吒力教是"印度密教"或印度密教本土化的"滇密",自然不为无因。云南又毗邻西藏,至今流传着藏传佛教,说阿吒力教属于藏传佛教系统,更可顺理成章。总之,看别人的文章,都有一定的道理。但自己对阿吒力教既没进行过研究,也不打算去研究,没有接触过第一手资料。从别人的文章得来的知识,难免如隔雾看花,不得要领。

　　要说完全没有接触原始资料,也不尽然。1982 年 10 月中国社会科学院世界宗教研究所昆明工作站、云南民族学院民族研究所民族宗教研究室编印《昆明汉族宗教调查》,油印本,很厚的一册。我也得到一本,保存至今。其第四部分"年节与各种祭会活动"中发表一些云南当地流传的佛教典籍,如侯冲本书提到的《天章文》、《地章文》、《佛说父母恩难报经》、《天斋仪》等等。但当时的感觉,只把它们当做民间流传的一些非正式的信仰性佛教资料,不知道它们与阿吒力教有什么关系,更没有认识到它们的价值。正所谓学术研究必须依靠资料,而资料只有在行家手里才能显示其价值。

　　真正引起我对云南阿吒力教注意的,是侯冲的工作。

　　当时我正在主编《藏外佛教文献》。侯冲告诉我,云南阿吒力教流传一批典籍,都是历代大藏经所不收的,其中不少经典,他已经整理录文。我便让他把录文寄来,如果符合《藏外佛教文献》的入选标准,可以考虑收入。

　　仔细阅读侯冲寄来的典籍后,我意识到以前人们对阿吒力教的判断都是错误的。正如侯冲所指出的,阿吒力教并非密教,它所传承的是汉传佛教中注重瑜伽法事、与

---

　　① 《云南阿吒力教经典研究》,侯冲著,中国书籍出版社,2008 年 3 月。

"禅"、"讲"相鼎立的"教"之一系。所谓"阿吒力教经典",实际上是应赴僧从事经忏法事的科仪。至今有个成语叫"照本宣科",指的就是应赴僧按照这些科仪的本子念诵宣唱。进一步搜寻有关研究资料,发现台湾蓝吉富先生前此已经提到:阿吒力教"与密教之间的关系,必须要重新估量。轻率地将它与唐代开元间的密教,或日本、西藏的密教(或密宗)画上等号,是不精确的"①。"阿吒力教信仰,是仍在杂密阶段的法术式的信仰。……似乎只是密教外壳的展示而已,并没有吸收到密教的核心内涵。……阿吒力教的教法,主要仍然来自中国的汉地佛教。"②蓝吉富先生在此对前此的研究提出质疑,并指出阿吒力教应该来源于汉传佛教,但对它与密教的关系,还缺乏明确的论述,似乎依然将它归为密教体系。侯冲的研究则进一步明确了阿吒力教与汉传佛教的关系,明确了阿吒力教的性质,从而为更加科学地研究阿吒力教奠定了基础。阿吒力教的典籍,理所应当收入《藏外佛教文献》。于是,1998 年 9 月出版的《藏外佛教文献》第六辑几乎成为阿吒力经典的专辑。在《卷首语》中,我评价说:"侯冲先生的研究虽然还有不少方面需要进一步完善与仔细论证,但已使我们对阿吒力教有了全新的认识,以前的疑滞一扫而空。"这就是我当时感受的实录。

从 1984 年开始,我一直在从事佛教文献的整理,每天接触各种原始资料。回头再看当时的某些研究论著,深深感到学术研究中的凭二手资料人云亦云,乃至信口开河是多么可怕。而侯冲能够在阿吒力教的研究中跨出如此飞跃的一步,关键在于他经过艰苦努力,充分占有大量的第一手资料。所以,我在《卷首语》中又写了这样一段话:

> 侯冲先生工作的另一个意义是再次证明了科学研究中努力占有原始资料的重要性。前此人们对于阿吒力教所以有种种不着边际的看法,主要原因是没有占有原始资料,仅满足于二手资料的转抄与人云亦云的摘引。……而侯冲先生之所以能够发前人之所未发,关键正在于他调查掌握与整理了一大批前人没有见到过的阿吒力教典籍。发表在第六辑的就是其中的一部分。我们希望这种重视原始资料的学风能够得到切实的发扬。

但是,坦率地说,1998 年发表阿吒力教的第一批典籍时,我并没有真正认识阿吒力教在中国佛教研究中的意义。当时,仅仅把它看做是云南的一个地区性佛教形态。我在《卷首语》中,曾用"活化石"一词来比喻阿吒力教与明代"教"派的关系,但论述的瞩目点,不在于探讨明代的"教"派的形态,而在于追溯云南阿吒力教的渊源。其后,我发现敦煌遗书中的一批忏仪法事文书与云南阿吒力教典籍有着密切的内在联系,这样,对阿吒力教的认识也开始逐步深化。

敦煌佛教,始终是我关注的重点。浸润于敦煌遗书多年,随着资料积累的日益丰富,对敦煌佛教性质的把握也日益自信。这时深深感到传统的佛教史研究过于侧重思想与义理,在资料的使用上也过于注重保存在大藏经中的正统文献。而由敦煌遗书保

---

① 《云南大理的阿吒力教》,载《中国佛教泛论》,新文丰出版公司,1993 年 8 月,第 58 页。
② 《云南大理的阿吒力教》,载《中国佛教泛论》,新文丰出版公司,1993 年 8 月,第 58 页、第 71 页。

存下来的一批反映当时寺院生活的活生生的资料,揭示给我们的佛教形态,与传统佛教史研究所描绘的佛教形态有着很大的差距。开始,我把敦煌遗书所揭示的佛教形态看作敦煌地区特有的现象,因敦煌特有的地理、历史条件而形成。但后来,发现事情并非如此,敦煌佛教只是一个麻雀,一个标本,它实际是全国佛教的一个缩影。只是敦煌遗书本是寺院弃物,保存的相关资料庞杂而不完整,资料与资料之间缺失许多中间环节,从而难以反映当时佛教的全貌。而仍在民间流传的"活化石"阿吒力教经典,就可以成为我们释读敦煌遗书的钥匙。所以,2000 年 6 月出版《藏外佛教文献》第七辑时,我在《卷首语》中写了这样一段话:

> 本书第六辑发表的云南阿吒力教资料,引起不少朋友的注意。应该说,这批资料的确为我们打开一个新的世界。佛教是一个多层次的存在,现在看来,它在社会上层的流传形态与它在社会下层的流传形态有相当大的差异。以往我们熟悉的是前者,而阿吒力教资料为我们揭示了后者。此次发表的阿吒力教资料共两篇,其中的《护国司南抄》是所有阿吒力教资料中最早为人们知道的,但至今为止还没有正式发表过完整的录文,此次为第一次发表。另一篇为《佛说消灾延寿药师灌顶章句仪》,这是根据《药师经》编纂的佛教仪轨,在中国民间影响极大,乃至影响到若干民俗活动。看敦煌遗书,往往对其中记载的敦煌人当时的一些活动不甚了了,看了这部著作,再翻翻《药师经》,才知道这些活动的源头原来就在这里。

西北的敦煌遗书与西南的阿吒力教经典竟然有许多共通之处,这一事实促使我思考很多问题。其中最关键的就是以忏仪佛教为核心的信仰性佛教问题。

佛教作为一种宗教,既有比较精细、高深的哲学形态,也有比较粗俗、普及的信仰形态。由此,它能够适应不同层次人们的不同需要。我把前一种形态称为"义理性佛教",把后一种形态称为"信仰性佛教"①。义理性佛教以探究诸法实相与自我证悟为特征,以大藏经中收入的印度译典及中国高僧著述为依据,以追求最终解脱为主要目标;而信仰性佛教则以功德思想与他力拯救为基础,以汉译典籍中的信仰性论述及中国人撰著乃至诸多疑伪经为依据,以追求现世利益及逃避地狱惩罚为主要目标。义理性佛教在我国佛教史上处于主导地位,它为佛教提供了高水平的骨干与活泼泼的灵魂,它的兴衰决定了中国佛教的兴衰;但信仰性佛教较义理性佛教影响更大、更深、更远,为中国佛教奠定了雄厚的群众基础,是中国佛教绵长生命力的基本保证。这两种佛教虽然各有特点,有时看来截然不同,甚至尖锐对立;但又相互渗透、互为依存,绞缠在一起,相比较而存在。当两者相对平衡,佛教的发展便相对顺畅;当两者的力量相对失衡,佛教的发展便出现危机。在中国佛教的研究中,两者不可偏废。

信仰性佛教的表现形式很多,诸如巡礼、拜佛、读经、造藏,如此等等,在此无法一一枚举,但其主流为忏仪佛教。

----

① 对于信仰性佛教,前此学术界有"民间佛教"、"民众佛教"、"民俗佛教"、"世俗佛教"等种种不同的称呼。笔者后来将这一名称改为"信仰层面佛教",并相应将"义理性佛教"改称"义理层面佛教"。

中国佛教的法事忏仪，起源已很难考证。可以想见，佛教初传，印度佛教的一些念唱祭拜仪轨，必然随之传入，只是现在已经很难了解其原貌。史载，桓帝祠浮屠、老子，"设华盖之坐，用郊天乐"（《后汉书·祭祠志》）。灵帝光和三年（180），朝廷"遣中大夫于雒阳佛塔寺中，饭诸沙门，悬缯烧香散华燃灯"（《历代三宝记》卷四）。此外如康僧会设像行道，传曹植摹写梵呗。如此等等，看来初传期佛教已经具备若干仪轨，这种仪轨呈现出华梵交杂的形态。但从总体来看，这种仪轨想必还不够系统，不够规范。而佛教教团作为一个集体生活的宗教团体，必须有一套关于日常生活以及宗教活动的规则。这套规则的创始人，据说是释道安。《高僧传》的"道安传"这样记载：

> 安既德为物宗，学兼三藏，所制《僧尼轨范》、《佛法宪章》，条为三例：一曰行香、定座、上经①、上讲之法；二曰常日六时行道、饮食、唱时法；三曰布萨、差使、悔过等法。天下寺舍，遂则而从之。②

唐道世《法苑珠林》的"呗赞篇"这样记载这件事：

> 又昔晋时有道安法师，集制三科上经、上讲、布萨等。先贤立制，不坠于地，天下法则，人皆习行。③

而宋赞宁《大宋僧史略》则这样说：

> 晋道安法师伤戒律之未全，痛威仪之多缺，故弥缝其阙，埤堰其流。立三例以命章，使一时而生信。一、行香定座上讲；二、六时礼忏；三、布萨等法。过逾此法者，则别立遮防。④

《出三藏记集》卷十二所载《法苑杂缘原始集目录》的"经呗导师集卷第六"中有这样的记录："《安法师法集旧制三科》第二十一。"⑤可见当时道安所制三科尚有留存。

需要注意的是，从上述记载看，道安制定的"三科"虽然基本上是僧团的行事规范，但其中已有"常日六时行道"（宋赞宁干脆称之为"六时礼忏"）的内容。从《洛阳伽蓝记》可知，直到南北朝中期，礼忏活动还不是佛教教团修持的重心。但到了南北朝晚期，礼忏活动已经成为教团修持的重要方法之一。关于这一点，只要看看天台宗推出的那一系列忏法，就可以明白。

由于资料的缺乏，我们目前对早期忏仪的情况还不能描述得十分清楚。我的初步印象，它是在某种佛教理论、某种佛教典籍的指导下制定的具体修持活动。不同的佛教理论、不同的佛教经典、不同的佛教宗派产生出不同的忏仪，相互间既有相通处，也有不同处。关于这一点，可以从保存在传统大藏经及敦煌遗书中的资料得到证实。值得注意的是，其后佛教的法事忏仪日益兴盛，且随着时代的发展，这种法事忏仪日益组织化，发展成为一个自演化的巨大体系。到唐代，规模巨大的水陆道场已经形成。而到了宋代，中国佛教的法事忏仪已经非常成熟了。其重要代表之一，就是我们现在看

---

① "经"，底本作"讲经"，根据校记删"讲"字。版本同下。
② 《高僧传》，汤用彤校注，中华书局，1992 年 10 月，第 183 页。
③ 《大正藏》第 53 卷，第 575 页下—第 576 页上。
④ 《大正藏》第 54 卷，第 241 页上—中。
⑤ 《出三藏记集》，苏晋仁校注，中华书局，1995 年 11 月，第 486 页。

到的形成于宋代的那些阿吒力经典。法事忏仪的出现,是信仰性佛教发展的重要阶段。而大规模法事忏仪的形成,是我国信仰性佛教由配角走上前台的重要标志。

由此应该指出,我国佛教研究界至今为止的主流观点认为,中国宋以下佛教的主要形态是禅净合流。因此,凡是研究宋以下佛教者,几乎都把眼光投射到当时的禅宗与净土宗。现在看来,这种观点应该予以修正。至于研究宋以后佛教,还把主要精力放在当时已经不存在,或者影响已经不大的所谓"八宗"身上,更是选错了方向。当然,什么事情都不是绝对的,研究辽代佛教,不能忽视华严与密教;研究西夏佛教,密教乃至藏传密教更加重要;研究浙江佛教,必须把天台纳入视野。万事要讲中道,要实事求是,不能走极端。

但是,不可否认的是,从全局看,我国宋以下佛教有两大主流:一是禅净合流;一是以忏仪佛教为核心的信仰性佛教。两大主流中,尤以后者为盛。

纵观我国意识形态领域这一时期的总体态势,就佛教禅净这一角度而言,在外部,面临宋明理学兴起这一大挑战。在内部,禅宗的理论创新期已经过去,此时除了师徒交接方法互有不同外,没有什么新的思想足以吸引人;而净土宗本来没有什么深奥的理论。所以,佛教原本活泼泼的灵魂已经奄奄一息。而就忏仪佛教这一角度来看,宋明理学的勃起,却恰好给了忏仪佛教一个极好的发展空间。这不但解释了为什么宋以下我国的忏仪佛教如此蓬勃发展,也解释了以经忏佛教为代表的我国明清佛教的由来。因此,忏仪佛教应该成为我们今后佛教研究的主攻方向之一。

出于上述思考,我在2003年6月出版的《藏外佛教文献》第八辑的《卷首语》中,写了这样一段话:

> 第八辑整理公布的云南阿吒力教的重要文献有《如来广孝十种报恩道场仪》。该典籍为南宋四川绵竹大中祥符寺僧人思觉集,八卷。系明清时期云南阿吒力僧和应赴僧常用科仪。该科仪在现存的阿吒力科仪中,规模最大,保存下来的本子也最多。就内容来看,乃引述宗密《佛说盂兰盆经疏》、慈觉《孝行录》(一般记载作《孝友文》或《劝孝文》)和契嵩《孝论》,并摘取经藏文句而成,集中国古代佛教孝道著述之大成,是研究中国佛教报恩行孝思想的重要资料。宗赜慈觉《孝行录》久佚,本科仪引述其中部分内容,从而为研究其思想保存了难得的资料。
>
> ……
>
> 印度佛教传入中国,与中国文化相结合,在不同的时代,显示出不同的形态。如果说,释道安以前,中国还处在一个用自己的传统思想去附会印度佛教的阶段的话;从鸠摩罗什入华开始,中国人开始真正地认识印度佛教;而以南北朝晚期中国佛教宗派的出现为标志,中国佛教的主流思潮已经成为中国传统思想与印度佛教思想的互融互用,这也是儒释道三教结合思潮在佛教中的反映形式之一。会昌废佛之后,在诸种因素的交互作用下,佛教的形态又发生新的变化,这主要体现在仪礼佛教日益成长壮大。中国的仪礼佛教,诞生于两晋南北朝,成型于唐朝,而到五代、北宋以下,蔚成大观。它是信仰性佛教的重要表现形态,也是佛教与儒道两

教交汇的一个重要纽结点。理解这一点，才能理解明清以下的佛教，何以被时人批评为"鬼神佛教"，被太虚斥之为"死人佛教"。突破这一点，我们才能突破宋以下佛教研究动辄八宗的局面。而云南阿吒力教的文献正是我们研究仪礼佛教的重要的"活化石"。我相信，随着敦煌遗书中各种仪礼佛教资料的整理与研究，随着阿吒力教资料的清理与研究，随着更多其他历史资料的发掘与现行资料的整理、汇集与研究，中国的信仰性佛教研究、仪礼佛教研究、宋以下佛教的研究，一定会打开一个全新的局面。

上文中的"仪礼佛教"，也就是我现在所谓的"忏仪佛教"。用词的不同，表明我前后思索的过程。上文再次使用了"活化石"一词，1998年用这个词，思想尚拘囿于云南一隅，但此时已经认识到阿吒力教并非是云南的地域性宗教，而是解明宋以下中国佛教之以忏仪佛教为核心的信仰性佛教之关键。我以为，只有从这个角度来认识阿吒力教，才能真正把握它的特质与内涵。

到了这个时候，我已经清醒地意识到，前此的中国佛教研究往往腰斩于隋唐五代，除了种种其他原因外，忽视了忏仪佛教的巨大存在，是一个最为重要的原因。不搞清楚忏仪佛教的来龙去脉，实际地位，不可能真正写好宋以下中国佛教史。所以，此后在国内外多个场合，我都曾呼吁要注意以忏仪佛教为核心的信仰性佛教研究，并预言它必定成为中国佛教研究中新的学术增长点。

上面概述了十多年来我对阿吒力教乃至对中国佛教的思考。这些思考，与这些年我对敦煌遗书的整理有关，与我在参与编纂《中华大藏经》的过程中接触的大量其他佛教文献有关，但更与侯冲对阿吒力教经典的整理、研究有关。比较而言，上述三方面因素中，侯冲的工作最为重要。因为传统的大藏经，由于种种原因，很少收入忏仪佛教的典籍。而敦煌遗书，如上文所说，本身原是佛教寺院的弃藏。因为是弃藏，所以保留了许多传统大藏经不收的东西，从而能使我们接触大量的前所未知的新资料；但也正因为是弃藏，所以其中的资料破碎零乱，不成系统。如果没有阿吒力教的经典作参照系，估计再过若干年，我们也很难将那些零乱的忏仪资料，串联在一个统一的背景上。所以，侯冲对阿吒力教经典的整理、研究，既是奠基性的，又是开创性的。在这个基础上，将会开创出中国佛教研究的新局面。

这个新局面包括哪些内容呢？我想，大概会出现这样一些成果：中国佛教早期忏仪的产生及发展与印度佛教礼忏、中国本土道教、民间宗教的礼忏的关系，早期忏仪的地位、作用与行法，南北朝时期杂密与忏仪的关系，宗派佛教时期忏仪与各宗派理论及修持方式的结合，唐代密教与忏仪佛教的关系，典宗忏仪与典经忏仪之异同，小型忏仪的集约化与以水陆道场为代表的大型忏仪的形成，忏仪与亡灵超度，忏仪从修持方式到超度仪式的演变，忏仪的理论基础及表现形态，忏仪中佛教理论的枯竭与忏仪形态的僵化，乃至由此衍生的忏仪与中国民间音乐研究、忏仪与词曲研究如此等等。

进而，我们应当认识到，近代被太虚等人批评为"死人佛教"的经忏佛教，在其产生之初，有其历史的合理性。其后虽然日益僵化并走向反面，但至今仍然适合着部分信教群众的宗教需求。因此，原封不动地沿袭经忏佛教固然不可取，标榜不做经忏也未必是什么好的办法。正确的态度，是应该研究它、改进它，使它适合新时代的需要。

当然，且不说改进它，即使把忏仪佛教从初传到现代的发展历程全部叙述清楚，就是一个巨大的任务。与这个任务相比，侯冲现在所做的工作，套一句人们常用的话，只是万里长征走完了头一步。但中国还有一句俗话："良好的开端，成功的一半。"侯冲的这头一步走得非常好，方向正确，步伐稳当、扎实。相信他在这条道路上会越走越好，取得更大的成绩，为中国佛教的研究作出新的更大的贡献。

2007 年 12 月 18 日于通州皇木厂

《中国佛教经论序跋记集》序①

　　本书是中国古代佛教典籍之序引跋记的汇集。收集时限上自后汉，下至清末，共计2500篇左右。

　　佛教于两千多年前传入中国。两千多年来，佛教与中国传统文化深相互动，其结果既极大地改变了中国文化的面貌，也极大地改变了自己。使得原为域外宗教的佛教，成为中国文化的有机组成部分，与儒道两教一起，共同支撑起中华文化之鼎。

　　佛教的传播，就其本质来说是一种文化的传播。文化的传播需要载体，典籍就是佛教传播的重要载体。正因为有了典籍，思想的传播才能够超越时间与空间；正因为有了典籍，我们今天才能追索佛教传播与演化的过程。

　　中国佛教的典籍，可以分为两大部分：域外传入的翻译典籍、中国人自己编撰的中华佛教撰著。翻译典籍记录的原本是域外的思想，但从这些典籍被翻译成中文之时起，它们所承载的思想就或多或少地受到中国传统思想的影响而产生变容。思想文化因翻译而发生变容转型，这可以说已经成为文化交流的一种规律。那么，由佛经翻译而发生的佛教思想的变容转型，究竟是怎样展开的？这就需要具体地考察每一部典籍的翻译过程，包括它的翻译时间、地点、译主、译场的其他翻译者、参与翻译的人员对该典籍的理解等等。而关于这些典籍翻译情况的最早的第一手资料，就记载在相关的翻译记以及序引跋中。除了翻译时的变容外，其后的中国人在学习这些典籍的过程中，到底是如何看待与接受域外的这些佛教思想的呢？这就要考察中国人阅读这些典籍之后所写的著作与文章，这里主要包括中国人为这些典籍专门撰写的各种章疏，以及他们为这些典籍所写的序跋。至于中华佛教撰著，则更加明确地记录了中国人如何吸收、消化外来佛教，以营养自己的全过程。所以，中华佛教撰著的序引跋记，自然也是我们研究这些撰著的第一手资料。

　　总之，典籍是我们研究佛教的基本资料，而序引跋记浓缩了关于典籍的大量信息，所以序引跋记在佛教研究及佛教文献学上具有极其重要的地位。有意思的是，印度古代虽然编撰出大量的佛教经典，但除了个别例外之外，我们没有发现有如同中国那样的序引跋记。我认为这与汉民族的民族特性有关。汉民族是一个有着高度历史观念

---

　　① 《中国佛教经论序跋记集》，许明编著，上海辞书出版社，2002年9月。略有修订。

的民族。自古以来，便采用各种方式，记录自己民族各个方面的发展史，包括利用序引跋记，记录自己在佛教典籍方面的活动。可惜的是，由于种种原因，这些记载很多已经被湮没在历史的长河中。今天我们能够看到的，只是其中很小的一部分。

从现有材料看，在中国佛教文献学史上，第一个注意利用序引跋记来研究佛典的是东晋十六国著名高僧释道安。释道安不但在钻研与注疏佛典的过程中撰写了不少序跋，而且在自己编撰的《综理众经目录》中，充分利用了前人撰写的序引跋记。只是道安没有能够把他所见到的序引跋记全部汇总收集。这一工作是由南朝梁著名高僧僧佑承担起来的。僧佑认识到"经序总则胜集之时足征"，即根据经序，可以考察到各佛教典籍翻译的情况，于是在他的名著《出三藏记集》中特意设立了一个部分以总列经序。在这一部分中，僧佑汇总了他当时能够收集到的序引跋记共计 110 篇[①]，其中只有 33 篇为后代大藏经所收录，另外的 77 篇则赖有僧佑的汇总，才得以保存至今。这些序引跋记，是我们研究汉魏两晋南北朝佛教的不可或缺的重要资料。例如，释道安的著作绝大部分都已经亡佚，只有少数经序留存，而这些经序，绝大部分保存在《出三藏记集》中。以至我们不能设想，如果没有《出三藏记集》保留的这些经序，应该怎样从事释道安的研究。

遗憾的是，僧佑以后，除了《古今图书集成》之外，再也没有人注目于此。收集汇总佛典序引跋记的工作似乎要成为绝响，这将是我国佛教文献学的一个巨大的损失。鉴于此，几年前我就有重新编纂佛教典籍序跋集的设想，并着手收集了若干资料。但是，由于另外一些更加紧迫与重要的工作压手，收集工作断断续续，虽未中止，但完成无时。

今年春天，许明同志抱着篇幅长达 2600 页的《中国佛教经论序跋记集》前来找我，说他用两年多的时间，编纂了这部大书，希望我帮助他审阅一下，还希望我写一篇序。当时，我真是又惊又喜。吃惊的是年轻的许明同志能够有这个眼光，认识到佛典序引跋记的重要价值；也对他竟然下这么大的工夫把这件事情做成感到吃惊。高兴的是自僧佑以来断绝了一千多年的这一工作终于赓续有人，僧佑有知，亦当颔首；也为这件事已经有人在做，我可以给自己卸载而感到高兴。尤其当我得知许明同志没有工作，没有稳定的收入，却不顾一切地花费几年的时间，从事这一非常有学术价值，却未必有什么经济效益的事情，真是非常感动。在社会普遍浮躁、学术正在腐败的今天，这实在是一股清新的空气。面对许明及他的工作，许多人应当羞愧。人之所以为人，是要有一点精神的。

本书共收入佛典的序引跋记约 2500 篇，是《出三藏记集》的 20 多倍。仅这一数字的对照，就说明本书资料价值之高。本书的诸多序引跋记虽然大多集录自《大正藏》、《卍字续藏》、《全唐文》等大丛书，但编者不是简单地照录原文，而是作了一番艰苦的考订工作。这主要体现在对作者的考订上。有些篇章传统无作者名，但编者将其考出；有些篇章原注作者有误，编者做了订正。这些都是值得肯定的。

---

① 　其中有个别文章是后人增补的。

　　当然,这样一部大书,又是重新移录标点,其鱼鲁之讹、误标之处,在所难免。为了对读者负责,编者特意在篇名索引中注明每篇文章的出处。这样,读者可以根据需要,覆按原文。这说明编者对人、对事的态度是诚恳的,对自己从事的这项工作是老实的、认真的。说起来,标明出处,实际只是对文献工作者的基本要求。然而,就是这一基本要求,有些专业的文献工作者还没有做到。比较之下,业余的文献工作者——许明同志的努力就更显得难能可贵了。

　　许明同志已经作了很好的工作,但佛典的序引跋记数量甚大,没有被本书收入的还有不少,希望许明同志或其他有意于此的朋友们共同努力,彻底完成这项工作。

2002 年 6 月 2 日夜于惠新北里

《中国佛教疑伪经综录》序[①]

佛教传统认为佛亲口所说或佛认可者为"经",不符合上述标准而妄称为"经"者为"伪经",真伪难辨者为"疑经"。正统的佛教徒为了纯正信仰,历来主张禁绝疑伪经。

疑伪经问题在印度已经出现。印度佛教传入中国,以佛教为代表的印度文化与中国传统文化的相互濡化,中国佛教疑伪经大量涌现。随着中国佛教自我意识的日益清晰,以道安为代表的中国佛教徒逐渐发现这一问题,力求解决这一问题。保留在大藏经中的历代经录,记录了中国佛教徒在这方面的不懈努力。大批疑伪经因此被摒除出佛教大藏经。除少数始终在民间流传,保存至今外,绝大多数疑伪经均皆亡佚。赖敦煌藏经洞发现,经多年调查,我们发现敦煌遗书中保留疑伪经100多种,其中不少为历代经录曾经著录,亦有不少为历代经录从未著录。

从上个世纪开始,日本以矢吹庆辉、宇井伯寿、冢本善隆、牧田谛亮为代表,中国以梁启超、吕澂、汤用彤等为代表的学者对中国佛教疑伪经进行了卓越的先行研究。这一时期研究的主要贡献有两点:第一是为疑伪经平反,指出疑伪经具有极其重要的研究价值,从此疑伪经进入研究者的视野。第二是通过对若干疑伪经的研究,提出一些佛教研究中的重大问题。不足则是以形而上学的观点看待佛教典籍及佛教的传播与发展,从而淆乱了疑伪经的判别标准,将疑伪经研究导向混乱,由此掩盖了佛教发展中的一些重大问题。

上个世纪下半叶,特别是本世纪以来,疑伪经研究已经成为国际佛教研究的一大热点。新的成果层出不穷。日本有木村清孝、落合俊典、船山彻、西本照真等,美国有太史文、博斯韦尔、Harumi Hirano Ziegler 等,法国有郭丽英等。中国也有不少研究者关注这一课题,发表一批成果。如张总关于三阶教经典的研究,汪娟对忏礼佛典的研究,还有杨梅、张淼、张磊、伍小劼等新秀的努力。这一时期研究的贡献也有两点:第一是进一步认识到佛教疑伪经与中国传统文化,特别是道教、民间巫道的密切关系。第二是对某部或某类疑伪经的个案研究有所推进。不足是从全局看,还缺乏对疑伪经的总体把握。此外,有关疑伪经判别标准的混乱加剧,导致疑伪经研究平台有被颠覆的

---

① 《中国佛教疑伪经综录》,曹凌著,将由上海古籍出版社出版。

危险。

为此，从源头上对疑伪经研究进行拨乱反正，就是摆在我们面前的一项十分紧迫的任务。从某种意义上讲，曹凌这本《中国佛教疑伪经综录》，就是对当前疑伪经研究进行拨乱反正的工作之一，而且是一项重要的基础性工作。

本书由曹凌在他的硕士论文的基础上修订而成。当初设计这一课题，就是想从源头上对中国佛教疑伪经做一个清理：在中国佛教史上，到底出现过多少疑伪经，其中多少曾经产生过影响，多少已经亡佚，目前保存的有多少，保存在哪里。在看了不少用"抓住一点，不及其余"的方式写出来的论文，看了不少凭空构虚的结论之后，我特别希望给研究者提供一个基本的工具书，使他们能够比较方便地把握疑伪经的全局，找到相关的原始资料，避免再犯类似的错误。

但要完成这样的工具书，需查阅资料之多、花费的精力之大，非亲身经历，恐怕难以想象。虽然我们已经有多年敦煌遗书调查的积累，但那仅是一个尚未完成的草目；虽然 CBETA 已提供的《电子佛典集成》这样优秀的工具书，但还有大量的资料尚未有类似的电子文件。因此，类似《中国佛教疑伪经综录》这样的著作是对作者毅力、耐心以及牺牲精神的一种考验。我高兴的是曹凌经受住了这一考验，从而不但让自己在学术研究的道路上迈出坚实的一步，也为疑伪经研究作出重要的学术积累。

对于本书的学术价值，我想用一句话概括：在新的质量更高、内容更加全面的类似作品出版之前，这是一本今后的疑伪经研究者必读的工具书。相信读者翻阅本书以后，会同意上述评价。

对本书的不足，我想提出如下两点：

一、本书以汇集、整理相关资料为己任，而资料是不可能穷尽的。因此，本书必然会有遗漏。校书如扫落叶，整理资料也同样。因此，本书必然会出现各种错误。作者在修订时已经发现并改正了若干错误，但我相信一定还有不少错误有待发现。作为论文的指导教师，我对这一不足有无可推卸的责任。也希望诸位先生不吝指教，使本书在将来修订时得以补正错漏。

二、本书只包括到唐《开元释教录》为止中国历代经录所著录的疑伪经，没有包括保存在敦煌遗书中而未被上述经录著录的疑伪经，也没有包括《开元释教录》以后中国新出现的疑伪经。这一不足，责任完全在我，因为选题及其范围由我确定。我以为对一个硕士研究生而言，三年能够完成这样一个题目，已经满负荷了。

在写作本书的过程中，曹凌对原始资料所下的苦功及由此得到的锻炼，相信对他将来的学术生涯会有所帮助。硕士生阶段实际只是奠定基础，博士研究生则应在学术前沿作出贡献。相信他会继续努力，向更高的目标前进。

2011 年 3 月 6 日于通州皇木厂

关于早期汉译佛典中音译词汇的梵汉对照问题的通讯

×××先生：

我虽然学过梵文，多年不用，现在除了可以借助词典解决一些小问题，已经没有能力从事纯粹的梵文研究。但我是从事佛教文献学的，这里想从佛教文献学的角度谈谈我的看法，也许对你有所帮助。

诚如您来信所说，"按照现今发布的梵语佛经"做梵汉对照，"但是发现最早期的佛经翻译往往与此不合"。这使您困惑，从而提出"音译词的产生几乎不再可以发现某些合理的经验规则和一致的传统惯例"这一问题。

我想，首先需要探究造成早期佛经中音译词汇与"现今发布的梵语佛经"不合的原因。原因清楚了，解决的办法也许就有了。

我认为原因大体上有如下几点：

（一）早期佛典的传入源

在谈传入中国的佛典的传入源前，我想需要先说明三个差异：

1. 地区差异

佛教产生于公元前6、5世纪。公元前3世纪已经传到西北印度。当西汉哀帝元寿元年（前2）佛教传入中国时，佛教不但已经在印度流传了好几百年，而且已经在中亚流传了200来年。几百年来，佛教在如此广大的区域流传，而由于释迦牟尼的语言政策（参见季羡林先生相关论文），各地教团都用当地方言传播佛典，这就使得各地区的佛典的语言歧杂多样，形成佛典的地区差异。

2. 记忆差异

古代印度与中亚，别说印本，写本佛典也很少（参见法显《佛国记》），主要靠脑袋记忆。我们当然要佩服古代僧人非凡的记忆力，但也要承认人的脑子总是有局限的（参见《付法藏因缘传》）。这也造成佛典的歧杂与差异。

3. 传本差异

即使进入写本时代，由于写本本身的流变性（参见拙作《关于汉文大藏经的几个问题》），也使佛典出现不同的传本。口头传播时代，传承差异的情况自然更加突出。

早期佛教是在这样的背景下传入中国的。

按照《开元释教录》的记载,东汉在中国翻译佛经的外国人(不计迦叶摩腾、竺法兰两个面目不清的)共有 9 人。按照当时以国为姓的习惯,可知其中 8 人的国别:

支娄迦谶,月支人;

安世高,安息人;

竺佛朔,印度人;

安玄,安息人;

支曜,月支人;

康巨,康居人;

康孟详,康居人;

竺大力,印度人。

下余昙果,《开元释教录》说他是西域人,从迦维罗卫国来中国。故他可能是中亚人,也可能是印度人,暂不论。

早期翻译,很少依据经本,一般依靠僧人背诵,形成道安说的"遇全出全,遇残出残"的情况。不同的人,来自不同的地区,有着不同的地区差异、记忆差异、传承差异的背景,翻译出来的经典,不可能整齐划一。

这是东汉的情况。到了西晋,据说竺法护曾遍游西域三十六国,三十六国各有自己的语言与文字。

在这种情况下,我们现在要想寻找一个标准,来划一早期传入的佛典,恐怕不大可能。

(二)印度的梵文化与印度佛典

佛教原本是印度土著文化的代表(参见拙作《渊源与流变》),其后婆罗门教流遍印度大地,婆罗门教的正统语言梵文也成为全印度通用的官方语言。这一过程大体完成于笈多王朝时期(约 320—540),佛教典籍也开始梵文化。

佛典梵文化是一个过程,包括把以前的俗语佛典翻译成梵文与新的佛典用梵文撰写两个方面。翻译本身是一个困难的工作,所以至今留下一批半梵文、半俗语的佛典,亦即所谓"佛教梵文"。

上面这些情况我想您一定熟知。我所以提及,是想表达这样一种观点:所谓"现今发布的梵语佛经"都是佛典梵文化以后的东西,拿这种以后出现的东西去规范以前已经存在的东西,从方法论的角度讲,似乎并不妥当。

(三)中国的佛典翻译实际

早期佛典在中国是怎样翻译出来的呢?我在拙作《佛教志》中曾有一段描述,大意是不通中文的外国僧人与一个不懂佛教但懂一点外文的中国人共同合作,这样翻译出来的东西,会是怎样一个水平,我们完全可以想见。

还有一个问题是,古代的翻译往往是集体劳动,与今人的个体劳动截然不同。现在大藏经中记载,某经某人翻译,其实这种记载大可怀疑。很多译者实际不懂汉文。他们的责任,只是背出原文、讲解经义而已。真正的翻译是译场的其他人。虽然是同一个译主,但如果译场工作班子的组合不同,翻译出来的经典风格自然也不相同,这也是造成译本词汇歧异的原因之一。日本有先生致力于用计算机分析不同译者的遣词造句风格,以分析译本的真正译者。但是,如果不能了解每一部经典翻译时的具体工作班子,上述研究,只能是聚沙成塔。

综合上述三点,我认为,想用"现今发布的梵语佛经"对早期汉译佛典作准确的梵汉对照,应该是一个不可能完成的任务。

那么,我们是不是一点办法也没有了呢? 不是的。

如果我们能够搞明白每一部早期译经具体来自哪个地区;

如果我们对那个地区的古代语言基本能够掌握;

如果我们对这部佛典的汉译班子人员及其翻译的其他经典与文风也有基本了解;

在上述条件下,再利用"现今发布的梵语佛经"中已有的成果与资料(语言毕竟有继承性),进行综合的研究,我想,我们还是可以逐步达到目的的。日本辛岛静志的《法华经词典》就是一个很好的尝试。他现在正在从事《道行般若经》的工作,进展也不错。

当然,这条道路是艰辛的,需要古代中亚语言文字的深湛知识,需要汉文佛教文献学的认真考据。寄希望于我国的青年学者。

回答匆忙,加上自己对梵文一知半解,想必会有不正确、不全面的地方,仅供参考。

谨颂

时祺!

方广锠 2008 年 9 月 5 日星期五

中国佛教史研究的新收获①

佛教传入我国已有两千年。两千年来,它与中国传统文化互相扦格、斗争,又互相影响、融合,最终成为中国传统文化的一个有机组成部分,深深渗入到中国社会的各个方面。在历史上,各社会阶级都曾用它作过阶级斗争的武器。它在中国风行一时,给哲学、伦理、文学、艺术、音乐、雕塑、绘画等各种社会意识形态以巨大的影响。探索佛教在中国历史上的社会作用,搞清它对上层建筑各领域的影响,对科学地认识中国的哲学史、历史、文学史等是至关重要的。

近百年来,我国佛教研究界有不少人都曾有意写一部中国佛教通史,但由于种种原因,始终未能实现。虽然有些研究者作了一些断代研究,发表了一些颇有价值的著作和论文,但这毕竟不能代替佛教通史。近几十年来,国外倒出了好几种中国佛教史,作了一些有益的探索,但也存在不少问题。最近出版的任继愈同志主编的《中国佛教史》(第一卷),终于填补了我国佛教研究的这一空白,佛教研究界多年来的夙愿开始实现了。

一

研究中国佛教,首先遇到的是佛教初传中国内地的年代问题。由于佛教初传时,中国人以传统的神仙方术视之,没有给予很大的重视。待到佛教在社会上的影响愈来愈大,才去追溯它初传时的情况,这就不免夹入许多猜测、粉饰之词。加之一些佛教徒在与儒道两教的斗争中为了弘扬佛教,总是力图把初传年代向前推,甚至一直推到释迦牟尼本人尚未诞生的中国三皇五帝时代,还编造出许多离奇古怪的神话。这就把本来就含混不清的问题搞得更加扑朔迷离,使得佛教初传问题成为一桩千百年来纠缠不清的公案。

历代关于佛教初传的说法有十余种。目前比较流行的有两种。一是传统的东汉

---

① 曾载《读书》1982年第8期。编辑未经作者同意,对行文风格有修改。现原稿已亡,无从恢复原文。

永平年间,汉明帝感梦遣使求法说。这种说法常见于各种书刊杂志,在社会上占优势。二是汤用彤先生主张的西汉哀帝元寿元年(前2)大月氏使臣伊存口授浮屠经说。这种说法主要流传在学术界。任编《佛教史》详细考证了有关佛教初传的种种说法,在肯定了汤用彤先生观点的基础上,进一步考察了公元前后印度佛教的部派分布和流传情况,汉时西域各国的佛教发展情况以及汉朝与西域的交通往来情况。他指出:"从现有史料分析,佛教在西汉末年已经西域传入中国内地,到东汉以后逐渐在社会上流行。因此,如果不断定具体年月而笼统地说,佛教在两汉之际输入中国内地,也许更符合实际"。(45页)这是一个在大量分析、考证的基础上作出的判断,尽管还是一家之见,相信能够推动对这个问题的深入讨论研究。

二

产生在古代印度的佛教为什么能在中国扎根、兴盛? 对于佛教信仰者来说,这个问题也许是不值得一提的。因为既然释迦牟尼为普度众生而创立佛教,那佛教自然就是放之四海而皆准的了。有些研究者虽然把佛教当作一种历史现象来研究,但他们孤立地就佛教而研究佛教,没有把佛教与当时当地的各种社会条件联系起来,以致把佛教的发展说成是一些帝王、高僧的个人活动的结果。任编《佛教史》力图以历史唯物主义为武器来解剖佛教,把它放在中国历史的总背景中,放在阶级与阶级斗争的环境中,从上层建筑与经济基础相互关系的角度,从佛教与中国传统文化又冲突、又融合的历史发展角度去研究它,因此自有新见。它开卷用一章的篇幅详细介绍了佛教传入之前中国社会上流行的各种宗教迷信、神仙方术。然后指出:印度佛教在向中国社会传播的过程中,不能不受到这些文化传统的制约和影响。实际上,佛教之所以能在中国扎下根来,正是因为他吸取了中国传统宗教、哲学的某些特点。佛教初传时被人们视作黄老之术,就是一个明证。

作者认为,佛教到东汉末年才得以长足捷进,其主要原因从政治经济方面来讲,是那时外戚宦官交替专权,政治愈来愈腐败。"百姓荒馑,流离道路","饿死者,什四五",甚至"人相食"。这种社会状况为宗教的发展提供了良好的土壤。同时,大规模的黄巾起义的失败,更使农民群众"不得不退却,不得不把委屈和耻辱、愤怒和绝望埋在心里,仰望茫茫的苍天,希望在那里找到救星"(《斯大林全集》第六卷43页)。而统治阶级在执行刽子手的职能之外,也需要一种能执行牧师职能的工具,以麻醉人民,巩固统治。在这种情况下,佛教主张的人生即苦、无常的说教便得到人们的欢迎,佛教关于彼岸世界的廉价入门卷便得到广阔的市场。从思想文化的方面来说,从西汉武帝以来一直占统治地位的儒家学说开始动摇,思想文化界呈现一派活跃景象。许多学者试图寻找新的思想理论来巩固东汉的统治,特别是许多学者对儒家的攻击批判,为佛教的传播提供了十分有利的条件。而由于老庄学说地位的不断提高,玄学的形成与盛行,也为佛教在义理上的普及奠定了思想基础。任继愈同志一贯主张要从社会的物质生活条件、阶级与阶级斗争及上层建筑各个领域的相互关系中去寻找佛教赖以存在的条件,他的这一新著《中国佛教史》(第一卷)应当说也贯串了这一马列主义的观点。

三

佛学自来号称"难治"。那么,是否古代佛教大师的思想真的那么深邃难测,以至今人都无法理解吗? 不! 今人的思维能力和思维水平毕竟远远胜于古人。那么,问题何在呢?

今人叙述古人,往往有两种毛病。一种毛病是站在古人的立场上重拾古人的话头,即所谓以经解经。这样做,即使能完全不走样地真正表达出古人的思想,但由于没有用现代科学来分析,没有提高到现代科学的水平,只是转手贩运,自然于人无补。且由于没有用今人习惯的科学语言来表达,往往使今人看不懂。另一种毛病是随便比附,任意发挥。即用中外一些现代思想派别去比附古人,把今人的思想强加在古人身上。这样,看来似乎条理清楚,实际上缺少科学性。比较,的确是进行科学研究的有效方法之一,但所比较的对象一定要有可比性,不能生拉硬扯。

本书第四、五两个整章中详细分析了东汉、三国时期流传的几部主要佛教经典和几部主要佛教经典和几个主要的佛教派别,是全书的重点。从这两章的论述看,作者避免了上述两种毛病,研读之后,启发颇多。

例如,书中对小乘佛教的"三科"、"五阴"、"十二因缘"、"四谛"、"三十七道品"等基本概念作了很有价值的探讨。既介绍了这些佛教概念的本来意义,又对这些概念进行了科学的分析。既指出了它们对人类思维发展史的贡献,又说明了它们究竟是从哪一点滑向唯心主义,导致荒谬结论的。

又如,书中进而分析了小乘佛教是怎样通过上述概念演绎出自己的宗教体系的。书中指出:"小乘佛教脱离人的社会关系来看待人和社会关系,把社会问题归结为每一个人的生死问题,把社会的弊病,归结为人生观的弊病。它教人用超脱现实社会的方法去认识和解决每个人的苦难和矛盾。小乘佛教哲学的全部任务,就是用来阐明他们的这种宗教学说的。"(230 页)读来觉得精到明快,一针见血。

治中国佛教史的人,往往因为汉译佛经的晦涩难懂、文理扞格而摇头兴叹。自古至今,一直有人指责译经家们把经译错了。固然,从翻译的角度来讲,不少汉译佛经确与梵文原典有不符之处。但问题的关键是,古代的译经家为什么会错译? 又为什么这样错译而不那样错译? 这个问题过去很少有人涉及。任编《佛教史》认为,这种情况"表现了佛教思想在师传上的差别,反映了佛教思想在中国传播上所适应的时代思潮上的不同"(317 页)。也就是说,不少所谓佛经翻译错误,实际上是中国传统思想在佛经翻译中的反映,是印度佛教向中国佛教转化的反映。中国译经史上还有一种情况:有的经曾先后多次译出。任编《佛教史》认为,这些不同时代译出的经,分别打上了不同的时代烙印,任编正是通过这些中文译本与印度佛教思想的比较分析及各种不同时代译本的比较分析来把握中国佛教的特点及各个时代思潮的脉搏。这种对待史料的方法,是中国佛教研究中的一种创新,是值得称道和学习的。

四

　　宗教是一种复杂的社会现象。它不仅表现为宗教思想,还表现为一定的宗教组织,并反映在建筑、雕塑、绘画、音乐、舞蹈、文学、艺术等各个领域中。换言之,写佛教史,不但要收纳各类文字资料,还应该审视各类非文字资料,诸如建筑、雕塑、绘画……应把所有这一切都贯串起来,作综合的、整体的研究。国外一些学者,现在很重视这种整体性的研究,但我国的一些学者,往往仍局限于只注意文字资料的传统方法。任编虽然已注意到非文字资料的运用,但是应该说还是很不够的。

　　我国佛教的非文字资料是很多的。现已发现的东汉遗物有内蒙古和林格尔汉墓壁画、山东沂南画像石墓、四川彭山的陶座、四川乐山麻壕及乐山柿子湾的崖墓及江苏连云港孔望山摩崖石刻等等。这些都是研究中国佛教的宝贵资料。它向我们提出一系列重要问题。以孔望山石刻为例,把它与文字资料相印证,我们可以知道在东汉时期,徐海地区是佛教传布的中心之一。那么,为什么这一带能成为佛教中心呢? 这儿的佛教是从哪儿传来的呢? 它与滨海地区易得风气之先这一地理位置有无关系? 它与南海交通的开凿与海上"丝绸之路"的形成有何关系? 与滨海地区古已兴盛的神仙方术又有何关系? 等等,都是值得研究的问题。此外,各地的寺庙建筑,也应该是佛教史考察的内容之一。例如,据郡县志及山志,三国时,仅浙江一地就有寺庙九所:海盐、天台各二所,慈谿、嵊县各一所,黄岩三所。其中海盐的通元寺是赤乌中由吴大帝(孙权)夫人舍宅建造的。这反映了当时佛教进入上层宫廷的情况,也可作为任编《佛教史》提及的孙权帮助康僧会建立佛寺的一条间接旁证。要之,如能将这类材料都搜集进来,佛教史就将更完善了。

为中国建设新文化铺路垫石①

1981 年 4 月，任继愈先生在《汉唐佛教思想论集·三版附记》中写下这样一段话："'文化大革命'，横扫一切'旧文化'，1974 年以后，全国演出'儒法斗争'的闹剧，到处'以阶级斗争为纲'，科学研究已无从说起，历史人物、历史事件被抓来作为政治斗争的筹码。学术界一片荒寒，没有研究，没有自由，只有'四人帮'的口号。哲学史不能讲，佛教史也不能讲。偏偏在 1972 年到 1974 年患眼病，右目丧明，左目视力减退到正常视力的三分之一，生活条件既艰难，心情也十分苦闷。蕴积多年的一些成型的关于佛教史和中国哲学史的思想体系，没有机会写出来。日迈月征，人已渐老，总想给后人提供一点思想资料或工具知识，打算编一部佛教辞典。因为这是一部工具书，不涉及'儒法斗争'，可免于文网，辞典条目分条进行，不必连续写作，适于一个人在病榻上进行。已拟定了辞目，并已开始着手。"

这就是这部《佛教大辞典》得以产生的最初的因缘。

进入改革开放的新时期，任继愈先生逐渐将精力转移到《中国佛教史》、《中华大藏经》、《中国哲学发展史》等工程的编撰与组织上，至于《佛教大辞典》，用任先生的话来说，"只好暂时放一放"。但据我所知，这项工作实际并未被搁置。就在撰写上文的 1981 年左右，他曾安排王世安先生（商务印书馆版《印度佛教史》的译者）住在香山，专门从事佛教辞典资料的检索。当时也曾经嘱咐我们这些刚刚毕业的佛教研究生，认真地读一点佛经，在阅读中摘录有关资料，以供《佛教大辞典》之用。其后，上海辞书出版社出版了由任继愈先生主编的《宗教词典》。那是一部中型词典，且涵盖所有宗教，佛教条目相对不多，自然不是任先生心目中的"佛教辞典"。记得是上个世纪 80 年代晚期，任先生终于将《佛教大辞典》的编撰正式推上马。从那时至今《佛教大辞典》正式出版，也已经 10 多年了。

30 年前，任先生由于客观环境不适于从事学术研究，因而计划编撰佛教辞典。其后，客观情况已经改变，学术研究的环境也大大改善，但任先生对编撰佛教辞典依然念兹在兹，执著不放，原因何在呢？我以为，这可以在任继愈先生的另一篇文章《中国国家图书馆藏敦煌遗书序》中找到。

---

① 曾载《中华读书报》2003 年 5 月 14 日。

在这篇文章中,他说:"世界上文明古国,有的衰落,有的不复存在,而中国,这个文明古国,古而不老,旧而常新。"其重要原因之一,在于"它根基深厚、源远流长的文化传统"。正是这一文化传统,使"中华民族历经千劫百难,屡踣屡起,屹立于世界民族之林"。

古老的传统,而能够屡踣屡起,则这种传统,一定内蕴着一种能够与时俱进的命脉,从而使它得以不停地进行新的思想文化建设。在任先生看来,要进行新的思想文化建设,需要两个方面的条件。一个方面是新材料与新手段;另一个方面是时代的需要。在上述两个方面中,他特别强调后者的重要性。

但"时代的需要"既然是一种客观的存在,它就不依人的意志、好恶为转移。因此,当这种"需要"还没有出现,一个以承担祖国文化命脉自许的知识分子所应该做的,就是努力进行资料的搜集、整理,为将来一定会出现的思想文化建设的高潮铺路垫石。这就是任先生的一个基本思想。自从师从先生之后,他多次与我交谈,认为目前我们所处的时代,是一个资料积累的时代,而不是出大师的时代。因此,我们的任务,就是努力进行佛教文献的搜集、整理,为将来的文化建设高潮、将来要出的大师,做好研究资料方面的准备。我以为,正是出于这样的信念,任先生无论在荒寒的"文化大革命"中,还是在其后的年代,始终执著地要编纂一部佛教辞典。

中国何时才会出现文化建设的高潮呢? 对此任先生有这样一个观点:随着经济建设的高潮,必将出现一个文化建设与思想建设的高潮。在《中国国家图书馆藏敦煌遗书序》中,他这样说:"我们自己几千年的历史经验证明,建立新国家,首先发展生产,然后才是文化建设、思想建设。……新中国建立刚50年,目前我们正处在承先启后、继往开来的伟大转折时期。21世纪将是经济有长足发展、建设有中国特色的社会主义、多民族统一大国取得成效的时期。我们继往,继的是五千年文明灿烂之往;我们开来,开的是五千年从未有过的社会主义新文化的未来。"

新中国建国至今50来年,刚刚进入第四代。我相信,中国的新文化建设将会在21世纪迎来高潮。

从历史必然性中追踪中国佛学思潮的起伏①

　　魏晋南北朝在我国历史上是一个重要时期,它在思想文化领域的主要特点是玄学的勃兴和佛学的崛起。由印度传来的佛教此时从"黄老之术"的外壳中脱颖而出,作为一种哲学思想出现,从魏晋到南北朝,走过了一条从附庸到独立的道路。科学地研究这一时期的佛学,是中国哲学史、思想史上的一个重要课题。但是,佛学以高度抽象和比较艰深的唯心主义思维形态出现,又有五光十色的支流别派,庞杂纷纭的体系结构;加之当时佛教还正处于与中国传统思想逐渐融合的过程之中,自不免晦涩凝滞,中国人对它的理解,也不免斧凿生硬。这些都不能不给研究工作带来诸多困难。方立天同志积多年的辛勤劳作,用历史唯物主义的基本观点与方法剖析魏晋南北朝佛教思想,写出了《魏晋南北朝佛教论丛》,突破了研究这一重要课题的不少疑难之点。怎样才能一目了然地窥视这一时代佛学在理论上达到的深度与广度呢? 作者认为:"只有对佛学主要代表人物进行深入的研究,才能清理和总结佛学思想发展的主要线索。"(本书《前言》)他着重剖析了道安、支遁、慧远、僧肇、道生、萧衍等人的佛学思想与宗教活动。通过对这些人物的剖析来把握当时佛学思潮的全貌。在分析这些人物时,又十分注意辨析他们各自的思想特点。这是符合从特殊到一般的认识规律的。在分析人物思想特点时,作者十分注意进行广泛的联系比较。以慧远为例,作者论述了他以道安为师,但青出之于蓝而胜于蓝,构筑起自己"法性"本体的理论,比道安更细微地发挥了佛教的出世主义。这是佛教内的纵向比较。而对慧远与主张"心无义"的道恒的辩论的评介,则是佛教内的横向比较。在与佛教以外思潮的关系上,分析了慧远调和佛法与名教的矛盾,以佛为主,融合玄、儒的理论特点。而从与鸿摩罗什的往来答辩及对慧远因果报应思想的分析中,又指出其不同于印度佛教的中国特色。这种多种角度、多重层次的分析,把这些人物的鲜明的个性交织在整个时代的思想画面中,显示出当时佛学的全貌。

　　作者在《前言》中阐明自己的目的是:"试图遵循历史唯物主义的基本原理,依据客观历史发展的进程,从历史的必然性中追踪佛学思潮的起落兴衰,进而总结其内在的规律。"故而在开掘佛学思想代表人物赖以活动的社会现实,综理佛学思想借以演

---

　　① 曾载《中国社会科学》1983 年第 4 期。

变的学术背景方面颇见功力。

如《论魏晋时代佛学与玄学的异同》，先从考察魏晋时代的社会经济、政治状况及学术渊源入手，论述了玄学怎样导源于当时的政治与经济，构筑起儒道结合的理论体系；接着又考察了印度佛教传入中国，在广阔的背景上与中国玄学思潮既扞格又影响、从附庸到独立的整个流传嬗变过程；从而总结出魏晋佛学与玄学的同中之异与异中之同，对两者的关系作了比较科学的说明。

又如《论竺道生的佛学思想》，分析了东晋南朝的社会历史背景，指出由于当时社会矛盾的尖锐化，佛教般若学讲"空"已不能适应统治阶级的需要。竺道生转而把精致的哲学形态的般若学与粗俗的成佛说教的涅槃学熔为一炉，开创了一代新风。这种论述说服力强，给人一种真切的历史感。

研究中国佛教需要有哲学、史学、佛学及古文的修养。作者是中年教学研究工作者，他吸收前人的成果，开拓自己的工作，在中国佛教的研究上，时有新见。如提出华严宗学说的重心是"事事无碍"说，发前人之未发，成一家之言。在对佛学思想的研究过程中，作者在对佛教的消极作用进行批判的同时，也注意到发掘和检取某些合理的颗粒，并力图从理论思维的经验教训方面总结它的谬误之处。这种治学态度，值得称道。

本书有些论点似还可以深化。如，囿于当时的历史条件，道安对印度佛教龙树的"中观"理论不甚了解，但道安的某些提法却相当接近于龙树的"真俗二谛"说。从思维发展的内在规律来说，这里是否有什么必然性？值得进一步探索。

中国佛教哲学研究的里程碑^①

——喜读方立天新作《中国佛教哲学要义》

　　佛教自两汉之际传入中国,与中国传统文化相互矛盾、相互吸引、相互冲突、相互融摄。其深入协调的结果,既深深地影响了中国传统文化的面貌,也极大地改变了自己的形态。正是在这样的过程中,外来的印度佛教,逐步演变成与中国传统文化紧密契合的中国佛教,并与儒、道两教一起,成为支撑着中国传统文化之鼎的三根主要支柱,成为中国意识形态领域一支不可忽视的力量。

　　佛教传入中国大约两千多年,已经溶化到中国人的血液中。说起中国人对佛教的研究,应该说从佛教传入之日起就开始了。但那时的研究大都具有很强的"党性",或者为了信仰而研究,或者为了反对而研究。真正把佛教作为一个客观对象,并在现代科学的意义上进行学术性的研究,则是上世纪才出现的。

　　上世纪中国的佛教研究,其实也有各种各样的形态。有些承古代的余绪,其研究的目的仍为信佛或反佛。当然,时代不同了,表现的方式也有不同。如以杨仁山、欧阳渐为代表的金陵刻经处系与以韩清净为代表的三时学会系,就是为信仰而研究。但他们不是单纯为个人的信仰,而是企图由此找到一条挽救积贫积弱的中国的良方。范文澜为反对而研究,这是把佛教当做神权的代表,不破不立,破除神权是为传播马列主义开路。真正把佛教当做客观对象的,在上世纪上半叶,则主要有梁启超、胡适、汤用彤、冯友兰等。当然,世界上的事情是复杂的,绝对的纯也是不存在的。承古代余绪的,不少人接受了现代的研究方法;而把佛教当做客观对象的,本人有时则不免对佛教产生这样那样的感情。更有一些人的立场大体处于上述两者之间,典型的如周叔迦先生。他既是一个虔诚的佛教徒,又是一个严谨的学者;既为信仰去从事研究,也不懈追求学理的真实。

　　上世纪上半叶,在把佛教作为客观对象进行科学研究的学者中,汤用彤是从史学角度研究佛教的代表,胡适实际上也把精力主要放在史学的考据与研究上。从事佛教思想研究的,有梁漱溟、冯友兰及熊十力等。梁漱溟止步于资料的罗列与简单的归类,仅是初步涉猎。冯友兰有进一步研究,但正如他自己所评价,"对于佛学没有学通,所

---

　　①　曾载《普门学报》第 22 期,2004 年 7 月。

以也不能讲透"①。熊十力则是借佛教的名相,建自己的体系,与其将他归入佛教研究者,不如归入独立的哲学家。真正在思想研究方面卓有成就者,自五六十年代起,先是吕澂与任继愈,然后又有印顺。如果要作评价,上述三位的立场、方法、取得的成果乃至对社会的影响自然又各有不同,但这不是本文的任务。80 年代以来,佛教研究成果灿烂,人才辈出。而最早崭露头角的是黄心川、杜继文、方立天、楼宇烈、杨曾文、高振农、张春波等一批人。他们大体在五六十年代进入大学,其中不少人当时已经在佛教研究方面起步,并取得引人注目的成绩,但因为"文化大革命"的干扰,不得不中止研究。改革开放以来,这批学者随着国家的拨乱反正而得以焕发活力,以往在佛教学术方面的长期深厚积累,这时像火山一样喷发,成为佛教研究界继往开来的一代中坚。

方立天先生长期从事中国哲学、佛教思想研究,前此已经出版《魏晋南北朝佛教论丛》、《佛教哲学》、《中国佛教与传统文化》、《中国古代哲学问题发展史》等著作及发表不少论文,在学术界有着较大的影响。方立天先生的上述著作,我都曾经有先睹之快。也曾经为《魏晋南北朝佛教论丛》及《中国佛教与传统文化》写过书评,分别发表在《中国社会科学》与《人民日报》上。这次捧读方立天先生的新作《中国佛教哲学要义》,第一个感觉是,方立天先生以前的所有著作与论文,实际上都是在为现在的这本书做准备,奠基础。而这本《中国佛教哲学要义》可谓作者站在时代的高峰,学术的前沿,集中国百年研究的精华,集个人数十年研究之大成,为中国的佛教哲学研究,树立了一块里程碑。

《中国佛教哲学要义》,洋洋 90 多万字,砖头一样厚厚两册,但是很耐看。有人评论这是由于方立天先生的文章文风朴实,平易近人。的确,现在有些学术著作或者行文艰涩,很难卒读;或者花里胡哨,以玩弄新名词来掩饰自己的浅薄。所以,文风朴实、深入浅出、言之有物,当然成为吸引人的原因之一。但我说耐看,主要不是指文风,还在于这本书不仅在观点方面新见迭出,而且在论述方法方面,在资料的处理方面,很多地方都能够耐人琢磨。我自己读这本书时,其感觉正如前人所说,入山阴道中,目不暇接。时而思索,时而疑惑,时而会心,时而恍然。读一本好书,是一种享受。这些年佛教的书出得真不算少,但这样的享受却很难得到。而读这本书,的确是一种享受。

90 多万字的书,不可能在短短的一篇小文章中作全面的评价。在此从如下几个方面谈谈我读这本书的若干体会。

第一,进一步奠筑中国佛教哲学的基础

"哲学"这一词汇是近代从西方传入的。某些西方的哲学家,站在西方哲学的背景上,曾经认为古代中国没有哲学。现在这种"中国无哲学论"已经销声匿迹,大家都认识到古代中国也有自己的哲学,只是这种哲学与西方哲学不同,有自己独特的范畴,有自己关心的命题,有自己发展的形态。

从古代中国有哲学,是否可以自然地推演出古代中国佛教也有自己的哲学呢? 我

---

① 《三松堂自序》,人民出版社,1998 年 11 月,第 214 页。

以为不能。因为佛教是从印度传入的,古代中国的佛教哲学家讨论的许多问题,如佛性、因果,本来是印度佛教的范畴。而古代中国的佛教哲学家讨论的另一些问题,如孝,本来是中国传统哲学的范畴。因此,我们需要回答,什么叫中国佛教哲学? 如何区分它与印度佛教哲学及中国传统哲学的区别以及联系? 如何把握中国佛教哲学本身的基本特征? 所以,虽然说"中国佛教哲学"已经是一个人们熟知的名词,但古代中国佛教有没有自己的哲学,仍然是一个需要论证的命题。

从任继愈的《汉唐佛教思想论集》,到吕澂的《中国佛学源流略讲》,研究者已经认识到中国佛教哲学既不同于印度佛教哲学,也不同于中国传统哲学,并开始致力于把握中国佛教哲学的基本特点。方立天的《中国佛教哲学要义》进一步指出:"在中国固有文化和哲学的强大影响力的作用下,印度佛学在中国流传过程中,在体用观念、心性理论、伦理学说、修持方法和思维方式等一系列重大问题上的确发生了偏离,乃至发生性质的改变,有的甚至是与印度佛教教义完全相反的。"(第 8 页)从这一基本认识出发,他将中国佛教哲学定义为"中国佛教哲学是中国佛教学者阐发的哲学思想"(第 5 页),"是印度佛教传入中国以后形成的,是印度佛教与中国古代社会实际相结合的产物"(第 6 页)。并主张:"凡是中国佛教学者撰写的与印度佛学完全相同的哲学内容,不应作为中国佛教哲学思想,而凡是与印度佛学内容不同的部分,包括继承后的发展、发挥、改造,以及离开印度佛学的独立创造,即印度佛学在中国的一切变异,都应视为中国佛教哲学。"(第 8—9 页)

方立天还对中国佛教哲学的形成作了全面的分析,指出它的形成途径在于翻译经典、讲习经义、编撰佛典、判教创宗等,而它之所以形成的根源,则在于中国特有的地理环境、自然经济、政治结构与文化环境。从而在什么叫中国佛教哲学,它是怎样形成的等基础性问题上,作出比较全面、完整、丰满的回答。

从事学术研究,首先应该搞清研究对象的内涵与外延,即搞清对象的定义。但在学术发展史上,很多定义往往从人人都以为没有疑问的"当然"中产生疑问,通过讨论、研究后,从模糊中逐渐凸现、逐渐清晰。这可以说是一种规律,"中国佛教哲学"也是一例。从 20 世纪上半叶那场佛教到底是宗教还是哲学的讨论以来,至今已经将近 100 年。我以为,方立天的《中国佛教哲学要义》在近百年来前人研究的基础上,进一步奠筑了中国佛教哲学的基础。可以说,以方立天的《中国佛教哲学要义》为标志,为中国佛教哲学奠筑基础的工作已经基本完成。

由此,我以为方立天的这本书也可以看做是中国的佛教学者对日本佛教学者提出的"批判佛教"的一个回应。所谓"批判佛教"是 20 世纪末日本部分佛教学者提出的一个理论。他们认为中国佛教建筑在儒家的"理"与道家的"道"的基础上,与建筑在缘起论基础上的印度佛教性质完全不同。他们忽略了事物发展的阶段性。在他们看来,当长江汇拢沿途的支流浩浩向下时,由于它的水质与水量已经不同于巴颜喀拉山南麓那清清的溪流,因此也就不再是长江。而《中国佛教哲学要义》则清理、说明了起源于印度的佛教,怎样在中国这一具体的时空背景中,吸收中国的营养,成长壮大起来。论证了佛教虽然起源于印度,却是在中国发展,中国是佛教的第二故乡这一历史事实。

第二,为中国佛教哲学建立了一个完整的体系

从上个世纪初起,中国学者就开始把佛教哲学作为一个对象进行研究。但佛教思想极为庞杂。在印度,它分为初期佛教、部派佛教、大乘佛教、密教等不同发展时期,除了初期佛教外,每个时期的佛教又分为若干不同的派别。这些派别各有各的理论倾向,各有各的学说范畴。这些思想,既有共性,又有个性,有的可以共容,有的相互矛盾。佛教传到中国,受到中国文化的影响,形态更加复杂。它既不同于印度佛教的思想体系,也不同于中国传统的儒道两家的思想体系。特别是南北朝佛教学派与隋唐佛教宗派的出现,使得佛教的思想理论显出更加纷繁复杂的局面。

面对这样一个对象,以往中国学者研究佛教,基本上采取一个一个人物、一本一本典籍、一个一个宗派(学派)进行研究,逐步攻城夺地打攻坚战的方式。或者采取历史的观察进行纵向的梳理。这样做当然是必要的,没有这样一种渐进的、分析的研究阶段,不可能出现综合的、全面的体系的建立。但把握全局,从来是研究一个对象的基础。不能正确地把握全局,就不可能正确地把握每一个局部。从这个意义上讲,建立中国佛教哲学的体系,在中国佛教哲学的研究中,带有全局的、指导的意义。

但体系的建立,毕竟是一个极其困难的问题。在这里,首先必须总体把握中国佛教区别于印度佛教、中国传统思想的内在特征,还必须仔细分析中国佛教哲学的基本思想元素、结构层次、思想核心、相互联系、功能作用。这些问题不解决,建构体系无从谈起。前些年,已经有学者,比如北京大学哲学系的姚卫群教授,相当注意逐一梳理中国佛教、印度佛教乃至印度哲学的一个一个的问题点,企图寻找其中的联系与区别。这种努力已经超越了前此所谓的渐进的、分析的阶段,进入初步的综合的阶段。虽然姚卫群教授的工作离佛教哲学体系的创立还有相当的距离,但这一方向值得赞许与肯定。这也说明,中国佛教哲学的研究,已经内蕴一种力求突破的动力,已经在向研究者提出克服单纯的分析及简单的综合,建立体系的逻辑要求。

《中国佛教哲学要义》呼应这一时代的要求而面世。该书主张中国佛教哲学的思想体系可以分解为人生论、宇宙论和实践论三大部分。探讨了组成这三大部分的不同思想元素,分析了这些元素在佛教哲学体系内部的相互联系与作用方式,以及与外部的儒道等传统思想的相互联系与作用的方式。研究了中国佛教哲学体系对整个中国佛教及其文化体系的地位与作用,乃至在整个中国哲学及其思想文化体系乃至社会政治领域的地位与作用。首次从总体上构建起中国佛教哲学的完整体系。从这一点上讲,《中国佛教哲学要义》的出版,标志着中国佛教哲学研究一个旧时代的结束与一个新时代的开始。

当然,不同的研究者,对《中国佛教哲学要义》提出的体系及其论证,对书中的一些具体观点,可以赞同,可以商榷,可以补充,也可以反对。但无论如何,《中国佛教哲学要义》吸收与总结了百年来中国佛教哲学研究的成果,适应时代的要求,作出作者的创新,在佛教哲学研究领域中,树立了一块里程碑。今后,无论何人要想进一步研究

中国佛教哲学，都不能忽略这个体系。

第三，探究与把握中国佛教哲学的真义，进行现代的诠释

佛教哲学自来号为难治。究其原因，既有中印两种文化的不同，也有古今时代的不同；既有佛教名相范畴的难解，也有佛教宗教体验的隔阂。古代，中国人因为不能真正懂得印度佛教的真意，曾经用中国传统的概念与理论去比附佛教的思想，形成所谓"格义佛教"。格义佛教固然歪曲了印度佛教，但究其底蕴，也可以说正是佛教中国化的表现方式之一。只不过这种中国化是无意识的，因而是低层次的。道安发现格义的不足，力图纠正之。他的方法是禁止弟子们阅读非佛教的书籍，以为就此可以肃清儒道思想的影响。这犹如抓住自己的头发，想把自己拔出泥潭一样，自然是不可能的。所以，道安不久废止了不准阅读俗书的禁令。道安的上述举动，有着典型的意义。学习佛教哲学，采用"六经注我"的办法固然不对，而完全采用"以经注经"的办法，也很难让人完全把握其中的精义。

近代以来，各种各样新的理论不断面世，佛教哲学研究也产生新的局面。在我国，特别是新中国成立以后，随着马列主义的普及，用马列主义理论来研究佛教也成为学术界的主流。辩证唯物主义与历史唯物主义的确是我们分析、认识佛教的利器，由此也取得一批得到公认的、被视为凤毛麟角的成果。但在全社会都被左倾思潮笼罩的情况下，覆巢之下，没有完卵，佛教研究也被左倾思潮影响，成为重灾区。这不仅表现在成果稀少，更表现在冷静的分析被粗暴的批判取代，佛教哲学的真义被有意无意地歪曲。实际上，人们所批判的，已仅仅是他们自己心目中的那个"佛教"，而不是在中华文明史上曾经发挥过重大作用的那个真正的佛教。这种情况的出现，应该说与学术界本身的学风也有相当大的关系。学术研究，本来应该在如实把握研究对象之后进行，这需要研究者付出艰苦的劳动。但不少研究者往往先入为主，用一个固定的理论框架，或一个自创的所谓新观点，到佛教中寻觅适合自己立论的资料，然后洋洋洒洒地写出大块文章，大部专著。这样的研究与批判，往往开口就错，自然无法让人心服。于是我们经常听到来自佛教界的反弹，认为那些研究者实际上并不懂得佛教。

改革开放以来，随着全民族的思想解放运动，上述情况已经得到很大的改变。但我们能否说已经有了根本的改变呢？我看还不能。我们不是还经常能够看到那种文章与专著吗？如果说以前这种情况的出现主要归咎于客观的政治环境的话，则现在这种情况的出现，应该归咎于作者本人。归咎于作者缺乏艰苦奋斗的钻研精神、缺乏沉潜笃实的良好学风。

如果说，以经解经曾经是中国佛教哲学研究的一个阶段，用某种理论框架先入为主地去框限佛教也是中国佛教哲学研究的另一个阶段的话，《中国佛教哲学要义》则依照事物螺旋式运动的轨迹，达到否定之否定的更高阶段。

该书明确指出："中国佛教哲学的中心问题是人生解脱论，是关于把握生命方式的学说。"简洁明了地说明了中国佛教作为一种宗教，它的全部哲学理论都是为它的宗教目的服务的。这是作者几十年从事佛教哲学研究的全部经验的升华。正是基于

这一认识,作者用人生论、宇宙论、实践论三大板块,构建起中国佛教哲学的体系。并把人生论的要点归结为因果报应论、神不灭论、心性学说、人格理想、最高境界;把宇宙论归结为宇宙结构论、宇宙现象论、宇宙本体论;把实践论归结为伦理观、修禅论、真理观。粗看上述体系,我们会有一种几曾相识的感觉。这不就是佛教所说的苦集灭道,所说的境行果吗? 但仔细阅读方立天教授的论述,可以发现我们完全不能再拿传统的苦集灭道、境行果理论来看待《中国佛教哲学要义》的体系。比如,作者虽然建立上述体系,但在论述时,把心性论专门单设一编,特意拨出全书五分之二的篇幅来着重论述,就因为这是中国佛教理论的中心问题,是印度佛教与中国传统思想的主要契合点,也是中国佛教哲学最具特色的部分。又如,作者罗列的上述要点,就不能简单地归入苦集灭道、境行果体系,因为其中有新的思考与创新。至于作者的论述,更体现出本书是站在现代哲学的高度对古代佛教哲学的全新诠释,是建立在对整个印度佛教与中国传统哲学研究基础上的对中国佛教哲学的全面总结。正是这种研究,体现了上文所说的否定之否定。

这一否定之否定的过程为什么能够在方立天教授的著作中完成? 这不是偶然的。在该书的绪论中,作者阐明了自己写作本书的一些基本原则,我对其中的“态度与方法”一节,感受尤深。作者指出,佛法同时包含宗教与哲学两个方面。作为宗教,佛法具有深邃的哲学思想;作为哲学,佛法具有强烈的宗教情绪。因此,对佛法的宗教方面的研究,必须具有同情的默应。对佛法的哲学方面的研究,应该具有心性之体会。进而提出研究中国佛教哲学必须注意处理好的三个关系:研究与体验的关系,研究与信仰的关系,研究与批判的关系。出于上述认识,作者进而从方法论角度总结了自己写作本书的八点经验之谈,即:利用现代哲学发展的水平,构筑古代佛教哲学的体系;运用现代语言,诠释佛教哲学的范畴;寻究中国佛教思想的原来意义;体会中国佛教某些哲学语言的言外之意;探索中国佛教哲学思想的发展规律;总结中国佛教哲学理论思维成果;进行比较研究,以把握中国佛教哲学的思想特色;阐发中国佛教哲学的现代价值与意义等。上述问题,有些我过去也想到过;有些模模糊糊地意识到,但没有想得那么清楚、真切;有些根本没有想到。看到作者的上述论述,当时的感觉,用一句佛教的话,真是“欢喜赞叹,得未曾有”。我以为,这既是作者治学的个人体会,也是中国佛教哲学研究发展到今天的全面总结,值得我们每个从事佛教研究的人仔细学习与思考。

《中国佛教哲学要义》还有许多值得评论与肯定的地方,比如,对每一个范畴,作者都首先厘清它在印度佛教哲学体系中的含义,然后说明它在中国的变容与发展,并努力说明这种变容与发展之所以形成的原因。坦率地说,中国的佛教研究者,大抵对印度佛教缺乏全面深入的了解,这自然会对他们的研究,产生某种框限。《中国佛教哲学要义》的出版,对改变上述情况,想必也会发挥积极的作用。但我想,这本书最大的特点,大概可以用“以高览全,从微入深”这八个字来概括。作者的起点高,眼界宽,对全局有充分地把握。正因为把握了全局,所以处理一个一个局部问题的时候,显得成竹在胸,游刃有余。看该书第 281 页所附的关于佛教心性论的图示,当知上述八个字评价之不谬。

从一分为二的角度讲,本书也有一些值得进一步斟酌的地方。比如,作者从伦理观、禅修论、自觉论、语言观、真理观等方面来总结佛教宗教修持中的哲学问题,很有创见。但作者称这些哲学问题形成了佛教的"实践哲学",并把这一部分总体命名为"实践论",这似乎可以商榷。因为"实践论"一词在我国的哲学语境中已经有固定的含义。因此,我想是否把佛教哲学的这一部分内容称为"践行哲学"及"践行论"更好一点。

《中国佛教哲学要义》是对百年来中国佛教哲学研究的一次全面总结,并奠定了将来进一步发展的良好基础。因此,这本书的出版,是我国佛教哲学研究的一块重要的里程碑。

读《方立天文集》①

六卷本的《方立天文集》最近由中国人民大学出版社出版。我与方立天先生相识20余年，他的新著我往往先睹为快。有所收获、有所感触便写下感想。故读了他的《魏晋南北朝佛教论丛》后，在《中国社会科学》发表书评一篇；读了《中国佛教与传统文化》后，在《人民日报》发表书评一篇；读了《中国佛教哲学要义》后，也写了一篇书评，《光明日报》发表了摘要，全文后来载于《普门学报》。这次人民大学出版社的编辑同志希望我再写一篇书评，而我在拜读《文集》之后，的确也颇有感触，故特再为芹献。

六卷本《方立天文集》可分为四个主题：

第一个主题论述魏晋南北朝至隋唐的中国佛教，包括《魏晋南北朝佛教论丛》、《慧远及其佛学》、《法藏》、《华严金师子章校释》、《华严金师子章今译》等五部专著以及一批相关论文。组成《文集》的第一卷、第二卷。

第二个主题论述佛教与中国文化的关系，包括专著《中国佛教与传统文化》及一批相关论文。组成《文集》的第三卷。

第三个主题论述佛教哲学，以《佛教哲学（增订本）》这一名著为中心，集合了一批论述佛教人生哲学的论文，共同组成《文集》的第四卷。

第四个主题论述中国古代哲学，以《中国古代哲学问题发展史》为主，包括了一批论述中国古代哲学的论文。组成《文集》的第五卷、第六卷。

《文集》卷首有一篇《自序》，方立天先生自陈《文集》的编选标准："以佛教和哲学两个专业领域为基本范围，佛教以中国佛教为重点，哲学也以中国哲学为主，至于涉及一般文化和宗教的论文，以及序文、书评、笔谈、感言、治学漫谈，以及一些杂忆、纪念和悼念的文章，均不收入。"遗憾的是，方先生的主要代表作，中国佛教哲学研究的里程碑——《中国佛教哲学要义》，因为已经列入"中国文库"于近期出版，此次也没有能够收入。

看着书桌上厚厚一摞六本书，不禁感慨系之。如果加上90多万字的《中国佛教哲学要义》，再加上没有收入《文集》的诸多其他文章，则方立天先生著述之丰厚，令人感佩。在《自序》中，方先生总结自己的治学经验，共有五条，其第三条就是"勤奋不

---

① 曾载《法音》2007 年第 7 期。

怠"。他说："只有常勤精进,百倍用功,才能天道酬勤,有所收获。"方立天治学勤奋,是大家有口皆碑的。人大图书馆有他一间工作室,不论早晚,不分寒暑,他常年在那里读书、写作。有时我有事与他联系,晚上很迟打电话到他家,家中的回答常常是他在工作室还没有回来。"锲而不舍,金石可镂",方立天先生为我们树立了典范。

现在我也当教师,也带研究生。我觉得现在的研究生智商都不低,个个很聪明。但不少研究生缺少那么一点艰苦奋斗的精神,缺少那么一点为了一个目标而一往无前的悍气。聪明得总是想用最少的付出来获得最大的回报。是独生子女被宠坏了这一家庭因素所致? 还是学风普遍浮躁、人们急功近利这一社会因素所致? 我没有研究,说不清楚。我想,我们现在需要的是方立天先生这样勤奋努力,有恒心,有毅力,甘于寂寞,甘于坐冷板凳,埋头苦干的精神。那样,我们的社会才有希望,我们的学术研究才有希望。

上面这番感慨虽然也可算作读后感的个中应有之义,但毕竟有点离题。现在还是回到《方立天文集》本身。

方立天在《自序》中有这样一段话:"六卷本文集,是笔者个人在佛教与哲学领域学术研究的重要纪录,体现了笔者在漫长治学征途中跋涉的历史足迹,也反映了笔者近半个世纪来的平生志业。"这是作者对自己文集的恰如其分的评价。由于作者本人是中国半个世纪以来佛教研究的重要代表人物之一,因此,我们也可以说,六卷本《方立天文集》,加上没有收入文集的《中国佛教哲学要义》,也是半个世纪以来中国佛教研究的重要纪录与缩影。我想从两个方面来论述这一点。

第一,方立天半个世纪的志业,体现了中国佛教哲学研究从个别到一般的转变

从上个世纪初起,中国学者就开始把佛教哲学作为一个对象进行研究。但佛教思想极为庞杂。在印度,它分为初期佛教、部派佛教、大乘佛教、密教等不同发展时期,除了初期佛教外,每个时期的佛教又分为若干不同的派别。这些派别各有各的理论倾向,各有各的学说范畴。这些思想,既有共性,又有个性,有的可以共容,有的相互矛盾。佛教传到中国,受到中国文化的影响,形态更加复杂。它既不同于印度佛教的思想体系,也不同于中国传统的儒道两家的思想体系。特别是南北朝佛教学派与隋唐佛教宗派的出现,使得佛教的思想理论显出更加纷繁复杂的局面。

面对这样一个对象,以往中国学者研究佛教,基本上采取一个一个人物、一本一本典籍、一个一个宗派(学派)进行研究,逐步攻城夺地打攻坚战的方式。或者采取历史的观察进行纵向的梳理。方立天早期的佛教研究,也是从一个一个的佛教代表人物开始的。每个佛教代表人物都代表了当时中国佛教的一座高峰,他们的出现有着历史的必然。从方立天当时的研究已经可以看出,他研究那些佛教人物时,没有把他们当做单独的个人,而是把他们放在历史必然性中,去追踪中国佛学思潮的起伏。这种研究方式,预示了方立天其后研究进路的趋向。当时的有关研究成果,后来结集在他的《魏晋南北朝佛教论丛》中。而《慧远及其佛学》、《法藏》等两部著作,既是方立天研究佛教人物的代表作,也表示他从此告别逐个研究佛教人物的个别性研究阶段,进入更高层次的综合性研究阶段。其结果,是倾十余年精力建立的中国佛教哲学体系——《中国佛教哲学要义》。

建立体系,毕竟是一个极其困难的问题。在这里,不仅需要总体把握中国佛教区别于印度佛教、中国传统思想的内在特征,还必须仔细分析中国佛教哲学的基本思想元素、结构层次、思想核心、相互联系、功能作用。这些问题不解决,建构体系无从谈起。当我第一次读到方立天的《中国佛教哲学要义》,我的第一个感觉是,方立天先生以前的所有著作与论文,实际上都是在为这个体系做准备,奠基础。也就是说,现在收在《文集》中的《中国佛教与传统文化》及其相关论文、《佛教哲学(增订本)》及其相关论文、中国古代哲学及其相关论文,从某种程度上说,都是方立天为撰写《中国佛教哲学要义》,建筑这一中国佛教哲学体系所作的前期基础工作。它们与《中国佛教哲学要义》一起,形成了方立天佛教哲学研究的全部历史与整座大厦。

方立天的这一从个别到一般的佛教研究,前后做了将近半个世纪。这半个世纪中,中国出现了很多优秀的佛教研究者,也涌现了大批优秀的成果。方立天的工作,在中国佛教哲学思想研究方面,代表了佛教研究的主流,也达到了中国佛教哲学研究的最高水平。正因为这样,我认为,他的工作,不仅仅是他个人的成就,也是半个世纪以来中国佛教研究的重要纪录与缩影。

第二,从中国哲学的视角研究中国佛教哲学及其影响

方立天在《自序》中说:

> 我在研究中最着意的,一是在中国哲学史发展的思想历史背景下,探究佛教哲学是怎样调整内容,怎样中国化的,追寻中国佛教哲学形成、演变、发展的轨迹;二是总结佛教哲学对中国固有哲学的刺激、推动和影响,彰显中国佛教哲学在中国哲学中的重要地位,进而有助于丰富中国哲学史课程的教学内容,以推进中国哲学史学科的建设。

在上面这段话中,方立天将自己的佛教哲学研究与中国哲学的关系,阐述得十分清楚。

佛教是一种社会文化形态,其核心是佛教思想。佛教思想中蕴含着丰富的哲学因素,中国佛教哲学因此成为中国哲学的一个重要分支。佛学从来号为难治,但正因为难治,有志者便知难而上,攻城夺地,取得一个又一个的成果。方立天主张中国佛教哲学的思想体系可以分解为人生论、宇宙论和实践论三大部分。探讨了组成这三大部分的不同思想元素,分析了这些元素在佛教哲学体系内部的相互联系与作用方式,以及与外部的儒道等传统思想的相互联系与作用的方式。研究了中国佛教哲学体系对整个中国佛教及其文化体系的地位与作用,乃至在整个中国哲学及其思想文化体系乃至社会政治领域的地位与作用。将佛教哲学与中国传统哲学的互动研究,推到全新的高度。我认为,半个世纪以来,我国在佛教研究方面取得极其丰硕的成果。其中在佛教哲学研究方面取得的成果,尤为引人注目。值得注意的是,中国学者研究佛教哲学时,始终注意它与中国传统哲学的关系,始终把佛教哲学放在与传统哲学互动的体系中来考察。这是中国佛教研究的一大特色,也是中国的佛教研究有别于国外的佛教研究的特色之一。方立天的工作,正体现了这样的特色。从这个角度讲,他的工作,也不仅仅是他个人的成就,而是半个世纪以来中国佛教研究的重要纪录与缩影。

客观地讲,中国佛教研究的这一特色,与中国现行的科研教学体制有着密切的关系。国外,宗教是与哲学并列的一级学科,而在我国,除了国家社科基金、中国社科院将宗教与哲学并列外,整个高教体系都将宗教研究附设在哲学系中,安排为哲学以下的二级学科。这种体制的安排,促成了中国佛教研究与中国哲学研究的互动,促成了中国佛教哲学研究的兴起,促成了中国佛教研究的上述特色的形成。

几年前,在人民大学出版社为《中国佛教哲学要义》举办的新书发布座谈会上,我曾经讲过这样一番话:"佛教可以分为义理性佛教与信仰性佛教,本书是对义理性佛教的研究。义理性佛教是灵魂,信仰性佛教是躯体。两者是一个互动的过程。这本书对义理性佛教做出了集大成的总结,也为信仰性佛教的研究提供了很好的理论基础。"上面这番话所表达的是我的这样一种思考,即佛教不仅仅是一种思想层面的存在,还是一种信仰层面的存在。两者是密不可分的。由于我国上述体制的限制,以往我们对佛教信仰层面的研究比较薄弱。我相信,由于佛教思想层面研究的深入发展,一定能够带动信仰层面研究的逐步展开。

仔细阅读六卷本《方立天文集》之后,我的上述想法更加强烈。坦率地说,方立天先生在佛教哲学方面的研究,已经为我们竖立起一座高峰。在可以预期的时间段内,虽然在佛教哲学方面必然会有新的成果涌现,但从整体来看,这座高峰是难以超越的。当然,但愿我的上述预测是错误的,但愿新一代学者迅速成长,迅速超过老一代。我相信方立天先生也会非常愉快地欢迎那种局面的出现。但我更愿意相信,有方立天及其他佛教思想研究者所取得的如此丰硕的成果垫底,虽然依然存在着体制方面的局限,但佛教的信仰性层面的研究,一定可以更加顺利地展开,从而为中国佛教研究打开新的局面。

苏轼诗云:"不识庐山真面目,只缘身在此山中。"因此,当代史是最难写的。距离太近,难以把握全局;时段太近,难以对正在发展中的事物作出定评。所以,历史往往由后人撰写,任后人评价。论述半个世纪以来的佛教研究史,也存在同样的问题。不过,今人评价近事,因为同为亲身经历,多一番后人无法感受的真切;贴近观察,也能比后人了解得更为准确。犹如管中窥豹,虽然不可能把握豹子的全貌,但窥见的那块花斑却是鲜明的。本文只是管中窥豹,谨以此就教于方家。

2007 年 3 月 3 日于通州皇木厂

读《周叔迦佛学论著全集》①

　　中华书局最近出版了《周叔迦佛学论著全集》，全七册，叔迦先生一生撰写的主要佛教论著基本上均已收入。书前有方立天、程恭让序言各一篇。程恭让序认为，本书的出版，"可以说是当代中国佛教文史研究中的一件盛事，……基本上可以反映一代佛教文史大家周叔迦先生学思的全貌"。方立天序指出："《周叔迦佛学论著全集》的问世，必将嘉惠学林，推动佛学研究的开展，进而有助于弘扬佛教优秀文化传统，有益于我国精神文明的建设和社会主义和谐社会的构建。"对中华书局出版本书的意义，都作了高度的评价。

　　周叔迦（1899—1970），中国近现代佛教史上著名的佛教居士、佛教学者、佛教教育家、佛教活动家。从 1927 年研读三藏起，到 1970 年逝世，亲近佛教 40 余年。这 40 余年，也正是中国社会发生翻天覆地变化的 40 余年，是中国佛教经历凤凰涅槃的四十余年。因此，我认为，《周叔迦佛学论著全集》既是叔迦先生一生研究佛学的结集；从某种意义上讲，也反映了一个中国佛教学者、佛教知识分子在这翻天覆地的 40 年中的心路历程，并从一个侧面反映了中国佛教这 40 年的历史。

　　佛教起源于天竺，弘扬于中华。古代，它在中华大地绽开绚烂的鲜花，结成丰硕的果实，与儒、道一起，支撑起中华文化之鼎。但是，随着中国封建王朝走向没落，佛教也日趋衰败。其实，作为人类社会，有宗教存在是正常的，没有宗教存在却是不正常的。然而，就某种宗教而言，它在某个社会能否生存，取决于它是否符合那个社会的需要。佛教虽然曾为古代中国需要，有过辉煌灿烂的历史，但到了清末民初，它已经奄奄一息。当时，佛教被教内的革新派指斥为"死人佛教"，被相当一部分民众视为晦气之物，被主张科学与民主的新派人物当做封建迷信的代表。那么，佛教是否已经走到穷途末路，无法适应新社会需要，只能被弃如弊履呢？面对这个严峻的问题，佛教界必须做出自己的回答。

　　本文无意对当年的佛教自救运动作全面的论述。只是想指出，叔迦先生家学渊源，又上过大学，对中西文化均有深入的了解。他虽然是佛教徒，但不是僧人，并非出自丛林，这使他有别于太虚这样的佛教革新人士。他虽然接受了现代科学的熏陶及现

---

　　①　曾载《书品》2007 年第 2 辑。有修订。

代治学方法的训练,但他之钻研大藏,他之学习、研究佛教的目的是出于信仰、出于个人的安身立命乃至振兴中国的佛教,这又使他有别于汤用彤这样的教外学者。因此,以叔迦先生为代表的这样一批中国佛教知识分子的活动,在整个中国佛教自救、自强的运动中,具有独特的地位。

通过《周叔迦佛学论著全集》,我们可以看到,以叔迦先生为代表的中国佛教知识分子,他们既保持着佛教的本位,又努力与东渐的西学接轨。他们应因着时代剧烈的变动、社会需要的变化,重新审视佛教的历史与传统,审视佛教教理中那些在当时依然有着生命力的积极因素,力图使佛教既如理如法,又应时应机地焕发其固有的生命力,以努力维护佛教的生存权,争取发展权。

改革开放以来,中国佛教进入中国近代史上前所未有的黄金时期。为什么佛教能够在百年中,从清末民初的极度衰败发展到今天这样欣欣向荣的局面?除了其他种种因素之外,佛教本身的转轨,无疑是极其重要的原因。而佛教能够从被社会所贬斥转轨到为社会所认同,离不开无数相关人士的努力。叔迦先生就是为促成佛教的转轨作出了历史贡献的代表人物之一。比较《周叔迦佛学论著全集》中30、40年代发表的论著与50、60年代发表的论著,我们可以清楚地看到这种努力的轨迹。因此,《周叔迦佛学论著全集》成为我们了解、研究中国近现代佛教的必不可少的重要资料。

《周叔迦佛学论著全集》总结了叔迦先生一生对佛教研究的成果,内涵了许多深思熟虑、真知灼见,也处处体现出转轨期承上启下的特点。详细研究与总结叔迦先生在这部著作中给我们留下的精神财富,不是我这篇小文章所能承担的。但我想要说的一点是,拜读《周叔迦佛学论著全集》,有一种非常强烈的感受,就是文章中表现出来的那种开放、大度、平实的人格魅力。

我曾经针对20世纪中国佛教研究的情况,把近代中国佛教研究者分为三种不同的类型:一、为信仰、传播佛教而研究;二、为反对、破除佛教而研究;三、不是简单地信仰或反对,而是抱着"理解的同情",把佛教作为客观对象去研究。其中提到:"周叔迦先生。他既是一个虔诚的佛教徒,又是一个严谨的学者;既为信仰去从事研究,也不懈追求学理的真实。"①

应该说明,上述第一种研究者,本身大多是秉持三归、抱有虔诚的信仰的居士,他们的信仰深深地贯透到他们的研究中。如上文所述金陵刻经处系与三时学会系都是为信仰而研究,因此他们的卫道立场、宗派立场极其鲜明。其中以欧阳渐为核心的支那内学院派尤可作为代表。欧阳渐的学问,原本上承杨仁山。杨仁山服膺《起信》,主张以《大乘起信论》理论作为中国佛教的根本。但经日本、中国对《大乘起信论》是否属于伪经的大争论,欧阳渐便公开抛弃师门成说,转而弘扬唯识。其弟子吕澂更是撰

---

① 参见拙作:《季羡林与佛教研究》,载《敦煌研究》2002年第1期。由于原文的主题是论述季羡林对佛教研究的贡献,所以对近代中国佛教研究者的类型分析,只涉及学术界,亦即俗界;未涉及宗教界,亦即僧界。实际上,近代中国佛教研究者的类型,僧俗两界显示出不同的态势。就僧界而言,也可以分为两种类型,一种以虚云、谛闲、印光、月霞、弘一等为代表,可称为传统型。一种以太虚为代表,可称为革新型。

写《楞严百伪》，站在唯识的立场上，对属于真常唯心的如来藏理论，进行全面的批判。当年杨仁山曾经站在中国佛教的立场上，批判过日本的净土真宗，认为其教理不符合佛说。而欧阳渐对《起信论》的摈斥、吕澂对《楞严经》的批判，则完全是站在中国佛教某一派别理论的立场上，排斥中国佛教的另一派别理论。按照佛教传统，居士应该依怙僧团。而这批居士竟自己开堂说法，自己收徒立派，甚至批评僧团主张的佛教理论，这是人们把这些研究者所代表的佛教称为"居士佛教"的重要原因①。

　　叔迦先生也是一个虔诚的佛教居士，也是为了信仰、传播而研究佛教，因此，严格地讲，他应该属于上述第一种类型的研究者。但他的态度却又与上述研究者有所不同。如我上文所说，他既是一个虔诚的佛教徒，又是一个严谨的学者；既为信仰去从事研究，也不懈追求学理的真实。从《周叔迦佛学论著全集》，我们可以看到，他的佛学研究，没有派别的倾向，也较少卫道的色彩。他总揽印度佛教、中国佛教，写出《印度佛教史》、《中国佛教史》、《中国佛学史》。他对中国佛教八宗都进行了深入的研究，写出《八宗概要》。对当时的显学唯识，他勤于钻研，撰写了《唯识研究》、《新唯识三论判》、《唯识哲学》。对于绝学因明，他也没有少下功夫，撰写了《因明学表解》、《因明新例》、《因明入正理论释》。为回应当时的学术热点，他编纂《牟子丛残》；为普及佛教知识，他编纂《法苑谈丛》。他既注意佛教典籍、文献的研究，又不懈地从事佛教历史资料的搜集。他在佛教理论、佛教文史方面作了这么多的工作，但本人没有什么特定的宗派倾向。在他的工作中，我们所看到的，是一颗平常心，一颗求真务实的心。

　　郁郁乎文哉，吾从周。

2007 年 2 月 14 日于通州古运河畔

---

　　① 当然，我们不能把这种争论看成单纯的派别之争，这未免贬低了上世纪那场争论的意义，也侮辱了参与争论的诸位先生的人格。实际上，这些先生并非出于狭隘的宗派意气，而是为了心目中的真理，为了佛教的纯正而争论；他们的这些争论，涉及印度佛教、中国佛教的一系列重大理论问题。问题虽然并没有解决，但这些问题的提出，对我们正确认识佛教的思想理论及其历史发展，有着极为重要的理论意义。正因为那次争论涉及的"如来藏"问题并没有解决，因此到了上世纪 80 年代，日本又有"批判佛教"的兴起。所谓"批判佛教"，从某种程度上，可以看做是前此那场大争论，在新的时代以新的面貌的继续。"批判佛教"刚兴起时，中国学者基本没有介入。但近年来，中国学者对"批判佛教"的兴趣越来越浓，新的论著不断涌现；而在日本，经过若干年的沉寂之后，"批判佛教"也有再次兴起的势头。所以出现这种局面，原因固然可以从多方面去分析，但其底蕴，依然可以看到当年的老问题在酝酿、在翻滚。

《禅宗三书》序①

§.1. 从古至今,说禅者众。但众说纷纭,莫衷一是。

§.2. 这使我想起两个故事。

一个故事是瞎子摸象。几个瞎子,各各摸到大象的一个局部,各各以为自己摸到的就是大象,以致众说纷纭,莫衷一是。

一个故事是近视眼看匾。匾还没有挂起来,几个近视眼便凭幻构虚,以致众说纷纭,莫衷一是。

我们到底是幸运的瞎子,还是倒霉的近视眼?

为什么瞎子幸运?为什么近视眼倒霉?

§.3. 卧轮说:卧轮有伎俩,能断百思想。对境心不起,菩提日日长。

惠能说:惠能没伎俩,不断百思想。对境心数起,菩提作么长?

两位禅师的禅法,为什么这样针锋相对?

§.4. 滔滔东流的长江,从巴颜喀拉山麓发源,到崇明岛出海,一路上吸纳百川,浩浩向前。那么什么叫长江?是它发源地的潺潺轻唱的清清溪流?是在横断山脉间冲折怒号的金沙江?是今日在三峡库区为巫女峰照影的静水?是昔日伴着三峡的猿啼催送轻舟的急浪?还是不分古今,始终在肥沃的东部平原缓缓徜徉的洪波?什么叫长江?那卷浪挟沙注进主流的众多支流,那雅砻江、岷江、嘉陵江、汉水、湘江算不算长江?

从印度到中国,进而流遍世界,禅这一东方神秘主义中蕴藏着太多的历史积淀,我们怎样才能既见木又见林,把握禅的全貌?它是否真有全貌?什么是它的全貌?它的全貌是否真的能够被人把握?

§.5. 禅从古代传到现代,从东方流入西方。西方的一些人士认为,禅正在超越宗教。已经成为一种优雅潇洒的生活态度,一种超脱烦恼的处世方式,一种科学的健康身心的锻炼手段,一种优秀的对话技巧,或者干干脆脆就是一种气功。

禅只能让古代东方人明心见性,不能让当代西方人证悟解脱?

是禅对当代西方人失效,还是当代西方人改造了禅?

---

① 本文应邀而写,但该书尚未出版。

禅是可以被改造的吗?

　§.6.禅堂的禅与课堂的禅,僧人生活中的禅与学者书斋中的禅,是否同一个禅?

　§.7.禅的底蕴是否存在一种统一的东西? 如果存在,它到底是什么? 如果不存在,禅本身为什么能存在?

　§.8.从古至今,说禅者众。但众说纷纭,莫衷一是。这或许就是禅的魅力所在。

　§.9.《禅宗三书》把散见在各处的瞎子的话、近视眼的话结集在一起,免去我们的翻检之劳,是一件好事。

　§.10.是为序。

2005 年 6 月于伦敦

说佛

什么叫佛？

佛，又称佛陀，是梵文 Buddha 的音译。佛教初传时，中国曾经把这个词音译为"浮屠"。西汉哀帝元寿元年（前2），大月支使臣伊存向中国的博士弟子景卢口授的第一部佛经，就叫《浮屠经》。季羡林先生曾经有两篇论文，一篇叫《浮屠与佛》，一篇叫《再谈浮屠与佛》，专门研究中国古代"浮屠"、"佛陀"与"佛"的用法，指出这实际反映了早期佛教先由西域（现新疆一带）传入内地，后又由印度直接传入这一历史事实。

但后来"浮屠"这个词慢慢地被淡化、放弃，不怎么被使用了。其原因据说是因为这个词带有贬义。《弘明集》卷八收有一篇南北朝著名文人刘勰的作品，其中提到曾经有人诬蔑佛教，说老子到西域，因为胡人太凶恶，所以用佛教来教化他们。"化其始不欲伤其形。故髡其头名为浮屠。况屠，割也。"后来鸠摩罗什知道这个词的意思不好，把它改成"佛徒"。类似的词还有沙门，古代曾经翻译为丧门。有人说"丧门由死灭之门，云其法无生之教，名曰丧门。至罗什又改为桑门"。其实，这些说法都是古代那些对佛教半懂不懂，但又反对佛教的文人在那里望文生义地胡说八道。早期佛经翻译时，西域来的僧人分属不同的国家与地区，传译的语言并不一致，助译的中国人也有自己的方言口音，所以音译时并没有一定的规范，同一个词往往有多种译法。如佛、佛陀、浮屠、浮图等，原本都是 Buddha 的不同音译，这毫不足怪。

Buddha，它的正确意义是"觉者"，也就是觉悟了真理的人。从这个解释可以知道，所谓佛，本来只是一个普通名词。无论是谁，只要他觉悟了真理，他就是一个觉者，也就是一个佛。古印度有一种风俗，对一些值得尊敬的人物，往往不直呼其名，而是给他一个尊称。比如耆那教与佛教大体在同一个时期、同一个地区产生。耆那教徒称他们的祖师筏驮摩那为"大雄"或"胜者"，意思是"伟大的胜利者"，即筏驮摩那已经战胜了种种妨碍解脱的障碍与烦恼。佛（觉者）最初也就是这样一个尊称。印度的这种风俗后代一直流传。比如7世纪我国的玄奘到印度，在18天的无遮大会辩论获胜，所向无敌。于是印度的大乘信徒给他一个尊称，为"大乘天"；而小乘信徒也给他一个尊称，叫"解脱天"。这个风俗一直流传到现代。比如印度近代著名政治家甘地，就被人们尊称为"圣雄"；而著名的文学家，诺贝尔文学奖获得者泰戈尔被尊称为"Gurudeva"（神圣的导师）。

　　由于佛陀本来只是一个普通的尊称，所以，最初无论什么教派都可以使用这个名词。比如在一部耆那教的经典中，就把当时许多宗教派别的领袖统统称作"佛陀"。同样，很多佛教也用"大雄"、"胜者"这样的名词来称呼释迦牟尼。至今中国的佛教寺院一般都把供奉释迦牟尼的正殿称作"大雄宝殿"，其出处正在这里。不过，无论是耆那教还是其他什么教，对"佛陀"这个名词虽然也尊崇，但没有放到至高无上的地位，而佛教则把它看做是理想人格的象征。所以这个词慢慢就成了主要是佛教使用的名词了。在佛教内部，最初它还不是释迦牟尼的专用名词，比如有些早期的典籍曾经称呼舍利弗为佛陀。但后来，这个名词逐渐成为教祖释迦牟尼的专用词，人们并把佛教徒称为"Bauddha"，即"佛陀的弟子们"。上述过程大约是与佛教、耆那教等沙门教派相互间的界限日益清晰这一过程相联系的。也是与释迦牟尼逝世后，佛教徒对他的怀念与尊崇日益加深，并日益将他神化的过程相联系的。

　　总之，佛最初是一种人人皆可使用的普通的尊称，指觉悟了真理的人。这儿所谓的真理，当然是宗教的真理，而不同的宗教又有各自不同的真理。无论哪个宗教的人，只要觉悟了本教的真理，就是觉者，就是佛。对佛教来说，觉悟了佛教的真理，就能断绝生死轮回，达到人生的最高目标涅槃。这是佛教追求的最圆满、最完善的人格。能够达到这种境界的人，是最值得敬仰的。虽则如此，在初期佛教时代，佛陀仍然是一个人，而不是一个神。早期佛教经典记载，释迦牟尼就曾经因为年老背疼，需要休息，特意让舍利弗代替他说法。当提婆达多破僧，用石块扔击释迦牟尼，释迦牟尼的脚曾经受伤流血。日本的中村元先生曾经著文说，中国人用"佛"字称呼释迦牟尼，是有特定的考虑的。"佛"字左边为"人"旁，右边是一个"弗"字。"弗"者，"不"也。这说明中国人认为释迦牟尼是人又不是人。我觉得这种解释有点牵强附会。中国的汉字90%以上是形声字。"佛"字的右边的"弗"是声部，"弗"、"不"相通，正是"Buddha"这个词的音译；左边是"人"旁，是形部，恰恰强调了释迦牟尼是一个人。

　　到了部派佛教时代，人们对于佛陀的观念开始产生一个很大的变化。佛陀已经不再是一个普通人，而成为威力无比的神。正如《异部宗轮论》所说："诸佛世尊皆是出世。一切如来无有漏法。诸如来语皆转法轮。佛以一音说一切法。世尊所说无不如义。如来色身实无边际。如来威力亦无边际。诸佛寿量亦无边际。"历史人物释迦牟尼自然也被增添神圣的灵光，逐渐成为一个万能的教主。到了这时，"佛陀"就成为称呼释迦牟尼的专用名词了。也从这时候开始，佛教中涌现出大量的关于释迦牟尼前世修行积德的各种本生故事，进一步完善与提高了释迦牟尼的形象，成为人类所可能有的一切美德的集中体现。人们给佛奉献了十个称号，即：（一）如来，谓乘如实之道而来，而成正觉之意。（二）应供，意指应受人天之供养。（三）正遍知，能正遍了知一切之法。（四）明行足，即天眼、宿命、漏尽三明及身口之行业悉圆满具足。（五）善逝，乃以一切智为大车，行八正道而入涅槃。（六）世间解，了知众生、非众生两种世间，故知世间灭及出世间之道。（七）无上士，如诸法中，涅槃无上；在一切众生中，佛亦无上。（八）调御丈夫，佛大慈大智，时或软美语，时或悲切语、杂语等，以种种方便调御修行者（丈夫），使往涅槃。（九）天人师，示导众生何者应作何者不应作、是善是不善，令彼等解脱烦恼。(十)佛世尊,佛即自觉、觉他、觉行圆满,知实见三世一切诸法;世尊即具备众德而为世人所尊重恭敬。这时的佛已经超越了普通人的形象而变得无形无象。因为佛已经涅槃,无可指其方所、存在;因为他太伟大,不能用普通人的形象来表示。那个时期的佛教艺术品,当涉及释迦牟尼时,都不用正面的人的形象表现,而采用一些象征物。比如用一双刻有诸多表征的脚印,表示佛的存在。用一棵菩提树,表示释迦牟尼的悟道。用一个法轮,表示释迦牟尼在鹿野苑初转法轮。类似的艺术品,至今仍然可以看到。

当然,与其他许多宗教一样,佛教也需要一个看得见、摸得着的实实在在的崇拜对象,更何况印度自古就有偶像崇拜的传统。所以后代佛教还是出现了正面表现佛陀的造像。但这时为造像作了种种规范,认为佛应该具备许多超人的体态特征,诸如三十二相、八十种好。应该说明,三十二相、八十种好的传说本身出现得比佛教造像早,但佛陀的造像出现后,三十二相、八十种好,特别是其中比较外观性的相好就成为造像必须遵守的规范。随着佛陀观的改变,教团中还出现了一场关于佛是否在僧数的大讨论。部分坚持传统的僧人认为,释迦牟尼虽然成佛,但他仍然应该算作僧团的一个成员,这叫做佛在僧数。另一部分则高扬新的佛陀观,主张释迦牟尼既然成了万能的教主,就不能再把他看作僧团的普通成员。所以主张佛不在僧数。在这一阶段,对于一般的僧人而言,佛是高高在上的膜拜对象。谁如敢自称也成了佛,绝对是诳语,犯了不共住的大戒。一般的僧人只能通过戒、定、慧等三学,努力争取达到阿罗汉果位。

总之,在这个时期,释迦牟尼由人变成了神。而"佛"这个名词,也由一个普通的尊称,变成只有释迦牟尼及类似释迦牟尼那样的神,比如过去七佛才能使用的特定的专用名词。

到了大乘佛教时期,印度佛教的佛陀观又发生了重大的变化。从"凡是觉悟了佛法真理的就是佛",这一基本定义出发,从初期佛教就主张的曾经存在过"过去七佛"的历史传说出发,他们不再把释迦牟尼当做唯一的教主与典范。他们提出,就时间而言,过去、现在、未来,有着无数个劫;就空间而言,十方有着无数个世界;因此,宇宙中也就有无数的佛。著名的如过去燃灯佛、未来弥勒佛、西方阿弥陀佛、东方药师佛等等。更重要的,他们已经不满足于仅仅顶礼膜拜这些佛,而是发大愿心,以那些佛为楷模,通过布施、持戒、忍辱、精进、禅定、智慧等六度,自我完善,以将自己上升到与那些佛同格的地位,亦即自己也要成佛。这种大愿心,就叫做阿耨多罗三藐三菩提,意为"无上正等正觉"。这时候,佛这个名词便成为某些具有特定神格的通称,而不是释迦牟尼的专用名词了。

印度佛教从初期佛教,发展到部派佛教,再发展到大乘佛教逐渐发展,佛这个名词也从一个普通名词发展为一个专用名词,进而演变为一个在一定范围内通用的普通名词,完成了从否定之否定这么一个螺旋式上升的辩证过程。

了解"佛"这个名词在使用的外延上这样一个演化过程,可以帮助我们进一步理解印度佛教史上的若干现象。比如释迦牟尼有一个堂弟,名叫提婆达多。他拉帮结派,争夺教团的领导权,并终于分裂了佛教教团。提婆达多的教团,其后在印度一直流传,4世纪法显到印度,7世纪玄奘、义净到印度,都注意到这个教团的活动。由于这个教团是从初期佛教分裂出来的,当时佛还是一个普通名词,所以他们虽然不承认释迦牟尼的权威,但崇拜贤劫的过去三佛。从这个角度讲,他们也自认为是佛教徒。

佛的外延虽然随着时代的变化而变化,那么,它的内涵如何呢?是否就没有一个内在的一以贯之的东西呢?不是的。应该说,佛这个名词的内涵基本上保持不变,只是不同时代,解释略有不同而已。

"佛"是"觉者",但"觉"的基本前提是"正觉",即觉悟的必须是佛法真理。比如后来大乘佛教提倡"无上正等正觉",落脚点也在"正觉"上。在"正觉"的前提下,"觉"又包含三层含义:自觉、觉他、觉行圆满。

所谓自觉,指修行者亲自用无漏无分别智去证知诸法的真如实相,平等如实、无增无减地觉悟诸法的事相理体。通俗地讲,就是真正觉悟到佛法真理。所谓觉他,又称遍觉。指不但自己觉悟真理,而且要普度众生,让众生都觉悟,同登佛果。也就是所谓"佛陀如大良医。自医医人。兴运大慈大悲,以自觉去遍觉一切有情"。所谓觉行圆满,又称无上觉。指这种觉悟是最高级、最完美的,每有任何一种其他觉悟可以与它相比拟。佛教在形容某一事物或该事物的某性质已达极点时,常用"圆"字来比喻。因为圆形是最完美的,增一点不可,减一点也不行。比如佛教用"大圆镜智"来比喻佛所具有的最高智慧。在这里,"大",指包容一切;"圆",即无限圆满完美;"镜",取其光明普照,无尘无垢。

应该说,在初期佛教、部派佛教时期的佛陀观中,已经包含"自觉、觉他、觉行圆满"等三层含义。但明确提出这三点,并用它们来解释"佛"的,是大乘佛教时期。因为大乘佛教把各种各样的人等按其宗教修习的程度分为不同的等级:凡夫、声闻、缘觉、菩萨与佛。大乘佛教认为:佛能基于正觉而自觉,这是他与凡夫的区别;佛能觉他,这是他与声闻、缘觉的区别;佛的觉行圆满,这又是他与菩萨的区别。所以,只有同时具备自觉、觉他、觉行圆满这三者,才能称为佛。正如《大乘义章》卷二十中说:"既能自觉,复能觉他,觉行穷满,故名为佛。道言自觉,简异凡夫;云言觉他,明异二乘;觉行穷满,彰异菩萨。是故独此偏名佛矣。"

谈信雅达^①

最近读到韩廷杰先生所写与恒毓先生商榷的文章^②,商榷的内容之一是古代佛经翻译的"信、雅、达"。

关于这个问题,恒毓先生是这样说的:"古代的译经大师在翻译佛经的时候首先遇到的就是译经的规则和标准问题,为此,他们进行了艰苦的探索,并最终提出了信、雅、达这一系列译经规范。"韩廷杰先生引用上文后提出不同意见,主要的观点是:我国古代"没有任何一位译经大师讲过'信、雅、达','信、雅、达'是清末的严复提出来的。……由严复提出的翻译原则'信、雅、达',被恒毓先生张冠李戴地安到古代译经师身上,这就大错而特错了"。

恒毓先生说由我国古代的译经大师"最终提出了信、雅、达这一系列译经规范",固然不太妥当;但韩廷杰先生完全抹杀我国古代译经僧人在信、雅、达这些译经规范方面的努力与探索,把信、雅、达的提出完全归诸清末严复,也同样不妥当。

外来典籍与思想欲在中国传播,必须借助于翻译。而翻译绝非易事。既有两种语言、文字的相互磨合,又有两种思想、文化的相互磨合。信、雅、达这些翻译规范,正是我国古代译经僧人在其译经实践中体会并提出的。

还在东汉、三国时期,中国的佛经翻译就出现直译、意译两种倾向。直译的代表人物是安世高与支娄迦谶。安世高因曾在华游历多年,通晓汉语,所以他的翻译能够比较正确地传达原本的意义。唐代著名佛教文献学家智升称他的翻译"义理明晰,文字允正,辩而不华,质而不野"(《开元释教录》卷一)。但从总体看,仍偏重于直译,有些地方拘泥于原本的结构,不免重复、颠倒。支娄迦谶的翻译则更是所谓"弃文存质"、"了不加饰"(《高僧传》卷一),甚至不惜采用大量音译,所以比较难懂。意译的代表人物则是支谦。支谦虽是月氏族后裔,但本人生长在中国,深受汉文化的熏陶,汉文水平也远远高于支娄迦谶等人。他反对过去的直译倾向,翻译时尽量减少音译,删略繁重,智升评价他"曲得圣义,辞旨文雅"(《开元释教录》卷二)。不过,也有些佛教学者对支谦的这种方法表示不满,唯恐这样有损经典的原意。

---

① 曾载《灵山海会》总第 8 期,2003 年。
② 载《灵山海会》总第 7 期,2003 年。

两种倾向很快产生冲突。关于这次冲突的史实，记载在《出三藏记集》卷七所收的《法句经序》中。该序是我们今天研究早期佛经翻译理论的重要文献。《出三藏记集》称该序"未详作者"，但根据《开元释教录》等资料，我认为它应是支谦所撰。

为说明问题，下面将该序的原文标点引用如下：

"昙钵偈"者，众经之要义。"昙"之言法，"钵"者句也。而《法句经》，别有数部。有九百偈，或七百偈，及五百偈。"偈"者结语，犹诗颂也。是佛见事而作，非一时言。各有本末，布在众经。

佛一切智，厥性大仁，愍伤天下。出兴于世，开现道义。所以解人，凡十二部经，总括其要，别有四部阿含。至去世后，阿难所传，卷无大小，皆称闻如是处佛所，究畅其说。是后五部沙门，各自钞采经中四句、六句之偈，比次其义，条别为品。于十二部经，靡不斟酌，无所适名，故曰"法句"。夫诸经为法言，"法句"者犹法言也。近世葛氏传七百偈，偈义致深。译人出之，颇使其浑漫。惟佛难值，其文难闻。

又诸佛兴，皆在天竺。天竺言语，与汉异音。云其书为天书，语为天语。名物不同，传实不易。唯昔蓝调、安侯世高、都尉、弗调译胡为汉，审得其体，斯以难继。后之传者，虽不能密，犹尚贵其实，粗得大趣。

始者维只难出自天竺，以黄武三年来适武昌。仆从受此五百偈本，请其同道竺将炎为译。将炎虽善天竺语，未备晓汉。其所传言，或得胡语，或以义出音，近于质直。仆初嫌其辞不雅。维只难曰："佛言依其义不用饰，取其法不以严。其传经者，当令易晓，勿失厥义，是则为善。"座中咸曰："老氏称：'美言不信，信言不美。'仲尼亦云：'书不尽言，言不尽意。'明圣人意，深邃无极。今传胡义，实宜经达。"

是以自竭(偈)，受译人口。因循本旨，不加文饰。译所不解，则阙不传。故有脱失，多不出者。然此虽辞朴而旨深，文约而义博。事均众经，章有本故，句有义说。其在天竺，始进业者，不学《法句》，谓之越叙。此乃始进者之鸿渐，深入者之奥藏也。可以启蒙辩惑，诱人自立。学之功微，而所苞者广，实可谓妙要者哉。

昔传此时有所不出，会将炎来，更从谘问，受此偈等，重得十三品。并校往故，有所增定。第其品目，合为一部，三十九篇，大凡偈七百五十二章。庶有补益，共广闻焉。

按照支谦的这篇序言及其他经录的记载，三国吴黄武三年(224)，维只难与竺将炎来到武昌。支谦请他们翻译《法句经》。由于他们刚到中国不久，对汉语不太熟练。所以翻译出来的文字，或者用西域语言表述，或者干脆采用音译。这样的译文，当然很难懂。支谦本来就属于意译派，所以批评他们这样的译文太"质直"，"其辞不雅"。但维只难认为，对于佛教的经文，关键在于掌握它的意义，而不在于辞藻的华丽。翻译经典，只要能够不走样地表达原义，让读者明白，就可以了。据说当时在座的人都同意维只难的观点，认为老子说过："美言不信，信言不美。"孔子也说过："书不尽言，言不尽意。"圣人的意蕴是深邃无极的。所以，翻译佛经，"实宜经达"。

这次争论的结果是直译派占了上风,所翻译出的《法句经》"因循本旨,不加文饰。译所不解,则阙不传。故有脱失,多不出者"。这部《法句经》,现在还保存在大藏经中。

在这里,我不想具体探讨那部《法句经》翻译的得失;同时,我以为这次争论的意义也不在于哪一派暂时占了上风。如序文所示,意译派的支谦批评译文"其辞不雅",而直译派的维只难等人以老子的"美言不信,信言不美"为依据,主张"实宜经达"。所以,这次争论的关键,在于双方在这次争论中已经正式涉及被后代译人认为最高翻译原则的"信、雅、达"等基本范畴。这说明我国当时的翻译活动,已经不仅仅是两种语文的对译、若干技巧的探讨,而是已经上升到理论的高度。从此,我国佛教的翻译实际就是沿着如何调和直译、意译,向着真正做到信、雅、达的方向前进。

回到韩廷杰与恒毓两位先生争论的问题上。

如上所述,早在三国时,佛教的翻译家们已经在翻译实践中接触到信、雅、达等范畴。但这里也应该指出,当时既没有把这三个范畴提升到翻译的基本原则的地位,更没有把这三个范畴当做一个相互制约的统一整体,来规范全部翻译活动。当时,与它们同时被提出的还有"义"、"美"、"言"、"意"等范畴。其后,在长期的翻译活动中,我国古代的翻译家不断实践,不断探索,最终由严复总结前代的经验,正式归纳出"信、雅、达"这翻译三原则。因此,从我国的翻译史的全部历史看,恒毓先生所谓古代译经大师"最终提出了信、雅、达这一系列译经规范",韩廷杰先生所谓我国古代"没有任何一位译经大师讲过'信、雅、达'"都有道理,也都有点片面。

2003 年 6 月 4 日于太阳宫

怎样读佛经[①]

——佛教研究经验谈之一

　　初学者常把阅读佛典视为畏途，说：明明那些字都能认识，可是串到一起以后，就不知道它的意思到底是什么，好像看天书一样。其实，绝大部分佛典所表达的思想并不那么深奥，不是人们以为的那么难。无论如何，现代人的知识要比古人丰富；现代人的思维能力要比古人强。古人能够想到、提出的理论与观点，现代人都应当，而且完全可以理解。那么，为什么佛典那么难读呢？佛典之难，不是难在它的内容不好懂，而是难在其他方面。

　　首先，佛典的规模实在太大，数量太多。在世界三大宗教中，基督教作为立教依据的最主要的典籍只有二部，那就是《旧约》与《新约》。伊斯兰教所依据的则只有一部，那就是《可兰经》。后世伊斯兰教又编纂出《圣训》，但《圣训》所传述的乃是穆罕默德的言行；而《可兰经》所传述的乃是穆罕默德发布的安拉（上帝）的"启示"，所以毕竟要以《可兰经》为基本依据。唯有佛教的经典汗牛充栋。其中既有可以追溯到释迦牟尼时代的作品，也有其后千百年间不断出现的新的经典。这些经典都以"佛说"的面貌出现，都具有权威的身份。各不同经典的思想倾向互不相同，但互相并不绝对排斥；相互虽不排斥，但各自又拥有各自的权威性。佛教经典的这一特点，反映了佛教的固有品质——包容性。从积极的角度讲，包容性是出于对自己生命力的强烈自信，也反映了佛教博大的胸怀，善于吸收各种各样不同的思想与观点来充实自己、发展自己，所以佛教能够不断地焕发其生命力，并遍传亚洲各地。从消极的角度来讲，包容性也使得佛教内部理论繁杂，派别林立。除了传统的以"佛说"的面貌出现的经典外，由后代僧人、居士编纂的各种注疏与论著数目更加惊人。据我粗略估计，仅汉文佛教典籍，总数大约在 4.5 亿字左右。这自然给学习佛教的人带来极大的困难。这么多的佛教著作，究竟从哪里去着手学习呢？这就需要我们有一些关于佛教典籍的基本知识，比如关于经录的知识，藏经的知识；关于各种佛教理论及其渊源流变的知识。了解佛典在历史上是怎样产生，又怎样发展的；了解它的基本组成结构；了解它的版本源流；了解佛教在发展过程中怎样根据客观情况的变化而把各种思想包容进来，丰富自己、壮大

自己,成为灿烂的东方思想之花。

其次,佛教有一整套固有的名相、法数,也就是概念体系。不了解这套概念体系,就无法看懂佛典。这一点,其实无论对哪一门学科都一样。如果我们对计算机的基本概念一窍不通,自然不可能看懂计算机方面的专业书。所以,有志读佛典的人,应该先下点功夫搞明白佛教的一些基本概念。

再次,任何典籍及其所反映的理论都与产生这些理论的一定的时代背景相联系。由于现在一般人不大明白产生这些佛典的时代背景到底是什么,从而为理解这些典籍所表述的理论带来很大的困难。所以,读佛典,必须了解该典籍的时代背景,必须学习一点佛教史,包括印度佛教史与中国佛教史,大体了解一些佛教史上曾经出现过的派别及其思想倾向、不同派别间的理论争论。有了这样一些基础知识,然后再来阅读佛教典籍,就可以更容易地理解它的思想与从总体上把握它。

第四,佛典是古代印度人写的。印度人与我们中国人的思想方法本来就不太一样,古代印度人与现代中国人的思想方法差距就更大。一般来讲,一个思想体系中的范畴很难与另一个思想体系中的范畴完全等同。因此,读佛典,切忌随意用中国人的思想去套印度人的观点,随意用现代的概念去比拟佛典的名相。如果那样做,结果一定是自以为懂了,实际可能完全牛头不对马嘴。我们研究任何一种理论,首先都必须真正搞明白它的本来含义。古代,中国人研究佛教曾经走过一段"格义"①的弯路,我们现在必须接受这一教训。

第五,有不少佛教典籍是用因明格式写成的。因明是印度古代的一种逻辑学,与我们习知的形式逻辑有相近之处,但不完全一样。它有自己一套完整的推理、论证方式。如果对因明格式一无所知,阅读佛典也会遇到困难。

第六,佛典是从外语翻译为中文的。再好的翻译家,翻译的作品也难免走样。更何况不少佛典翻译者的水平实在不敢恭维。这自然为我们今天阅读佛典造成极大的不便。要彻底解决这个问题,那就只有不看翻译作品,只看原典。我国古代有的僧人就是这么主张的。但我们今天的读者当然没有条件都去读梵文原典。即使懂得梵文,大部分佛教经典的梵文原典也已经都亡佚了。怎么办呢?第一,初学者应该从公认翻译得比较好的佛典及其注疏开始着手。再就是应该了解一点佛经翻译史,知道一点翻译之所以走样的基本规律,了解几个大翻译家的风格。这样,就可以尽量少被错误的译文所误导。

第七,佛典一般为古文,用古汉语写成,具有古汉语的一般特点。比如有大量古汉语的语法、词汇;不少佛典保留有大批古今字、异体字、通假字、俗字、错字乃至自造字等繁难字;原文没有标点,很难卒读。如此等等。这就要求阅读者必须有关于古汉语及古文字的基本素养。

当然,造成佛典难懂的原因还有一些,比如有的典籍有意用一些玄虚的文句来掩

---

① "格义",古代中国人用中国固有的思想与概念比附印度佛教理论、学习印度佛教理论的办法。

饰自己内容的浅薄;有的典籍则出于宗教的需要,特意对某些内容秘而不宣。有的典籍行文自由,犹如天马行空,完全是"六经注我"。如此等等。但是,只要前述几个大问题能够基本解决,一般来讲,阅读佛典应能较为顺利了。

漫谈禅宗研究①

改革开放 20 年来,我国佛教迅速恢复与发展,是中国近代以来佛教发展的黄金时期。从佛教研究的角度来讲,这 20 年人才辈出、成果辈出,也是一个黄金时期。在这一时期中,佛教研究的各个领域都取得了很多可观的成果。而在佛教宗派研究方面,成果最为丰硕的当数禅宗。不但在典籍、历史、人物、宗派等传统领域,都能够举得出可观的成果,而且在禅宗沁润于中国文化的各个方面,都有人在孜孜努力,并不断推出新的成果。

就典籍而言,可以从两个方面来谈。

一是传统典籍的整理。台湾蓝吉富教授主编的百册巨帙《禅宗全书》将分散的禅宗资料汇聚到一起,影印出版,给研究者以极大的方便。大陆则有任继愈先生主编的《中国佛教丛书·禅宗编》(江苏古籍出版社)。其他影印书籍还有不少。影印书籍提供了原始资料,反映了原书原貌,资料可靠。缺点是使用不便。因此又有各种点校本问世。其中有代表性的自然是收入中华书局中国佛教典籍选刊的《五灯会元》、《古尊宿语录》等。禅宗典籍的点校难度很大。说它是所有佛教典籍中最困难的,未免有点夸大,但说它的难度系数在 90%,应该得到大多数人的赞同。难度大,就需要点校者小心谨慎,如履薄冰。遗憾的是现在的点校本大多不能尽如人意,有些点校本甚至可以说是错误百出,乃至千出。不出错固然不可能,错误千出则不能让人原谅。解决这个问题,一是需要点校者的沉潜笃实,一是需要出版社不出人情书。

点校是高水平的整理,今后必须加强。但影印的工作今后还要作。因为我们毕竟没有力量在短期内把所有的禅宗典籍全部点校出版,那就只有靠影印,先把资料送到急需的读者手中。影印的另一个好处,是可以动员更多的人来做点校,以及使用点校书时,遇到不放心处,可以自己查原典。

典籍整理的另一个重要方面是新资料的发掘与整理。所谓新资料,不仅包括大家熟知的敦煌遗书,还包括传世的以前不为人知的资料以及出土资料,如金石等。就敦煌遗书中的禅宗资料的整理而言,应该承认,日本学者在这方面做的工作要比我们多,我们需要迎头赶上。但我们的工作也有超过日本学者的,就是对敦煌本《坛经》的整

---

①　曾载《文史知识》2002 年第 4 期。

理。已经出版的敦煌本《坛经》点校本有郭朋两种（中华书局、巴蜀书社）、杨曾文两种（上海古籍出版社、宗教文化出版社修订版）、潘重规两种（台湾佛陀教育基金会 1994 年初版,2001 年修订）、周绍良一种（文物出版社）、邓文宽一种（台湾如闻出版社）、邓文宽、荣新江合著一种（江苏古籍出版社）、李申一种（山西古籍出版社）。一种文献,竟然出现这么多的点校本,一则说明这项工作难度之大,至今的整理本还没有能够令大家都满意;一则也说明诸位学者精益求精的努力。学术就是在不断地探索中前进。说到传世禅宗典籍,可以作为例子的有《祖堂集》。岳麓书社虽然出了一本点校本,但现在看来也需要重新再做。至于金石,像法如碑的发现,对早期禅宗史研究意义极大。类似的资料,还需要我们去发掘与整理。

总的来说,在禅宗典籍方面,成绩是很突出的,但问题还是存在,任务依旧很重。与付出的劳动相比,得到的成绩似乎应该更好。我们希望将来文献整理者能够把自己整理的每一部典籍都做成精品。

禅宗史研究成果丰硕。比较引人注目的通史有杜继文、魏道儒合撰的《中国禅宗通史》（江苏古籍出版社）、吴立民、徐荪铭等撰写的《禅宗宗派源流》（中国社会科学出版社）,断代史则有印顺的《中国禅宗史》（台湾正闻出版社）、杨曾文的《唐五代禅宗史》（中国社会科学出版社）。《中国禅宗史》是印顺批判胡适的“《坛经》的作者是神会”这一观点的过程中产生的,所以该书注重于禅者的事迹与传承,以及禅法的方便施化与演变,以求探索外来的印度禅怎样演化为中国禅。比较而言,《中国禅宗通史》与《唐五代禅宗史》更加注意禅宗与社会的互动。但两者的基本观点却有不同。《中国禅宗通史》主张禅宗的兴起与流民有着密不可分的关系,并用这个观点来观察与解释禅宗史上的诸多现象。但《唐五代禅宗史》则瞩目于禅宗与各地官员与知识分子的关系,并以此解释禅宗的发展。禅宗的社会基础到底是下层流民,还是上层统治者,这涉及如何评价禅宗的基本面貌以及如何认识它的历史发展,值得深入地研究下去。

《禅宗宗派源流》是一部很有特色的著作。与类似著作不同的是,它明确提出禅宗的精髓在于般若,禅宗的宗义、修行、证悟都离不开般若,对禅宗研究进行时考据与历史的方法也不能代替般若。由此提出一系列研究禅宗应该采取的方法。我以为,把上述提法单纯地看做教内学者的诉求,则未免把问题过于简单化。实际上,这涉及研究禅宗的方法论方面的问题。任继愈先生指出:“禅宗的思想方法不重思辨推理的过程,而在直探本源的体认。禅不是从概念上引导信徒走向宗教境界,而是生活经验的升华心灵感受走向宗教境界。禅宗教人,更多用力于性情、人格的培养,也就是内心的自觉,而不大注意外在权威的灌输。”所以任先生特别提出:“读禅宗典籍要符合禅宗思维方式。”①在这里,教内、教外双方,从不同的角度,提出了同一个问题。我想,这是我们今后研究禅宗应该注意的问题,或者说,是必须遵循的方针。

---

① 任继愈:《以禅宗方法整理〈坛经〉》,载《敦煌坛经合校简注》,山西古籍出版社,1999 年 9 月,第 1—2 页。

近十多年来，禅宗研究园地成果累累，诸如研究禅宗思想的《中国禅宗思想历程》（今日中国出版社），研究惠能的《惠能评传》（南京大学出版社），还有《印度禅》（浙江人民出版社）、《如来禅》（浙江人民出版社）、《祖师禅》（浙江人民出版社）、《分灯禅》（浙江人民出版社）、《日本禅》（浙江人民出版社）、《东山法门与禅宗》（武汉出版社）、《石头希迁与曹洞宗》（岳麓书社）等论著，对禅宗前史及其发展的各个阶段或派别都作了认真的探讨，而《禅学与玄学》（浙江人民出版社）、《禅学与诗学》（浙江人民出版社）、《禅学与老庄》（浙江人民出版社）、《禅与艺术》（浙江人民出版社）、《佛道诗禅》（中国青年出版社）、《禅与中国艺术精神的嬗变》（商务印书馆）、《禅与中国园林》（商务印书馆）、《禅与东方文化》（商务印书馆）、《禅宗语言》（浙江人民出版社）、《禅宗美学》（浙江人民出版社）、《禅宗伦理》（浙江人民出版社）等论著，则从不同视点探讨了禅宗与中国文化的关系，在更广泛的领域里将禅宗研究引向深入，使禅宗研究更加蔚为大观。类似的著作还有不少，这里无法一一列举。但是，在这里也应该指出，关于禅宗研究的书籍虽然很多，质量却是良莠不齐。既有上乘精品，也有开卷就错。既有厚重沉实，真正向读者贡献新观点、真知识的；也有以时髦的辞藻掩饰贫乏的内容，看起来洋洋洒洒，实际上不知所云的。

行文至此，更加痛感用禅宗的思维方式来研究禅宗的重要性。那些开卷就错的或不知所云的作品所以会出现，不就是因为作者实际上并不懂禅宗吗？从这一点上讲，中华书局最近出版的吴言生的《禅宗思想渊源》、《禅宗哲学象征》、《禅宗诗歌境界》就是一个很好的尝试。这三本书近百万字，我还没有全部看完，也就不能全面评价。但是，一个本来搞文学的研究者，为了深入研究禅宗诗歌，如此下大力气去探索禅宗的思想渊源及哲学特点，并在主观上力求用理性分析与悟性投入并重的方法来分析禅宗诗歌，也就是用禅宗的方法来研究禅宗，这无疑是应该提倡的。

2001 年 8 月 21 日夜于三真堂

作者按：

本文为吴言生称《文史知识》拟出一组关于禅宗研究的笔谈，故此向我约稿，发表在《文史知识》2002 年第 4 期。发表时，未经本人同意，结尾部分被大幅度修改增补，加入自吹自擂的内容。本人曾就此事当众向吴言生提出批评。为了保存历史真实，为了对本人、对读者负责，在此公布本人原稿。

2011 年 9 月 8 日于皇木厂

令人遗憾的书评①

——评张子开《令人遗憾的〈中国禅学思想史〉》

当前,佛教出版物愈出愈多,但也颇有一点愈出愈滥的趋势。作为佛教研究者,对此深以为忧。我们呼唤正常健康的书评以扶正祛邪,但对《中国图书评论》今年第一期所载张子开先生撰《令人遗憾的〈中国禅学思想史〉》(以下简称《张文》)则实在深以为憾。

《张文》的批评对象是日本学者忽滑谷快天(1867—1934)著、中国学者朱谦之(1899—1972)译的《中国禅学思想史》(上海古籍出版社,1994年5月第一版。以下简称《中禅史》)。在此且不谈忽滑谷快天及他的这本著作在近代佛教研究史上的定评与地位,译者朱谦之先生,诚如《张文》所述,"是我国当代著名的历史学家、哲学家与东方学家,治学刻苦认真,佛学功底相当深厚,着手译事时又时值炉火纯青的晚年",这本译著"付梓前又经过多位专家数次审核"。尽管如此,并非专门研究佛教的张先生竟然在该译著之短短几节中拈出一大堆"错误",难免张先生要惊呼该书"谬误却比比皆是,令人惊诧",并且由此得出"暴露出我国佛学研究界忽视最基本的功力修养这一普遍的严重缺陷"这样一个全局性的结论。看来我们实在应该为中国的佛教研究界悲哀。

但事情果真如此吗?

《张文》从该书的第94页至第99页共6页(全书正文880页)中搜集、列举了16条"错误",将其分为两类:第一类为中译本"文献知识方面"的问题,计8条;第二类为中译本"古代文化知识、古汉语修养甚至佛教基本知识等方面"的问题,计8条。16条中还包括若干标点符号使用方面的问题,不过《张文》说"标点符号的使用,不属文献范畴,此乃偶及之尔"。所以把有关例子散在上述两类中,没有单独算作一类。但实际上,我认为《张文》所述的16条"错误"可以分为五类:真正属于文献知识方面的只有2条;属于佛教知识的1条;属于所谓"偶及之尔"的标点符号使用问题的实际有8条。另外涉及如何处理引用文献原文的3条;纯属原著问题的2条。下面择要谈谈。

---

① 曾载《佛学研究》第4辑,佛教文化研究所,1996年。由黄夏年先生署名。

（一）属于文献知识的 2 条

1.《中禅史》中叙述了傅翕之传略，并说明其出处依据为《续高僧传》卷三十四等诸文献。但《张文》指责《中禅史》犯了一个文献知识的错误。因为《续高僧传》"记傅翕事迹者在卷二十六……不在卷三十四"。张子开先生还责问："且《续高僧传》仅三十一卷，'卷三十四'从何说起？"

2.《中禅史》提到《佛祖统纪》卷三十四有傅翕创轮藏的记载。《张文》反驳说："傅翕创轮藏事，见《佛祖统纪》卷三十三，……并不是卷三十四。"

自称以文献学知识见长的张子开先生竟振振有词地提出这种责问，真叫人目瞪口呆，继之以苦笑。

以《续高僧传》而言，且不讲该书之道宣原著有过本集三十卷、后集十卷之分分合合的曲折经历。仅就刻本而言，《思溪藏》、《高丽藏》、《永乐南藏》等所收为三十卷本；《崇宁藏》、《毗卢藏》、《普宁藏》等所收为三十一卷本；《永乐北藏》、《嘉兴藏》、《清龙藏》所收为四十卷本；并不是如张子开先生所说的仅三十一卷本一种。《中禅史》利用的应为日本《黄檗藏》，该藏根据《嘉兴藏》覆刻，所收《续高僧传》为四十卷本，关于傅翕的记叙正在第三十四卷中，原著丝毫不错。

用现在观点看，《中禅史》没有对藏经版本作特别的说明可说是一种不足，但由于忽滑谷快天著《中国禅学思想史》时，现在世界通用的《大正藏》尚未出版，而《黄檗藏》在日本最为流通，所以按照惯例用《黄檗藏》而不加特别的藏经版本说明是可以理解的。从学术史上看，以往学者们引用藏经往往不交代版本，但现代严谨的学者一般都加以说明。尤其对非当前通用藏经，一定要说明自己所依据的版本。《中禅史》"标志着日本禅宗研究的旧时期的结束"（杨曾文：《代序》），忽滑谷快天确实也带有若干旧时期学者的特征，但从总体看，全书引文大体符合上述现代标准。如《佛祖统纪》有两种传本，一为五十四卷、一为五十五卷。《中禅史》利用的《续藏经》所收为五十五卷本，关于傅翕创轮藏的记叙正载于第三十四卷，也丝毫不错。由于《续藏经》不能算是很通用的本子，所以原著在引文下特地注明："《续藏经》第一辑第二编乙第四套第三册 198 页右——左。"作者的态度基本上是严谨的。

在古代写本时期，佛典的内容增益、分卷歧异乃是常事；即使到刻本佛典时代，这一现象仍然甚为普通。这乃是佛教文献学的基本知识。因此，无论是谁，只要略有这些佛教文献学的知识，只要了解忽滑谷快天著《中国禅学思想史》时日本佛教经典的流通情况，都不会对《中禅史》的上述引文的出处产生疑问。而《张文》恰恰暴露了张子开先生对上述佛教文献学的基本知识尚不了解这一事实。

《张文》说傅翕的传略载于《续高僧传》卷二十六、轮藏载于《佛祖统纪》卷三十三，他的版本依据是什么呢？不知为什么，如此重视文献知识的张子开先生竟然完全没有交代他的版本依据。如果我们按照一般惯例，把张子开先生所用的藏经理解为目前最为通行的《大正藏》。可是按照《大正藏》，轮藏虽然确载于《佛祖统纪》卷三十三（底本为日本增上寺报恩藏本），傅翕事略却载于卷二十五（底本为《高丽藏》本）。不知张子开先生对此做何解释？

由于张子开先生主张《续高僧传》应为三十一卷本，而在三十一卷本的《崇宁藏》、《普宁藏》等藏经中，关于傅翕事略的记事的确在第二十六卷中。那么，或者张子开先生叙述轮藏时，依据的是《大正藏》；而叙述傅翕事略时，依据的则是《崇宁藏》或《普宁藏》？《崇宁藏》、《普宁藏》等两种藏经在中国国内实为稀见至宝，张子开先生系从何处发现并引证了这两种或其中某种藏经，是否可以赐告？同一篇文章，依据不同的藏经，又不加以说明，如此引证法，在佛教文献学上，似乎尚无先例。

如果张子开先生所用确为《崇宁藏》、《普宁藏》等稀见藏经而又不说明藏经版本，且根据不同的版本批评别人出处错误，这本身就不是一种严谨的学风。如果张子开先生系以《大正藏》为依据批评《中禅史》引文出处错误，这不仅说明张先生学风疏漏（把"卷二十五"错写成"卷二十六"），还说明张子开先生尚未了解《中禅史》的写作背景，在写书评之前缺乏必要的前期准备。如果张子开先生不知道佛教典籍常有分卷不同的情况，则他缺乏对佛教研究著作进行文献学批评的起码资格。如果他知道佛教典籍常有分卷不同，但没有去了解了解《续高僧传》与《佛祖统纪》是否还有其他传本，就敢放手批评别人引用有误，则张先生的胆子实在太大。

我们当然不能苛责张子开先生，要求他具备佛教研究者才应该具有的知识与素养。但是，即使在目前最常见的《大正藏》中，也在校记中注明了还存在着一种四十卷本的明版《续高僧传》，有关傅翕的事略在该大藏经中属于第三十四卷；又注明了《佛祖统纪》的《续藏经》本为五十五卷，有关轮藏的记载在第三十四卷中。所以，即使不是佛教研究者，只要有一点初步的文献学修养，甚至只要细心读书，认真利用这些校记，也不至于闹出这样的笑话。从《张文》看，张子开先生明明利用了《大正藏》，也利用《大正藏》的校记，但不知怎么竟然对上述校记视而不见。另外，《中禅史》以辑、编、套、册、页、面的方式，不厌其烦地把轮藏的引文出处列得清清楚楚，只要稍微费一点功夫，查一查，正误立刻水落石出。但不知为什么张先生就是不肯去查。

看来在佛教文献学方面，应该受到批评的是张先生自己。因为张先生既缺乏必要的知识，又疏懒得令人难以置信。

（二）关于如何处理引用文献原文的 3 条

1.《中禅史》第 95 页原文引用《释门正统》一段文字，其中有"楼颖编《大士言行录》"云云。《张文》批评说："楼颖所编为《善慧大士录》，非'《大士言行录》'。"并把这一条归为中译本对佛典原文引用的文献知识方面的"错误"。

这条批评也实在叫人哭笑不得。谁都知道这里的《大士言行录》与《善慧大士录》为同书异名，但现在《释门正统》原文既然那样写，《中禅史》又这样照引，中译本有什么理由不照录？这应该是文献学的一个基本常识。即使原文有错，张子开先生不找《释门正统》的作者——宋代的宗鉴——算账，也不找《中禅史》的作者——日本的忽滑谷快天——算账，非得把这本账算到中译本的译者头上，迹近无理取闹。按照张子开先生的逻辑，莫非译者应该把这个名词改过来？一个译者难道有权力改动原作者对其他典籍的引文吗？不知是哪本文献学的书籍或哪门文献学的课程教过张先生如此这般的文献学知识？或者这是张先生的独创？

2.《中禅史》第 97 页论述傅翕创轮藏，引用《佛祖统纪》，其中一句云："乃方双林道场创转轮藏"。《张文》谓："据《正藏》卷 49 页 318C，'方'有异文'于'。比较两者，'方'显然为'于'之误，作'方'于文义扞格不通。"《张文》中的《正藏》应为《大正藏》的笔误，当然也可能是杂志排版之误。虽然这个错误比较重大——因为在佛教文献学上，另有"正藏"这一专有名词在，不容混淆。但忠厚的读者不会因此借题发挥。

《大正藏》中的确有上述校记，然而张子开先生既然注意到这一条校记，就应该知道这条校记所讲的正是《续藏经》本该处作"方"。《中禅史》既然用《续藏经》本，在没有其他参校本的情况下，无论"方"字怎样不通，自然也只能作"方"。这也是文献学的基本常识。硬让别人违反文献学的基本常识，照张先生的"独创"去做，只能说是无理。

其实，《张文》所以这样提出问题，其前提条件是以为《中禅史》作者与张先生一样，所依据的是《大正藏》，殊不知当时还没有《大正藏》，人家说得明明白白，用的是《续藏经》，所以在此又反映了张先生的无知。

3.《张文》提出：《中禅史》"在引文时屡加改篡"，并举出第 96 页的一个例子。并以此作为译者在文献知识方面的"错误"。

《张文》提出的《中禅史》"在引文时屡加改篡"的问题是存在的，所举的例子也是对的。不过，凡是对文献史有所了解的人都知道，引文时任意撮略改篡，虽为现代学者所摒弃，却为旧时期不少学者的一般作风，作为新、旧交替时期的《中禅史》的作者也没有能够免受这种风气的影响。现代严谨的学者，在处理这类包含有任意引文的文献时，一般都采取尊重原著，不予改动的态度。《中禅史》的译者对一些明显错误处作了校正，但对另一些地方则谨慎地保持原貌。现在《张文》竟把译者的这种谨慎态度视作"错误"，则如果不是张先生对文献学上的这种现象与处理惯例一无所知，就是张先生的文献学素养实在应该再加提高。

（三）属于佛教基本知识的 1 条

《张文》批评"中译本由于理解不深而标点符号使用不合适处，甚多，往往导致意思不清，层次模糊"（张先生这段文字虽浅显，标点则似乎有点问题。但愿这只是笔误或排版疏漏）。紧接着引用《中禅史》第 97 页的"其本义是：真空者妙有，般若者无知，真照者无照，妙有故空而不空，无知故无不知，无照故无不照，智愚，净秽，生佛，生死涅槃、烦恼菩萨等本性空寂，不一不异，傅翕之意在此"。作为佐证，并把这一问题也归结为译者在"古代文化知识、古汉语修养甚至佛教基本知识方面的欠缺也颇为明显"之"确然大者"之错误之一。

其实，这段话是《中禅史》作者间接引用我国著名佛教哲学家僧肇的一段语言，用以解释傅翕的思想的。标点符号大体可用，若干地方可以商榷。但根本不存在"层次模糊"的问题，只是所用佛教术语多了一点。如果认为这段明明很清楚的文字也"意思不清,层次模糊"的话,那到底是谁在"古代文化知识、古汉语修养甚至佛教基本知识方面的欠缺也颇为明显"呢?

(四)纯属原著的问题 2 条

1.原著有一处将南朝梁年号"天监"误写作"天鉴"(中译本第 94 页,原著上卷332 页)。

2.原著对傅翕的岁数计算有误(中译本第 95 页,原著上卷 332 页)。

原著的这两条错误,不管是笔误也好,排版错误也好,作者疏漏也好,相信即使忽滑谷快天先生还在世,也必须认账。作为中译者,对此类错误的处理方法一般有两种:一种是一仍其旧,因为毕竟原著如此;一种是保留原文,但加上译者注释以为说明。后一种方法当然很好,前一种方法也是常见。由于朱谦之先生不像张子开先生,曾专门研究傅翕,所以采用了后一种方式。这并没有什么大过。因为归根结底,这是原著的错误。不知怎么一回事,与前面的许多问题一样,《张文》一口咬定,原著的这种错误应该由中译本负责,并且属于中译本在"古代文化知识、古汉语修养甚至佛教基本知识方面的欠缺也颇为明显"之"确然大者"之错误类。朱谦之先生地下有知,大概也只好摇头叹息:遇上专讲歪理的秀才,有理更加说不清。

(五)关于标点符号的使用 8 条

8 条批评意见中,3 条批评得正确,其他多数可以商榷,个别属于吹毛求疵。《张文》认为"标点符号的使用,不属文献范畴,此乃偶及之尔"。本文限于篇幅,对标点符号的问题也不拟多讨论。

任何一部著作,都会有这样、那样的不足。建设性的批评,可以有助于学术的发展。如项楚先生对《五灯会元》点校的批评,看了让人信服。但《张文》却并非如此。以己之昏昏,攻人之昭昭,可否? 现在学术界有一种不好的风气,有的人专以"打名家"为意,似乎能打打名家,无论打得倒与打不倒,自己也就成为"名家"了。我们从来不主张盲目崇拜名家,但学术后辈对于学术前辈不应该有一种起码的尊重吗? 所谓"起码的尊重",首先是指对前辈学术成果的尊重,亦即首先是认真学习。如果有什么话要讲,无论是赞扬的,还是批评的,都应该在自己真正弄懂的基础上,用一种与人为善的态度来讲。如果"无实事求是之心,有哗众取宠之意",那就不好了。

鲁迅先生曾经讲过这样的话:评论一个作家,要兼顾他生活的时代,兼顾他的一生,兼顾他的全部作品。如果张先生以为这个要求太高,则评论一部著作时,把这部著作之全部作为对象,而不是仅仅根据局部(如 880 页中的 6 页)就作结论,是不是一个合理的要求呢? 当然,因为张子开先生专门研究傅翕,所以专门摘录关于傅翕的这 6页,这一点我们可以理解。但既然这样,是否把书评的标题也改一下为好呢? 现在的这个标题,是否有以偏概全之嫌呢?

一篇评论译著的书评,作者所评的到底是原著,还是译文,心中必须明确。要做到这一点,首先要不偷懒,其次要实事求是。亦即要求书评者必须既看译著,又看原著,认真对照，查核落实究竟是原著还是译文问题。否则就会出现《张文》这样眉毛、胡子分不清，稀里糊涂乱点鸳鸯的情况。还有，译者从事翻译时，对于原著的错误究竟应该怎么办，虽然没有明确的条文，也有通行的惯例，写评论译文的书评时，一般应该以通行惯例为标准。看来《张文》是很不以通行惯例为然。当然，只要有充分理由，也可以提出新标准。但新标准必须与文献学的基本常识相符；还要事先交代清楚，让别人明白这些标准。当然，如果有意推翻文献学的基本常识，那另当别论。

要批评别人，自己的知识首先必须准确。对于自己不懂或不太懂的问题，明确地说不懂，这就是诚实；不轻易表态，也可谓藏拙。不知张先生可能赞同？

从《张文》可以知道，张先生还缺乏必要的专业知识的积累，也缺乏必要的科研方法的训练。但张先生凭借着对《中禅史》中 6 页文字的似是而非的理解，就敢于评论这本 880 页的学术专著，进而敢于对中国佛学界的研究现状作出诸如"暴露出我国佛学研究界忽视最基本的功力修养这一普遍的严重缺陷"这样一个全局性的结论。我们实在无法评论在此所反映出的张先生的胆力与学风。而这样的一篇书评，不但竟然能够刊登在《中国图书评论》上，而且《中国图书评论》其后竟然拒绝刊登对《张文》的批评文章。为此，我们实在应该为中国的书评界悲哀。不知《中国图书评论》的编辑同志以为然否？

学术自述①

　　一个偶然的机会，使我参加了1983年在兰州召开的中国敦煌吐鲁番学会成立大会。当时绝对没有想到，从1984年起，至今将近30年，会深陷敦煌学的泥潭而不自拔。坦率地说，近30年的摸爬滚打，有时也觉苦海无边。但最终乐在其中，流连忘返。

　　在我博士论文的后记中，有这样一段话："我曾与几位同代人讲过：无论国学与外语，我们都无以与前辈学者相比。我们一生中最好的学习时间，最关键的十年被荒废了。由于基本底子的薄弱和开拓资料手段的缺乏，我们这一代人，除了极个别的佼佼者外，很难出现像陈寅恪先生那样的大家。命中注定我们将是承上启下的一代。故而，与其去做那些做下去也做不透，说出来又不能说服人的'学问'，不如扎扎实实地多做些资料性工作，让后来者踏着我们的脊背去攀登高峰。这就是我后来改攻佛教文献学的思想根源。"这也是我致力于敦煌遗书调查、编目，以及这些年努力建构网上"敦煌遗书库"的动力。

　　虽然主要精力沉浸在原始资料的整理中，但有时见猎心喜，也作一些研究；有时骨鲠在喉，便发几句议论。我庆幸先后遇到黄心川、任继愈、季羡林、周绍良等先生，在他们的引导下，逐渐懂得做学问的门径。那就是：

　　第一，研究一个课题，首先要收集有关原始资料、研究资料与动态资料。对相关资料，要尽力占有，力争一网打尽。

　　第二，研究一个课题，要先做好这个课题的研究史。并随时观察、跟踪学术的最前沿。

　　第三，对任何人都不迷信，对任何问题都没有预设前提。要全面地、辩证地分析问题，也就是要实事求是地对待研究对象。什么叫实事求是？我的体会是三点：一是努力把握研究对象的本来面目。二是努力把握"物质在时空中运动"这一规律。三是努力把握"一切事物都在与其他事物相联系的状态中存在"这一规律。

　　第四，所谓"大处着眼"，是指观察事物要观其大略，把握事物要把握大局。只有这样，才能在研究具体对象、处理具体材料时不迷失方向。所谓"小处着手"，是

---

　　①　曾载《敦煌遗书散论》，上海古籍出版社，2010年12月。

指带着大局观去审察小材料。有了相应的知识积累,再用大局观去细致地观察与思考小材料,不少小材料会显示大价值。还有,小处着手时,要特别注意细节,细节决定成败。

第五,尊重材料的原始面貌,一切以材料为依据。有几分依据说几分话,有几分把握说几分话。做老实人,做老实学问。

第六,沉潜笃实,"为学须入地狱"。

第七,以精益求精之心,求尽善尽美之境。其实,在现实世界中不存在尽善尽美之境。提这样的要求,无非是以"取法于上,得之于中;取法于中,得之于下"的古训来警惕自己。以尽量少犯错误,特别是力争不犯大错误。

第八,尽全力做好那些自己能够把握的事情。做过的工作,争取不要让别人再做第二遍。但对那些自己不能把握的事情,则连梦都不去做。

上面这些话有些是学术界的老生常谈,有些是先生们的谆谆教导,有些是自己的体会。古诗云:"鸳鸯绣取凭君看,不把金针度与人。"当年先生们把金针交给我们,希望我们能运针飞线,绣出凤凰,恩德难酬。当然,师父领进门,修行在个人。真正把那些教导贯穿起来,融化到自己的血液里,变成自觉的行为准则,的确需要经过一番磨练。

希望上述感受,对年青的朋友们能够有所启发。

我主要研究佛教。原本以佛教历史与思想为主,后来侧重于佛教文献学,从佛教文献学进入敦煌学,但侧重点依然在佛教。由于主要精力用于敦煌遗书整理,所以虽在上述领域做了一点研究,取得一点成果,但很有限。就敦煌遗书整理而言,这样的工作,我不来做,迟早也会有人来做。只不过我的因缘条件好一点,也就是遇到的好人多一点,得到的帮助大一点,于是做的工作就多一点。由敦煌遗书整理,不可避免地涉及敦煌遗书鉴定。文物鉴定不神秘,无非靠多接触、多比较、多思考、多总结。我现在对敦煌遗书鉴定有底气,主要因为见得多,有条件去比较、思考、总结。其他人如果有同样的因缘条件,也许比我做得更好。

我最主要的学术创新其实只有两点:第一是提出要重视对中国佛教中信仰层面佛教的研究。第二是提出要重视对佛教发展中"文化汇流"现象的研究。这两个学术创新点的产生,都得益于敦煌遗书。上述两点,第一点指出当今中国佛教研究的缺憾,如果解决,可以推动中国佛教研究大步前进。第二点则关涉整个佛教研究的全局,如果重视,将打开佛教研究的新局面。遗憾的是,我仅仅是"提出"而已,虽然做了一点研究,也仅限于论证这两个创新点"立项"的合理性。人贵有自知之明,我将努力在有生之年将敦煌遗书的调查、编目做完,也算对老师、对诸多帮助过我的人有所交代。如果有可能把想写的题目写出若干,可算上天的额外眷顾。"敦煌遗书库"目前虽然已经拉起架子,但"功成必不在我",它的最终完成,还要靠青年一代的不懈努力。至于上面提到的那两个创新点,只能作为学术遗产交下去。但最终是否能够交得下去,我连梦都不去做。

归根结底,人在社会中生活,一切活动离不开他周围的各种社会关系。所以,在这篇学术自述的结尾,我要感谢一切曾经给我顺缘,亦即帮助过我的人;也要感谢一切给我逆缘,亦即阻碍过我的人。无论顺缘还是逆缘,都是增上缘,使我的学术经历丰富多彩。

2010 年 6 月 20 日星期日于通州皇木厂

与某同学论学通讯（摘录）

×××：

昨日、今日来信都收到。

今日来信谈到当前的困惑："我认为我能发现问题，但缺乏分析问题和解决问题的能力。"原因在哪里？你分析说："我逐渐意识到，解释这种现象必须要有对整个中国宗教史的整体把握，要有对事物和现象具有很强的分析能力，要有相当高的理论水平，要熟悉宗教学理论。"又引用×××的话："自己必须要有一套处理问题的方法，不能为考据而考据，而是带着问题去考据；遇到问题，一定要'过度诠释'。"

接到这封信，我很高兴。我想讲几点，或许可以帮助你进一步理清思路。

第一，如何搞好中国佛教研究。

中国佛教是在中国这块土地上成长发展的，因此，研究中国佛教，离不开儒教与道教。严格地讲，只有真正走儒释道三教并重的路子，才能真正搞好儒释道每一教的研究，真正搞好中国的宗教研究。当初我给你定那样一个博士论文题目，就因为这个题目要涉及儒教、道教，而你硕士学的是中国传统文化，对儒、道好歹均有所涉猎，有所了解。最后你的论文涉及了道教、民间巫道，没有涉及儒教。我没有要求你在论文中加入儒教，因为我一直说，搞研究的日子还长，毕业论文不弄险。我不想提出让你觉得为难、感觉在毕业论文中不好把握的问题。还因为你佛教知识底子差，开始时我对你的论文会写成什么样信心不足，所以让你做起来看，随时准备调整方向，于是更不给你出难题。但最后我满意了，因为你努力了，论文的确解决了一些重要问题，提出了一些重要问题。

你也许记得，我一直说，做学问犹如拉车，车要靠自己拉。老师指导学生，无非是指出方向，有陷阱提醒一下，上坡时推一把，有石头帮助拣一下，如此而已。也就是说，我带学生，贯彻两条：因材施教、因势利导。其实，研究中国佛教离不开儒教与道教。这种话或类似的话，我早就讲过无数遍，但看来你对我的那些话印象不深。为什么？因为自己没有在科研实践中真切地认识到它的重要性。现在你自己认识到"解释这种现象必须要有对整个中国宗教史的整体把握"，也就是认识到研究中国任何一个宗教，都要有对儒释道乃至民间信仰的总体把握，这是你自己通过科研实践得到的一个理论的提升。就中国宗教研究全局而言，你开始进入我一直要求的"不但见木，而且见林",建立大局观的层面。我为此非常高兴。

中国文化是一个整体,儒释道三教相互渗透,相互比较而存在。离开任何两个宗教,讲不清第三个。前些年讨论儒教,有人说儒家不讲死后世界,所以不是宗教。我说,那是因为有佛教作补充。把事物割裂起来,单独观察的方法,永远不能真正解决问题。

2009年招××当博士生,我多次提醒他看道教的书。2010年4月在杭州,他说发现道教对佛教研究很重要,要学道教。我说:"我等你这句话,已经等了很久了。"今天,你讲"必须要有对整个中国宗教史的整体把握",这句话我也等了很久了。我还在等××从自己的科研实践中体会到这一问题的重要性。有了这个认识,就有了努力的方向,以后就可以高屋建瓴地把握你现在的研究课题。

你的情况,如你自己总结的,以前的学习,改了几次方向,因此杂而不精。杂,知识面广,有好处。你今天能够提出"必须要有对整个中国宗教史的整体把握",与你过去的学术背景是有关的。但还需要在专业领域里精。你博士期间,上的实际是硕士课,是补佛教基础知识。后来就围绕论文作研究,所以,没有真正改变不精的局面。

今后怎么办?就要对中国古代宗教、儒释道三教、民间宗教乃至类宗教都要下点功夫。也就是说,我上面所谓"专业领域精",不仅指对佛教要精,对其他各种宗教、宗教形态都要精。疑伪经中一堆东西,可以追溯到《周礼》,追溯到先秦的官巫与民巫。还有印度佛教、印度文化,都要补课。前些日子,网上讨论中国为什么出不了大家。除了其他种种原因,我认为学科分得太细,限制了人们的视野,也是一个重要原因。真正的大家,必须文史哲兼通。否则只是专家,不是大家。当然,人的精力是有限的,上面的要求太高。起码我自己现在就做不到。但是,我现在做不到是因为我已经63岁了,手头还有一堆活。我对自己的定位是做基础资料工作,做铺路工作。你刚刚进入30岁,应该立这个志向,应该冲到学术最前沿。任先生说:"三十而立",不是说到30岁已经有什么成就,而是说到30岁确定了人生的方向(大意)。我30岁刚刚考上硕士生,你现在已经是博士后。要有这个志气。任先生40年代给傅斯年的信中说:"意志即是命运,努力即是天才。"十多年前,我给×××写信,说:"人之所以弱,是自己以为弱。"这句话反过来讲,就是:"人只要自己想强,就一定可以强。"

当然,志向再高远,也要有踏踏实实的可行的执行方案。否则,都是空话。这一点,我对你比较放心,你的优点是踏实,肯吃苦。这几年你一直是踏踏实实地走过来的。

第二,如何解决你的困惑:"能发现问题,但缺乏分析问题和解决问题的能力。"

我想有三点:资料、理论、方法。

首先是资料。

我还是那句话:学术研究,靠资料说话。资料永远是基础,是第一位的。凡是经得起历史考验的学术成果,必然是从下到上,即资料基础扎实,从资料中提炼出观点。那些华而不实的东西,必然是从上到下,即先拍脑袋,想出一些花花点子,然后找资料去填空,论证自己的那些花花点子。就像这次寄给你们,让你们写读书笔记的文章。这篇文章因为文笔差，所以更不足道。有些类似论著的作者很聪明，文笔也好。自己搞不懂的地方，用一些花哨的时髦语言、西式句法遮掩过去。那样的东西的确能够迷惑一些人，特别那些文章的观点往往是社会的热点，容易引起人们的关注。但最终怎么样呢？因为没有扎实的基础，往往是臭点子，害人害己害社会。大浪淘沙，最终被历史淘汰。

我认为，你能够发现问题，却不能很好地分析与解决，关键的问题依然在于没有充分掌握相关的资料。就比如现在，你在研究《灌顶经》的过程中，发现它与道教有关，但是，你的佛教、道教知识都有限，这就限制了你分析问题、解决问题的能力。你目前还没有发现它与儒教有关，那是因为缺乏问题意识，同时也因为缺乏儒教知识。当你充分掌握有关知识基础后，就不会再有这种困惑，研究时也就会有如鱼得水之感。我写博士论文，就有那种感觉，文思如涌，触类旁通。当年毛主席说：你对那个问题不能解决吗？你就去调查那个问题的来龙去脉吧。等你把问题调查清楚了，你的解决办法就有了（大意）。是说通过艰苦调查，掌握第一手资料，就取得解决问题的发言权。

资料问题怎么解决？靠平时艰苦积累。这一点谁也代替不了。当然现在有很多技术工具可以利用，比如网上一搜，出来一大堆，比以前方便多了。但资料的辨析，依然是大问题。如果不能对资料作充分辨析，一不可靠，不敢用；二把握不住内涵，不可能用好。所以我说，网络时代，对人们做学问提出新的标准。以前只要堆积的资料多，就是学问高。×××那样的资料篓子，可以成为大家。现在则要深入发掘资料内涵，用最充要的资料，来分析问题、解决问题。否则堆砌的资料再多，也没有用。

其次是理论。

理论看似深奥，其实简单。关键四个字："实事求是"。这是指导我们研究的最高理论。当然，每个学科都有自己的理论，比如宗教学，有宗教学理论，那无非是社会科学的一般理论在宗教学中的具体应用。目前各种各样的理论很多，无非提供了不同的知识框架与观察问题的角度。这些框架是否真的符合它的对象，都要经过研究者自己亲自去检验。这些方法是否真的适用，也要研究者自己根据具体对象具体分辨。现在很多人把社会学、人类学等理论引入宗教学，我都赞同。同时主张针对不同研究对象，实事求是地采用这些理论。你知道，我一直反对在研究之前用某一种预设前提框限自己，无论这种预设前提宗教信仰也好，某一种流行理论也好，古为今用的政治要求也好。即使我最服膺的历史辩证法、唯物辩证法，如果当做教条，同样会框限自己。我分析过毛主席的"内因第一性"，提出那就是教条。所以，我赞同鲁迅的"拿来主义"，只要对研究有用，什么理论都可以拿来用。当然，我还要强调前提：实事求是。现在学术界有一种不好的风气，把西方流行的一些理论搬过来，找一些中国资料，剪剪裁裁，填空进去。找不到资料可填空的，就用一些空话大话搪塞过去。这不是真正的学问。千万不要受那种风气的影响。

对各种理论，应该多了解，多学习，能够熟练运用更好。多掌握几种外语，等于多几个眼睛、耳朵、嘴巴。多掌握几种理论，等于多几种知识框架，多几个观察问题的角度。有一个广告是怎么说的？"手机、小灵通、神州行，总有一款适合你。"记忆不准确,可能有错。总之,努力学习各种理论,争取会运用各种理论,对提高研究水平自然有帮助,但也不要迷信那些理论,世界上没有包治百病的良药。一定要立足于实事求是。这样,即使遇到任何理论都不适用的新情况,也可以自己创出理论。文化汇流就是我创的,算不上什么理论——没那么高超,但的确是一种新的观点,新的观察问题的方法。

再次是方法。

……对方法,我想讲的还是老生常谈。

第一,问题意识从哪里来?从充分掌握资料、深入阅读资料,通过比较、分析而来。也就是说,问题意识产生在掌握、辨析资料(原始资料、研究资料、动态资料)之后,而不是在这之前。如果产生在之前,我想很可能会是伪问题意识。当然,人们认识问题不可能一蹴而就,一次性完成。因此,以为必须在充分掌握资料之后,才能产生出问题意识,那是胶柱鼓瑟,属于形而上学的观点。我们搞科研的常规,经常是看到一些资料,发现有问题,然后再去找资料,验证这个问题。这样不断反复。最终或者因为确认它是伪问题,予以否定。或者确认这个问题很有价值,并予以解决。或者虽然价值很大,但资料不够,只好暂时放下。或价值不大,不值得做;或闹了半天,别人已经做过,自己又没有新见,只好放弃。所以,问题意识的产生,归根结底还是对资料的广泛掌握与深度解读,由此进行归纳提炼。否则,就是我上面批评的从上而下的治学方式。

第二,你讲,×××以前没有接触疑伪经,但讲起疑伪经,他能够“涉及中国历史的方方面面。……用他的理解和结构分析方法为我展示了很多面向”,这首先说明他的知识积累的广度与深度,说明科研基本功的扎实。因为研究对象虽然不同,研究方法往往共通。元旦你在我家,我先与××谈话。谈的是如何从事“留学”这一题目的开拓与研究。你知道,我不从事这样的题目,现在她的工作涉及这个问题,跑来问我。由于研究方法实际是共通的,加上以前偶尔看过一些书,其中涉及到一些留学生的事情,包括古代与近现代,所以给她做了一些原则的与具体的指导。

所谓方法是共通的,是指一些普遍适用的方法。我在讲《怎样写学术论文》时讲过,不知你是否听过那次课。我的博客有《学术自述》一文,其中讲了一些普遍适用的方法,可以参考。你对×××的“过度诠释”作了注解,我完全赞同。我在《学术自述》中说:“要全面地、辩证地分析问题,也就是要实事求是地对待研究对象。什么叫实事求是?我的体会是三点:一是努力把握研究对象的本来面目。二是努力把握‘物质在时空中运动’这一规律。三是努力把握‘一切事物都在与其他事物相联系的状态中存在’这一规律。”在讲课时,我对“把握研究对象的本来面目”有具体的解释,就是四维八方,全面地看;打开盖子,钻进去看;掰开了,揉碎了,仔细地看。切忌片面。与你对“过度诠释”的注解大致相同。年前在上海办公室与×××谈话,她还谈起,对我上课的上述说法印象很深。

从来信看到你对自己的不满,这是好事。自我满足了,就不能上进了。但好像也感到有点焦虑,不知我的感觉是否准确。我以为,你的问题,还在于基本功。如来信,你对自己以往的经历,有一番很好的客观分析。既然认识自己的不足处,就努力弥补之。学问的事情，来不得半点急躁，靠的是持之以恒的努力。上文引了任先生给傅斯年的信，下面其实还有几句，一并引用如下：

"意志即是命运，努力即是天才。我欲仁，斯仁至矣。若非自累自弃者流，皆可有成也。"

再谈谈昨日的来信。

……

第三，我以前常讲要讲究语法、逻辑、修辞。来信说，×××提出你"思考问题的逻辑层次不清晰"。我同意他对你的观察与评论。对你来说，的确更要强调逻辑思维的训练，思考问题要保持逻辑的一贯性。上面提到的浅尝辄止，是你经常犯的毛病，妨碍你深入思考问题，把握事物本质。这也与逻辑思维有关。以后要多做这方面的训练。对一个问题，要在保持逻辑一贯性的前提下穷追不放，直到真正搞明白为止。穷追时候，一定要分清问题的不同层面。这时候，层子理论是可以借鉴的。层面不同，问题的分量、性质完全不同。你今天的来信："我逐渐意识到，解释这种现象必须要有对整个中国宗教史的整体把握，要有对事物和现象具有很强的分析能力，要有相当高的理论水平，要熟悉宗教学理论。"内容很好，但逻辑层次很不清晰，属于跳跃性思维论点的堆积。

你正在前进过程中。这几年，眼看着你一步一步前进，很高兴。目前所有的问题，都是前进中的问题。人都是这样成长起来的，毫不足怪。因为你昨天、今天两封来信，所以有针对性地谈了我的看法。虽说自以为有针对性，但可能未必全对。你觉得哪里说得不对，希望来信提出，我好进一步了解你，也了解我自己。

最后还想强调一点：要多看研究资料，不如此不足以开拓视野；更要多看原始资料并以此检验研究资料，不如此不足以站稳脚跟与辨别是非。

谨颂
时祺！

方广锠 2011 年 1 月 6 日星期四

给某同学的信

××:

接到今天凌晨的来信,看了你总结的四点,很高兴。

"人贵有自知之明",找到了差距,就有了前进的方向。我完全同意你对自己的四点总结。24 日的信,我说"我也有一点想法,在你总结以后,我们再交流。"这里谈谈我的想法。

我想你的问题是三个层面:认识层面、训练层面与方法层面。

认识层面

首先是对自己的认识。聪明,是优点。年轻人有点傲气,其实是好事。但我慢就不好。每个人都是瑕瑜互见,别人是这样,自己也是这样。所以要取长补短、见贤思齐。知道自己也是凡人,可能犯错。那么,一是警惕自己,小心谨慎,以少犯错,犯小错。二是一旦发现错误,立即承认错误,改正错误。我经常说:"我对了,我是爷爷;我错了,我是孙子。"话粗俗一点,但无非在主张:正确的就要坚持,错误的就要改正。绝对不能拒谏饰非。做人、做学问都要这样。

其次是对别人的认识。人与人是有天资的差距,但都到一定层次以后,天资的差距已经不重要,重要的是后天的努力。×××天资不如你,基础不如你,但他的确努力。不但努力看书,而且努力动脑子。

如果能够正确认识自己与别人,那在与别人讨论问题,且与别人意见不同的时候(看别人的研究论著,也等于在与别人讨论问题),就会首先想想别人的意见是否真有点道理? 自己的意见是否真的无瑕可击? 而不是首先固执己见,强言饰非。尺有所短,寸有所长。有这样一句话:把别人当傻瓜的人,自己是最大的傻瓜。

总之,虚能容物,满则招损。小心谨慎,总无大过。这次与你讨论问题,我为什么写了 22 日那封信? 就是《仁寿录》的问题,虽然我早就发现并解决了。但没有写成文章,没有留下文字记录。在与你讨论的过程中,担心自己因为时间长,记忆有误。坦率说,我对自己的记忆,越来越不自信。所以特意把有关资料又捋了一遍,以确证自己的观点没有问题。这样,自己先立于不败之地。这才敢底气十足地与你叫板,让你拿出你的资料,因为我知道你拿不出资料。

对自己的认识，还包括对自己将来道路的设计。学术是一个长年积累的事情，来不得半点急功近利，这也是我反对现行考核体制的最主要的原因。你来信检查到自己最近表现浮躁，很好。这次研究生论坛你递交的论文，也反映出这一毛病。其实，无论那篇论文也好，还是这次讨论的凡例、《仁寿录》、"贞观录"也好，所以出现不足，并非你能力问题，而是你心态问题。

但让我高兴的是，通过几天的论辩，你对此已有了清醒的认识，特别是认识到在"这个过程中论点的正确与否其实并不重要，重要的是研究的态度"。我前此的信中说："我的修订比较多，请你审阅，不同意那样修订的自己改回来。同意不同意都没有关系，希望联系上述要求，对我的修订思考一下，为什么这样修订。自己想明白了，有收获了，就好。"也是这个意思，但没有你经过自己亲身体验以后，讲出来的真切、准确，上升到普遍意义。

认识层面的问题，只能用端正认识来解决。我年轻的时候也很傲，自我中心，拒谏饰非，强词夺理。后来认识到这些毛病，狠狠地夹了相当长一段时间的尾巴。不是表面假装谦虚，而是真的从内心检讨自己，在日常生活的一点一滴中磨炼自己。心性的磨难是很难的，但玉不琢，不成器。

再讲透了，所谓认识层面的问题，实际是世界观问题。如何看待客观世界与摆正自己在客观世界中的位置，想明白自己到底要什么。今天接到台湾"中央图书馆"寄来《方广锠教授访馆鉴定馆藏敦煌卷子纪要》，其中有"更难得的是，先生对……相关鉴定、研究及编目之推动无私无我"云云。其实，我也不是无私，我的"私"是编纂《敦煌遗书总目录》。为此，我可以不计名利地为各单位、个人所藏敦煌遗书鉴定、编目。人家能够提供珍贵的敦煌遗书原件供我编目，就是帮助了《敦煌遗书总目录》，我已经感激不尽，怎么还能计名利？这样，对方的藏品得以鉴定、编目，我也调查了资料。这样便是合作双赢。有的人，一讲合作，就想从对方的锅里分一杯羹，这样的人，不可能受到合作方的欢迎。北图出版社的《国家图书馆藏敦煌遗书》，我挂了一个常务副主编。不但不拿一分钱，反而倒贴钱。但我心甘情愿，只要东西能够出来，达成老师的心愿，满足敦煌学界的需要。这里拿我自己举例子，不是说我有多高尚，而是说我们的生命实际在事业中。事业能够成就，这是最最主要的。既然一切为了事业，那么又有什么我执、我慢呢？这里用得着毛主席的一段话："因为我们是为人民服务的，所以我们如果有缺点，就不怕别人批评指出。只要你说得对，我们就改正。你说的办法对人民有好处，我们就照你的办。"人一辈子，只有几十年，但事业是永存的。人的价值，体现在他所从事的事业中。

上面讲的看似高远，实际上都是实实在在的。把上面这些想通了，其他的事情就都看透了。哪些鸡鸡狗狗的事情，在你眼中自然成了过眼烟云。

训练层面

思维逻辑的问题，是一个训练层面的问题。这一点，我有责任。以前不是没有发现你在这方面有缺点，但没有非常重视。我一直强调资料第一，因为你的资质很好，也想刻意培养,所以定了《中国佛教疑伪经综录》那么一个硕士论文题目,想打实你的资料基础。你的确很努力,我也很满意,很放心。但一种倾向掩盖了另一种倾向,忽视了对你思维逻辑的训练。

怎么办? 你提出的对治方法很好,就是严格学术规范。其实我若对你进行思维逻辑训练,也无非是让你按照严格的学术规范撰写论文。严格的学术规范会迫使你必须用严格的逻辑思维去处理研究对象。

你现在的主要毛病有两点:第一,范畴前后不能保持同一。第二,思维不能深入。

第一个问题解决的办法:

1.学习中接触到新的名词概念,一定要真正搞清楚它的含义。

2.不接受莫名其妙的新词。

3.不接受如下风尚:即用新词、新表述方法替代原来已有,且含义明确的名词概念。

4.非必要,不创新词。

5.写短句子,使每个句子语法规范,含义明确,表述清楚。避免冗长晦涩的句子及欧化表述法。这样,容易发现问题。

第二个问题的解决方法:

1.如我给×××的信中提到:"要全面地、辩证地分析问题,也就是要实事求是地对待研究对象。什么叫实事求是? 我的体会是三点:一是努力把握研究对象的本来面目。二是努力把握'物质在时空中运动'这一规律。三是努力把握'一切事物都在与其他事物相联系的状态中存在'这一规律。"在讲课时,我对"把握研究对象的本来面目"有具体的解释,就是四维八方,全面地看;打开盖子,铅进去看;掰开了,揉碎了,仔细地看。切忌片面。

我想,真正做到上面的要求,应该可以深入研究对象。

2.研究问题、撰写论文,尽量条分缕析。

一、二、三、四地,把问题的各方面罗列出来,可以帮助自己检查是否全面分析对象,从而深入研究对象。

3.分清不同的研究对象、同一对象的不同问题、同一问题的不同层面。

上面是我想到的一些。你试试。一切都要由自己在实际运用中去体会、去掌握。

方法层面

要全面掌握资料。

我从来主张研究中资料第一。但今天给你的这封信,资料的重要性降为第三,成为方法层面的东西。这也叫应机授药吧。

资料问题,说起来最简单,只要认识到资料的重要性,并慢慢积累即可。但随时要有资料意识,这就不简单。所谓随时要有资料意识,就是遇到任何一个问题,都要想想有关此问题的资料背景以及自己对这些资料的掌握程度。从而也就知道自己对这个问题有没有发言权,应该怎样发言。比如当你创立"贞观录"这个名词的时候,就缺乏对贞观年间佛教经录的资料意识。当时如果有意识地去查一查,也许就不会创立这种名词。

归根结底,一点一滴地严格要求自己。走"沉潜笃实"的路,慢慢地习惯成自然。

这封信写得很长了。不仅是对你今天凌晨信的回答,也是对你 18 日信的回答。亦即你如果把上面三个层面的问题解决了,18 日信中提出的"发现了问题却没有办法或者没有思路去分析和解决"这一问题应可得到解决。

最近不少时间花在与你的通讯上,但看到有效果,很高兴。我的信,有时候说话很不客气。还有上次,也不解释理由,就让你把几万字的引言撤下来。你并没有因此对我有什么不满。我想,这是因为你知道,我上述一切,都是为了你的顺利成长,而不是其他什么。我这是有感而发。因为前此我曾经批评某同学,结果这个同学不接受也就罢了,反而不断无理取闹,使我很寒心。要说老师有什么目的,最大的目的无非是希望学生成材。我说过,我科研再忙,处理你们的事情总是放在第一位的。所以,这次我再三"敲打"你,但你没有反感,不断依照我的要求进行总结与反思,最终明确前进的方向,这非常好,我很高兴。我想正常的师生互动应该这样。

我一直强调,一切都要按照规范办事。你的三次总结,标题是总结,但内容是对我写的,有"您",像是信;但说是信,又没有信的格式,不像信。24 日的来信,倒真正反映了你思维的过程,但也不像信。既然下决心"严格依据学术规范行事,并且时时反省"以对治自己缺点,就要体现在一点一滴的具体行动中。

我有什么不合适的地方,希望你也直言指出。

谨颂

时祺!

方广锠 2011 年 1 月 27 日星期四

如何从事学术研究

方老师：

您好！学生在这里想向您请教几个问题：

一、经过半年的研究生学习,学生发现自己的"问题意识"不强,书读了一些,但是提不出问题来,不知应该怎样解决?

二、何为第一手的资料? 应该怎样去收集和处理第一手资料?

谢谢! 祝好!

学生:某某

2010 年 3 月 7 日

某某：

来信收到。

我想先回答第二个问题,然后回答第一个问题,因为这两个问题相互关联。

第一手资料有三类：

一、原始资料,指有关的原典。就伊斯兰教而言,诸如古兰经、圣训,以及你所关注对象的专著及其相关资料等等,都属于原始资料。

二、研究资料,指其他人对你关注对象的研究成果。

三、动态资料,指目前学术界对你关注对象的研究动态。

现在收集资料的途径很多,书店、图书馆、网上、学术会议、老师同学的介绍等等。请特别注意利用:1.各种索引资料;2.各种综述文献;3.各种论著中提到的参考文献。以点带面,不断滚动,不断积累。

资料收集以后,一定要经过加工整理。没有经过加工整理,不能真正为自己所用,等于没有资料。如何加工? 可以写读书笔记,也可采取按照一定主题,分门别类的办法,乃至编成资料长编等等。但各人有个人整理资料的习惯,可以在实践中自己总结。总之,对资料要做到两个心中有数:1.自己收集了哪些资料,有些什么用处,心中要有数。2.资料放在哪里? 心中要有数。不要用时找不到。

所谓"问题意识",就是提出问题的能力。能够对某一学科领域提出问题,并解决它,才算真正入门。因此,问题意识与掌握第一手资料的多少及本人学养的高低密切相关。你入学不到一年,还在学习阶段,固然需要培育自己的问题意识,但也不必为此而着急。

怎样提高问题意识?

首先是广泛掌握第一手资料。

其次可以采取如下两种方法:

第一种:在梳理研究史的过程中发现问题,提高问题意识。

比如,你可以把伊斯兰教研究本身作为一个问题,去梳理它的研究史。也就是看前人在伊斯兰教研究方面已经做了一些什么工作,提出一些什么观点? 具体是怎么做的? 利用了哪些资料? 论据与观点是否同一? 论证的方法是否合理? 在同一个问题上,所有的研究者是否观点都一样? 如果不一样,各人的论点、论据、论证各是什么?谁的有道理? 总之,在比较中,把前人的工作梳理清楚。我相信,在这样的过程中,你一定会发现很多问题。对已经发现的具体问题,还可以采用上述方法,逐一进一步深入梳理。亦即由大撒网,到深入一个具体的问题,梳理这个具体问题的研究史。

在这里,关键是比较。有比较才有鉴别。我一直主张研究某一个专题时,要把不同人的不同著作相互对照着看。看某一本书,可能觉得它讲得头头是道,这时候你也许觉得问题弄清楚了,有收获。但两本书、三本书看下来,就会发现同一个问题,不同的人观点不一样。书看得越多,问题变得越复杂。这时候你也许会觉得糊涂了,不知究竟谁对谁错。那好,这说明你在这个问题上进步了。这时候,你可以仔细考察每本书的论点、论据、论证方法,深入思考,然后进一步收集资料,再思考,如此反复,直到作出自己的判断:就论点而言,或某人的观点是对的,或某几种观点综合起来就比较全面,或所有的观点综合起来依然不全面,甚至全都不正确。就论据而言,或该问题就是这些资料,已经没有新资料可用了;或还有新的资料未被利用,可以根据新资料提出自己的新观点或充实论证别人的老观点。就论证方法而言,也许可以发现某人的论点所以不对,并非资料有问题,而是论证方法不对;也可能你可以利用老资料,想出新的论证方法,证明自己的新观点,或者进一步充实别人的老观点。上面几点,无论做到哪一点,都是对学术研究的推进,都有存在的价值。也就是说,从糊涂,到通过自己的努力,把问题弄清楚。

就这样,从清楚到糊涂,再从糊涂到清楚,如此不断反复,自己的资料越积累越多,自己的学养也会不断提高。问题意识会越来越强。

第二种:在现实社会中发现问题。

宗教在现实社会中活动。当今,特别是伊斯兰教,对中国研究者提出严峻的挑战,新问题层出不穷。我想,你自己一定已经有不少问题。发现问题以后怎么办? 具体的研究方法,仍然是我前面讲的,首先收集第一手资料。然后看看这个问题是否有人研究,是怎么研究的,梳理它的研究史。如果梳理的结果,觉得前人的研究已经很好,自己没有什么新的话亦可说,自然算了。如果觉得自己还有话要说,那么就是创新,因为你讲的是别人没有讲过的话。

　　问题有大问题、小问题。能够发现大问题、解决大问题，成果就大。这需要自己努力把握全局，这才能站得高，看得远。切忌见木不见林，那样往往会让自己纠缠在一些细节上不能自拔。我不是说细节不重要，有很多时候细节决定成败。但我们首先要大处着眼。把握住大局以后，真正解决问题，要从细节入手。能够做到大处着眼，小处着手，那就是你驾驭问题，驾驭细节；而不是问题驾驭你，细节纠缠你。

　　上面是我自己的经验之谈。我的经验如何变成你的方法，还要靠你自己在实践中体会。也许有些对你并不适用。但我相信，功不唐捐，事不虚抛。只要你坚持不懈地努力下去，一定会创出适合自己的方法。

　　来信所用标点，有的是半角符号，有的是全角符号。文章另起一行时，应空两个字的位置，来信也没有注意。这些都是细节，但平时要注意从这些细节中要求自己，磨炼自己。

　　谨颂

时祺！

方广锠 2010 年 3 月 7 日星期日

答网友四问

网友 cctv96315：

您好！

首先要道歉。最近因忙于《英国国家图书馆藏敦煌遗书》第一批 10 册图录的定稿，您 4 月 8 日提出的四个问题，我到今天才回答，请原谅。

下面回答您的问题。

一、"在看书过程中有一些新思路后，想撰写一些文章，但是有了新思路后，却总是不知从何下手，这是由于背景资料的不充足还是因为逻辑思维能力的欠缺，需要如何提高呢？"

答：有了新思路后不知从何下手，其原因，可能是资料的问题，也可能是思维的问题。到底是什么问题，要具体情况具体分析。

对上述两个问题，抽象地讲如何提高，很好回答。无非是努力搜寻积累资料，加强思维逻辑训练之类。但这些空话对您一定没有什么用处。具体针对您提问题的语境，既然您的新思路是在看书过程中产生，而非凭空飞来，那么这一新思路一定与您正在看的书有关，也就是您对书中的某些观点有了新的想法。

那好！首先，抓住自己的这一新思路，认真辨析新思路与书中老观点的异同到底在哪里？

其次，书中支持老观点的论据是什么？这些论据与您的新思路有无冲突？一般来说，如果是一部严谨的学术著作，既然那些论据是支持老观点的，那就很可能不支持您的新思路。

如果那些论据的确不支持您的新思路，您要认真考察到底是自己的新思路不能成立，还是那些论据本身有问题。如果论据本身没有问题，那你的新思路恐怕难以成立。如果论据本身的确有问题，那么您可以从考证这些论据入手，乘胜追击，把问题的探讨引向深入。

也可能出现这种情况，那些论据既能够支持老观点，又能够支持新思路，那么一定是原作者或您的论证过程出了问题。如您确认自己的论证过程没有问题，那也可以乘胜追击，从原书错误的论证过程入手，把问题的探讨引向深入。

再次，如果书中论据的确能够支持老观点，原作者的论证过程也没有问题，那么，您既然有新思路，一定是您掌握原书中没有的新资料。新资料足以支持新思路。那么就从自己的新资料入手，深入探讨下去。

进而，我们还应该扩展眼界，跳出这本书，看看以前还有谁研究过这个问题，用过一些什么资料，得出一些什么观点，是怎样得出（即怎样论证）的。这时，对所有的人都不要迷信，认真鉴别他的资料及论证过程，考察他的观点能否成立，或在什么程度上、什么范围内可以成立。比较各种不同观点的差异，梳理他们所依据的资料及论证思路。也就是说，对一个具体的问题，做一个研究史的梳理。您如果能够把一个问题的研究史梳理清楚，一般来说，您对这个问题就可以有一个总体的把握，问题意识也就能够建立起来。带着大局观与问题意识再来审视研究史，就有了是非判断的能力与底气，甚至有可能证成您的新思路。如果加上自己发掘的新资料，那么，证成新思路的可能性就更大。

其实，上面所讲，是我《学术自述》中第二、第三、第四条的实际运用。

您不妨试试。

二、"在文章撰写过程中，如何使得文字表达更紧凑及学术化？平时应该如何训练？"

答：学术论文，要用简洁的书面语。

只要您站在严谨的学术立场，按照严格的学术规范，严肃认真地提出问题、分析问题、解决问题，这样写出来的论文自然会言之有物，也就是学术论文。此外无所谓什么"学术化"。这也就是鲁迅说的："从血管里喷出来的都是血。"有的论文看起来充斥着专门术语，实际上贫乏无物，那是一种不好的学风。

至于训练，首先是多写。写文章也与卖油翁一样，需要手熟。

其次是写完以后多读几遍，尽量把哪些晦涩的句子改为明晓的句子，把长句子改为短句子。尽量把那些可有可无的话删掉。我的经验，刚写完一篇文章，对所探讨问题的思维导向、文字表述很容易固化，这时很难发现毛病。不妨把文章先放下，过几天重新看，毛病就显现了。再就是让身边的人帮助看看，让他们提出修改意见。白居易写了诗，经常念给老婆婆听。老婆婆听不懂，他就改。所以他的诗畅晓易懂。

再次，要学一点语法、逻辑、修辞。

最后，但并非最不重要，看别人的论文时要琢磨，择其善者而从之，则其不善者而改之。

三、"方先生提到资料很重要，学生也很同意，现在很多人研究大都利用二手资料进行研究，这样学术研究永远都有滞后，平时学生也都直接查看原始资料，但是对于同一部原始资料的研究，学生的论点若与之前研究的观点不同，是否可以提出自己的新观点，甚至用新名词来表达呢？若自己的观点与权威学者提出观点不同，是否会因为自己身份卑微，而造成提出的观点没有学术价值呢？什么样的情况下才能够提出"新概念"而不造成学术概念混淆?"

答:您这里提出两个问题。

第一,自己有了新观点,是否可以提出。

当然可以提出。学术面前人人平等,真理面前人人平等。这里没有什么身份高下的问题,有的是谁掌握资料多,谁辨析资料精,谁运用资料好,谁依据这些资料构建的观点最有说服力。我经常对我的学生说:社会科学靠材料说话,谁掌握材料谁说话。如果某个问题你们掌握的材料比我多,那么你们说,我听。实际上,我经常听他们向我介绍他们看到,而我没有看到的书籍与文章;更喜欢听他们讲他们自己的新观点。

第二,能否自创新名词而不造成学术概念的混淆。

如果现有的名词无法准确表达您的新观点,您自然可以提出新名词。我就提出过不少新名词。但是,您一定要对您提出的新名词给予明确的定义,并在论述中保持这一定义的同一性。

提出一些完全没有新意的所谓"新词",提出新词而不加定义,都是非学术的。

四、"如何判断一个论题是否有研究价值? 如果一个领域是空白状态,无人研究,但并不属于当前的热点研究领域,对这样冷门领域的研究是否有研究价值呢?"

答:一个课题有无研究价值,与"冷门"、"热门"无关。炒得很热的问题,完全可能是一个伪问题。比如"批判佛教",日本佛教学者提出,全世界佛教学者热炒了一阵,但在我看来,就是一个伪问题。不太有人关注的"冷门",也要区别情况,实事求是地分析它的价值。比如"鸠摩罗什某次讲经打喷嚏考",这是一个从来没有人关注过的"冷门",是我行文到此想起来的。如果能够把这个问题研究明白,也挺好玩。但有什么学术价值? 起码我目前还没有看出这样的题目有什么价值。而我这些年提倡的"佛教发展中的文化汇流",虽然至今关注的人依然不多,却是涉及佛教发展全局的大问题。

如何判断一个论题是否有研究价值? 您的这一提问本身比较空泛,很难一言以蔽之。当然,我可以说一些看那个论题在大局中占据什么位置;对学科发展有什么价值;对社会有什么价值之类的话。看起来指点了方向,实际上也很空泛,不解决您的实际问题。老实说,此类问题,需要具体问题具体分析。

我认为,针对某个具体的论题,我们应该考虑两个方面:有无研究价值,有多大的研究价值。解决这两个问题,与研究者在某领域中的学术素养有关,也与研究者的思想方法有关。所谓"某领域中的学术素养"包括两个方面:对该领域知识掌握的深度与广度;对该领域研究现状的把握与研究趋势的分析。所谓"思想方法",我想不用解释了。

就学术素养而言,有两种情况:

第一种情况,尚不入门。比如有时听一些研究者说:找不到课题,不知做什么好。这说明该研究者还没有真正入门。真正入了门,到处是课题。

第二种情况,胸无全局。最近接受某杂志委托审读一篇论文,一个小问题,拿来小题大做。但又没有太多的材料,于是东拉西扯,堆砌资料。看起来文章洋洋洒洒,实际上干货就那么几条。这说明作者对这一领域的研究状况缺乏全面把握,于是拉到篮里就是菜。菜,固然是一棵菜,但是一颗很小的小白菜,做不成席,不值得为它大动干戈。

有时听一些研究生导师说:不知让自己的学生做什么课题好。或者看一些研究生做的论文题目,完全是大家已经做烂了的重复劳动。就可以知道这些导师还不善于发现课题、把握课题。当然,这种情况有时也与学生本身的条件有关。——老师倒是有好题目,但学生的水平不够,做不了。只好退而求其次,做一些水平较低的题目。总之,看一个人的学术水平高低,从他对课题价值的把握就可以掂量出来。对一个研究生导师而言,能否对自己指导的研究生给出合适的论文题目,是考察这个导师水平的重要指标。

既然对课题价值的准确把握与研究者的学术素养、思想方法相联系的,则对初涉研究领域的人来说,一时对"研究价值"这样的问题感到难以把握是正常的。随着自己学养的提高,只要思想方法不偏激,自然会慢慢掌握其中的诀窍。

鲁迅在回答"应该如何写小说"这样的问题时,曾经说过:不要相信《小说教程》之类的书籍,一切要靠自己的实践(大意)。我上面所谈,只是个人的一点心得体会,相当于《小说教程》,不一定适合您,仅供参考。很多问题,讲的时候可以一、二、三、四地罗列,真正用的时候,真所谓运用之妙,存乎一心。我想,只要您按照学术规范坚持下去,自然会窥探到做学问的门径,并会逐渐运用自如。到时候,您也就如鱼饮水,冷暖自知了。

谨颂

时祺!

方广锠 2011 年 5 月 1 日星期日

二十一世纪中国佛教的走向^①

——《中国佛教文化大观》跋二

一

　　《中国佛教文化大观》这个选题是 1990 年由北京大学出版社江溶、刘方等先生提出的。经该社上报后,被列为新闻出版署"八五"重点规划"中国文化大观系列丛书"中的一本。具体操作则由我与袁坚同志策划,并在 1990 年至 1994 年之间,组织了 30 余位学者集体撰著而成。最近,江溶先生打来电话,通知说《中国佛教文化大观》将于 2000 年上半年内出版。并提出:虽在 1994 年撰著完成时我曾经为该书写过一篇《定位与坐标》,作为跋文,但距今已经六年。值此世纪之交,希望我再写一篇后记,对中国佛教的将来作一番展望。

　　20 世纪的 80 年代末、90 年代初,我国曾经有一个对传统文化进行反思的热潮,本书实际也是这一热潮的产物。由于这一背景,当时策划与组织编撰这部著作,原意首先是从文化层面上对中国佛教作一番较为详尽的介绍,使人们对佛教文化有较为全面的了解。其次则试图从文化层面对佛教作一番剖析,从而进一步搞清楚佛教在中国文化中的位置,分析它在中国文化这一大体系中的优势与弱势,以便在时代变革的大潮中更正确地把握中国佛教的将来,把握它对中国文化的影响。撰著完成后,一直压在出版社,未能出版。原因是多方面的,首先是对中国传统文化反思的热潮当时已近尾声,再加上诸如经济效益问题、配图问题、丛书中其他几本书的配套问题,乃至责任编辑工作重点转移问题等等。但俗话说"赶得早不如赶得巧",该书终于能够在 2000 年这一世纪之交、新千年到来之际出版,在中国佛教界刚刚庆祝完佛教传入中国两千年,正在对中国佛教的现状与未来进行思考的时候出版,与我们当初策划撰著本书的宗旨

---

　　① 《中国佛教文化大观》,北京大学出版社,2001 年 1 月。本文曾以《对下个世纪佛教的几点思考》为名,载《戒幢佛学》第一卷(岳麓书社,2002 年 4 月)。删略后作为《中国佛教文化大观》跋二。此次发表,依据《对下个世纪佛教的几点思考》恢复两个自然段。

327

恰好不谋而合,也是一种缘分。

　　与公历已经 2000 年一样,佛教传入中国,也已经大约两千年,这是一个巧合。人类即将跨入 21 世纪,佛教在中国也即将进入第三个千年。两年以前,1998 年 4 月,我曾经在一篇文章中指出:"经过二十年来的改革开放,在这世纪交替之时,中国社会正在经历着深刻的转型;经过二十年来的恢复发展,佛教也同样面临并开始转型。也就是说,中国佛教目前正处在关键时刻,面临着一个重大的转机。这一转机的成败、好坏,将直接影响我国佛教将来发展的轨道,这一影响起码持续数十年。甚至一百年。在这样重大的转机面前,我们每一个与佛教有关的人都应该认真地总结历史经验,才能更好地迈开前进的步伐,才能更好地把握正在转型的中国社会,把握未来。"文章还提到:"我们在今年举行佛教传入中国 2000 年的纪念,主要不是因为有公元前 2 年伊存授经这样一个历史事实,所以为了纪念而纪念,甚至为了别的什么目的而纪念。而在于处在世纪之交的中国佛教正面临转型的关键时刻,时代需要我们总结历史,把握转型,把握将来。我希望我国佛教界与关心佛教的学术界能够以纪念 2000 年为契机,举办一些扎扎实实的活动,认认真真地回顾中国佛教的过去,研究中国佛教的现在,规划中国佛教的未来,为中国佛教的健康发展开辟出新的道路,以完成时代的嘱托。"①

　　站在佛教传入中国两千年后的今天,作为一个与佛教已有 20 多年因缘的研究者,这里想谈谈我对 21 世纪中国佛教走向这一问题的若干思考。

二

　　中国是一个以马克思列宁主义、毛泽东思想、邓小平理论为指导的社会主义国家,这是载入国家的根本大法——宪法的基本原则。马克思列宁主义以无神论为理论基础,无神论与有神论是两种相互对立的思想体系。在中国这样一个社会主义国家中,有神论乃至宗教到底有没有存在的基础? 这是我们讨论 21 世纪中国佛教的走向时必须面对的首要问题。

　　应该看到,"神"的观念乃至有神论理论的产生,有一个历史的过程。当人类初次挺起腰杆,蹒蹒跚跚地用两条后腿从动物界走过来的时候,还缺乏进一步认识自然、认识人本身的精神力量与物质力量,也就不能清醒地认识自己与身边的动物乃至与周围的自然界的关系。他们只能以自我为模式,去认识周围的一切自然物与自然现象,这就不可避免地出现将各种自然物及各种不可理解的现象人格化的倾向。由此创造出灵魂,创造出许多魔怪精灵。一时花有花魁,兽有兽精,天上有雷公电母,水中有河伯水神,世界万物,莫不有灵。由于在人类的早期,初民很难将具体的自然物与所谓的精灵严格区分,在初民的心目中,外界的一切只是一种混沌的、当然的存在,无非是自我模式的一种外化。所以,在这个阶段,既无所谓什么有神论,也无所谓什么无神论,当

---

　　① 《关于佛教传入两千年的几个问题》,载《闽南佛学院院报》1999 年第 2 期。

然也没有什么宗教的观念。无论是对人类的上古文献印度吠陀诗集的研究,还是近现代人类学家对若干还处于原始社会的部落民生活的实地考察,都证明了这一点。

随着人类生产力及思维水平的提高,人们开始逐步认识与探究自然运作的某些规律与世界万物的终极本原,于是出现最初的有神论与无神论的分离。这一分离深化了人类对世界的认识,是人类思想发展史上的一件大事。有神论与无神论从产生之日起就不断争论,双方都在这一争论中不断地提高自己,并促使自己,也促使对方在理论上日趋严密。应该承认,从哲学上讲,无神论与有神论都是一种神灵观,是一个事物的两个互相依存的对立面。就如阴与阳、上与下、明与暗、正与反一样,我们既要看到它们的相互对立,也必须看到它们的相对统一。因此,那种将无神论与有神论绝对地对立起来,认为无神论必然消灭有神论,君临天下的想法,只能是一种形而上学的观点。正确地讲,这两种观点将在相互斗争中在更高层次上同归于尽,从而为人类思维开创一个新的阶段。这实际是一个非常漫长的"否定之否定"的发展过程。

宗教是有神论的高级表现形式,它既保持着有神论的粗俗的信仰形态,也有着体现了人类思维精华的精致的哲学形态,不仅如此,它还包含了反映着人类追求和谐社会理想的伦理道德色彩与反映着人之为人的终极关怀成分。虽然它只是支配着人们日常生活的外部力量在人们头脑中的幻想的反映,但只要在人间还存在着它得以安身立命的根源,它就不会消亡。

那么,到底是那些原因促使宗教产生并持续存在呢? 归纳而言,可提出如下几个方面:

(一)社会历史根源

马克思主义的经典作家指出:"当社会通过占有和有计划地使用全部生产资料而使自己和一切社会成员摆脱奴役的时候(现在,人们正在被这些由他们自己所生产的、但作为不可抗拒的异己力量而同自己对立的生产资料所奴役),当谋事在人,成事也在人的时候,现在还在宗教中反映出来的最后异己力量才会消失,因而宗教反映本身也会消失。原因很简单,这就是那时再也没有什么东西好反映了。"(《马克思恩格斯选集》第 3 卷第 355—356 页)在这里,马克思主义经典作家深刻分析了宗教存在的社会历史根源,亦即宗教实际是一个反映了异化社会现象的异化了的社会意识形态。人类只有到高度发达的共产主义社会,消灭社会中的一切异化现象,才有可能使宗教消亡。既然如此,逻辑的结论只能是:宗教的消亡与有神论的消亡一样,将是一个非常漫长的过程,是在非常遥远的将来的事情。起码在我们可以预期到的漫长的历史阶段中,宗教与有神论肯定还会长期存在下去。

(二)认识论根源

人,无论作为个体,还是群体,在一段时期之内,他们认识事物的能力总是有限的,而客观世界需要认识的事物却是无限的;事物本身在不断地发展、变化中,这更加增加了人类认识世界的难度。中国古代的哲学家庄子曾经说:"吾生也有涯,而知也无涯。以有涯随无涯,殆矣。"因此,无论人类的思维能力如何发达,认识世界的手段如何先进,人类将始终处在"殆矣"的感叹中。既然客观上永远存在着人类还没有认识的领域,宗教与有神论也就始终有其存身的基础。

(三)伦理道德因素

人是一种社会的动物,人的本质是各种社会关系的总和。各色人等既然结成一定的社会关系而共同生存,则为了维护社会的稳定,一定要有一系列调节种种社会关系的伦理道德规范。中国的儒家最讲究这种规范,诸如君君、臣臣、父父、子子,诸如仁义礼智信。而各种宗教也基于本宗教的理论提出种种关于道德的规范,如佛教讲十善五戒等等。在一个法制健全的社会中,社会的稳定主要靠法制维护,世俗道德以及宗教道德仅起辅助作用。如果一个社会的法制不甚健全,社会的稳定在相当程度上便依靠人们自发的道德自律。在这种情况下,人们对宗教道德的精神需求就会加大,因为从道德自律的角度讲,宗教道德要比世俗道德更为有效。总之,无论哪一种社会,宗教道德对社会稳定的维系作用都是不可否认的。而正因为宗教具备宗教道德,正因为宗教道德对社会稳定有正面作用,所以社会需要宗教。

人又是一种个体的存在。作为个体的人,与一切动物一样,具有延续个体生命与延续种族生命这两种基本的本能。从这两种本能,延伸出个人主义与集体主义、善与恶等基本的道德规范。所以,我认为,无论是“性本善”、“性本恶”还是“先天无性,后天熏习”等理论都没有说出人性的本质。而“人是天使与魔鬼的混合体”则庶几乎近之。人性中的善的成分,使人本能地追求真善美。当社会整体的精神风貌积极向上时,人的这种追求可以焕发出无穷的力量。经历过新中国成立之初那17年,经历过全社会学雷锋时代的人们,一定能深切体会这一点(当然,我们现在评价那17年,既要看到社会制导在社会道德形成过程中的作用,也要看到在社会制导下形成的社会道德组成的复杂性。亦即由于社会制导的作用,恶也会假借善的面目出现。汉魏时代一批假孝子、伪君子的出现,就是例证之一。这是问题的另一个方面,本文不能展开论述)。而当社会整体素质下降,社会产生信仰危机,发生人生价值迷失,社会道德堕落,人际关系紧张时,或社会制导力放松,社会走向多元化时,有些人就会被宗教,乃至类宗教现象所吸引,到这些宗教,乃至类宗教中去寻求真善美的境界,以求自我人生的提纯与生命的完善。

(四)终极关怀因素

人作为一种具有主观能动性的思维的动物,他除了思考与当前生活直接有关的现实问题之外,还要思考世界的本原、人类的终极等等形而上学的问题。古往今来,诸如“我是谁?”“我从哪里来? 我到哪里去?”“世界到底是什么?”这类问题,不知难倒了多少聪明才智之士,使他们竭尽才思,孜孜竟日。而宗教就根植在人类对宇宙、人生奥秘的这种无限探求中,根植在人类对终极关怀的这种追求中。

综上所述,宗教的存在有其社会历史根源、认识论根源、伦理道德因素乃至终极关怀因素。只要社会上这些原因没有消除,人群中就会自发产生宗教情绪与宗教需求。而只要人群中存在宗教情绪与宗教需求,自然也就会有宗教出来抚慰这种情绪与满足这种需求。这就是宗教得以产生与存在的基本原因。

当前,我国正处在社会主义的初级阶段,在我们这个社会主义初级阶段中,宗教与有神论的上述产生原因依然存在,并且在短时期内不可能被消除。所以,宗教将在我国的社会主义初级阶段长期存在。从宗教的长期性这一基本特性出发、在我国的具体条件下,它又衍生出民族性、群众性、复杂性、国际性等若干重要属性,成为我们处理一切宗教问题时必须认真考虑的基点。

总之,在整个社会主义初级阶段,有神论作为一种意识形态,将会长期与无神论相比较而存在;宗教作为有神论的高级表现形态之一,也将会长期与科学相比较而存在。从社会主义国家的基本立场来讲,为了社会的进步与发展,自然需要在全社会弘扬科学,宣传无神论。但我们必须认识到,这种宣传固然是必要的,有效的,但也是有限的。在相当长的一个历史时期中,这种无神论宣传的结果,不是宗教与有神论的消灭,而是促使宗教与有神论向新的更高的层次发展。也就是说,在整个社会主义初级阶段,无神论与有神论、科学与宗教这种相比较而存在的局面实际上是一个互动的过程,这一过程使无神论与有神论、科学与宗教既相互斗争,又相互促进,最终的结果是谁也吃不了谁,出现一个无神论通过与有神论的斗争来发展自己,有神论也通过与无神论的斗争来发展自己的局面。这是我们必须正视的一个必然的、不可改变的最基本的社会事实,这个事实也应该是我们制定宗教政策与处理一切宗教问题的基点。

社会是一个大体系,宗教是其中的一个子系统。从这个角度讲,宗教是社会这个大体系在千百年来的自我运动中产生出来的合理衍生物。什么叫合理衍生物? 就是社会需要它,所以产生它。由于从总体来说,在组成社会的诸多系统中,宗教一般倾向于维护现存秩序,一般偏重于保守(当然,这里不排除在特殊情况下的宗教的激进作用),所以人们因此往往批判宗教。其实,对一个社会来说,宗教的这种保守的作用到底是积极的,还是消极的,还是应该具体问题具体分析。为什么这样说? 我认为,正因为宗教具有这种保守的功能,它可以起到社会的制衡器与稳定器的作用,在一定的条件下,这种作用可以是积极的。比如,当一个社会大乱求治,要求安定团结,维护稳定时,宗教会因其具有的维护现存秩序的功能而对社会产生正面影响。当然,当一个社会的各种矛盾极其尖锐,不冲破旧的平衡无法求得发展时,宗教也会因其维护现存秩序的功能而成为社会发展的障碍。也就是说,宗教的社会作用究竟如何,实际取决于社会本身,取决于某社会当前的情况。所以我认为,我们应该承认,宗教对社会有着正反两方面的作用。其实,推动历史前进的第一生产力的科学技术,它的社会作用不同样也包含着积极、消极这两个方面吗? 世界上一切事物,都可以一分为二。

虽然就一般情况而言,传统的正信的宗教,由于已经与所在社会有着较为长期而充分的互动发展史,所以它们一般都有与所在社会相协调的功能,可以为社会稳定发挥一定的正面效应。但它所具备的消极的层面依然有一定的消极的社会作用,这也是不容忽视的。对这种消极的因素,需要社会用它的另一些层面、另一些功能来限制与规范。例如制定必要的法律、法规,也包括进行科学与无神论的宣传等等。在我国,宪法中明文规定公民有信仰宗教的自由,也有不信仰宗教、宣传无神论的自由。同时,党和政府又提出"积极引导宗教与社会主义社会相适应"这一处理宗教问题的基本方针。这些理论与方针就是针对宗教将在我国长期存在而制定的,同时也体现了发挥宗教的积极作用,限制宗教的消极作用,促进社会健康发展的目的。

因此,正确地、全面地、深刻地理解与全面落实党的宗教信仰自由政策与"积极引导宗教与社会主义相适应"的方针,对于我们维护安定团结,促进社会健康发展,有着极其重要的意义。站在上面论述的基础上,我认为,"积极引导宗教与社会主义相适应"这一方针本身应该包含两个层面的含义。首先是国家及代表国家的各级有关部门在处理各种宗教事务时必须充分体现"政治上团结合作,信仰上互相尊重"这一基本方针,亦即在积极引导宗教走"爱国爱教,团结进步"之路的同时,充分尊重各宗教的教义、仪轨、传统、习俗以及信教群众的宗教感情。只要不违反维护法律尊严、维护人民利益、维护民族团结、维护国家统一这些原则,就不应去干预各宗教的正常活动。而各宗教则应该在严格遵守社会主义国家的有关法律、法规的前提下坚持自己的宗教主体性,亦即坚持一切有利于维护法律尊严、维护人民利益、维护民族团结、维护国家统一的教义、仪轨、传统、习俗,改革一切与社会主义国家的各项法律、法规不相符合的成分。坚持"爱国爱教,团结进步"之路。

总之,所谓"宗教与社会主义相适应",其内涵应该是指各宗教的一切活动必须在宪法的范围内,在遵守国家的有关法律、法规的前提下进行。因为这些宪法、法律、法规就是社会主义国家的国家意志的体现。而各级政府主管部门,则应该严格尊重信仰自由,在法律的范围内放手让各宗教自行处理各自的宗教事务。

但是,当前在我国部分干部与群众中,对宗教的长期性及其群众性、民族性、复杂性、国际性等特性还缺乏清楚的认识,由此引起行动上的若干不协调处,对我国的社会主义精神文明建设与物质文明建设产生一定的干扰。

当前,这种干扰主要来自左、右两个方面。

来自左的方面的干扰,主要表现为有意无意地把宗教乃至信教群众看作异己力量,过多地干预宗教团体的内部事务,甚至将宗教问题泛政治化。这种干扰产生的原因主要是受长期的左的思潮的影响,对宗教的态度并没有真正改变,有意无意地把宗教作为革命的对象,乃至情绪化地处理宗教问题。恩格斯在《反杜林论》中一针见血地指出:杜林"唆使他的未来的宪兵进攻宗教,以此帮助它(指宗教——方按)殉教和延长生命"(《马克思恩格斯选集》第3卷第356页)。所以,马克思主义从来认为,对宗教宣战是一种愚蠢的举动。这种左的方面的干扰,使部分地区的宗教政策无法落实,宗教活动无法正常开展。严重的甚至可能造成社会动荡、人心浮动,后果是严重的。

来自右的方面的干扰,主要表现为把宗教当作生财有道的工具,在宗教中实施政府行为、企业行为。不是保护与促进宗教的正常健康发展,而是利用宗教谋取地方或小团体,甚至个人的经济利益。其典型提法是所谓"宗教搭台,某某唱戏"。这种干扰产生的原因主要是受商品大潮的冲击,迷失了党的基本宗旨与基本路线。这种右的方面的干扰,使宗教丧失其主体性,乃至失去其维系信教群众的威信与力量。当前社会出现某些信仰真空,使某些不甚健康的信仰形态得以乘虚而入,与传统的正信宗教的不能很好维系群众,无疑有着直接的关系。这种做法的另一个后果,就是使有关部门与干部的形象也受到极大的损害。

上述左右两种干扰与目前一些单位与部门严重存在着的官僚主义以及腐败风气结合在一起,其后果是不堪设想的。

因此,现在确有必要对广大干部与群众再次进行马克思主义宗教观的教育,进行党的宗教政策的教育。要让广大的干部与群众认识到,社会上存在宗教现象是正常的。在社会主义社会,宗教将要长期存在下去。应该一分为二地、实事求是地看待宗教的社会作用。要让广大干部与群众明白,信教群众与不信教群众在政治上、经济上的基本利益是一致的。而信教与否只是每个人个人的事。应该再次严格重申:宗教必须遵守国家的各项法律、法规;各级部门与干部也必须尊重宗教信仰自由,依法处理宗教事务。要坚决防范与严厉打击假借宗教的名义谋取私利的种种不法行为。

三

在我国,宗教有其存在的基础并将继续存在下去,这是否说明佛教也有其存在的基础并也将继续存在下去呢?这个问题要分析。

纵观世界历史,宗教在一定的民族中产生,与一定的民族文化相结合,也成为一定的民族文化的一种表现形式。在宗教从一个地区传到另一个地区,一个民族传到另一个民族时,都会因时空及民族的变化而产生一定的变容。在这一点上,印度佛教传入中国,与中国传统文化相结合,发展成为中国佛教。中国佛教既保持了印度佛教最基本的理论特质,又融纳了中国传统文化的优点,在印度佛教理论与中国文化精华之间保持着一种适度的张力与和谐的共存,乃至产生一种新的中国佛教的"自我",这可以说是最为成功的例子之一。而晚明、清初基督教因拒绝与中国传统文化相结合,最终被逐出中国,则可以说是失败的例子之一。开封犹太教被中国文化所融化,淹没在中国文化的汪洋大海中,完全丧失了自我的主体性,则是失败的另一种形式。

宗教是一种社会意识形态,而任何一种社会意识形态即使兴盛一时,只要它后来不能随着当时、当地的社会的变化而变化,失去与社会的有机结合,或失去自己的宗教主体性,就会失去它存在的基础,失去生命的活力,乃至最终衰亡。佛教在古代印度的衰亡,摩尼教、基督教的聂斯脱利派在古代世界的衰亡都是这一规律的例证。

应该说明,这里所讲的某宗教、或某教派的衰落与灭亡与上面讲的宗教将长期存在并不矛盾。因为一个社会中某宗教或某教派的衰亡,并非该社会中所有宗教的衰亡。相反,某宗教与某教派的衰亡,往往伴随着另一些宗教或教派的兴起。因此,所谓某宗教或某教派的衰亡,其形态无非是两种:一种是它被另一种宗教所取代,如中亚及我国新疆地区原来流传的佛教被伊斯兰教所取代。一种是暂时出现某种"真空",最终仍将被某种宗教所填充,如我国的"文化大革命"时期,宗教几乎被扫地出门,但随着非常时期的结束,宗教以更大的势头卷土重来。所以,只要某宗教适合了社会中部分人群的需求,则单纯依靠外力是不可能消灭它的。中国古代三武一宗废佛的失败及统治者对白莲教长期镇压的无效就说明了这一点。

当然，世界上的事物无不处在不停的流变当中，群众的宗教感情与宗教需求也不是一成不变的。在一个多元的社会中，新的宗教以及准宗教现象将层出不穷，会吸引部分群众，使他们的宗教情绪与宗教感情发生转移。而这时传统的宗教如果不能适应这种局面，及时地采取新的方式争取群众，则这些宗教可能丧失部分群众。一个宗教，如果对外部环境的变化始终采取"以不变应万变"的方针，对信众始终采取"姜太公钓鱼，愿者上钩"的态度，则必然会无可挽回地在竞争中衰败下去。这种情况也适合某些社会现象。如近二十年来，中国社会各种气功功法乃至所谓健身法层出不穷，此起彼伏。什么甩手疗法、鸡血疗法、红茶菌疗法、鹤翔桩，这个功，那个功，大体是各领风骚仅几年，甚至仅若干个月，就被新的浪潮打下去，有的还能维持奄奄一息的局面，大多则干脆寿终正寝。应该说，这实际是我国社会走向多元化过程中的一种正常的社会现象。由此，我们应该明白，某个宗教，或某个宗教中的某个教派被社会、被历史所淘汰，实在是一件很正常的事情。

既然这样，无论从佛教传统主张的释迦牟尼一代教法有正象末三时的说法也好，从上文的分析也好，我们都不能说因为宗教会在中国存在下去，佛教就一定也会在中国存在下去。当然，我在这里说佛教在中国也会衰亡，这只是一种纯理论的推断；如果就目前的佛教现状而言，也可以说是危言耸听。因为如下文所说，目前的中国佛教实际正处在近代史上最为兴盛的黄金时期。但是，正如前面已经指出的，当今佛教也正处在一个转轨时期，如果佛教不能随着社会的变化而与时俱进，则它在社会上的作用将日益削弱，它的衰亡也就不是不可预期的了。这也正是在这世纪之交，我们要思考佛教向何处去的原因。

回顾改革开放 20 多年来大陆的佛教，发展之迅速，历史罕见。所以，我认为这 20 年来是中国近代史以来佛教发展的黄金时期。这主要表现为经过 50 年代的相对沉寂，六七十年代的"文化大革命"以后，社会大众对佛教的态度日益理解与宽容，对佛教感兴趣的人日益增多。随着外部环境的日益宽松，濒临危机的佛教僧团的迅速恢复与壮大，大批寺院的重建与新建。佛教在社会上的影响日益扩大，寺院香火日益兴盛，以至一年香火收入在千万元以上的寺院已经不在少数。

对佛教来说，大发展本来是一件好事。但随着寺院经济力量的壮大、信徒资源的扩展，也产生一些消极现象。这主要表现在有些寺院不是将精力放在修炼"内功"，努力提高僧团的自我素质上，以及弘法度生、慈悲济世，进一步扩展佛教的社会功能上，而是孜孜于扩修寺院，再塑金身。由此出现所谓的"庙多僧少，佛大僧小"这样一种畸形发展的局面。部分人求利养而出家，因缺乏必要的信仰情操，他们的行为直接败坏了教团的风气，也在信众中造成较大的负面影响。在这类僧人中，有些人自诩尚能够遵守食素独身等"职业道德"，但由于缺乏内在的信仰，其行为与真正的僧人仍相距甚远。也有些人甚至连基本的"职业道德"也摈之脑后，被人称为"狮子身上的虱子"，可谓恰如其分。至于由于市场经济的影响，教外的一些力量在经济上利用佛教的做法已经相当严重，这更是直接扭曲了佛教的形象，危害无穷。也就是说，在佛教大发展的潮流中,一些消极现象也正在涌动,这不能不引起人们的关切与隐忧。针对这一情况,中国佛教协会大声疾呼加强佛教界自身建设,包括信仰建设、道风建设、教制建设、人才建设、组织建设等诸多方面,呼吁将提高四众素质作为今后工作的重点。许多有条件的寺院与有远见的寺院住持也纷纷开办各类佛学院、佛教研究所,致力于佛教人才的培养。这则是佛教大发展势头中的积极因素。上述两种因素与社会其他一些因素的交互作用,将决定中国佛教的未来。尤其在目前,中国大陆佛教新老僧人的交替已基本完成,"文化大革命"以后出家的新一代僧人迅速走上各级领导岗位。他们的表现将直接决定中国佛教的未来。这也正是二年前我提出佛教面临转型,正处在一个关键时刻,面临一个重大的转机的主要理由之一。人类的命运由人类自己把握,佛教的命运也由佛教自己把握。中国佛教怎样把握这一转机,把握自己的命运呢?

在这样的现状下,我们展望 21 世纪的宗教,将会怎样呢? 在此我想先介绍复旦大学王雷泉教授的一些观点。

王雷泉教授认为:就经济、政治、精神三大层面而言,中国在 21 世纪最需要的是财富、正义与天理。宗教讲的是天理良心,它是维护社会正义最重要的精神资源之一,也是评判社会财富获得和流向的重要价值尺度。

他同时认为:"人类在精神深处从来也没放弃过回归自然、回归本真、回归永恒的要求。宗教主要是在情感和意志上,对有限个人的存在性缺陷所作的弥补和超越,是对人类和世界命运的终极关怀。它对个人提供安身立命之处,以求得心理上的平衡;对社会则提供了一种宣泄和解毒机制,对财富进行分流和再分配,维护着社会的安定和精神生态平衡。"

王雷泉教授提出:"无论是为政、弘教、治学,目标都是为了社会祥和、人民康乐、世界和平、人类进步。政教学三界互为犄角,相互制衡,如此才能构成一个稳定的正三角。任何一方的畸轻畸重,都将造成人类社会的不幸。'法不归位'的毛病,过去的宗教曾经犯过,学术与政治也未必能免'越位'之嫌:企图用科学取代宗教,企图用政治干预宗教和学术。其实,理性与信仰并不对立,它们各有所司,相互补充。信仰若无理性的提纯,它将是盲目的;理性若无信仰的升华,也将是褊狭的。人们反对的是邪恶的信仰,因为它对社会造成了危害;人们厌恶的是虚伪的信仰,因为它玷污了信仰的神圣意义。"

由此,王雷泉教授认为,在 21 世纪,宗教将会重树自己的主体性和神圣性,宗教思想将在对话中与其他思想和平竞赛,宗教组织将趋于社区化、小群化,政治、宗教、学术三者关系将趋于合理,而新兴宗教与邪教道门仍将相继登场[①]。

虽然王雷泉教授的观点理想色彩较为浓厚,但我对他的观点基本上表示赞同。此外还想就 21 世纪佛教的发展作如下几点补充。

我认为,在 21 世纪中,随着社会主义民主与法制的进一步健全,随着宗教政策的进一步落实,随着党风与社会风气的日益改善,佛教将日益得到一个更加宽松而完善

---

① 王雷泉:《展望二十一世纪的宗教》,载《甘露》2000 年第 2 期。

的外部环境。这无疑有利于佛教的发展。

佛教传入中国两千年，已经深深地融入中国传统文化。现在，人们越来越认识到，中国新的社会主义文化不是从天上掉下来的，也不可能照搬外国的，它只能在吸收中国传统文化一切精华，其中也包括佛教文化的精华的基础上发育成长，在吸收人类一切优秀文化的基础上发育成长。因此，越来越多的人注重佛教文化的研究与继续，这无疑也有利于佛教的发展。

科学技术的发展，社会物质财富的增长，需要有正确的哲学思想作为理论的引导，需要有深厚的人文素质作为价值的保证。科学技术的进步不能保证道德的进步，而只有人类道德的进步才能保证科学技术不致迷失方向。佛教的哲学思想、伦理道德思想、环境保护思想等，是佛教对人类思想宝库的一大贡献，至今具有强烈的现实意义。从这个角度讲，佛教的思想今天依然具有强大的生命力。

此外，佛教对人的终极关怀的思索，至今仍吸引着千千万万的人们。这些无疑都是佛教继续发展的动力。

但是，随着经济领域多元化倾向的发展，在思想领域、信仰领域，多元化的倾向也十分显著。各种各样的思潮纷至沓来。中国的现有的五大传统宗教都在发展，有些宗教发展得比佛教更快；一些新的宗教现象、新的宗教派别也会不断涌现；还有一些不强调宗教身份但实际上属于宗教或接近于宗教形态的信仰实体，一些附佛外道甚至邪教也会趁势而上。这些宗教或准宗教团体共同争夺社会资源与信徒资源，自然会对佛教的发展形成竞争乃至挑战。

随着高科技社会的日益成熟，社会科学技术水平的日益提高，这既为佛教的发展提供空前的机遇，同样也对佛教的存在与发展提出进一步的挑战。所谓机遇，主要指佛教高科技为佛教的传播提供了现代化的手段，比如声光电合一的新型寺院、网上的佛教社区、电子化的大藏经等等。所谓挑战则在于科学技术的发展将进一步消除人类对自然界的神秘感与神圣性，科学的地盘进一步扩大，宗教的地盘进一步缩小。虽则由于世界本身的无穷大，无论科学的地盘怎样再扩大，宗教的地盘怎样再缩小，两者各自依然拥有无穷大的地盘。但宗教必然要对科学的挑战作出回应。

四

面临这样的局面，佛教究竟应该怎样应对？

我认为，中国佛教应该紧紧抓住提高佛教教团素质这一个中心，抓住了这一个中心，就解决了所谓"续佛慧命"的问题。中国佛教还应该紧紧抓住坚持推行弘法度生事业，坚持推行慈悲济世事业，抓住了这两项事业，就解决了所谓"荷担如来家业"的问题。因此，上述"一个中心、二项事业"应成为21世纪中国佛教工作的重点。

因为篇幅的关系，这里想重点谈谈"一个中心"，即提高教团素质的问题。

根据国家宗教事务局1995年公布的数字，我国当时有佛教僧尼17万多人，其中汉传佛教僧尼 4 万多人。可以想见,时至今日僧尼数字一定已经超过上述数字。僧尼组成的教团作为僧宝,虽然只是"佛法僧"三宝之一,但从"三宝一体"的观点来说,教团实际也代表了整个佛教。乃人弘道,非道弘人,教团素质的高低是影响佛教发展水平乃至生死存亡的关键问题。

怎样提高教团的素质? 我认为最要害的问题就是坚持佛教教团的宗教主体性。

上文已经用大量篇幅论述了在当今世界,宗教之所以能够存在的理由。那么,宗教存在的价值是什么呢? 在众多的宗教中,佛教之所以能够存在的价值又是什么呢? 我想,宗教之所以能够存在,其价值就在于它不共世间的宗教主体性。佛教之所以能够存在,价值也就在于它不共其他宗教的固有特性。顺着这个思路继续推论,汉传佛教之所以能够存在的价值,就在于它有既能够满足汉民族宗教需求,又不共于南传佛教、藏传佛教的固有特性。这个题目很大,也不是本文想要论述的内容。但却是本文立论的基点。所以,要续佛慧命,就是要坚持教团的宗教主体性,要提高教团的素质,关键也在坚持教团的宗教主体性。教团有了不共世间的宗教主体性,才有了在这个世间存在的价值;教团能够真正坚持这一主体性,自然提纯了自己的素质。

怎样坚持教团的宗教主体性,我认为应该包括三个内容,一是如何在新的形势下,更好地发展与创造应时应机、如理如法的新的佛教理论;二是如何发展与创造与新的佛教理论相应的新的修持方法;三是如何进一步规范教团及僧人的行为,在群众中重树人天师的威仪。上述三个内容,实际也就是如何在新的形势下继续坚持与发展佛教传统的戒定慧三学。

首先讲慧,理论的创新从来是中国佛教不可忽视的中心问题之一。

治佛教史者都认为隋唐时期中国佛教最为兴盛。其实,如果从僧团规模讲,南北朝时期仅中国北方的出家僧人就曾经达到 300 万之巨,而唐朝佛教全盛期佛教僧人只有几十万。为什么说隋唐时期中国佛教最为兴盛呢? 就因为当时中国佛教新的理论不断涌现。可以说,在当时的哲学思想领域,唯有佛教独占胜场,没有任何一种其他理论,无论是儒教还是道教,可以与佛教抗衡。与佛教新理论不断涌现相应,新的佛教宗派、新的佛教领袖也不断涌现,由此出现一派繁荣的局面。我曾著文认为汉传佛教的衰落期始于会昌废佛,理由是会昌废佛后佛教的各宗派大多衰微,只有禅宗与净土宗保持持久的影响。净土宗本来没有什么深奥的理论。禅宗的创宗时期,亦即理论创新时期已经过去,此时的禅宗五派在教学风格上各有特色,但在基本理论方面既无甚差异,也没有什么新的引人注目的发展。因此,我们说佛教趋于衰落,首先表现在佛教在义理方面失去活力,日益枯萎。关于当时佛教义理枯萎的原因,在拙作《佛教志》中有所论述[1],这里不再赘论。

所以,当代佛教要复兴,不在于修复或新建了多少寺院,也不在于修造了多高、多大的佛像,乃至招收了多少出家僧人、在家信徒,而在于有无应时应机、如理如法的新理论。"人间佛教"已经提出数十年,但由于种种原因,至今,它的口号色彩大于理论

---

① 方广锠:《佛教志》,上海人民出版社,1998 年 10 月,第 145—147 页。

色彩。也就是说,它还缺乏必要的理论充实与阐述。理论是实践的升华,几十年来,无论在大陆,还是在台湾,佛教的实践已经大大超越前代,出现种种新的形态。但相应的新的理论却显得极其贫乏。由此我们更加痛感理论的滞后。

其次讲定,也就是修持方法。就佛教修持而言,本人是外行,缺乏实际的体验,应该说没有发言权。但长期与佛教界打交道,看到不少,也想了不少。现把这些想法讲出来,仅供参考。

在讲这个问题时,我想首先应该提到目前出现的一种值得我们注意的现象。这就是在大陆的部分僧人与信众中,自发地出现一种向印度初期佛教回归的基要主义倾向,以及向南传佛教、藏传佛教寻求解脱之路的积极努力。应该如何用最简单、准确的词语来归纳这一现象的本质,我还没有把握。这里暂且称之为"出离汉传佛教现象"。

向印度初期佛教回归的基要主义倾向,主要表现在倾向于对初期佛教戒律的寻求,并进而走向对初期佛教修持方法的探究。对戒律的寻求显然是对佛教界当前种种乱象的一种抗议;而对修持方法的探究则源于对汉传佛教传统修持方式的不满。应该指出,目前汉传佛教界的许多僧人,对传统修持方法的不满,正在日益积累。由于对传统修持方式不满,所以不少人到印度初期佛教,乃至南传佛教、藏传佛教去寻找更加有效的修持之路。"出离汉传佛教现象"的出现不是偶然的。看来它与日本近年兴起的"批判佛教"似乎一脉相承,遥为呼应。实际却是两回事。日本的"批判佛教"基本上是教外的学理批判,是对汉传佛教的一种批判性否定。而"出离汉传佛教现象"则是教内的反拨,从更广义的角度来讲,其实质是对汉传佛教历史的一种反思与总结,对汉传佛教未来的一种探究。这种反思与探究,实际上在上世纪末、本世纪初,从杨文会、太虚就已经开始,但由于种种原因,它始终没有能够彻底完成。彻底完成这一反思与总结,开创中国佛教新的未来的这一历史责任,已经无可推卸地落到当代人的身上。

修持问题为何在当前凸现? 王雷泉先生还有一段话可以参考。王雷泉先生认为:"佛教既是重自内证的宗教,故佛教的权威性与合法性,也就建立在现量(证悟)之基础上。在佛教向世俗社会快速普及的同时,事实上也在大量消耗自己的宗教资源。所谓'边缘化',就是偏离作为佛教根基的出离心和内证精神,仅仅满足于在社会层圈和文化层圈中较为浅层和表层的效应,在表面繁忙热闹的大场面下,恰恰是修证法门的缺位。"①但这只是对问题的一种表层描述。因为现在的问题不仅仅在部分僧人忙于"繁忙热闹的大场面"而疏于个人修持,还在于部分真正想认真修持的僧人,也苦于不知怎样修持,才能真正了却生死,通达成佛成祖的道路。

我曾经与一些年青僧人、信徒交谈,他们的看法对我有很大的启发。他们认为,虽然对藏传佛教修持的某些具体内容不能接受,但藏传佛教把一个人从凡夫到佛的道路,指画得清清楚楚,使进道者有章可循。这种进道次第,正是汉传佛教目前所缺乏的。而南传佛教与社会信众保持着一种良性互动的关系,这也正是汉传佛教目前的薄

---

① 王雷泉:《面向二十一世纪的中国佛教》,中日第八次佛教学术会议论文,北京,1999 年 11 月。

弱之处。他们普遍的苦闷是个人虽然信佛,虽然出家,却不知应该怎样修持,怎样成佛。他们说,现在所缺乏的,是威仪彬彬、能够引发信众归依心、引导修持的导师。所以不少人才向藏传佛教、南传佛教寻找归心之处。

就修持方法而言,两千年来中国诸多高僧大德开创的种种修持方法,是否真的已经无法满足当代僧人的宗教需求,以至他们不得不另辟蹊径,到初期佛教、南传佛教、藏传佛教中去寻求解脱之路?看来这个问题既有历史的渊源、承续及发展,也有现实的传承、内悟与经证,有导师的问题,有理论的问题,有传统的修证法门如何应时应机的问题,还有王雷泉所谓的"边缘化效应"问题。盘根错节,需要认真研究。总之,历史与现实的双重原因,造成当代中国佛教修证法门的缺位,这是"出离汉传佛教现象"之所以产生的根本原因。台湾惠空法师谓"佛法尊贵在于不共之真实解脱"①,诚哉斯言。修持方法问题不解决,"真实解脱"就落空,佛教的权威性与合法性也就无从谈起。从这一点讲,修持问题实在是中国佛教转轨期中必须解决的中心问题之一。这个问题解决得好坏,同样对后转轨期中国佛教发展的轨迹产生巨大的影响。

修持问题如何解决?这个问题实际已经引起有识之士的注意。台湾慈光禅学研究所连续两年召开禅学研讨会,就体现了这一点。我很赞同到印度佛教、南传佛教、藏传佛教中去寻求新的修持方法,以为汉传佛教进一步发展的营养。但千百年来汉传佛教诸多高僧大德创持、传承的修持法门应有其合理性在,也需要一大批有心人认真发掘,让它在新的时空条件下发挥出新的光辉。新的应时应机、如理如法的修持法门,或者就在融会大小乘、显密教中产生。当然,兹事体大,不是一次、两次研讨会能够解决的,需要锲而不舍地努力下去。再说,修持问题是一个实践问题,需要有一批人去实实在在地践行。如果能够把研讨会(理论的探讨)与实修班(实际的修持)结合起来,也许可以得到相互促进的更好效果,以尽快解决中国佛教当前修持法门缺位的现状。

我前面所讲的理论的创新,与这里讲的修持法门的缺位实际有着内在的联系。一定的修持方法必定是一定的理论指导下的修持方法。修持方法的发展必定导致理论的发展,这一点在佛教史上是可以证明的。同理,理论的发展也必定推动相应的修持方法的产生与发展,这一点在佛教史上也可以得到证明。有些先生、法师认为佛教理论过于歧杂,不如暂且置而不论,先从修持方法入手去解决问题。这种想法,作为权宜之计或者还可以说得过去,作为指导方针则未免失之偏颇。另一些先生与法师在修持方法已经发展,还一味从传统佛典中去寻找经证,以判别这种修持方法的是或非,恐怕也难免胶柱求瑟之嫌。如何寻求理论与修持的良性互动,在发展修持中发展理论,在发展理论中发展修持,大约是我们应该认真研究,加以解决的。

再次讲戒,就是僧人个人的修养及教团的行为规范等等。就僧人持戒及教团管理的规范化、现代化而言,目前程度不同地都存在一些问题。但这些问题主要依靠教团本身来解决,这里就不多讲了。我想强调的只有两点:第一,佛教还是应该坚持僧伽本位。亦即在四众信徒中,以出家众为主导。只有以出家众为主导,才能真正体现与保

① 惠空:《第二届两岸禅学研讨会论文集序》,台北,1999 年 10 月。

证佛教的宗教主体性。有些先生主张居士佛教应该成为中国佛教发展方向。这种观点,笔者很难苟同。当然,我们也应该承认19世纪以来居士佛教在佛教发展中的功绩,给予恰如其分的评价;总结其经验与不足,作为今天的参考。此外应该看到,居士佛教与居士林是两个不同的概念,如何正确处理居士佛教及居士林,应该成为各地僧团注目的重点之一。当然,在出家两众中,也应该顺应时代的进步,改革传统的制度,进一步重视与提高比丘尼的地位与作用。第二,作为一个人数众多的社会团体,鱼龙混杂、泥沙俱下乃是正常现象。"狮子身上的虱子"的出现,并非始于今天,即使在佛教最为兴盛的隋唐,类似问题也经常遇到。玄奘的大弟子,《大唐西域记》的执笔者辩机,因此而被杀。因此,我们固然应该正视这些问题,积极地解决这些问题,但也不必因此而对佛教的未来丧失信心。

弘法度生、慈悲济世这两项事业,本来就是佛教教团的传统工作,亦所谓"家务事"。现在的问题是,这些教团的家务事,教团做得如何? 我们现在有些寺院,除了接待香客与游客外,与社会几乎没有什么联系,甚至连寺院周围的居民也老死不相往来。有些僧人,他的心态是小乘而不是大乘。对于本来应该由僧人荷担的如来家业,总觉得烦,不愿去做,只想着自己的闲暇与幽雅。因此,现在应该大声疾呼:出家人要做入世事,要关注社会,回报社会。我想,佛教说报四恩,应该落实在行动上,而不是仅仅挂在口头上。如果真正关注社会,真的把报四恩放在心上,多关心社会,关心人群,就有很多弘法度生、慈悲济世的事情可做。台湾的一些寺院已经创造了他们的模式,我们这里应该向他们学习,同时不局限在这些模式上,创造更多的模式。比如养老院,比如访贫问苦,比如社区小组,起码应该先把寺院周围的群众工作开展起来。每帮助了一个人,就影响了一个家庭,这样逐步发展起来。

古德有言:"人能弘道,非道弘人。"一切事情都依靠人来做。从这个角度来讲,上面所说的"一个中心,两项基本事业"的解决,要靠佛教界出现能够解决这些问题的人才。这里讲的人才当然是指高素质的僧人,尤其是僧人领袖。所以,我们可以说,转轨期的中国佛教界正在呼唤人才,呼唤领袖。目前,佛教界十分重视僧教育,各种各样的佛学院、佛教研究班正在开办,一批中青年僧人正在成长,其中不少中青年僧人已经成为一方教团的重要领导者,我们寄希望于这些僧人。

在即将完成这篇后记之际,见到报载如下新闻:3月12日为天主教赎罪日,保罗二世教皇代表罗马教廷承认天主教会在过去两千年中所犯的罪过,并请求上帝的宽恕。这些罪过共有七条,包括对持不同意见者的不能容忍与宗教战争、伴随传教而损害其他文化与其他宗教等等。虽然这一认罪来得太迟,但是,它反映了罗马教廷力图与时俱进的努力,因而是值得肯定与欢迎的。中国佛教能够从中得到若干启迪吗?

2000 年 3 月 16 日于太阳宫三真堂

学术、宗教与方法论^①

（前略）

坦率说：我研究佛教这么多年，不能说为人处世不受佛教影响，但的确不信佛教。特别深深感到在学术研究中，要把两者分开。我赞同汤用彤先生"同情的理解"的立场。

在这里我还想再提一下信仰与学术的关系。

我在网上看到，有人把我列为中国佛教研究者中不信佛教的人的代表，觉得与有荣焉。但是，网上把我的名字排在任继愈先生前面，却是不对的。我是学生，自然应该跟在先生的后面。

我的确不信佛教，而且越研究越不信。但这不妨碍我很欣赏佛教，而且越研究越欣赏。但是，我始终认为，要做好研究，就不能对研究对象预设前提。信仰就是一种预设前提。

我曾经在一篇文章中说：佛教在中国是一个巨大的存在，不管自觉不自觉，任何人不可能不受影响，不可能回避它（大意）。改革开放以后，随着整个社会的多元化，佛教在中国大发展，信徒日益增多。这完全是一个正常的现象。我在另一篇文章分析过这个现象，并指出：一个没有宗教的社会，不是正常的社会。对佛教在当今社会的发展表示赞赏。

在这样的背景下，出现一种现象：一些佛教研究者，同时也信仰佛教。应该说，这种现象的出现是难以避免的。但我始终认为，如果研究者把自己的信仰掺杂到研究中，必然会对研究的客观性及其最终成果产生消极影响。事实上，能够较好处理两者关系的，他们的著作学术价值就高；不能很好处理两者关系的，著作中就会明显出现一些非学术的因素。所以，我再三强调，信仰归信仰，学术归学术。不能让信仰干扰学术。我很推崇吕澂、印顺的某些论著与论断，但对他们过分宗教化、宗派化的东西，则颇不以为然。

在这样的背景下，也出现我的一些学生是佛教信徒，甚至是出家人的情况。遇到这种情况，我总是在第一时间讲明我的上述态度，提出我的要求。

---

① 本文是一封通信的部分内容，写于 2008 年 12 月 17 日，寄给我指导的诸位研究生。

在此,我必须再次强调,我不反对任何人的任何信仰或不信仰(只要不对社会与他人造成危害),但要求我的学生把学术研究与信仰分开。什么叫"把学术研究与信仰分开"?就是要用学术标准去看待别人的学术著作,用学术标准去写作自己的学术论文。

当然,如果看的本来就不是学术著作,而是宗教著作;写的本来不是学术论文,而是宗教论文;那自然另当别论,不受上述限制。宗教信徒从事与信仰有关的活动,本来是个中应有之意。对于这一点,我表示充分理解。

关于我的上述立场,也希望得到诸位的理解。

其次想谈一下研究的方法论。

当年读《鲁迅全集》,说他到南京考学,考题是"工欲善其事,必先利其器"。印象很深。我们无论做什么事情,工具都是很重要的。同样,从事学术研究,方法论也很重要。郝春文曾经为我的《敦煌学佛教学论丛》发表过一篇书评,其中着重讲了我的方法论。的确,我比较注重方法论。方法对头,事半功倍;否则相反,事倍功半。

我本人比较赞同马克思主义的方法论,认为它的确是我从事学术研究的利器,使我在面对纷繁复杂的研究对象时,能够抓住突破口,抓住要点。什么是马克思主义的方法论?我的理解,就是实事求是。具体地讲,必须认识到一切事物都依据时空条件的变化而变化。因此,研究任何问题,都必须尽力了解那个事物所在的时空条件及其后时空条件的变化,力求全面地把握该事物,尽力复原事物的本来面貌,然后考察它发展变化的实际过程,探讨引起这种发展变化的内外原因及其在当时及后代的影响。这就需要研究者下大功夫尽力占有资料,然后依据资料来说话。说话时,反对一切唯心的、无根据的判断与形而上学的思维方式。

反对一切唯心的、无根据的判断,就是不能无资料、无依据地臆测。反对形而上学的思维方式,就是要破除一切僵化的思维模式,实事求是地对待研究对象。举例来说,毛主席在他的名著《矛盾论》中,有一个著名的论断:内因是变化的依据,外因是变化的条件。外因通过内因而起作用。因此,内因是第一性的,外因是第二性的。他举例:温度可以使鸡蛋孵化为小鸡,但不能使石头孵化为小鸡。我认为上述论断就有形而上学之嫌。内因、外因在事物发展的过程中,到底哪个是第一性,哪个是第二性,要根据情况的不同的确定。并非内因一定是第一性,外因一定是第二性。还以温度与鸡蛋为例。在不具备鸡蛋,仅具备温度的情况下,想要有小鸡,鸡蛋是首要条件,因此是第一性的。在已经具备鸡蛋,而不具备温度的条件下,想要有小鸡,温度便成为首要条件,成为第一性的。一切随着条件的变化而变化,这就是辩证法。

当然,研究方法各种各样。我赞同马克思主义的方法论,不等于我反对其他方法论。只要是能够解决问题,无论什么样的方法,社会学的、统计学的等等,都可以利用。

总之,研究之前不能有任何框框(亦即所谓预设前提),任何结论只能在研究的最后,而不能它的前面。

关于招收博士生的一点想法

按：最近有同学来信，希望报考我的博士生。在此，将去年 10 月我就招收博士生问题，给一位同学的回信发表在下面，供有意报考我研究生的同学参考。下面信中涉及的信仰与学术的关系问题，在我的博客中曾多次提到，希能参考并全面理解。

方广锠 2010 年 1 月 26 日

×××：

你好！

外出近一周，不在伦敦，无法接受电邮。今天晚上返回，收到你 15 日、18 日两封电邮。回信迟了，对不起。

我想，你对我应该是比较了解的。我是一个做学问的人，而且我始终认为，学术研究应该是客观的，不带任何预设条件的。所以，有宗教信仰的人，不可能做好本宗教的研究。以前，正因为发现你有宗教倾向，我让你做一个纯粹文献学的题目，以免你的宗教倾向影响你的学术研究。此后，凡是不得不指导带有宗教倾向的学生，我一律采取这样的回避法。

但博士生毕竟与硕士生不同。硕士生是学习研究方法，奠定研究基础，博士生则要进入前沿，钻研高层次的学术课题。研究者本人的宗教倾向，已经无法在研究中回避。

你知道我并不排斥宗教，也不排斥信徒。只是认为信仰与学术难以在同一个平台上兼容。你现在在信仰的道路上已经走得很远了，你和你师父的题目，都属于信仰而不属于学术，也是我所无从置喙的。

你是我的老学生了，不妨向你说明心迹。任先生今年逝世，对我的刺激很大。以前，我从来没有感到他已经 90 多岁，已经风烛残年，总觉得还有很多时间。他的故世，促使我自己做一个小结，我实在愧对老师，没有完成老师给我的任务。回过头来看，我自己也已经年过花甲。我明年 62 岁，将在 65 岁退休。按上师大规矩，我可以招生到 63 岁，也就是说，退休前我还可以招收一个博士生。我希望能够招收一个下决心坐冷板凳，下决心终生从事佛教文献整理与研究的学生，把任先生交代给我的工作继续下去，也叫薪火相传吧。这是我不可推卸的责任。最终我能不能承担好这个责任，要看各种因缘条件是否具备。但无论如何，我要为此努力，也算对培养我的老师有个交代。恕我坦率地说，你的资质，不适合从事这一领域的研究。

　　现在国内不少研究佛教的学者具有信仰倾向，有的已经正式皈依，其中也有著名学者。我建议你与他们联系一下。学生在找适合自己的老师，老师也在找适合自己的学生。由他们来指导你，对你、对他们，可能都会更好，所谓相得益彰。

　　知道你在焦急地等我的回信，所以匆匆忙忙写上面这些话。佛教说：不变随缘。既然你信仰不变，考博一定要以研究佛学为专业不变，那么具体的学校与导师就要随缘，不要在上师大一棵树上吊死。

　　祝你
顺利！

方广锠 2009 年 10 月 19 日星期一

如何处理学术与宗教的关系的通信

来信：

（前略）

在选择学习佛教的那一刻起，我就有一个问题，这个问题现在看来是绕不过去，在这里我想请方老师给予教示。这个问题可以这样来表述：在学习佛教的过程中，应该抱有怎样一种心态，是纯客观呢？还是带着体认的心态？我之所以这样问，主要是基于以下考虑。就我的了解，任继愈先生在学习佛教的基本态度上，是提倡以马克思主义哲学为指导，对佛教进行客观的研究，但是佛教作为一种谕示性很强的宗教，没有一定的体认和同情，恐怕在研究的过程中，会出现立场上的缺席。而且，很明显的是，一般投身于佛教研究的人，大都对中国文化和佛教有很深的认同感，如果把自己置身于身份立场之外，在人格上会出现分裂。因此我的结论是只能是在两种心态当中保持一种平衡，至于如何保持平衡，我没有答案。前几天，在书店看到日本作家渡边淳一的新书《钝感力》，粗略翻阅了一下，觉得很有意思。他讲的是在生活中要有钝感力，研究工作当中是不是也需要钝感力来保持心境的平衡？权当参考。上述提出的问题，在我的认识当中，是一个很重要的问题，宗教本身的特殊性会给每个研习的人不同的答案，以方老师几十年的人生经验和研究经验，给后学者提供一个经验，惠泽无穷。

回复

（前略）

应如何处理学术与宗教的关系？这个问题比较复杂，要分别不同层次来谈。

首先，就宗教的社会作用而言，我的观点可参见我为《中国佛教文化大观》写的跋，这里不详细谈。建议你抽时间看看我的那篇文章，我对宗教的认识，对佛教的态度，对当前宗教的想法，都归纳在其中。

其次，汤用彤提出：对佛教抱有一种同情的理解。我本人鉴于上述立场，很赞同汤先生的观点。这里要指出：

甲、在极"左"思潮影响下，一度把宗教视为社会主义革命的对象，把佛教视为封建迷信的代表。这种态度，违反马克思主义的基本原则，不能把它当作马克思主义的代表。

乙、所谓"同情的理解",我的解释,首先是认识到它存在的合理性。"存在的就是合理的",这是黑格尔的命题。我赞同马克思主义经典作家对这个命题的演绎:不合理的不能存在。也就是说,我们也要看到佛教有它的不合理性。

第三,由此很自然地可以推衍出这样的结论:作为学术研究,必须对研究对象抱有一种客观的、理性的、分析的,甚至怀疑的态度。

我曾经指导过一批僧人研究生,现在指导的研究生中,也有具有宗教信仰的。宗教信仰是个人的事情,我尊重他们的信仰。但是,对这些学生,第一次见面,我必然要求他们正确处理信仰与学术的关系。

在我看来,信仰的核心是"信"。"信",就给信众一个预设的真理标准。对这个标准,是不准怀疑的。比如对佛教徒来说,佛经就是"圣言量",只能尊崇,不能怀疑。一切只能在预设标准下进行。对净土宗来说,阿弥陀佛的存在不能怀疑,否则净土宗就要崩盘。

但学术的基础是"疑",对任何事物都要问个为什么,想想是否真有道理。学术没有禁区。对研究者来说,就要问问真有阿弥陀佛创设的西方净土吗? 念佛真的能够往生吗?

两者完全不同。

信仰者不是做不了学问,只是这个学问与自己的信仰抵触时,他会不由自主地歪曲学问,从而犯下错误。典型的例子是吕澂。吕澂天资极高。他是中国近代佛学大家,对佛教学术研究贡献之大,佛教研究界尽人皆知。但他终身服膺欧阳竟无提倡的唯识学。当研究与唯识理论相悖的如来藏缘起思想时,他站在自己的预设标准上,把《大乘起信论》、《楞严经》统统判为伪经,违反了历史的真实。

所以,我要求我的学生;不信佛教的,不要歧视佛教,要有同情的理解,客观对待佛教;信仰佛教的,要分清信仰与学术的关系,划清两者的界限。为了避免他们在信仰与学术方面产生人格分裂,我一般不指导他们从事佛教思想研究,而为他们设计一些纯粹考证性的论文题目。

至于我自己,研究佛教几十年。以前不信佛教,现在依然不信佛教。应该说,我不是没有受到佛教的影响。我觉得我现在的一些处事方式,都与自己几十年研究佛教的潜移默化有关。但依然不相信有涅槃世界。人只有一生,抓住当下,让每一分钟都有意义,不白白放过。今年4月一次与星云法师聊天,我说:我依然不信佛教。他说:信佛就是信自己。星云法师是禅宗,禅宗主张人人都有佛性。所以,他的话,无非是说信佛就是内证自己心中的佛性。如果加上天台宗的"一念三千",则信佛与不信佛,在更高的层次上实际融合了。

你说:"佛教作为一种谕示性很强的宗教,没有一定的体认和同情,恐怕在研究的过程中,会出现立场上的缺席。"我不赞同。你上面这番话,还是要在研究之前预设前提,亦即所谓的"立场"。无论这立场是同情、是反感、是赞同、是反对,只要产生于研究之前,就是从事研究的大忌! 我主张,对任何问题,都应该实事求是,还原到一定的时空背景中,具体问题具体分析。在整个过程中,应该是冷静的、客观的,绝对不要让任何预设立场来干扰自己。如果在这个过程中,慢慢地对研究对象产生一定的观感,那也是占有一定的材料之后,由材料本身归纳出来的,而不是事先无根据的想定。

你以后要终身从事佛教研究。我希望你从一开始就在这个问题上有一个清醒的认识,站稳立场(对任何问题无预设前提这一立场),不走弯路。

我还是推崇马克思主义的历史唯物主义、辩证唯物主义的方法论。想必你以前学过,希望你能够在今后的科研实践中灵活运用它们。我认为,马克思主义的精华,就是实事求是,就是具体问题具体分析。首先是真实把握事物在时空中的运动轨迹,然后是分析产生这种轨迹的原因,解明这种轨迹何以形成。

我们的目的是探讨历史真实。这时,完全不考虑这一研究与当今社会有什么关系。如果上述研究对解决当今社会的某些问题有借鉴作用,当然很好。与当今社会完全无关,是所谓纯学术,那也很好。我反对曲解古代问题为当今服务的所谓"古为今用"。专注于所谓"古为今用",只能出阿世的假学问。

堂堂正正做人,认认真真做学问。即使将来并没有做出什么了不起的事情,但我总可以说,我努力了,无愧于自己的一生。

上面的话,供你参考。

谨颂

时祺!

方广锠 2007 年 10 月 1 日

再谈学术与信仰

按:每年都有一些同学与我联系,表示想考我的硕士生或博士生,其中不乏一些虔诚的信徒。我从来尊重任何人的信仰,但一向认为,一定要把学术研究与个人信仰分开,这样才能够做出真正的研究。

在此,将我与一位同学最近关于此事的先后三封通讯贴在下面。以进一步表明我对这个问题的态度。今后如有同学愿意考我的研究生,可以参考。

贴出的仅是我给那位同学的去信,至于来信部分,因为是对方所写,我无权随便公布,想必可以得到诸位网友的理解。

一

(前略)

我在新浪有一个博客"藏经洞",上面有文章谈到信仰与学术的关系。总之,信仰是个人的事情,但学术并非单纯个人的事。信仰为自己的精神世界预设一个前提。学术不允许预设前提,要求在没有任何偏见的情况下,根据自己掌握的资料与思维劳动,去探索、发现真相。就佛教来说,它允许用对机说法等种种理由来模糊不同派别的矛盾;而学术,要求充分揭露矛盾,分析它的由来与发展,总结它的经验与教训。在某些情况下,信仰与学术可以不冲突;在另一些情况下,两者也可能不得不冲突。届时,你怎么办?

我以前的学生中有僧人,有居士。有些,可以正确处理两者的关系,有些不能很好地处理。不能很好处理的,一般表现出极强的"我执"。佛教徒本来应该破除我执,但自己预设的信仰前提使他恰恰相反,为了维护自己的那个前提而我执大起。届时,你会怎么样?

我尊重任何人的任何信仰。但是,我始终认为,要成为一个真正的学者,起码不能把信仰带入学术研究中。你能够做到吗?

(后略)

谨颂

时祺!

方广锠 2008年8月20日

二

（前略）

24 日来信说看了我的博客，不知是否看到我上面的那篇关于宗教与信仰的通信。我的态度在那封信中表述得很清楚。总的来说，上帝的归上帝，学术的归学术。信仰与学术是两回事，不能混为一谈。不是如你所说"现在的学术不允许带有过多信仰色彩的成分"，而是真正的学术根本就不应该有什么信仰的成分。你说"希望在纯粹学术的基础上带有教育教化的思想，总之要带有具真善美意义的思想"。而我认为，"真"是讲存在，是客观的；"善"讲道德评价，"美"讲审美情趣，都是主观的、按照一定条件流变的。这三者有时可以统一，比如一朵鲜花；有时不能统一，比如一堆大粪。学术研究不但要研究鲜花，也会遇到大粪。届时只讲鲜花如何美，回避大粪如何臭，甚至讳言大粪的存在，或者千方百计把臭说成香，就不是真正的学术研究。你认为我的态度"这可能与您所主攻的佛教文献学的方向特点有关"，其实不然，这与佛教文献学无关。这是搞学术的基本要求，任何学科都一样。

不仅如此，你提出："我若考上博士，我将服从导师的指点和学术的要求。不过我希望在学术中尽量避免对佛教的批判和否定，那样我的心理上会有负担，提出问题客观地分析矛盾还是应该的。我能够在学术中破除我执，不去预设前提，以学术为重，客观分析问题揭露矛盾，只是不要反其道而行之以非信徒的观点去批判佛教，这不是出于什么我执去维护自己的信仰，而是不愿承担谤佛谤法的罪过。也就是，我可以不带入信仰，客观地分析问题，但我不希望去否定和批判佛教。"

也就是说，你不但为自己预设了一个前提，而且为导师预设了一个禁区：不得批判佛教，否则你会有心理负担。你如果坚持这种立场，不可能做出真正的学术，也无法当好我的学生。

我不信佛教。我上课肯定会"以非信徒的观点去批判佛教"。以前我先后指导过5 位比丘研究生。第一节课，我都会申明：我尊重你们的信仰，你们也要尊重我的不信佛教。现在既然当我的学生，听我讲课，就要尊重我讲课时批判佛教的言论。他们都能够接受我的观点，我与这5 位比丘一直和睦相处，至今依然。此外，我也指导过居士研究生，对我的讲课，有的学生产生反感，乃至引起心理的隔膜与矛盾。虽然这个问题最终解决，但整个过程是很不愉快的。这对我是一个教训。我自己觉得可以算是一个好的研究者，但不能算是一个好的教师。因为遇到这种情况，我往往缺乏好的教育方法。于是，我现在的对策就是躲避矛盾，也就是不招那些不能正确处理信仰与学术关系的学生，免得大家都不愉快。

从来信"不愿承担谤佛谤法的罪过"云云看出，你虽然自己觉得虔诚信仰佛教，实际还处在一个较低的层次。我的经验，越是处在这一层次上的信徒，越会盲目地处理信仰问题。而那些抵达"三世诸佛是老骚胡"、"大藏经是擦不净纸"境地的高僧；那些火烧佛像取暖，还说是在烧舍利的高僧；那些主张逢佛杀佛、逢祖杀祖的高僧，认识罪性皆空,反倒不会产生那一类执著。

　　从来信,你是一个很坦率的人,很好。你可以看到,我也是一个很坦率的人。你一心想考博士,得以进一步深造。我完全理解这一心情。我今天的这封信,不是说你不应该报考,而是说,如果你不能正确处理学术与个人信仰的关系,还是不要考我的研究生为好。可以考虑考那些有佛教信仰的教授,那样的教授现在不少。如果真的打算考我的博士生,则需要真正从思想上、行动上解决好学术与信仰的关系,免得在将来的学习生活与学术生涯中陷入人格的分裂。

　　(后略)

　　谨颂

时祺!

方广锠　2008 年 8 月 25 日

三

　　(前略)

　　今天来信收到。我不质疑你的信仰,我说过,尊重任何人的任何信仰(加一句,只要这种信仰不妨碍他人)。我对佛教也不持负面评价,我认为一切都依照时空的转换而转换。在历史上,在现实中,佛教所以出现负面的作用,根源在社会而不在佛教。它的正面作用的根源,也在社会。关于这一点,看我博客中相关文章(关于 21 世纪佛教的那篇)就可以明白。但是,做学术的真髓是实事求是。对任何事物,应该否定的,就要坚决否定;应该肯定的,则需要毫不犹豫地肯定。当然,我们的任务不是简单的否定或肯定,而是研究在怎样的时空条件下,为什么以及怎样出现那种形态的佛教。它对当时及后代的影响。有了预设前提,就很难做到这一点了。所以,我坚决反对把信仰乃至其他任何一种意识形态引入学术,不仅反对为了信仰而研究,也反对古为今用之类的方针。

　　……

　　以后你在佛教研究方面如果遇到什么问题,只要力所能及,我愿意略尽绵力。

　　(后略)

　　谨颂

时祺!

方广锠　2008 年 8 月 26 日

与某先生的通讯（摘录）

谈谈来信的第二部分。

一、我觉得：第一，你没有分清马克思、列宁、毛泽东三个阶段的宗教理论不同。世界上一切东西，都依据时空条件在变化，马克思、列宁、毛泽东也不例外。他们面对的情况不同，他们的宗教理论有区别，有继承，有变化。所以我始终提倡要把握"物质在时空中运动"这一研究方法，只有这样才能做到实事求是。第二，我从来没有说过，也不会去说"研究宗教要用马列的唯物辩证法来指导"，因为列宁与马克思在宗教问题上，观点并不完全一致，不应该笼统地放在一起说。我说的是："我还是推崇马克思主义的历史唯物主义、辩证唯物主义的方法论。""指导思想"与"研究方法"，是两个层面的问题。第三，我的博客上有几篇文章，清楚论述了我对宗教与宗教研究的态度。

二、我承认世界无穷，承认有未知；且在一定条件下，无论是个体的人，还是集合的人，其认识世界的能力都有局限性；所以，无论从本体论来讲，还是从认识论来讲，未知永远存在。此外，无论在文章中，还是在讲课时，我都承认我对禅修践行的无知或少知（坦率说，我并非完全无知，也并非完全不修），承认"神通"的真实性。——即使在反对"特异功能"最热火朝天的时候，我依然坚持我的立场。但我反对用宗教假设来解释未知的"神通"现象，而是主张：

第一，用现有的知识去解释未知的现象。

第二，世界是无穷的，人的认知能力也是无穷的，现在不能解释的，留待将来解释。人类历史就是一部不断从无知到有知的历史。

在这里，宗教是一种立场，一种信仰；而坚信可以不断用已知克服未知，一切未知终将成为已知，严格地说，也是一种立场，一种信仰。同理，从纯粹的学理来说，有神论、无神论都无法得到有效证明，因此都只能成为信仰。所以，理论到这里已经穷尽，于是转化为方法：有神论把未知交给神，乃至把自我交给神；无神论力图用已知解释未知，并力图把握自我。我不否认前一种有其合理性，但我自己采取的是后一种。其实前一种方法最省力，后一种方法才不容易。——我所以成为现在的我，要从我的成长背景去考察。我曾经在给学生上课时开玩笑地说过，如果换一个成长背景，我也可能是一个虔诚的宗教徒。

至于说到没有实修就不能真正研究佛教，这个问题本身就是悖论，而且是部分信徒排斥学术研究的最重要理由。这种论调的本质是反智的。既有碍学术的健康发展，也有碍宗教的健康发展。如此大是大非，不能不旗帜鲜明。

我不知道您对我"对自己不知道的领域保持静默可能是最好的避短方法"的告诫，是否还包括我对来世的公开否定。从上述基本立场出发，我对来世的否定乃是逻辑之必然。其实，您不觉得即使在来世问题上，事实也符合我的下述结论："信佛与不信佛，在更高的层次上实际融合了"吗？你也知道，在更高的层面上，佛教否认天堂地狱、否认来世。这也是在所有的宗教中，我对佛教最有好感的原因之一：佛教有很多非常理性的内核，可惜人们不能真正理解它。——最近重读《楞伽阿跋多罗宝经》，收获不小。

坦率地说，我觉得您信中后半部分所提到的我们的分歧，很多是对我的误读。我甚至觉得您提出的问题在您那里只是五蕴之"受"，还不是"想"，更不是真正意义上的阅读。比如，您说我主张以什么作"指导"，其实我在《再谈学术与信仰》中明确讲："我坚决反对把信仰乃至其他任何一种意识形态引入学术"，您应该明白我在这里讲的是什么。又比如您说我对研究对象取"先入为主"的态度，其实这正是我在科研实践与教学中历来坚决反对的，曾多次著文强调搞学术研究不能有预设前提。如您信中所说，我主张"材料先行"。一个强调一切靠材料说话的文献工作者，大概最不容易迷信权威或被什么框框框住。——我看您也是这样。至于佛教的社会作用，我在《中国佛教文化大观》跋二中对应该如何评价宗教的社会作用做了非常明确的论述——宗教的社会作用有正面、有负面，某个社会、某个时期，某种宗教的作用到底是正面，还是负面，完全取决于社会，而不取决于宗教。这就是我运用马克思主义方法论得出的结论。而您信中提到的宗教被愚夫愚妇庸俗化，在我看来乃宗教的正常生态，完全不值得大惊小怪。

我指导有佛教信仰研究生时的困惑，在于这样的学生很容易有意无意地把学术论文写成宗教宣道文章——就是那种一切以经证为真理标准的文章。其中有的人，你想要对他进行严格的学术训练，他觉得你伤害了他的宗教感情。当然，绝大部分带佛教信仰的研究生，包括僧人、包括居士，都能够正确对待。总的来说，我与我的学生，除了不务正业、不肯学习的，都相处得不错。即使曾有一些矛盾，后来也化解了。我有时还会提起过去的那些矛盾，并非它们还存在我心里，而是它们存在我脑里。就是说，不是我在记仇，而是我在反思。——我一直感到自己实在不是一个好教师，缺乏指导学生的好方法。

鲁迅说：评价一个人的某部作品，要了解他生活的时代，要了解他这个人，要了解他的全部作品（大意）。这是一个很好的方法，也是一个很高的标准，但值得去努力。

写得不少了。很高兴与您聊聊天，聊这种话题的机会毕竟不多。

谨颂

时祺！

方广锠 2011 年 7 月 27 日星期三

到底什么叫信佛？ 到底什么叫修行？

网友一蓑烟雨提问：

请教一个问题，您是研究佛学的，而不是佛教徒。那么您修行吗？

如果您不修行，您怎么知道佛所说的究竟是不是真实不虚的呢？

30 年来，我经常遇到类似的提问，近 10 来年更甚。在有些人的观念中，不是佛教徒，没有修行，就没有研究佛教的资格。但我的观点恰恰相反，如果佛教徒将自己的信仰作为学术研究的预设前提，作为判断是非的标准，反而会妨碍他进行真正的学术研究。中国现代佛教研究史上，吕澂先生就是最好的例子。吕澂先生信佛，他的佛学造诣及研究成果人所共知，他的许多著作至今是我们研究佛教的必备参考书。但是，由于他把法相唯识理论作为判断是非的标准，所以写出《楞严百伪》这样的著作。我们应该汲取这一教训。

曾有一位 90 多岁的老法师对我说："研究佛教，最终一定会信佛。"但我的观点恰恰相反，我认为，如果真正信佛，最终一定会不信佛。真正的佛教徒，一定会觉悟到所谓"佛不过是干屎橛，三世诸佛都是老骚胡"。觉悟到佛就是心，心就是佛。觉悟到人成则佛成。在行为上，他必然首先抓住当下，做好应做的每一件事情。因为当下的每一件事情，都是未来的因。所谓"众生畏果，菩萨畏因"。

星云大师曾经对我说："信佛就是信自己。"诚哉斯言！所以星云能够成为佛教的大师！

所以，我倒建议一蓑烟雨认真考虑："到底什么叫信佛？到底什么叫修行？"

我还想建议一蓑烟雨认真考虑："到底哪些话才是佛所说的？"

如果连哪些话是佛所说都没有搞清楚，又何谈这些话是否"真实不虚"呢？

2009 年 12 月 18 日星期五

353

答"有长生不老的经吗"?

博友张果老问:有长生不老的经吗?

方答:有! 一定有! 如果没有,从古到今这么多人都在找?

只要你找到长生不老的人,他一定会告诉你长生不老的经。

佛经中有这样一个故事:

母亲为孩子逝去而痛哭,要求法力无边的释迦牟尼让孩子复活。

释迦牟尼说:可以。不过有个条件。请你到从来没有死过人的家庭,为我取个火。

母亲满城寻找从来没有死过人的家庭,找不着。垂头丧气回到释迦牟尼那里。

释迦牟尼说:有生就有死。要想不死,除非不生。

2008 年 1 月 21 日

学术批评网创办五周年感言

　　学术批评网创办已经五周年了。五年前,有朋友告诉我,新出现一个学术批评网。坦率说,当时没有太在意。网络时代,谁都可以办个什么网,但旋起旋落,便无声无息。我本人和朋友们一起创办过"佛教信息网",下场也不例外。更何况在中国搞学术批评,不说难于上青天,也与上青天差不多。学术需要批评,学术有正常的批评才能正常地发展,这个道理谁都懂。但在中国,正常的学术批评太困难。我本人也有过因学术批评得罪人,遭报复的经历,于是闭嘴。

　　然而,学术批评网坚持下来了,坚持了五年。杨玉圣先生用"充满酸甜苦辣,见证着中国学术的光荣与耻辱"来总结这五年。我想,正因为中国学术界充满光荣与耻辱,搞学术批评才会有无限酸甜苦辣。五年中,学术批评网在充满了光荣与耻辱的中国学术界,高扬着"为了学术共同体的尊严"的旗帜,激浊扬清,表达了一代中国学人的良知。对此,我由衷地感动并感谢!

　　几年前,我曾在一篇文章中说:"世界实际是共业所成。讲曲道的人多了,世界也就被扭曲了。在一个被扭曲的世界中,要讲直道是比较难。不过反之亦然,如果大家都来讲直道,这个世界也就变直了。在一个正直的世界中,有人要想行曲道,同样也不那么容易。用两道笔直的护墙把一条笔直的公路拦起来,开车的要想不撞墙,只有走直道。既然如此,何不大家都来走直道! 直道行之,其实最简单、最省事。它使复杂的人生变得明快,变得轻松。"①

　　但世界有时很奇怪。大家都知道直道好,但有些人就是要走歪门邪道。不但要走,而且竟然走得理直气壮。鲁迅说:世上本无所谓路,走的人多了,也就成了路。这是披荆斩棘的人说的话。我一个朋友说:世上本来有很多路,挤的人太多了,变得无路可走。这是饱经沧桑的人说的话。我要加上一句:世上还有不少路,被那些像螃蟹一样横着走的人霸占着,使得别人没法痛痛快快地走。中国学术界,正确地讲是中国学术界的某些领域,正是如此。五年来,学术批评网致力于端正学术风气、建立学术规范,在我看来,正是在建造护墙。不少螃蟹已经撞在学术批评网这道护墙上,令人高兴。

---

　　① 参见本书代序。

这些年,三天两头要到学术批评网上看一下。好文章看了不少,但也有一些想法。说出来,供诸位先生参考。

狗若无端咬了人,人便天经地义要打狗。这时,无论抡鞭子抽、用棍子揍、扔石头砸,乃至拳打脚踢都可以,但别去咬狗。人去咬狗,就把自己降低到狗的水平。学术批评网的任务之一是打狗,但一定要堂堂正正地打。

建造护墙的工作漫漫无有穷期,我深为诸位先生的勇气、毅力而佩服。趁学术批评网五周年征文之际,写这篇小文章,一则表示祝贺,一则为诸位奋力前行的勇士鼓掌呐喊。

2006 年 2 月 16 日于日本东京麻布台

治理学术腐败，当前必须先向现行评价体制开刀

　　从学术批评网上看到刘长秋先生的大作《学术腐败，别总拿体制说事》，有点不同看法。写这篇文章，与刘先生讨论，也求教于同好。

　　刘先生文章指出："很多人都对当前国内学术腐败的原因发表了自己的看法，尽管这些看法在细枝末节上存在较大差异，但却几乎都脱离不了一个共同点，即认为学术腐败的主要原因（甚或根源）在于我国不合理的学术评价机制。"但刘先生认为"尽管学术评价体制上的不合理性是导致引发学术腐败的一个不容抹杀的重要客观因素，但却绝对不是学术腐败的根本原因"。刘先生从哲学的角度分析这个问题，认为评价体制只是外因，"其根本原因亦即内在原因在于学术研究者自身缺乏本应有的学术自律，或者说是其学术道德修养出现了问题！"也就是《矛盾论》的分析事物的方式：外因是条件，内因是依据，外因通过内因产生作用。

　　刘先生用内因、外因相互关系这一辩证唯物主义方法论，分析当前的学术腐败现象，我完全赞同。但对刘先生的结论："尽管体制对学术腐败的影响无法抹杀，但却也绝对不是决定性的因素，能够从根本上影响抑或说决定学者学术活动的只能是学者自身。……我们固然需要改革或至少是完善现行的科研评价体制以减少学术腐败在我国发生的诱因，但更需要做的则是加强学者自身的学术道德修养，以斩断学术腐败在我国的产生之源！"却有不同意见。

　　我也想用内因、外因相互关系这一同样的方法论来探讨学术腐败问题。但我认为，对事物矛盾运动中外因、内因这一对矛盾到底何者处在决定性地位？为了解决矛盾，首先应该解决什么？不能采取形而上学的态度，不能认为内因必然是第一性的，必然是主要矛盾。而应该实事求是地、辩证地进行分析。我们还是用鸡蛋、石头、温度那个著名的例子吧。温度固然不能使石头变为小鸡，但鸡蛋没有适宜的温度同样不能变成小鸡。所以，如果辩证地分析这一问题，应该说：当温度这一条件具备以后，有无鸡蛋成为小鸡能否出现的决定性因素；而当鸡蛋这一条件具备以后，有无适宜的温度便成为小鸡能否出现的决定性因素。事物的发展变化依据条件的变化而变化。随时把握变化的条件，把握当时当地促使矛盾转化的真正的第一性因素，这才是真正的辩证法。

　　回到学术腐败上来。我同意刘先生把评价体制作为外因，将学术道德作为内因的

基本立场。如果我们瞩目于某个个体，毫无疑问，如果他出现学术腐败，一定是他的学术道德出了问题。这时候，我赞同刘先生的观点，内因是根本原因，所谓苍蝇不叮无缝的蛋。但是，当我们瞩目整个中国学术界，发现学术腐败如此大面积爆发时，我们就要看看，是不是外部大环境出了问题。苍蝇叮有缝的蛋，那还是个别的苍蝇与个别的蛋。但阳光遍洒海滩，小海龟就可一批一批孵化出来。这时候，外因已经转化为决定性因素。在这个时候，我们要治理学术腐败，矛头应该首先指向学者个人的道德修养，还是首先指向现行的一批一批孵化学术腐败分子的学术评价体系？

我研究佛教多年，在人性论方面，赞同"性具善恶"。也就是说，善与恶都是人的本性。将来如果有时间，我会写一本名为《物质、人、社会》的书来论述我对宇宙、人生、社会的观点。正因为善恶都出于本性，所以真正解决社会问题，不能仅靠儒家的慎独，仅靠学习雷锋好榜样，还要靠法制。当法制基本健全，我们应该宣传学习雷锋。如法制出了问题，讲个人道德修养，只对部分社会成员有效，且劣币驱逐良币，社会问题将趋向恶化。当前出现的大面积学术腐败，究其根源，正在于那套亡国灭种的评价体系的制导。所以，我的结论与刘先生相反：我们固然需要加强学者自身的学术道德修养，但更迫切要做的则是彻底改革现行的科研评价体制，以斩断学术腐败当前在我国的产生之源！

2009 年 9 月 2 日于伦敦

就与刘长秋商榷文与某先生的通讯

××：

其实我那篇文章，讲学术评价体系是虚。学术腐败的主要根源在评价体系，关于这个问题，大家都明白。但那么多人讲，讲了那么久，起作用了吗？不起作用。原因何在，大家也都明白。我不指望我的一千来字的小文章能起什么作用。

我的文章实际在批评《矛盾论》对外因、内因关系的形而上学解释，刘长秋的文章，不过是偶尔遇到的一个例子而已。

此外，这些年我一直在考虑"社会制导"问题。评价体系只是社会制导的一种方式。人的本性，善恶并存。社会制导向善，也会出一批伪君子；社会制导向恶，劣币驱逐良币，社会迅速堕落。现在社会大量出现的劣币驱逐良币的现象，其根源就在社会制导。

几千年的封建专制，中国人的正气戕伐殆尽。20 年来的权利崇拜、金钱至上，浊浪所至，一切道德已经崩溃，甚至起码的遮羞布都不要了。遥望前景，不寒而栗。

谨颂

时祺！

方广锠 2009 年 9 月 4 日星期五

敬请废止以 CSSCI 为学术评价的标准

——致教育部部长袁贵仁教授的呼吁书

尊敬的袁贵仁部长：

　　近年来,由于教育部的推行与引导,CSSCI 成为各高校对教师与学生进行学术评价的权威标准,成为中国学术界,特别是中国高校学风浮躁、学术不端的重要诱因。其结果,既对中国社会科学研究造成无以复加的重大损害,也成为一些学术期刊走向腐败的重要原因。

　　愚以为 CSSCI 在"促进期刊提升学术质量、规范办刊行为"方面的意义应该肯定。但是,其意义也仅此而已。一个原本来评估学术刊物水平的技术指标,被错误地用来评价社会科学研究成果乃至评价高校科研水平的权威标准,教育部的这一做法违背了社会科学研究的客观规律。

　　实践已经证明,以 CSSCI 为学术评价标准为害甚烈,弊大于利。敬请袁贵仁部长严令废止这一做法,严令教育部有关部门、全国各高校不得再以在 CSSCI 上发表论文作为对学生、教师的考核指标,同时加紧建立新的真正符合社会科学研究规律的、科学的评价体系。废止以 CSSCI 为学术评价的标准,对促进学术研究,可达正本清源之功;对纠正学术不端,可起釜底抽薪之效;亦可让 CSSCI 发挥其"促进期刊提升学术质量"的正常作用。诚如此,则中国学术幸甚,民族幸甚!

　　谨颂
时祺!

上海师范大学教授方广锠

2010 年 1 月 18 日

注:此信已于 1 月 18 日通过教育部网站的部长信箱寄给袁贵仁部长,未有下文。

就 CSSCI 作为学术评价标准问题答《新京报》问

按：1 月份杨玉圣先生在学术批评网上炮轰 CSSCI，在下跟进呼吁。2 月份美联社某记者来信要求采访。当时军售、达赖等等正不亦乐乎，我对美联社没有兴趣，也没有回信。3 月份两会期间，《新京报》采访，提了 5 个问题。当天电话回答 4 个，3 月 11 日《新京报》发表了其中一小段。

1 月份的呼吁发表后，有网友评论："方广锠，我就觉得你是个傻×，一天到晚没得事做吗？是不是你有什么索引工程要出来嘛？当下的中国，没得哪一件事不是从自己出发的。社科界这么多学者都没有说什么，就你、杨玉圣，还有个博士生在这里生事，要取消 CSSCI。你行，就看你有多大本事。"

的确，我早就知道那样的文章没有用。2009 年 9 月 4 日，我在给友人的信中就说："学术腐败的主要根源在评价体系，关于这个问题，大家都明白。但那么多人讲，讲了那么久，起作用了吗？不起作用。原因何在，大家也都明白。我不指望我的一千来字的小文章能起什么作用。"但事关大局，明知不可为，亦须为之。且勇士已经在炮轰，我辈别的做不到，起码应该呐喊几声，助助威。

今按照《新京报》采访题目，补足全部五个问题，再送学术批评网并发在我的博客上。咱们就来个愚公移山，倒要看看这个 CSSCI 还能危害多久。

1. 你所说的 CSSCI 弊大于利中的"弊"，从实际情况来说包括哪些方面？

方广锠：主要是让年轻学者无法静下心来完成学术训练和学术积累。我读博士的时候，老师规定我，三年内不准发表文章。我现在教学生，首先要求他们养成良好的学风，要沉潜笃实，做老实人，做老实学问。但现在的情况是，很多学校规定硕、博士不发表论文不准毕业。有资料统计，全国 CSSCI 学术刊物全部版面供给硕、博士都不够。学生要毕业怎么办？只好托人找关系，花钱买版面。这样，无论老师怎么教导都没有用，学生还没有出校门，就把路走歪了。这是社会制导的问题。还有，每个学生的情况不一样，有的有能力发表好论文，有的仅三年训练还不够。非要他发表论文，就导致抄袭、剽窃等现象。教师也一样，一等的学问是要沉下心来做的，所谓"十年磨一剑"。用发表论文的多少作为每年考核的指标，让人怎么沉下心来做学问？特别是年轻教师，他们上有老，下有小，还要评职称。中国学术的将来在年轻人身上。现在的这套评价体制,毁了许多年轻人。大家都在呼唤大师,用现在这套方法,只能出急功好利之徒,怎么能够出大师? 至于那些博导还要剽窃,更是学术的耻辱。

从杂志的角度讲,这给了他们一个卖版面的机会,而且是一个供小于求的市场。造成许多 CSSCI 刊物质量低下,有的一期发表数十篇论文,另外还要出增刊以谋利。

总之,以 CSSCI 作为学术评价标准,其学术导向的谬误是极其明显的,它将明显导向浮躁、不健康的学风,危害很大。

2. 废止 CSSCI 作为学术标准后,是否就真能"促进期刊提升学术质量"?

方广锠:我觉得可以。一旦废止 CSSCI 作为学术标准,这些学术刊物就不能以收版面费来谋利,必须以稿件质量来吸引订户和读者,刊物质量也会提高。

3. 如果高校不再以在 CSSCI 上发表论文作为对学生、教师的考核指标,那么应当建立怎样的评价体系?

方广锠:我觉得,对学生、教师的学术评价,还是应该以同行的评价为主,因为同行都是火眼金睛。我以前在中国社会科学院工作,这是公认的学术水平较高的研究机构。这里最大的好处是,没有量化的评价标准。正因为如此,我所做的《敦煌遗书总目录》才能从 1984 年一直做到现在。一旦完成,将大大方便研究者。如果当时有量化的考核指标,我就不可能做这样的基础性研究。学术研究环境应当宽松,社会科学研究有自己的规律,无法搞量化。

有人可能会说,搞同行的评议也可能出现营私舞弊现象。实际上,一个真正的学者必然讲学术良知。即使有个别不良学者搞营私舞弊,他在学术圈必然难以生存。如果我把一本很差的学术论著吹得天花乱坠,那么同行必然知道我要么有私心;要么在这个领域实际是外行,水平很差。在一个正常的学术环境中,搞营私舞弊,无非是自我暴露。当然,必须设计一套公开、公平、公正的同行评议制度。一个好的同行评议制度,会产生良币驱逐劣币效果。而现在的情况恰恰相反,是劣币驱逐良币,逼良为娼。

4. 举一个极端的例子,费马大定理的证明者多年未出研究成果,但是他最终解决了这一问题。最终校方和研究者本人皆大欢喜。另一种可能出现的情况是,研究者很努力,但是他可能最终也没能证明费马大定理。如果出现这种情况,又应当如何对待?

方广锠:首先,研究者的水平必然得到了同行的认可,大家认为他有攻这个难关的能力。如果研究者失败,那么至少能让其他研究者认识到,这位研究者的研究路径走不通,这也是学术积累、学术财富。即使这位研究者与大多数同行的意见都不一致,在研究中一意孤行,不论成功还是失败,只要他的研究是严肃认真的,那么都有其自身价值,科学研究应该允许失败。

5. 接上一个问题,如果遇到不能容忍研究者不出成果的校方,那么研究就可能半途而废,这种现象应该怎样对待?

方广锠:这个问题的提出,实际上解答了所谓"钱学森疑问",也就是为什么当今中国出不了大家,出不了诺贝尔奖得主。

我想,如果我遇到这种情况,我会想办法找一家能够支持我做课题的单位。一家也找不到,我砸锅卖铁,自己创造条件去做。砸了锅卖了铁,还是不能保证起码的生活条件、起码的科研条件,我只能仰天长啸:这个国家为什么非要以 CSSCI 作为学术评价标准? 谁让我生活在这个非要以 CSSCI 作为学术评价标准的国家?

当然,我算是幸运的。中国社会科学院与上海师范大学都很支持我的这个旷日持久的项目,给了我个人很宽松的科研环境。

2010 年 3 月 20 日星期六

就 CSSCI 作为学术评价标准问题答新浪网友三问

按：本人的《就 CSSCI 作为学术评价标准问题答〈新京报〉问》在博客上发表后，有一位新浪网友在评论中提出三条反驳。谨回答。

新浪网友评论：

广锠先生：

您好。中国的佛教文化的博大精深一直让我流连忘返，由此也对您有了一些了解，很敬佩您在敦煌学方面的学问。

近日在看了报纸上刊登的您对 CSSCI 的一些看法，我有一言不吐不快：

其一，看来您是一个对引文索引知之甚少的学者，希望您能去补一补引文索引方面的功课，再接受美联社记者的采访吧。

其二，CSSCI 不是一个学术评价的标准，它是引文数据库的英文缩写，仅仅是一个数据库而已。

您知道教育部直属的 80 余所高校中有哪一所是使用 CSSCI 来源期刊目录做为科研业绩的考虑么？如果您不知道，我来告诉你，一家都没有。目前高校基本上都是使用全国中文核心期刊目录、北大 2008 核心期刊目录和 CSSCI 数据库来源期刊目录来制定本校的学术期刊目录。没有调查就没有发言权，这一点您可能疏忽了。

其三，一个严谨的学者阐述自己的观点一要有事实，二要合逻辑，希望与您能够共勉。

新浪网友先生：

您好！

谢谢您的评论。对您提出的三个问题，谨答如下：

第一，虽然自觉对"引文索引"并不陌生，但先生的评论，显然是指我的前几篇文章存在一些对引文索引的基本误解，从而造成立论的错误。如真的有那样的误解，还请明确予以指正。

第二，先生在评论中说："CSSCI 不是一个学术评价的标准。"我完全赞同，双方有这个共识，下面的讨论就好办了。

大家都知道,CSSCI 的确不是一个学术评价的标准,而是一个引文数据库,它提供的数据,可作为衡量期刊质量的指标之一(衡量期刊质量,还有其他标准)。所以,坦率地说,我对 CSSCI 本身并没有意见。正因为这样,我在给袁贵仁部长的呼吁书中提到"愚以为 CSSCI 在'促进期刊提升学术质量、规范办刊行为'方面的意义应该肯定。"但现在的问题是,这个衡量期刊的指标,却成了评价学术的标准。先生不觉得这有点滑稽,有点荒唐?

当然,这里我与先生有一个重大的分歧。先生在评论中提出:不仅 CSSCI 不是一个学术评价的标准,而且 80 多家部属高校没有一家拿 CSSCI 作为科研业绩的考虑标准。理由是各校均有自己编制的考核目录。这一点恕我不能苟同。

如先生评论所说,目前各校的确各自编制自己的目录,以作科研业绩考核的标准。那么,各校编制目录的依据是什么?先生评论已经解释:"目前高校基本上都是使用全国中文核心期刊目录、北大 2008 核心期刊目录和 CSSCI 数据库来源期刊目录来制定本校的学术期刊目录。"您既然知道各校制定本校目录的依据之一就是 CSSCI,却又说没有一家高校拿 CSSCI 作科研业绩的考虑,行文逻辑自相矛盾。目前很多学校规定,不在 CSSCI 发表文章,不发学位证书。目前很多申报,都要填写在 CSSCI 发表多少文章。这些情况,先生如果不太了解,不妨做一个调查。如果您不在高校工作,附近一定有高校,就近调查即可。

也许先生上文的本意是想说,CSSCI 只是各校目录的依据之一,并非唯一依据。因此,不应该把矛头专门指向 CSSCI。如果真是这样,我觉得您为 CSSCI 喊冤喊得有道理。在我看来,问题的关键的确不在 CSSCI,而在教育部。教育部因推行官本位管理体制,故而采用各种量化指标来评价社会科学研究,从而造成一种错误的社会导向。这一导向不但完全违反了社会科学研究的规律,而且毒害了学术风气,危害无穷。CSSCI 不过是这些年用得很顺手的若干个量化指标之一而已。因为问题在教育部,所以我直接向新部长发出呼吁。至于这封呼吁信的矛头对着 CSSCI,不过因为刚好碰到杨玉圣先生在炮轰而已。当然也因为 CSSCI 是用量化指标评价社会科学研究这套体系的一个典型,一个代表。

所以,我反对的其实不是 CSSCI,而是目前这种用量化指标评价社会科学研究的方法,"因为社会科学研究不是蒸馒头",不能采用这种评价方法。在我看来,无论是CSSCI、是全国中文核心期刊目录、是北大 2008 核心期刊目录,本身都有其一定的合理性。但采用目前这种方法利用它们,即以文章是否在 CSSCI 等期刊上发表当作评价这篇文章学术水平高低的标准,就是完全错误的。相反,如果不去看重某篇文章是否发表在 CSSCI 期刊上,而是根据 CSSCI 数据库查索这篇文章本身的引用情况,由此分析它的社会影响,评判它的学术价值,则谁说 CSSCI 数据库不能发挥提高学术研究水平的正面作用? 当然,CSSCI 数据库提供的数据依然不能是唯一的评价依据。且不讲非学术因素的干扰,站在纯学术的立场上,也要考虑到有些重要论点,也许一经提出马上得到人们的关注;有的重要论点,也许需要经过一段时间的沉淀,才能被人们重视。还有,CSSCI 数据库容纳的只是期刊,无法反映其他学术论著的情况,提供的信息是有限的。

由此,我想提出两点建议:

(一)努力逐步建立一个全学术数据库,以动态地、全面地、真实地、准确地反映中文学术的全部信息。

(二)归根结底,数据库只应该是一个工具。依靠什么 CSSCI 期刊,用量化管理的办法来管理、评价纷繁复杂的社会科学研究,是外行、懒人想出来的办法,是"官本位"的产物。而将同行评议与全数据库数据结合起来,却有可能建立起一套新的社会科学评价体系,不妨进行探索。

第三,您说:"一个严谨的学者阐述自己的观点,一要有事实,二要合逻辑。"我完全赞同。如果我的文章中有不符合事实、不合逻辑的地方,欢迎批评指正。

我想补充一点:很多事情,光有事实存在还不够,还需要人们睁开眼睛正视事实。否则,再多的事实摆在那里,如有人闭眼不认账,那就难办了。双方的讨论也就缺少一个共同的平台。不知以为然否?

谨颂

时祺!

方广锠

2010 年 3 月 22 日

拿批评者的动机来说事的人本身就是坏人

我在《佛教志》中，写过这样一段话：

> 在探寻历史发展的轨迹时，追索当事人的动机是最危险的，往往会把探寻者引向歧途。所以除了有确凿证据外，本书更倾向于从客观效果上来考察佛教中国化的历程。

这是我自己从事学术研究的体会，也是我从事研究遵循的准则。那么在社会生活中呢？

当今的中国社会现状如何？有目皆睹，无需多说。这样的现状如何改变？首先要有人站出来说真话。什么叫说真话？就是指出弊病。讳疾忌医，必死无疑。

但是，现状是如果有人指出弊病，对方马上会用"动机不纯"等等招数，力图把批评者涂抹成小丑。然后自己便像鲁迅当年形容的：施施然昂起头来，却不知自己脸上还有着血污。

今天看到网上一篇关于韩寒的专访《某个时刻必须是演员》，也有一段关于动机的话：

> 拿动机来怀疑人没有意义，拿动机来说事非常辛苦，会导致所有的知识分子、好人、慈善家都会被怀疑，这会让人很灰心。拿动机来说事的人本身就是坏人，人的动机会变，怀疑其动机不如追求其结果。我从来不怀疑人的动机。

韩寒尖刻，但一语中的："拿（批评者的）动机来说事的人本身就是坏人。"

自己做了坏事，为什么要拿批评者的动机来说事？那是因为这些人知道自己做的坏事无法辩驳。做了坏事不肯认账改错，已经证明此人的堕落；进而污蔑批评者，说明这种人良性丧尽。这种坏人是真正的坏人，而且已经无药可医。

可惜这种坏人还在受信用，还在耀武扬威。这就是现状的悲哀！

2010 年 6 月 19 日星期六

拿学生做人质?

——有感于南科大学生拒考与网上评论

这是去年的事情。

在教育部量化指针的驱动下,各校都规定博士生必须在 CSSCI 之类刊物上发表文章,否则不予毕业。我对此事公开反对,态度明朗。我校也有类似规定。我曾给校领导写信,希望率先废除这一不合理的规定,未获响应。

我指导的博士生要毕业了,他前此把文章投到某杂志,对方答应发表,但要版面费若干。学生犹豫,是否付这笔数目不小的钱,向我汇报。我立即制止,说:"你的任务是写好毕业论文。有了合格的论文,学校不让你毕业,那是我的事情,由我去交涉。"

学院领导得知此事,表示可以由学院缴纳这笔版面费。我坚决反对,打电话给院长:"我们口口声声说教书育人,现在却做这种事。这样,学生没有走出校门,就把路走歪了。如何要求他们老老实实做人,老老实实做学问?"

院长也急了:"老方,你的观点,我完全支持。现在的规定,的确不合理。但条文在此,你不照办,学生拿不到毕业证。"我说:"不给毕业证,给个复印件总可以吧? 拿着复印件,就可以找工作。迟早总会发表论文,到时候再换正式毕业证好了。"对方说:"你想得美! 学校的规定是,凡未在 CSSCI 发表论文者不得举行答辩。你连答辩都无法举行,谈什么毕业证复印件?"我还晓晓教书育人的道理,院长当头猛喝:"老方! 你是坚持了原则,但你这样做实际是拿学生做人质。学生毕不了业,将来耽误他的终生!"我顿时哑口无语,涌上心头的第一感受:我被绑架了。

是的,我可以继续坚持,但最终结果很可能不是学校的规定由此被废除,而是这个学生因此毕不了业。虽说他迟早总能毕业,但中国的事情,都是赶公共车。一班赶不上,班班赶不上。培养学生是希望他成才,如果因为我的行为耽误他的毕业,甚至耽误他的终生,不是适得其反吗? 当然,归根结底,责任在这个不合理的评价体系。如果是我本人的事情,我可以不在乎,顶到底,但我没有权力拿学生的命运冒险。为了学生,只好妥协。所以我感觉被绑架了:被学生要毕业绑架了;更加确切地说,被这个不合理的评价体系绑架了。

我依然不甘心付版面费,向那些无良杂志低头。于是把文章推荐到一位老同学负责的杂志。这就有所谓"人情稿"之嫌了。虽然我知道文章是高质量的,但顶个"人情稿"的名目，实在心不甘，情不愿，且惴惴不安。自己大声疾呼废止 CSSCI，端正学风，自己做出这等事情，于心有愧。使我略感欣慰的是，老同学看完文章就打来电话："好文章！我们一定登。"也就是说，他看中的是稿件质量，不是人情。今年初见面，还说："你学生的文章真不错。"这篇文章后来被人大报刊中心转载。

事情已经过去一年了，但被绑架的感觉依然存在。我算有个编杂志的同学，不交钱发表了论文。别人未必有这样的条件，又怎么办？今天把这件事情记载在这里，网友诸君，如果是你，你怎么办？教育部诸君，你们的看法呢？

2011 年 6 月 18 日

答高校哲学战略规划研究问卷

教育部社科委哲学学部秘书处
高校哲学战略规划研究课题组
高校哲学(含宗教学、逻辑学)战略规划研究问卷

1.您对目前国内哲学(含宗教学、逻辑学)发展的整体状况有何看法？对于这一学科的发展,您认为什么是最具有战略意义的？

答:本人研究佛教,对本问卷的回答,有的是对佛教研究的意见,有的是对宗教二级学科的意见。

佛教研究的整体情况,可以用三句话来概括:"过去取得成绩很大,现在存在问题不少,将来发展后劲不小。"

佛教研究属于宗教学。按照目前我国的学科设置,宗教学从属哲学,属于二级学科,故各校宗教专业、宗教研究所均设在哲学系,研究人员主要由哲学系培养。哲学系的研究进路大抵从思想出发,这是导致我国的佛教研究偏重佛学思想而忽略其宗教特性,故在一些重大课题上难以取得突破的重要原因之一。因此,将宗教设立为一级学科,是促使佛教研究、宗教研究健康、快速发展的最具有战略意义的问题。

退而求其次,在当前难以改变学科设置的情况下,如何通过加强横向联合,设置相关课题,从而组织与导引研究力量将佛教真正作为一个宗教去研究,是改变我国佛教研究现状,促使佛教研究取得重大成就的具有战略意义的问题。

2.高校哲学(含宗教学、逻辑学)如何瞄准国家重大需求,打破学科壁垒,突出问题导向,确定"十二五"期间重大研究领域和重点选题？

答:"瞄准国家重大需求"这一命题可以转化为两个问题:

第一,当国家提出"重大需求"时,佛教研究界有无能力设计出针对性课题并完成这些课题？

第二,佛教研究界如何发现、提出"国家重大需求"？采用什么机制让国家认可这一"重大需求"？

从学术研究的规律看,学术研究的课题,有的适应时代需要而产生,有的因本学科

自我发展的需要而产生。两者都可能是"国家重大需求"。但无论何时,基础研究永远是该学科的根本。有了扎实的基础研究,才有可能发现"国家重大需求",完成"国家重大需求"。

当前佛教研究盛行的用老材料研究老问题,或者搞一些急功近利的项目。既不利于学科的发展,也不利于"国家重大需求"的发现与完成。我以为,"十二五"期间的重大研究领域和重点选题应该向学科基础倾斜。即从国家层面大力支持对佛教文献,特别是新材料的收集、编目、整理、刊布;支持对佛教历史与现状的实地调查与跟踪调查;支持各种数据库等数字化工程。这些费时费力的基础工作,在目前浮躁的学术环境中举步维艰,需要国家的特别关注。

总之,有了扎实的学科基础,研究者可以及时发现、顺利完成"国家重大需求"。

3. 您所在或关注的哲学二级学科是什么?就国内高校而言,这个二级学科发展的长远目标和战略任务是什么?

答:我所在及关注的哲学二级学科为宗教,专业方向为佛教。

宗教是人类社会的重要文化现象,将与人类长期共存。宗教又是当今中国及世界一种重要意识形态,重要社会力量,对我国社会的和谐发展、国家的长治久安、周边外交及世界和平都有极其重大的关系。

当前我国的宗教的发展现状及宗教政策的执行现状,不同程度地存在一些问题。产生这些问题的关键在于人们在思想观念上对宗教还缺乏正确的认识,部分宗教行政部门干部的素质不足以承担所肩负的重大责任。

因此,宗教这个学科的长远目标和战略任务应该是承担起在全社会普及宗教与科学无神论知识、促进我国宗教健康发展与社会和谐、培养宗教研究人才、培养从事宗教工作的干部等重大任务。

4. 未来五到十年,您所在或关注的哲学二级学科有哪些重点研究领域需要开拓或深化?

答:我这里只谈佛教。

一、基础研究:佛教资料的发掘与整理。

二、基础研究:佛教历史与现状的实地调查与跟踪调查。

三、信仰层面佛教研究的开展。

四、佛教发展中的文化汇流现象的研究。

五、宋以下佛教,包括辽、金、西夏、南诏等佛教的研究。

六、儒佛道三教关系的研究。

七、1911 年以来,特别是改革开放以来中国佛教的发展研究。

八、佛教向世界流传之跟踪研究。

5. 请列举未来五到十年您所在或关注的哲学二级学科的几项重点研究课题。

答: 我关注如下问题:

一、敦煌遗书的整理、编目及数据库建设、数字化工程。

二、未入藏佛教文献的整理。

三、佛教大藏经的编纂与研究。

四、疑伪经研究。

五、信仰层面的佛教研究。

六、佛教发展中的文化汇流现象的研究。

6. 如果您还有其他建议或意见,请补充说明(纸不够可加页)。

答: 严肃学术规范、净化学术空气是学术研究健康发展的前提。

答"为什么是繁体"

博友"勤劳的小蜜蜂"问:你的文章"为什么是繁体啊"?

是的,我的博客文章几乎都是繁体字。为什么呢?

虽说中国有文字以来几千年的文明传承史,文字不停地在演变。但现在留存的古书,都用繁体字写成。不会看繁体字,没法看古书,就不能真正地学习、吸收古代的优秀文化。我当硕士研究生时,听说过这么一个笑话:某导师让学生去图书馆借一部《后汉书》,学生转遍书库,回来告诉老师,图书馆里没有这部书。《后汉书》,二十四史之一,中国文化的基本典籍,图书馆中怎么会没有呢?原来这个学生只认得简体字,满书库去找《后汉书》,不知道这部书的名字实际写成"後漢書",所以找不到。也难怪,三个字写得都不一样,是难找啊!

繁体字太繁琐,是汉字"五难三多"的主要原因。所以,近代以来,新文化运动提倡简体字,甚至有人提倡用拼音文字取代方块字。

为了全民族的文化普及,我赞同汉字简化;但反对用拼音文字。

先说为什么反对拼音文字。

过去有一种观点,说拼音文字最先进,方块字是象形文字的残余,最落后。对这种论调的持有者来说,真是月亮也是西方的圆。亏得经过多年的实践,特别是汉字计算机录入的突破,这种论调越来越没有市场。相反,大家承认汉字是一种先进的文字,有着无限的生命力。

从历史看,汉字还有两大功劳:

第一,中国地方这么大,现有八大方言区。每个方言区中,语言又有不同,所谓"十里不同音"。亏得有方块汉字,大家可以交流。如果是拼音文字,中国早就与欧洲一样,不知分裂成多少个国家。秦始皇"书同文"以来,方块字对中国的统一发挥着无可替代的作用,我们怎能不感恩它,怎么能抛弃它?

第二,古今语音不停变化。因为英文是拼音文字,莎士比亚时代的英文,现今的英国人已经没有多少人能够完全读懂。而我们现在读汉人、唐人写的古书,基本都能明白,这就是托方块字的福。我还可以抄这么一段文字在下面,请大家看看:

我有口,言说自由,杆你别人何事?

大家猜猜,这句话是什么时候的人说的?这是敦煌遗书中记载的唐朝晚期(大约距今1200年左右）一个名叫安和子的写经生说的话。他手上虽然在写经，嘴里却脏话不断。别人批评他，他就用上面的话为自己辩护，说自己"言说自由"，也就是我们现在的"言论自由"。我们可以发现，当时的口语，实际上与现在差别不大。连"自由"这个词的用法都一样。这也是托方块字的福。如果是拼音文字，我们怎么可能这样轻易地读懂1000多年前河西走廊上人们的方言口语呢？

当然，在为汉字评功摆好的同时，我们也要承认汉字有它的不足，就是所谓的"五难三多"，什么难读、难记、难写，字形多、笔画多等等，所以要简化。

简化字好，用起来方便，易于在广大人民群众中普及文化，我举双手拥护。但也有两个问题：

第一，用惯了简化字，不认识繁体字，就会出上面提到的那种找不到《后汉书》的笑话。那么，怎么去研究古代文化？我现在指导研究生，就遇到这个问题。进校的研究生，不认识繁体字。于是我要求他们，从进校开始，交给我的每一份作业，必须用繁体字。我给他们的信、文章，也全是繁体字。其实，繁体字没有想象中的那么难。最多半年，他们全部过了繁体字关。

现在有不少先生主张"用简认繁"，我很赞同。小学课本中，每个简体字后面注明相应的繁体字。老师不教，也不要求学生学。只是告诉他们，这是繁体字，这就足够了。有兴趣的孩子，日熏月陶，日积月累，不用教，自然学会繁体字，将来即使不从事古代文化研究，能够自由看看古书，也不错。没有兴趣的孩子，不学就罢。这些孩子将来大概既不会从事古文化研究，也不会去看古书，繁体字对他们没用。如果机缘凑巧，这些当年没学繁体字的孩子，将来要靠繁体字生活，那没有办法，只好从头学起。

所以，我对国家语委动不动来个文字规范化运动一肚子牢骚。人家店铺、单位的牌子写几个繁体字，并不妨碍安定团结，国计民生，又碍你什么事？来来往往路过的人，借此机会顺便认识几个繁体字，有什么不好？非要人家改掉！北长街有个中国佛教文化研究所，牌子是赵朴初写的。一天来了几个红袖章，说上面有规定，匾牌文字要规范，这个牌子不规范，要换掉。研究所的人说：这是赵朴老写的。回答：毛刘周朱邓江之外，其他什么人都不行。真叫人哭笑不得。

第二，简化字要讲规律，要经得起历史的考验。不少简化字，其实古代就已经简化。比如"無"的简化字"无"，敦煌遗书中已经大量出现。现在采用，顺理成章。但不能瞎简化。

什么叫瞎简化，我也举个例子：

"文化大革命"中公布的第三批简化字（后来废除）把"蛋"简化为"旦"。这种字，菜摊上卖鸡蛋的写写，没关系。作为国家正式用字公布，可就不妥当。我们都知道，周朝有个名人周公，就是孔夫子经常做梦梦见的那个。周公姓姬，名"旦"。"旦"，早晨太阳升起，多么吉利。可如果把"蛋"简化为"旦"，后代的小学生可真把"姬旦"当"鸡蛋"。

汉字简化，如果简化字与繁体字一一对应，应该说是很好的。但现在把几个原本不同的字归并为一个，这就出问题了。比如"後"、"后"，本来是两个字，现在废除

"後",归并为"后"。这下好了,"后来"这个词,到底是"以後来",还是"王后来"?还有像"餘"与"余",一个表示多余,一个是人称代词,也是不能随便归并的。凡是在计算机上处理过繁简转换的人都知道,这种瞎归并的简化字,真是害死人。

我是从事古文化研究的,文章需要用繁体字写。如果先在计算机中写成简体字,然后再自动转换,出现的错误之多,改正这些错误所需的功夫,难以忍受。所以我一般直接写成繁体字,免了转换之苦。

为什么博客也用繁体呢?倒不是为了自己方便,而是鉴于简体字的弊病,想用我的博客,普及一点繁体字。愿意看的,顺便看看也能记住几个繁体字。不愿意看的,当然自便。

2008 年 1 月 25 日星期五

再有几个地球又如何？[①]

——兼谈佛教文化与环境保护

一

近几十年来，各种各样的环境问题日益凸现，诸如地球温室化现象、臭氧层空洞现象、农田沙漠化现象、气候异常现象、酸雨现象、水污染与空气污染现象等等，随之而来的还有动物保护问题、资源保护问题、森林保护问题等等。这些环境问题日益成为直接威胁人类社会稳定乃至人类本身生存的、不容回避的重大问题。由此，环境保护意识也在全球范围内空前高涨，人们开始呼吁："人类只有一个地球！要保护地球这个人类的共同家园。"

从漠视环境问题到产生环境保护意识，这自然是一个巨大的进步。但是我们要问：如果人类还有其他几个地球可以居住；如果由于航天技术的飞速发展，人类在不远的将来可以迁居到比地球更加富饶的其他星球上；我们是否就可以像弃一间破房子那样抛弃这个已经千孔百疮的地球，是否就可以从此彻底摆脱环境问题的困扰呢？

今天，各种各样的环境问题之所以产生，归根结底是以往人类过度地掠夺自然这一行为模式所招致的恶果。人类的行为模式是由人类的思维模式所决定的。那么，是人类的哪一种思维模式导致了人类的过度掠夺自然的行为模式呢？这或许应该归咎于主客体分离这种思维模式。在近代的工业化社会中，正是这种思维模式主导着人类，误导着人类与自然界的关系，造成今天的恶果。因此，只要人类的这种思维模式不改变，由这种思维模式指导的行为方式不改变，无论再给人类多少个地球，人类都会把它糟蹋掉，都会永远陷在环境问题中，无法自拔。

现在应该是人类反省自己的思维模式的时候了。

---

① 曾载《环境与东亚文明》，山西古籍出版社，1999 年 2 月。日译载《东洋的环境思想之现代的意义》，日本农山渔村文化协会出版，1999 年 3 月。

二

精神从物质中产生,与物质本不可分割;生命从自然界产生,与自然界也不可分离。人类是我们目前所知道的自然界所产生的各种生命的最高级的表现形态,所谓"人为万物之灵"。然而,无论人类有多么高级,作为从自然界产生的生命形态之一,他与其他形态一样,都不可能脱离自然界独自生存。但是,自从人类进入文明社会之后,其自我意识日益强烈,从而日益把自己所从产生的自然界看做是异己的客体。就好比孩子由父母产生,但孩子进入青少年时期,自我意识、独立意识空前高涨,便把父母看做是压抑自己个体发展的障碍,部分孩子甚至产生强烈的反抗意识,不少家庭悲剧由此产生。从这个意义上讲,子女是父母的异化,人类是自然界的异化。当然,异化是事物演化的形态之一,也是一种自然法则。异化本身并不含有价值的趣向,价值只不过是外加的判断。

初民把自己蕴涵在自然界中,建筑在万物有灵论基础上的自然神教由此产生。人们膜拜自然,不敢轻易伤害它,由此产生种种习俗。无论在今人的眼光中,那些观念与习俗是多么的愚昧可笑,但它反映了在初民的思想中,人与自然之间存在着强有力的联系纽带。此后,随着人类的成长,开始逐渐把自然界看作是一个异己的客体。于是,"膜拜自然"逻辑地演变为"征服自然"。这也是直到现在为止,在一部分人士中仍然非常活跃一个口号。从膜拜自然到征服自然,的确是人类的巨大进步。否认这一点,就否认了几千年人类文明的全部成果。但现在看来,"征服自然"这个口号也有一定的片面性。因为自然有其内在的、必然的规律,这种规律只能因应,不能超越,更不可违反。任何人,顺应自然规律办事,就能取得成功。相反,企图违反自然规律去干涉自然、征服自然,无限地向自然索取,则必然受到自然的惩罚。所施干涉的力量越大,最后受到的惩罚也越大。这也就是今天我们之所以面临种种环境问题的根本原因。

人类的近代工业化文明自西方发源。资本主义的飞速发展也得益于西方文明。马克斯·韦伯曾认为资本主义是西方社会文化与宗教本性的产物。近代西方文明的基本特点之一就是主客观分离,从而把自然界看作异己的客体,把自己看作是远高于这个客体的主体,并力图驾驭这个客体,改造这个客体乃至无限地盘剥这个客体。从宗教的角度看,追根溯源,这种思想可以追究到基督教的《圣经》。《圣经·旧约·创世记》在叙述上帝创造世界万物之后,这样说:

上帝说:"我们要照着我们的形象,按着我们的样式造人。使他们管理海里的鱼、空中的鸟、地上的牲畜和全地,并地上所爬的一切昆虫。"上帝就照着自己的形象造人,乃是照着他的形象造男造女。上帝就赐福给他们。又对他们说:"要生养众多,遍满地面,治理这地。也要管理海里的鱼、空中的鸟和地上各样行动的活物。"上帝说:"我将遍地上一切结种子的菜蔬和一切树上所结有核的果子全赐给你们作食物。至于地上的走兽和空中的飞鸟并各样爬在地上有生命的物,我将青草赐给他们作食物。"①

上帝创造世界,是世界万物的主人。人与自然虽然都是上帝的创造物,但人是上帝按照自己的形象创造的,又接受上帝的授权以管理万物,这就规定了人与自然有着本质的不同。人的地位要高于上帝创造的其他一切,人可以统治、支配世界万物。自然万物是上帝创造来供人类享用的。按照这种思维方式,人对自然,对世界万物当然可以为所欲为,人对自然界的无限度的索取也就具有先验的正确性。近现代文明就是沿着这条路线走过来,并正在继续走下去。当然,我们不否认,西方也有人天对应的思想,但这种思想在西方整个思想体系中不占主导地位。占主导地位的是建立在主客观分离模式基础上的"征服自然"的思想。就好比东方也有人天对立的思想,但同样不占主导地位一样。既然人把自然看成自己的对立物并为所欲为,则自然当然会相应地惩罚人。今天的种种环境问题的产生实际上完全是这条路线的必然结果。

今天,当环境问题处处凸现,并开始严重危及人类自己生存的时候,人类对自己与自然关系上的这一盲点是否已经有所警觉,对这条路线的错误是否已经有所认识,并开始认真检讨呢? 起码从目前环境保护运动最热门的"人类只有一个地球"这种宣传口号来看,我们还看不到人们在这个问题上有丝毫的检讨之意。就一般的经济学原理而言,人们增加或维持财富的途径无非是开源、节流两策。而所谓"人类只有一个地球"之类的宣传口号,只是在开源无望的情况下,主张尽量去节流而已。这一口号并没有接触到上述之所以造成今天环境问题的症结,也不可能引导人们去反省人类在处理与自然关系问题上的错误立场以及反省长期以来人类对待自然的错误路线。当然,我们可以从各个角度来推进环境保护运动,为了普通民众便于接受,便于理解,从一般经济学原理出发宣传对自然资源必须节流也无可厚非;但同时我们必须让每一个人都清楚地懂得,环境问题的造成既然根植于人类与自然的相互关系之中,则真正的环境保护必须从改变人类的观念着手,从改变人类与自然的关系着手。否则,即使再给人类几个地球,也照样重蹈覆辙,于事无补。

三

就改变人类与自然相互关系的错误观念而言,东方思想,特别是产生于古代印度、兴盛于古代中国的佛教可以给我们提供许多思想资源与道德资源,许多有益的启迪。

与西方文明主张主客观分离相反,古代印度主张"梵我一如",古代中国主张"天人合一"。"梵我一如"与"天人合一"的哲学内涵虽有不同,但在强调主客观之间具有内在联系方面是一致的。中国佛教虽然既不讲"梵我一如",也不讲"天人合一",但它产生在"梵我一如"的环境中,成长在"天人合一"的气氛里,因此也有着同样的理论背景。

---

① 《圣经·旧约·创世记》,26—31。

佛教用因果业报的理论来看待一切,分析一切。以往,人们往往把因果业报单纯地与轮回转世相联系,从而批评之。其实,因果业报以因缘理法观察万事万物,有其合理的一面。就人类与自然的关系而言,佛教从因果业报的立场出发,认为每个人的所作所为产生两种业,一种业决定这个人本身的穷通寿夭,叫正报;另一种业则与其他人的同类业共同组合在一起,决定了人类所生活的这个世界的好恶,叫依报。也就是说,佛教认为人类所生活的这个世界其实是由人类的依报共业所造成的,共业的善恶决定了世界的好坏,从而将人类生存的环境与人类本身的行为联系起来。应该说,这种理论具有一定的合理性。按照这种理论,所有的人的善业,将会使这个世界更加美好起来;所有人的恶业,也将会使这个世界更加丑恶下去。也就是说,世界目前之所以是现在这种现状,每一个人都必须承担一定的责任。要解决世界的环境问题,每一个人都有逃脱不了的责任。佛教这种业报理论还主张,由依报共业而产生的世界加诸制造了这些依报的每一个人。也就是说,每一个生活在这个世界中的人,既可享受由自己及他人的善之共业所造成的美好环境,也无可回避陷入由自己及他人的恶之共业所造成的恶劣的环境。因果不爽,未作前虽可以选择,已作后就无可逃避。因此,每一个人不仅有责任用善业规范自己的行为,也必须促使其他人都作成善业。只有这样,才能共同营造与享受一个美好的世界。上面这些观点,基本符合我们现在提倡的社会道德,也正是我们在现在宣传环境保护时需要大力提倡的。

在理论上,佛教还主张世界万事万物都共存于一个无尽的关系之网中。在这里,任何事物都与其他事物以无穷的因缘关系相互联结,没有任何一个事物可以单独存在。由于佛教认为事物存在的本质实际只是制约这一事物的各种因缘关系的存在,因此,上述命题又可以衍化为任何事物的产生、存在与变化都会对其他事物造成影响,概莫能外。现代混沌学理论认为,北京的蝴蝶扇一扇翅膀,华盛顿就会下一场倾盆大雨。而在古代的佛教理论中,我们可以发现已经有了类似的观点。由于世界是这样一种整体性的存在,因此,对任何一个部分的损害都不可避免地会对其他部分产生影响。就环境保护这一命题而言,在佛教看来,环境与人类密不可分,对环境的任何损害,归根结底都将对人类本身造成损害。这种观念,无疑比"只有一个地球"之类的说法更高一筹。

进而,佛教认为自然界与人类一样,都是最圆满的佛性的体现。中国佛教禅宗云"青青翠竹无非佛性,郁郁黄花尽是般若",乃至说砖头、瓦片、狗屎都有佛性,天台宗说"无情有性"、"依正不二",华严宗说"事事无碍",表述方法不同,基本道理相通。都认为人类与自然界有着内在的统一性,就其本质而言,两者是完全一致的。大乘佛教的最高目的是追求自我人格的完善——成佛。而成佛只有在普度众生的基础上才能完成。从这个意义上讲,有众生可度,才有佛可成。所以有"佛度众生,众生度佛"的说法。同理,由于自然与众生不一不二,所以佛教强调每一个佛教徒在自我修习、自我完善的同时,不能忘记庄严国土。在佛教看来,不能设想一个佛会生活在肮脏污秽的国土中。这也就是阿弥陀佛的四十八大愿中包含有"庄严国土"愿的原因。这种把人类生存的环境看作与人类本身密切相关的一体性存在,主张在提善人类的同时,完善人类生存环境的思想,无疑是我们今天在进行环境保护的宣传时应该予以大力提倡的。

四

　　也许有人要问,既然在东方的传统思想中有这么好的环境保护思想,为什么现在东方各国的环境同样在遭到严重的破坏,面临着严重的环境问题呢? 这的确是一个值得思考的问题。

　　东方传统的环境保护思想,有的本身就是一种农业社会的理论①,有的则是根植于农业社会的宗教理论。前者与农业社会的发展紧密相关;后者作为一种意识形态,也与其经济基础密切联系。在东方农业社会,虽然就个别局部而言,存在着过度砍伐森林、破坏植被,造成水土流失等环境问题;但从总体来看,环境与人类基本保持平衡。诸如"采菊东篱下,悠然见南山",乃至"枯藤老树昏鸦,小桥流水人家"之类文人雅士的审美标准与生活情趣,就是这种状况的写照。在这里,不能不说东方传统思想在保护环境方面起到了一定的作用。当然,我们也应该指出,东方传统的环境保护思想仅处在朦胧的、不自觉的状态,没有形成鲜明的环境保护理论以及与其相对应的政策、法律等等。这是由于在生产力低下的东方农业社会中,环境与人类基本保持平衡,既然环境问题没有凸现,朦胧的环境保护思想也就缺乏转化为鲜明的环境保护理论的现实可能性。

　　近代西方文明的传入,促使东方农业社会的瓦解,工业社会的产生,促进了社会的发展与进步,功不可没。但同样不可否认的是,随着西方近代科技文明的传入,建筑在西方主客观分离的思维模式基础上的征服自然思想也传入东方,并作为一种科学理论被人们所信奉,忽略了其中的不合理部分。而东方传统的环境保护思想此时却由于其朦胧性而被忽视;由于其农业社会性而被轻视;由于其宗教性而被蔑视。随着社会生产力的提高,人们干涉与改造自然的力量越来越大,从而环境问题日益严重。环视东方各国,受西方影响最大、发展起步最早的日本,环境问题出现得也最早。中国发展起步慢,环境问题出现得也较迟。环境问题与发展同步,几乎已经成为一种规律。这充分说明,世界的环境问题是因西方的主客观分离的思维模式随西方科技文明的传播而产生的一种传染病。

　　人类要进步,社会要发展。我们不可能因噎废食,为了保护环境而拒绝发展,甚至回归原始。唯一的办法只有在促进科技进步与完善的同时,弥补与改进其中的缺陷。在这里,包括佛教在内的东方传统思想可以给我们巨大的借鉴。佛教作为一个宗教,历史上曾经有过积极的作用,也曾经有过消极的影响。作为一种文化形态,它积淀了东方世界两千多年的智慧。在当今人类向现代化、后现代化社会迈进的时代,它所积淀的这些智慧,可以,而且必然会对我们创造新生活起到积极的作用。从这一立场出

---

　　①　参见徐远和《〈月令〉图式的传统环境思想及其价值》,"东方传统环境思想的现代意义"第二次国际学术讨论会论文。

发,在今天为保护人类生存环境而奋斗的过程中,我们应该重视传统的佛教思想给我们提供丰富的思想资源与道德资源。必须认真总结与利用这些资源,以创造更加美好的未来。

当然,包括佛教在内的东方传统思想也有其不合理的、不符合现代社会需要的部分。过去,它曾经被当做——一种落后的东西被屏弃,今天,我们也不可能原封不动地用它来解决我们面临的环境问题。这里需要一个转型,需要一个否定之否定的螺旋似上升的扬弃过程。在这个过程中,我们必须吸收东西方文化的一切优秀成分,互融互补,从而创造新的更加美好的未来,这需要大家共同努力。当然,本文所涉及的只是思想观念方面的问题,只是在探索与提供若干思想模式,以供选择。真正的转型,还要涉及体制的、法律的、政策的、技术的等各种层面的问题。但我们相信,在人类的共同努力下,我们一定能够找到一条人类社会与大自然和谐共进的道路。

到底是谁在毁蒙牛？

看到网上一篇博文，叫《值得媒体反思的"霸王事件"》。文中提到："在三聚氰胺中元气大伤的蒙牛还未缓过气来，突然又身不由己地被卷入到特仑苏'致癌门'事件的风口浪尖。其使用的 OMP 添加剂不仅让老百姓一头雾水，在媒体不断的爆料、行业竞争对手的恶意攻击下，致使这一高端奶制品销量减半。要不是后来卫生部会同多个部门的专家对添加了 OMP 的蒙牛特仑苏牛奶进行研讨后认为，这一产品没有健康危害，可惜蒙牛还是受到了很多消费者的质疑甚至排斥。经历了这一次的企业动荡，直接导致蒙牛这个让世界都震惊的企业走向衰退，如果没有中粮集团的入资，我想也许就算蒙牛还存在，也活不了多久了，因为我们这些消费者和那些媒体会毁掉蒙牛。"

作者在文章中指责消费者与媒体在毁掉蒙牛。

媒体怎样，这里不谈。我曾经是蒙牛的忠实消费者，我想讲讲我的经历。

三聚氰胺事件之前，我只喝大包装的蒙牛袋装奶。虽然很贵，但每天两包，近 1 公斤。为什么？一是听了媒体的广告，相信它的质量；二是口感好；三是除了早饭喝奶外，喜欢用纯奶冲咖啡；第四呢，总觉得便宜没好货，价钱贵说明质量好。三鹿出了三聚氰胺，蒙牛发布消息说自己没问题。我暗自庆幸选择无误。可紧接着有报告，蒙牛也有三聚氰胺。我觉得自己被愚弄。当时没有查出三聚氰胺的牛奶只剩三元，于是改喝三元。

可当时三元是市场的紧俏货，去晚了往往买不着。售货员一个劲推销降价促销的蒙牛，我是一朝被蛇咬，三年怕井绳。但有时买不到三元，妻子只好不时提一箱蒙牛回来。

去年我们两人去英国半年。5 月初临走前，家中还剩了好些蒙牛。我们使劲喝，最后还是剩下一袋，怎么也喝不下了。妻子说：用来浇灌院里的葡萄吧。顺手放在门厅的鞋柜上。走时匆忙，也就忘了。11 月初返回，那袋奶赫然还在。我们想，一个夏天，一直放在常温中，这袋奶肯定臭了。虽则如此，还是浇葡萄吧。剪开袋子，倒出牛奶，不禁吓了一跳。那袋牛奶竟然没坏！！！

这就是蒙牛奶，经过 2009 年北京炎热的夏天，常温中竟然可以保持半年不坏！

从此我家与蒙牛绝缘。

这就是我的经历。请问：到底是消费者毁蒙牛，还是蒙牛自己毁自己？

就蒙牛特仑苏而言，他加了添加剂，又不说明白，让"让老百姓一头雾水"，从而产生种种后续事件，这到底应该怪消费者，还是怪蒙牛自己？网上的那篇文章说：后来卫生部会同专家下结论没有健康危害，"可惜蒙牛还是受到了很多消费者的质疑甚至排斥"。言下很为蒙牛愤愤不平。我认为，这说明两个问题：第一，卫生部、专家在消费者心目中没有权威。第二，卫生部、专家对蒙牛特仑苏的结论在消费者心目中没有权威。为什么会这样？任何人，只要脖子上顶的是脑袋而不是萝卜，自然会得出自己的结论。

食品是让人吃的。任何人，在食品中放那些危害消费者健康的东西，都是丧良心的。任何人，在出售的食品中加添加剂，都应该向消费者讲清楚。这难道不是最起码的道德吗？作为消费者，我们处在整个信息链条的最下端，是地地道道的弱势群体。作为弱势群体，我们现在也就只剩下这么一种保护自己的手段——拒绝购买。

现在我喝三元，而且只喝那种据说即使冷藏，最多也只能保鲜48小时的小瓶鲜牛奶，由附近的三元送奶点送货上门。坦率地说，心里依然有点忐忑不安。我倒不担心三元因兼并三鹿而被拖下水，担心的是三元小瓶鲜牛奶现在既然能够一直送到六环外农村，可见三元近年扩张的速度很快。扩张速度快，对企业自然是好事，但管理得如何？假设三元疏于管理，我们喝的牛奶质量如何，那只有天晓得了。但愿我是杞人忧天。

另外，最近卫生部颁布的《新乳品安全国家标准》把牛奶的质量标准降低了。有文章称："1986年'国标'中，规定蛋白质最低值为2.95%，而'新国标'却降为2.8%；而微生物限量由每毫升50万个增至200万个——国外尤其是欧洲的该项标准是在50万以下，这一标准让中国乳制品质量标准退回25年前。"天哪，这是怎么一回事啊！这时候怎么不讲与国际接轨了？我不知道确定牛奶国家质量标准的人，自己喝不喝牛奶？儿子、女儿、孙子、孙女喝不喝牛奶？我想，也许他们喝的牛奶，即使不像某些人那样是特定农场的特供，恐怕也是牛奶企业的专供。也许因为他们不喝市面的牛奶，所以放心地降低牛奶的国家标准。就像那些造假酒的人，自己从来不喝自己造的假酒一样。

我在英国天天喝奶，从来不担心。在日本天天喝奶，也从来不担心。甚至在印度喝奶也不担心。不知哪天中国也能像英国、日本、印度那样，让人喝奶不担心？只要蒙牛真的能够让人放心，我马上改喝蒙牛！

鲁迅说：中国有些文人，主子忙，他就帮忙；主子闲，他就帮闲；主子行凶，他就帮凶。（大意）我希望这样的文人以后即使不能绝种，也最好少一点。作为一个文人，要有廉耻。

2010年7月17日于通州皇木厂

法由心生

——千禧遐想之一

　　说起"千禧",我印象最深的是千禧之夜电视中连续直播的全球各地的庆祝活动。24小时中,我们随着电视镜头的切换,漫游了全世界。"秀才不出门,能知天下事",在古代实际只能是一种幻想,借助于高科技,现在已经成为一种人人都可以达成的普通的现实。高科技使地球真正成为"地球村",高科技深刻改变了人们的生活,高科技给人们带来无限的福祉。在赞叹高科技的威力的同时,更使我赞叹不已的是人的聪明才智与创造能力。自从地球上产生了生命以来,无数种动物与植物在地球上繁殖生息,但又有哪一种生物像人类那样彻底改变了地球的面貌? 人创造了所有这一切奇迹,人真不愧为万物之灵。

　　说起来,就连这"千禧"本身,其实也是人创造的。时间无始无终,不断流驰,既不能切割,更无法等分。各种各样的纪年法,诸如公历、农历、佛历、沙迦历、伊斯兰教历、藏历、中国历代王朝的纪年历等等,都是人们为了自己的方便,立足于种种背景文化创造的,与时间本身又有什么关系呢? 真是佛教所谓的"法由心生"。前些日子,曾有人在报纸上发表文章,反对庆祝"千禧",理由是所谓"千禧"实际是基督教的传统与节日。这未免有胶柱鼓瑟之嫌。各种纪年的创立固然与一定的文化背景有关,但无论哪种文化,都有一个基本的特性即传播性。一种文化现象一旦传播开来,为更多的人所接受,它的内涵往往会因此发生变化。公历就是一个例子。

　　我们现在使用的公历,最初的确是由基督教创立的,以致某些地区,比如上海的一些人过去习惯把"星期"称为"礼拜",如将"星期一"称为"礼拜一"等等。人们最早将"星期"称为"礼拜"时,无疑带有鲜明的宗教色彩。但随着公历的普遍流传,现在人们使用公历,已经完全没有原来的那种宗教感情与色彩,只把它当做一种约定俗成的、世界通用的历法。比如现在有些上海人依然把"星期一"称为"礼拜一",但他们这么称呼时,丝毫不表示他们信仰或认同基督教,也完全不包含什么宗教色彩,只是一种习惯而已。由此看来,这又可归为"法由心生",就是说,无论公历是在一种什么样的文化背景下产生的,在新的文化环境中,人们已经用一种完全不同的心态对待它,从而赋予它不同的文化意蕴。两千年后的今天,还非要去执著那公历产生之初的基督教背景,不免使人想起那个和尚背女人的故事:

两个和尚行脚，途遇一条小河。正要涉河而过，一个女人请求帮助。甲和尚便把女人背过河。过河走了很久，乙和尚仍心中不怿，实在忍不住，便向甲和尚说："师兄，僧人应严格持戒。你刚才怎么能够背女人过河，接触女人的身体呢？"甲和尚回答："我把那个女人背过河，立刻就把她放下了。你怎么一直到现在还把她放在心里呢？"

那种至今把公历看做是基督教历法的人，与那个心中放不下女人的和尚又有多大的区别呢？

正因为历法只不过是人类为了自己生活的方便而对时间施加的一种"附加物"，所以，虽然在 2000 年来到之际，全世界已经举行过庆祝"千禧"的盛典，但新千年到底从什么时候开始，人们的看法还不尽相同。前些日子有报纸说，有些人认为 2000 年实际只是 20 世纪的结束，而 21 世纪应该从 2001 年元旦才真正开始。因为自然数是从"1"开始，而不是从"0"开始，所以说把 2001 年作为 21 世纪开端的说法，的确更加符合人们的思维习惯。但归根结底，两种说法都不过是人类对时间的一种外在规定，一种"方便设教"，与时间本身都没有关系。说到底，还是"法由心生"。

上面讲了这么多的"法由心生"，到底是什么意思呢？就是说，人之为人，就在于他是一种思想的动物。人的伟大，并不在于他具有被动地思想与适应外部环境的功能，因为这种功能是其他一些高等动物也具备的；而在于人的主观能动性，亦即他在现实世界中生活，从现实世界汲取思想的材料，形成一定的观念，然后在这些观念的指导下从事种种活动，得到种种结果。从这个角度讲，也可以说是人类的观念造就了人类社会的一切。用辩证唯物主义的观点说，这就是"从精神到物质"；用佛教的观点说，也就是"法由心生"。

虽说辩证唯物主义与佛教都主张人类的观念造就了人类社会的一切，但辩证唯物主义还强调世界的客观性，强调人只能在这种客观的限制下活动；佛教则有更多的宗教自由度，可以在过去与未来之间，在三界中任意驰骋幻想的翅膀。辩证唯物主义不但讲"从精神到物质"，还特别注重"从物质到精神"。佛教则应派别的不同，有的认为世界自存，有的认为"识外无境"，如此等等。所以，两种体系虽然有相同的部分，也有很多不同的部分。当然，两种体系的基本理论及其相互关系绝非上面简单的线条罗列，而是十分复杂的网式花纹，同中有异，异中有同，需要我们深入研究与总结。

1999 年 12 月 30 日

规律与努力

——千禧遐想之二

两千年来,人类经历了多种社会形态,乃至踏入今天的高科技社会,创造了丰富的物质文明与精神文明,也享受着前所未有的福祉。但是,人真的无愧为万物之灵吗?人所做的一切真的那么完美,如瑰玉之无瑕吗?高科技是否能够解决人类社会的一切问题呢?显然没有。这个世界贫富分化更加严重,阶级矛盾、种族矛盾、宗教矛盾不断激化,以至战争不断、流血不断、犯罪不断。这个世界动荡不安,几乎没有宁日。部分人群人生价值的迷失、伦理道德的沦丧,使得拜金主义横行,享乐主义嚣张。在这些人群中,人际关系日益冷漠,造成种种社会问题。此外,各种各样的环境问题也日益凸现,诸如地球温室化现象、臭氧层空洞现象、农田沙漠化现象、气候异常现象、酸雨现象、水污染与空气污染现象等等,随之而来的还有动物保护问题、资源保护问题、森林保护问题等等,这些环境问题日益成为直接威胁人类社会发展乃至人类本身生存的不可回避的重大问题。总之,灵与肉、精神与物质,这一对矛盾的分离与对立,从来没有像现在这样严重。解决问题的方案何在?人类社会的出路何在?

讲到人类的出路,记得有一次朋友们交谈。有人认为,社会的发展有着自己的客观规律。既然是客观规律,那就是不依人的主观意志为转移的。所以,对于社会上种种消极现象,既不必忧虑,也无须排遣。随着社会的发展,它们会自然而然地消亡。坦率地说,不管这种观点的底蕴是强烈的乐观主义,还是苦涩而无奈的宿命主义,对于这种观点本身,我都不能苟同。这使我想起一个小故事:西汉末年,王莽篡汉。刘縯、刘秀兄弟率众起义,渐成势力。当时刘縯被认为是上应图谶,极贵之命。更始帝因嫉妒刘縯,曾在南阳设宴,要杀害刘縯。席间十分凶险,但终于没有下手。从此,刘縯也自以为是天命所归,毫无防范,最后还是被害。而他的弟弟刘秀继承他的事业,终于一统江山,成为东汉的开国君主。也就是说,不尽人事应天命,到头依旧水中月。事情的确如此,如果毛泽东等中国早期的马克思主义者都认为社会发展的规律不需经过人的努力,可以自动实现,不去发动与带领千千万万的中国人民努力奋斗,就不会有中华人民共和国。当然,无视规律,一味地“唯意志论”,搞什么“人有多大胆,地有多大产”,以为自己可以像上帝一样创造一切、干预一切,也只能得到失败的下场。20 世纪 50 年代下半叶以来中国历史的那 20 年的曲折,已经雄辩地证明了这一点。

　　说社会发展规律的实现不能脱离人的努力,这只是问题的一个方面。问题的另一个方面在于,难道所谓的社会发展规律,就是一个永恒不变的常数吗? 难道一旦把握了那个规律,就可以一劳永逸吗? 这恐怕靠不住。不要说由人类的主观活动直接产生的社会,即使是客观世界,它的发展规律,恐怕也不是一个常数。

　　首先,事物在变化,世界在发展,规律难道就是一块僵滞的阴沉木? 当然不可能。即使是一个常数,想必也同圆周率一样,是一个永远无法穷尽的无理数,需要我们不断地研究与逼近它。其次,在我看来,所谓规律,与所谓真理一样,同样是相对的。这又包括两层含义。第一,世界有一定的结构,一定的层次,人类认识世界,总局限在一定的范围内,所以所谓规律也有相应的层次与适用范围。比如对地球的人来说,太阳东升西落,这是千百年来的规律。但现在人们知道,上述规律的背后,还存在一个更加真实的规律——地球绕着太阳转。可是,如果地球爆炸了,太阳毁灭了,"地球绕着太阳转"这个规律还存在吗? 即使我们把这个命题再抽象一下,表述为"行星绕着恒星转",它是否就可以成为永远颠扑不破的规律呢? 我看未必,因为至今我们并没有穷尽宇宙中所有的行星与恒星,谁敢说就没有例外呢? 不是还有卫星绕行星转以及双子星等现象吗? 第二,有些所谓的规律,实际只不过是人类自己的设定。就以上面说的"行星绕着恒星转"与"卫星绕着行星转"为例,卫星与行星的本质区别又是什么呢? 如果我们说,我们把绕行星转的叫卫星,绕恒星转的叫行星。那么,既然行星、卫星都是人们自己的定义;所谓的"行星绕着恒星转"这一命题与"绕恒星转的叫行星"这一定义也就成了循环论证;那么这一规律不也就成了纯粹的"法由心生"了吗?

　　说规律的实现不能离开人的努力,也就是说,规律并非真的那么"客观",真的完全不依赖于人的主观而存在。那种认为规律不依赖于人的观点,实际上是把主观与客观分割为两个毫无关系的体系。但千百年来人类的实践,包括现代科学的研究已经证明,主观与客观实际上包容在一个密不可分的整体中,客观影响主观,主观也影响客观。客观世界产生了人类,人类在客观世界中活动;客观世界为人类提供了活动的舞台,人类通过活动改造着客观世界。人类的这种改造活动,不仅仅是盖了几座高楼大厦,修了几条拦河大坝,实际也在扭动着客观世界的发展规律,使它发生变化。从这个角度讲,规律不能"发现",只能"发明",因为任何一条规律的产生,实际上都是主客观交互作用的结果。当然,上述论述限定在人类(主观世界)能够影响到的那个客观世界范围之内。至于人类暂时还没有能力影响到的那部分客观世界,它们的发展规律,对人类来说,当然是"不依赖人类的主观意志为转移"的。

　　世界的构成有结构,有层次,从而规律也有相应的结构与层次。随着人类改造客观世界的能力的加大与涉入层次的加深,所扭动的规律的层次也不断加大与加深,对世界影响的程度也越来越大。人类影响世界的结果,有的有利于人类的发展,有利于整个世界的发展;有的则可能导致人类走向自我毁灭。关于这一点,应该说现在已经看得越来越清楚了。所以,人只有真正把握自己的主观,真正把握外界的客观,才能把握变化着的规律,从必然王国走向自由王国,使整个世界健康地发展。从这个角度讲,人类的命运把握在自己手中。

　　人类社会到底走向何方？在前方是否有一个没有人压迫人、人剥削人的共产主义社会？我以为，追求社会平等是人类永远不会熄灭的理想。从人类社会以往的历史发展，到当前的人心向背，可以相信，人类社会必然向人人平等的方向发展。但是，如果以为它既然是社会发展的客观规律，必定会实现，于是大家躺在那里不去努力，那么这个社会永远不会到来。反之，如果我们认真研究过去，研究今天，研究明天，研究社会发展的规律，研究规律的变化，研究人与人性的变化，在建设与发展物质文明的同时，真正促进人的解放与人的自由发展，那么，经过一代又一代人的不懈努力，我相信共产主义一定能够实现。——当然，在此我只能说"我相信"。如果有人认为这不过是一种信仰，那么我承认，这确实是一种信念，或者说是一种信仰。但这种信仰给人理想，催人向上，给人提善自己的力量，从而促进每个个体的自由发展，而"每个人的自由发展是一切人的自由发展的条件"。

　　生活之树常青，新的问题不断地在前面等待着我们。在通向理想之国的道路上，我们必须不断地研究新问题，解决新问题。今天是过去的延续，而将来则是今天的延续。今天的种种问题，种因于过去；将来的种种问题，种因于今天。新问题虽然在新的环境中出现，实际上都是从旧的基础上孕育。从这个角度讲，只有经常抚今追昔的人，才能把握将来。所以我们必须不断地总结过去，清醒地认识现在。

　　所以，虽然新千年到底是从 2000 年，还是从 2001 年开始，并不是一个十分重要的问题，但在适当的时间点上认真回顾过去的历程，探索事物发展的规律及规律的变化，认清自己当前所处的坐标点，确定今后的行动方向，对我们来说无疑是大有教益的。而新旧世纪的交替、新旧千年的交替正好为我们提供了这样一个时间点，一个机缘，我们自然应该珍惜这个可贵的机缘。对一切关心民族前途的人，更是如此。

1999 年 12 月 31 日

造句

前几天看到一篇讲造句的博文，引起我一段回忆。

小时候家里穷，因为掏不起房租，不断用家具顶房租，然后不断搬家，自然是越搬离市区越远，条件越差。后来居住的几处在城乡结合部，都不通电，点油灯或点煤油灯。

点油灯最简单，随便拿个碟子或者小碗，拉过被子，扯点棉絮搓个捻子，搭在碟子边上，倒上一点菜油，就能用了。就是那一豆灯火，实在起不了多少作用。不过是房中有光，不至于人相撞而已。我们兄弟姐妹那时都在上学，晚上要写作业。所以，尽管买煤油要多费钱，母亲还是尽可能点煤油灯。

煤油灯有个玻璃灯罩，只要点上几个小时，灯罩的上颈部就被煤油熏黑了。所以，每当天一擦黑，周围四邻第一件事，就是擦灯罩。这事一般是孩子干，因为孩子手小骨头软，可以伸进去把上部那个弯颈擦干净。家中我最小，所以擦灯罩的事情，一般都落在我头上。

我特不爱干这件事。因为要硬把手掌窝起来，从下口伸进去，手掌窝得生疼。而上口那一截，必须用两根指头绕着软布尽量探进去擦，灯罩边顶着手指缝，磨研得难受。玻璃灯罩特别薄，擦的时候要小心翼翼，稍不小心，灯罩就破了。买个灯罩，又得花钱。我没有打破过灯罩，可见过邻居小孩，因为打破灯罩而挨揍。

那年我小学三年级，语文课开始学复句。老师布置的作业是用"连……也……"造句。我造了这么一句：

> 以前我们家有电灯，现在连电灯也没有了。

这下可把我们老师吓坏了。老师把我叫去，问怎么回事？我很奇怪：我们以前住的房子是有电灯，现在是没有电灯，点煤油灯啊。

老师特意来家访，估计调查后的结论我不是攻击新社会，只是童言无忌。于是严肃地对我说："以后不准造这样的句子。"但我真不懂，为什么不准？不过老师严肃的样子，我是记住了，所以至今没有忘记这件事。

现在懂了，那是 1958 年，刚刚经历过反右。

2011 年 6 月 30 日于通州皇木厂

我与佛教①

《佛教文化》主编何云先生打来电话,说今年是"文革"后首次招收研究生的 20 周年,作为第一届的佛教研究生,让我写一点感想。一时浮想联翩。

说起我的学佛经历,真是一连串阴差阳错的过程。

我是所谓"老三届"的高中生,"文化大革命"的风暴把我刮到农村去当了三年半农民,接着到西陲边境的一个师范学校去教学。我庆幸遇到一个懂教育、爱人才的校长。1972 年寒假,趁林彪刚垮台,略有松动之际,他派出人员到上海古籍书店买了一卡车的古旧书。对我来说,真是得其所哉!什么《诸子集成》、《纲鉴易知录》,什么《桃花扇》、《牡丹亭》都是那时候看的。书看得杂,又没人指点,什么都知道一点,什么也不懂。

"批林批孔"以后是"评法批儒",当时大块文章连篇累牍。我看来看去地不知怎么看出一个问题:我看过一本古书,上面列有儒家的法统,其中有范缜、韩愈等等。但现在怎么范缜成了法家?如果说范缜主张神灭论,反对佛教就是法家,那么为什么同样反对佛教的韩愈却是儒家?而信奉佛教的柳宗元又是法家?我被弄糊涂了。就此想学佛教。当时能够找到的就是任继愈先生的《汉唐佛教思想论集》,我勾勾划划,把这本书几乎翻烂了。看明白多少,我也说不上。为了能学佛教,当时甚至给赵朴初先生写了一封信,表示自己想学佛教的愿望,甚至表示如果需要,可以出家。不过这封信后来未能寄出。所以无人知道此事。今天写在这里,算是自我透露一个小秘密。但不管怎么样,评法批儒,评批出一个想学佛教的人,一定出于发动这场运动的人的意料,可谓阴差阳错之一。

1977 年,"四人帮"垮台不久,我们校长故技重演,又派人到内地购买古旧书。这次派的是我。我来到北京,在东四中国书店门市部挑选了一批旧杂志,然后打电报回新疆请学校汇款。没想到等我携款去取书时,营业员小姑娘说其中有几种杂志已经卖给别人了。我当然不高兴。那时北京人的服务态度比现在强多了,小姑娘很不好意思,再三道歉之余,拿出他们的库存登录账,任我挑选,以示补救。我一眼看到其中有一部《现代佛学》,从创刊到 1964 年停刊,全套俱全,立刻选中。如下文所说,我后来

---

① 曾载《佛教文化》1998 年第 2 期。

考上研究生,靠的就是这部《现代佛学》。如果当初小姑娘工作不出错,我就买不上这部存在库房中的书,也就考不上研究生,学不了佛教。这可谓阴差阳错之二。

1978 年,国家开始招收研究生。刚开始,我没有动心。因为自己连高中都没有毕业,研究生离我太远。一天,到地区教育局(当时叫文卫组)去办事。主管研究生报名的是师范学校毕业的学生。我一时好奇,翻阅了一下招生名录,发现竟然有招收佛教专业的,真是又一个得我所哉。那部《现代佛学》买来以后,我立刻借出,放在宿舍中有空就看,越看越有意思。虽然没有入门,但兴趣越来越大。现在既然有学佛教的机会,尽管知道自己底子很差,但很想拼一拼。于是写了一篇二三万字的关于初期佛教的文章,寄给宗教所,并且报了名。初试结束,接到复试通知,我当时傻了眼。通知上写着让我到北京中国社会科学院世界宗教研究所复试伊斯兰教。我想一定是搞错了。赶到北京,下火车直奔建国门。宗教所的同志说没搞错,因为你是新疆的,搞伊斯兰教更适合。这时真是进退两难。但既然来了,就硬着头皮考伊斯兰教吧。笔试完了是口试,主考官是黄心川先生。记得考题是叙述自己学习马列宗教原著的体会。我选了恩格斯的《论德国农民战争》,在口试回答提问的过程中,不知怎么提到我写的那篇佛教的文章。没想到一下子引起黄心川先生的注意,他立刻问:"文章在哪里?"随即就把文章找来,一边主持考试,一边翻阅起来。后来才知道,当时寄来的文章很多,宗教所根本看不过来,都在那里堆着。就因为这篇文章,老师们决定还是让我学佛教。就这样,我成了"文革"以后第一批研究生中的佛教研究生。当年招收的佛教研究生共四个,三个在宗教所,即罗炤、丁明夷、业露华,搞中国佛教。我的文章写的是初期佛教,于是让我搞印度佛教,分在南亚所。黄心川先生当时任副所长,也就是我的导师。上述曲曲折折,自然可算是阴差阳错之三了。

回顾 20 年前这些峰回路转的过程,这些阴差阳错的故事,从小处说,只能说我与佛教还是有缘;从大处说,佛教传入中国两千年,已经成为每一个中国人经常遇到的巨大存在。因此,大概每一个中国人都与佛教有缘。只是自己注意到没有,或者用佛教的话说是惜缘与否而已。

20 年来,自己在学佛的道路上坎坎坷坷。因为底子薄,只能将勤补拙。但幸而先后师从黄心川、任继愈先生,得以坐春风而点愚迟。又得到季羡林、周绍良等诸多前辈的耳提面命;也有机会亲近巨赞、正果等法师,得到指点引路。从而能够为佛教研究做一些工作,恩德难酬。要说今后有什么打算,那就是我与老一辈的学者、法师一样,始终为作为佛教第二故乡的中国,至今没有拿出一部权威、实用且通行世界的大藏经而遗憾。当然,这件事太大,要耗费巨大的人力、物力、财力,需要各方面的条件。但是,千里之行,始于足下。坐而论道,条件永远不会成熟。当初杨文会在那样困难的条件下,艰苦创业,成就了金陵刻经处这样一番事业。他的精神值得我们后人仿效。铁人王进喜说:"有条件要上。没有条件,创造条件也要上。"我们现在编纂大藏经,也要有这样的气概。即使在我们这一代人手中完成不了这一伟大的工程,我们也应该为后人从事这一工作而创造更多的条件与奠定更好的基础。缁素诸位,谁与同行?

1998 年 3 月 12 日

两箱敦煌经卷残片的再发现①

　　公元 1989 年 3 月,我从中国社会科学院调到北京图书馆,任善本部副主任。上班的地点在西郊紫竹院公园旁的北京图书馆新馆。新馆虽于 1987 年建成开馆。但开馆时图书的搬迁工作实际还没有全部完成,例如善本部的藏品就是到 1988 年才打包从北海公园旁的老馆搬到新馆。新馆的善本书库按照"三防"设计,建在地下。遗憾的是所建书库的技术指标还没有达到设计要求,因此,善本藏品搬到新馆后无法入库,只好暂时寄存在大库的第十五、十六层。由于是暂时寄存,搬迁时所捆的包都没有打开,取放藏品均极不便。因此,善本部的工作无法正常开展。至于读者如要阅览善本,除了极个别的情况,必须开包取书外,一般都拒借。只有缩微胶卷尚可供借阅。查看善本的读者本来就不多,这样就更少了。

　　在这种情况下,善本部的工作倒是比较轻松。作为副主任,除了一些日常琐碎事务外,每周最重要的一件事,就是周末查库。

　　周末查库,是善本部多年延续的老传统。北京图书馆善本部收藏的都是国宝,因此,安全最为第一。平时书库由管库人员负责,晚上下班层层锁门贴封条,早上上班启封开锁,以备接待读者。每到周末,则要由部主任率领诸副主任将书库巡视一遍,检查有无安全隐患,及时处理各种问题。然后在部主任主持下封门。当时任善本部主任的是李致忠先生,任副主任的是张国风先生与我。于是每到周末,李致忠便带领张国风与我,由典藏组的正副组长陪同,举行查库大典。

　　我因刚到北图,不甚了解情况。至今回想那几个月的查库,每次也就是沿着库房的墙壁转一圈,看看窗户,看看门,看看书架,看看墙。窗户在十五、十六层的高空,即使是飞檐走壁的武林高手,大约也进不来。不过窗外紫竹院公园的景色倒可以一览无余,赏心悦目。至于库门,那是层层封锁,道道把关,可谓森严壁垒。库中架上,一包包、一箱箱的藏品,都按照编号一一码放,整整齐齐,千篇一律。所以每次查库,实际只是例行公事,沿着墙壁绕个圈而已。记得唯一能引人兴趣的,是收藏在一个玻璃框架中的一件久闻大名,但以前未能有缘目睹的罕见之物——"文化大革命"中的"第一张马列主义大字报"。据说这是"文革"初期北图特意征集来的"革命文物"。聂元梓等

---

① 曾载《南海》杂志 1998 年第 9 期。略有修订。

七人签名赫然在上,灰蒙尘垢,令人不胜沧桑之感。但我看了这东西,心中总有点疑惑。据我所知,当初聂元梓他们的这份"第一张马列主义大字报"是贴在北京大学大饭厅墙上的,由此引起全校轰动与围攻。但库内玻璃框中的大字报却完整如新,丝毫没有糨糊痕迹,显然不是从墙上揭下来的。询之善本部的耆旧,得到的回答有两种版本。

一种版本是:等到这张大字报出了名,北图去征集时,贴到墙上的那份早已风雨零落,覆盖无踪。于是只好请原抄者重抄一份,诸作者重新签名。按照这种说法,北图现在保存的这份说得好听一点是复制品,说得难听一点就是赝品。

另一种版本则是:当时一式抄写两份,一份贴在大饭厅,另一份准备贴到办公楼。但第一份刚贴出,马上引起围攻的轩然大波。这七个人有点胆怯了,第二份就没有敢贴出去。但没有想到6月1日《人民日报》评论员文章一发表,立即天翻地覆慨而慷。这第二份自然也不用再贴。恰好北京图书馆来征集,就把原来没敢贴出去的第二份交给北图保存。按照这种说法,"第一张马列主义大字报"本来是孪生兄弟。老大冲锋陷阵,光荣牺牲;老二贪生怕死,临阵逃脱。但一旦时来运转,被鸿运高照的偏偏是活着的老二,由畏畏缩缩的胆小鬼,摇身一变成为堂堂正正的革命文物,作为善本特藏进入中国国家图书馆。至于光荣牺牲的老大,自然尸骨无存。

两个版本的传说到底哪个正确,至今我也没有弄明白。不过无论是哪一种,都让我不舒服。

例行查库时,我看到在一个窗户下面,放着两个旧式的书箱。箱盖已坏,用塑料绳捆绑着。上面各贴一张白纸,用钢笔写着"残破经卷"。看到"经卷"两字,自然触动我的兴趣。我问:"这是什么经卷?"同行诸人无人能够回答,于是罢休。

1989年底,善本书库终于可以启用了。于是,寄存在大库的善本藏品开始搬入善本库。正式搬库的时间,我记得大概已经是1990年春节前后了。善本部全体成员在搬库中任劳任怨,团结协作,工作非常顺利。由于正式搬库前,我们对善本书库的使用作了详细的规划,哪些藏品放在哪里,都有明确的安排。所以对那些还没有编目的藏品,就必须根据其内容,分别安置。记不清具体是哪一天了,按照顺序应该搬这两个箱子,有人问我:"下库后往哪里放?"我便说:"打开看看,到底是什么。"解开塑料绳,揭起箱盖,其中满满腾腾全部是一个个的小纸包。有些纸包已经打开,赫然便是敦煌遗书。我当时真是大吃一惊,几乎不敢相信自己的眼睛。连忙再打开几个纸包,包包全都是敦煌遗书。大多数小纸包上还钤有当年北平图书馆写经组的印章。这个写经组,当年的主要任务就是整理敦煌遗书。我心头当时如电光一闪:"这是一个重大的再发现。""再发现",这是文物界的一个专用名词,指已经被发现的文物,后来由于种种原因而湮没无闻。过了若干年以后,又重新被发现、被鉴定。国内外文物界,包括敦煌吐鲁番学界,类似的事情已有多起。比如大谷探险队二乐庄吐鲁番残片的再发现,敦煌县博物馆本《坛经》的再发现等等。但以往的再发现,无论哪次,数量上都不能与这次的再发现相比拟。因此,这次再发现的意义重大是毋庸置疑的。虽然是重大的再发现,但当时忙于搬库,没有时间仔细考察。只好重新捆绑,让有关人员把这两个箱子送到敦煌遗书专用库中存放。

　　搬完库腾出时间，我便追根刨底，再三打听这两个箱子的由来，终于找到略微知情的人，就是1988年曾任搬迁小组负责人的一位同志。据他说，老馆善本书库原由一位老先生管理，无人可以随便进去，里面有什么东西，一般人都不清楚。1988年搬迁时，老先生已经退休。当时发现这两个箱子，既无编号，也无登记，谁也不知里面是什么。于是这位搬迁小组负责人便打开看了看，发现都是一些没头没尾的残破佛教经典。由于善本书库中类似这样既没有编目，也无人知晓的东西不少，所以并没有对这两箱东西有什么特别的重视。只是在箱子上贴上白纸标签，用塑料绳捆捆，就搬来了。搬来之后，也一直没有人看过、动过。

　　1990年夏天，我终于抽出时间，带领几位同志对这批敦煌遗书作了一次初步的整理清点，共整理出约4000号，其中不乏珍贵文献。关于这两箱敦煌遗书的由来及其具体内容与价值，我将在其他的文章中再作介绍。

　　北京图书馆善本部有一个好传统，即使是片纸只字，也从不任意丢弃。这是这批敦煌遗书能够完整无损地保留下来的重要原因之一。因此，这批存放在善本书库的遗书，如果不是在1990年初由我再发现，迟早也会被其他人再发现。但是，由于种种因缘的巧合，这批遗书竟然由我再发现，应该说是我的幸运，这也是使我至今为之高兴与自豪的一件事。敦煌藏经洞的发现马上就到100周年了，在这100周年到来之前，被埋没达60年之久的两箱残片的再发现，也算是一种不可思议的因缘吧。

西子湖畔苦行僧①

9 月的西子湖,丹桂飘香。清晨,湖面笼罩着一层薄薄的雾气。晨雾下,远近的青山层层叠叠,浓浓淡淡,宛如一幅大写意的泼墨画。使人不由得想起宋人那"山外青山楼外楼"的诗句,真是绝妙好辞,一字不刊。

沿湖畔花径信步前行,晨练的市民在舞剑打拳,早到的游客已喧喧嚷嚷。路旁的商亭虽然刚开始营业,卖新茶的村姑已在招揽顾客。汽车的喇叭声、城市的喧闹声顺着湖畔公路涌来,与湖面的雾气混杂在一起,形成幻象般奇特的景观。

忽然,一个身影引起我的注意。一身黑色的海青,背着一个朝山进香的挎包,跣足光头,正在恭恭敬敬地行五轮俱屈的大礼。只见他从地上站起身来,双手至胸,合掌平拱,同时向前跨出三步,下跪,手膝踞地,端端正正地把人类最高贵的头颅磕在西子湖畔那冰冷而坚硬的水泥路上。其姿势,正如义净《南海寄归内法传》卷三所描写的:"足跟双竖,脊项平直,十指布地,方始叩头。"然后站起来,合掌、跨步、下跪、叩头,周而复始。原来是一个苦行巡礼者,正三步一跪,朝拜圣地呢!

这个和尚显然也引起周围许多人的注意。他们有的指指点点,有的窃窃私语,有的默默注目。看来,秀丽的西子湖畔平时少有这样虔诚的跪拜,所以人们未免少见多怪。说起来,巡礼,即巡游礼拜佛教的圣地,本是我国佛教常见的崇拜方式与修持方式。举凡那些诸佛、菩萨、高僧曾经活动,或曾经示化的地方,或藏有佛舍利的佛塔等等,一切有宗教神圣价值的地方,都是信徒巡礼的对象。这种习俗至今仍在流传。不过,像这个和尚这样三步一拜,五轮俱屈的,如今的确难得见到,难怪人们报之以异样的眼光。藏传佛教有五体投地礼,就是全身平展地趴伏在地上。藏传佛教信徒巡礼时,也有一路五体投地、以身量地前行的。国内外新闻媒体对此偶有报道,也有照片发表。对这种五体投地礼,不少人常为之赞叹,为之感动。在汉地,人们一般不行五体投地礼,而以五轮俱屈礼代之,作为最高、最隆重的敬礼方式。所以五轮俱屈礼可算是汉传佛教的简化了的五体投地礼。巡礼圣地时,一路上三步一拜,五轮俱屈,则不仅是隆重的礼节,也是难得的苦行。

有几个人走过去,与和尚攀谈起来。他们离我还有一段距离,听不清所讲的话。

---

① 曾载《南海》杂志 1998 年第 2 期。

看样子,和尚正在向他们解释什么。这几个人离开,和尚又旁若无人地继续自己的功课。我避在路边的座椅旁,等和尚三步一拜到了跟前,轻声问:"师傅从哪里来?"和尚告诉我,他是浙江某县人,前此先是到九华山朝圣,这次是从九华山下来,到灵隐寺进香,已经走了三个多月。语言平和,态度安详,就好像在告诉我,他刚才挑了一担水,打了一捆柴。我虽与佛教已有20多年的因缘,也是第一次遇到这样的苦行僧。很感动,不知怎样才能表示自己的心情。于是拿出一点钱,作为供养。和尚连声念佛,随即从挎包中拿出身份证与寺庙发的僧人证,要我查看。我知道,他是为了向我表示他的确是一个真正的和尚,绝非江湖骗子。我不要看,我相信他,相信这个朴质而虔诚的和尚。我提议为他照一张相。他高兴地答应了,把挎包放在座椅上,略微整理了一下衣服,端起了姿势,于是我为他照了一张相,光头跣足,平和朴质。仔细看,可以看到脑门前有一团黑,那是地上的尘土。不过,在我看来,这团黑土的位置,好像离佛陀白毫相的位置不远。

　　游人如鲫,周围仍是那样喧嚣。和尚三步一拜地渐渐远去,但背影却似乎越来越大。我站在刚才和尚照相的座椅旁想得很多。多年来,我一直为中国佛教的现状担忧,为中国佛教的未来发愁。但现在忽然觉得以前的那些想法都是杞人忧天。我不由地再一次想起那首著名的宋诗:

　　　　山外青山楼外楼,西湖歌舞几时休。

　　　　暖风熏得游人醉,直把杭州作汴州。

　　是啊,值得担心的不是中国佛教,倒是我们,不要在这纸醉金迷的暖风中醺醺然,把杭州作汴州,回不得故乡啊!

珂珂与凯林

珂珂是个小女孩,2 岁。凯林也是个小女孩,2 岁。珂珂的父亲是英国人,母亲是中国人。凯林呢? 刚好相反。父亲是中国人,母亲是英国人。

一天,珂珂的父母请我们去做客,凯林的一家也去了,大家在门外空地见面。小凯林是个天生的外交家,大大方方上来握手,亲热不已。我们去和珂珂握手,她却小手背到身后,连连退却,直至躲到妈妈的背后。进房后,小凯林特别活跃,让妈妈给她脱掉外衣、外裤,穿着三角裤衩,光着两条大腿在几个房间蹿。她妈妈说,这还是老实的。在家里,小凯林非闹着要一丝不挂。小珂珂可真老实,文文静静地依着妈妈坐着,一动不动。

小凯林把小珂珂的玩具全部搬出来,摆了一地,自顾自玩起来。小珂珂眼巴巴看着,不吭声,也不动弹。凯林的母亲让凯林叫珂珂一起玩。凯林求之不得,马上过来,伸出胖嘟嘟的小手,拽住珂珂拉向玩具。小珂珂躲缩着,就是不肯向前。凯林的母亲说:"凯林,kiss!"凯林搂住珂珂就来了一口。小珂珂吓了一跳,脸上表情很复杂,好像惊慌失措,又像不好意思,还像有点恼怒。但她忍受了,什么也没有说。真是温良恭俭让。

珂珂的母亲为我们弹钢琴。当我闭眼陶醉在贝多芬交响曲那动人的旋律中时,突然钢琴"砰砰砰"地发出一阵奇怪的变奏。睁开眼,原来小凯林来到钢琴边,不管三七二十一,两只小手一阵捣。珂珂的母亲让珂珂与凯林一起弹钢琴,珂珂坐在琴凳上,小手轻轻击压键盘,有模有式。但只要凯林一上手,珂珂就连忙停下来,怯生生地坐着不动。

我们为孩子们照相,小凯林又变成一个天生的小演员,让她摆个什么姿势,她马上摆出个什么姿势。小珂珂可不干,扭捏了半天,才摆个姿势让我们照,还要看看妈妈的脸。忽然,不知是否以为自己做错了什么,一下伸出小舌头,露出羞涩的笑容。真是一个可爱的小大人。

饭后,我们一起上公园。公园中有个游乐场。一见那些旋转玩具,两个孩子的眼睛都在放光。两人不知疲倦地玩了这个玩那个,一起笑,一起乐,一起跳,一起手拉手从这个游戏机械跑到那个游戏机械。这时的珂珂完全是个小小孩,不再是个小大人了。大人们则跟在她们屁股后面为她们付钱,看着她们乐,看着她们笑,大家也从心底里乐,从心底里笑。

　　珂珂和凯林,两个性格完全不同的孩子。是天生的? 还是因为一个有一个中国妈妈,一个有一个英国妈妈?

1991 年 5 月 6 日

小园

——读博友坐看青苔《家有小园》，戏而改之

卜居郊外，家有小园。长仅数米，宽约丈余。植柿子、葡萄、香椿以迎旭日；栽青松、翠竹、玉兰以送晚霞。争艳兮菊花、月季，摇曳兮萱草、蕙兰。苦瓜、南瓜、丝瓜、黄瓜与葡萄攀爬于上，蕹菜、白菜、马齿、野苋共牵牛匍匐于下。又状腰果而掘小池，仿灵璧而堆雅石。卧睡莲数茎以挽风，蓄锦鲤十余而啜雨。春萌怡绿，夏绽快红，秋来斑斓五色，冬至浑然一白。造化钟神秀，此之所谓也！

春暖风软，清明前后，应时雨而播种，随心意以撒籽。心有余兴，身非老圃。不求花团锦簇、累累果实，却喜野趣天成、勃勃生机。伏案偶暇，则流连其间。俯察嫩芽破土，仰看细蔓攀架，坐视花开果坐，起观蜂忙蝶舞。喜绿叶初展，沐雨更娇；爱黄花渐晚，经霜愈艳。瓜刺柿蒂，盎然生趣；竹节松疤，悠然物外。日高影彻，适意饮茶，忽悟鲤乐于碧叶；月移云疏，微醺持酒，更怜竹幽于水面。阴晴雨雪，情理有异；天工造物，玄妙无限。小小院落，诸物各适其性；大千世界，万象统归大道。

园小似芥纳须弥，得野趣故宁气宁神；心虚如空失万象，邻闹市亦无挂无碍。携同道，探书山幽径；度浮生，得人间自在。岂言无乐，尽在小园。

忽忆旧作一首，因缀于后：

> 既识万事空，无须苦心胸。
>
> 挥剑绝世事，举杯邀长风。
>
> 放歌啸天地，静心察秋冬。
>
> 人生岂无乐，尽在不言中。

虽欲不言，积习难返，再占五言，以为续貂：

> 梦醒走无路，关门成一统。
>
> 书生无一用，游戏文字中。

2010 年 7 月 15 日星期四于通州皇木厂，7 月 22 日修改

回家了

5月2日离开北京,11月1日返回。整整半年。这是我第七次去伦敦大英图书馆,应该是最后一次了。

这次到大英图书馆的任务依然是调查敦煌遗书,目的是在中国出版《英国图书馆藏敦煌遗书》,以及继续编纂《英国图书馆藏敦煌遗书总目录》。

因为工作量大,这次组织了一个7人团队,分批前往。4人工作两个月,1人工作4个月,2人工作半年。虽然事先早已联系好,但因英方以前没有接待过像我们这样人数众多、大批提阅敦煌遗书的研究团队。刚到伦敦的那些日子,工作流程不畅。经过与英方的不断互动与磨合,最终,英方破例允许我们每天提阅60号。

每天60号,实际上不能满足我们的需要。我们必须每天完成100号,才能按计划半年做完全部工作。但对库房、阅览室工作人员来说,每天提取60号敦煌遗书,已经是史无前例了。一次因伦敦地铁罢工,我们两天无法上班,只好停工。据说他们得到这一消息,举手欢呼起来,因为这两天他们可以不必为我们提卷子了。

由于每天60号不能满足我们的需要,中国部的吴芳思博士想出一个变通的办法:每天上午,我们在阅览室完成额定的60号;下午,她陪我们到地库继续工作。在地库,我们能够做多少,她就为我们提多少。这样,我们的工作进度得到保证,但吴芳思则整整牺牲了半年的时间。半年中,她推掉了俄国圣彼得堡的国际敦煌学研讨会等好几个国际会议,放弃了每年夏天的例行休假。

至于我们,每天阅览室开门第一个进去,下午在库中经常工作到5点半,有时甚至超过6点。除了白天的紧张工作,晚上乃至周末大家还要加班把白天的著录输入各自的计算机。虽然我事先已经打过招呼:出国是个苦差事。但我想,团队的成员这时才体会到,的确非同一般的辛苦。连吴芳思都打趣说:以后没有人愿意跟你出国。中国部的另一位工作人员葛汉则说:按照英国的说法,凡是这辈子辛苦干活的人,上辈子都是坏人,所以上天惩罚他。你上辈子就是个坏人。大家虽然戏骂我"周扒皮",工作时个个勤奋主动,兢兢业业,各自尽到最大的努力。在这里,我要对团队的每一个成员说一声:你们辛苦了!谢谢你们!

对我来说,工作的辛苦倒是其次,最大的问题是遇到的干扰。

敦煌遗书是中国的至宝。虽然被斯坦因骗到英国,并不能改变它属于中国这一性质。有的英国人也持这一观点。但总有那么一些人,想出种种办法,要来刁难我们。英国图书馆新任亚非部主任魏泓(Susan Whitfieid)博士这次就扮演了一个反面角色。

详细的经过,这里就不讲了。总之,魏泓博士罔顾公共图书馆的基本职业道德,要霸占我辛勤劳动近二十年的编目成果。遭到拒绝后,竟然利用职权,下令阅览室禁止我们阅览敦煌遗书。这在世界敦煌学史上是前所未有的,魏泓为自己留下不光彩的一页。

最终,在大英图书馆馆长及主管分馆长的亲自干预下,魏泓的目的未能得逞。我们终于排除干扰,完成了预定任务。

谢谢在英国遇到的好人,我们不会忘记你们。

回家了。

半年发生了很多事。

任先生走了,7月11日清晨。季先生走了,7月11日上午。

回家了。

11月1日,北京大雪。飞机虽然落地,乘客却一时无法下飞机,害得接机的女儿多等了两个来小时。出机场后走错路,本应向南到通州,却向北到了平谷。拐头回到家,院门被大雪压塌的蔷薇堵住。进到院子,大雪狼藉,荒草丛生,爬山虎遮满窗户。几棵新竹在大雪的压迫下可怜巴巴一直弯到地面,另几棵恶竹则狠狠欺压在松树与玉兰的头顶。但柿子树上残留的几个红彤彤的柿子在朝我们笑。鱼池中的金鱼不但依然活泼,还生了下一代,摇曳在睡莲间。

回家了。

好也罢,坏也罢;如意也罢,不如意也罢,这就是生活。

回家了。

2009年11月7日

方广锠教授访谈录①

一、方先生您是国内知名的佛教学学者,您认为从事佛学研究的朋友应该有什么样的基础或背景知识? 在世界观、方法论上应该有什么样的素养?

答:国内知名说不上。我不过是改革开放以后招收的第一批佛教研究生,资格老一点。

你提的问题很重要,经常有一些有志从事佛教研究的青年朋友向我提出类似的问题。其实,从事佛教研究,需要的知识储备也就是你提到的两类:基础知识与背景知识。当然,研究领域、研究课题不同,需要的基础知识与背景知识也有差异。但是,有一些知识是共同的,那就是佛教教理、教史这样一些基础知识;再就是中国、印度的历史、哲学史、文化史这样一些背景知识。

其实,凡有心从事佛教研究的人都知道应该具备上述知识,问题在于如何学习、掌握这些知识。很多硕士生乃至博士生,往往只通过前人的研究著作学习这些知识,那就很不够。要掌握这些知识,一定要读相关原典。我指导过社科院、大学的研究生,也指导过佛学院的研究生。我觉得,佛学院的研究生,佛教经典读得多,佛教基础知识就比大学的研究生扎实。当然,一般来说大学的研究生文史知识比较丰富,背景知识掌握得比佛学院的学生强。就是读前人的研究著作,也有一个读法问题。我要求我的学生,读书时要将同类书多找几种,有比较地读。我当年学习中国史,就把当时能够找到的翦伯赞、范文澜、郭沫若、周谷城、吕振羽等五家的著作一字摆开,一节一节比较着看。一边看,一边想,一边做笔记,必要的时候去查原始资料。有比较才有鉴别,自己觉得收获很大。有的人想学习佛教,但不入门。我多次遇到这样的情况:有人来报考我的博士生。我问他们看过一些什么学术著作,回答是看过地摊上的一些通俗读物,或者是寺院赠送的结缘书籍。通过这些书籍也能得到佛教知识,但要想考博士生,可就差得太远了。

你提到世界观,不知是否指信仰与研究的关系。我认为,从根本上讲,信仰与研究并不冲突。不过,信仰佛教者从事研究,应该抱一种开放的心态,要善于圆融学术与信仰的关系,要注意区分宗教的真实与历史的真实。现在不少僧人学者,在这方面都做

---

① 　本文为接受《觉群》主编的采访。原载《觉群》2007 年第 5 期。略有修订。

得不错。不信佛教者从事研究，则应该抱一种"同情的理解"。我始终认为，一个健康的社会，必然有宗教存在。反言之，没有宗教的社会，就不是健康的社会。既然如此，一个研究者，自然会希望，并努力通过自己的工作，促进宗教健康发展，而没有任何理由对宗教持排斥态度。

至于方法论，的确是研究中人人都会遇到的大事。俗话说："工欲善其行，必先利其器。"有了好的方法论，事半功倍，否则会事倍功半。就我自己几十年的研究经验，我是赞同辩证唯物主义与历史唯物主义的。此外，要搞好研究，要注意三点：第一，必须充分掌握资料，包括原始资料、研究资料与动态资料。我当学生时，老师教导我们要把有关资料一网打尽。现在我带学生，也把这句话原样传给他们。第二，要认真阅读、分析资料，善于发现问题，进而解决问题。这里就涉及研究者本人的学术素养。同样的资料，在行家手中一下子就能发掘出内涵，发挥出作用；而外行可能还在糊里糊涂。所以我曾经写文章说："研究需要资料，而资料只有在行家手里才能充分显示其价值。"有个年轻的朋友对我上面这句话很不满意，写文章进行批评。但我至今依然坚持上述观点。怎样才能从外行到内行呢？我想有两条：首先要加强上面提到的基础知识与背景知识的学习，特别是课题本身所需要的基础知识与背景知识。其次要搞明白自己所研究的那个问题的研究史。第三，从事研究应该坚持三条原则：一、独立思考，不人云亦云。二、要全面、客观地考虑问题。三、有几分资料说几分话，有几分把握说几分话。

此外，还有两点，也是搞研究必须注意的。第一，要掌握语言工具，越多越好。我中学学俄文，后来遇到"文化大革命"，最好的学习年华被荒废了。上研究生后虽然学过日文、英文、梵文、藏文，但现在真正能用的只有日文。希望青年的朋友能够多掌握几门语言工具。第二，要善于利用工具书。好的工具书是相关知识的结晶与升华，充分利用工具书，可以使自己少走弯路。

二、方先生您长期从事佛教文献学研究，您认为佛教文献学在中国的佛教研究中具有怎样的意义？您从事佛教文献学的学术目标是什么？

答：上面谈到，要搞好研究，必须充分掌握资料。但如果资料本身出了问题，研究肯定要出偏差。佛教文献学不仅收集、整理资料供大家使用，并且鉴别、研究这些资料，以确保资料本身的真实可靠。因此，它是佛教研究的基础性学科。我想就敦煌本《坛经》举两个例子来说明佛教文献学的重要意义。

敦煌遗书中保存了好几个六祖《坛经》的抄本，其中一本中有这样一句话："此法门中何名坐禅？此法门中一切无碍。外于一切境界上念不去为坐，见本性不乱为禅。"另一本把上面"外于一切境界上念不去为坐"，抄写成"外于一切境界上念不起为坐"。那么，到底是"念不去"，还是"念不起"？一字之差，禅法思想可完全相反。

还有，敦煌本《坛经》有这样一段话："善知识，此法门中坐禅，元不着心，亦不着净，亦不言动。"不少学者依据后代的其他《坛经》版本，把上面这句话改成："善知识，此法门中坐禅，原不看心，亦不看净，亦不言不动。"很显然，"不言动"与"不言不动"，意思也完全相反。

在这里，不解决资料本身的正确与错误，无法正确研究敦煌本《坛经》所表达的惠能禅法。而辨析哪一种文本正确，录校出正确的文本，就是佛教文献学的任务。由此大家可以明白佛教文献学在佛教研究中的重要地位。

提到我的学术目标，则实在惭愧。20多年前考取佛教文献学的博士生时，老师向我交代：中国佛教研究需要佛教文献学，但我国现在还没有这样一门学科。你的任务就是把佛教文献学建立起来。20多年过去了，至今我还没有完成老师给我的任务。但我还在努力，力争在有生之年，与其他对佛教文献学感兴趣的学者一起，填补我国的这一学术空白。

三、我们知道长期以来，您一直在从事敦煌遗书的目录编纂与整理、研究的工作，您认为您的工作同以往中外前辈有关敦煌遗书的研究的继承性与区别性在什么地方？与国外同行相比，我们中国的敦煌遗书研究整理都有什么殊胜之处？

答：20多年来，我的大部分精力，都放在敦煌遗书的调查、编目，以及对敦煌遗书中佛教文献的录文、整理、研究。我的目的是想编撰一部囊括全世界所有敦煌遗书的总目录。通过编目，搞清楚敦煌遗书中到底有多少佛教文献已经被历代大藏经所收，它们有多大的学术价值；到底有多少佛教文献未为历代大藏经所收，又有什么学术价值。力争把未为历代大藏经所收，且学术价值较大的佛教文献录文、校勘成较为可靠的文本，提供给研究者使用，并收入新编的《中华大藏经》。目录是研究的导航，有这样一个目录，可以为研究者利用敦煌遗书提供较大的方便。但敦煌遗书数量太多，绝大部分断头缺尾，又分散在世界各地，因此工作的难度极大。

敦煌遗书的发现，促成了世界显学敦煌学的诞生。敦煌学从诞生之日起，我上面提到的对敦煌遗书的调查、编目、录文、研究，就一直有人在做，并取得巨大的成绩。我现在的工作，尽量吸取了他们的成果，是所谓"站在巨人的肩上"。尤其需要指出的是，我本人是一个佛教研究者，对佛教文献比较熟悉，对非佛教文献就相对生疏一些。虽说敦煌遗书中95%是佛教文献，毕竟还有5%左右的非佛教文献，诸如经史子集四部书、西北史地、天文历法、文学、音韵、舞蹈、医药、乐谱等等。对于这些文献，我基本上依靠前人的研究成果。

要说与中外前辈的区别，那就是限于历史条件，前人的工作都是局部的。比如，英国收藏14000号敦煌遗书，英国学者编目的只有7000号。北图共有16000号敦煌遗书，以前公布的目录，只有1万号左右。法国的编目工作做得最好，但依然有500号还没有完成。总之，全世界汉文敦煌遗书总数约58000号，前人已经编目的约有23000号，约占全部汉文遗书的40%；没有编目的有35000号，约占60%。我正在从事的总目录，不仅包括没有编目的部分，还将已经编目的遗书按照新的体例重新编纂，并修正其错误。全部完成，总字数约达4000多万字。

虽然难度大、任务重，但我的因缘比较殊胜，使我相对具备一些优势。这主要表现在：

第一,20 多年来,由于许多人士的多方帮助,我走遍中、英、法、日、俄、印度等收藏有敦煌遗书的主要国家与单位进行调查、考察,至今已经掌握敦煌遗书近 57000 号,这是前人没有做到的。

第二,我应邀为英国图书馆敦煌遗书编目,又在中国国家图书馆工作多年。逐一亲眼考察、亲手触摸了几万件敦煌遗书。这是一个无与伦比的经历。

第三,敦煌遗书中绝大部分是佛教文献,以前的编目者不少人本来并非研究佛教文献的,而我是一个佛教文献学研究者,能够如鱼得水地遨游于其间。

第四,以往的编目者基本上只从事编目,而研究者又基本上以研究为主。我把编目、录校、研究合为一个整体,使得整个工作的学术含量更高,质量也因此得到保证。

第五,近 10 年来,敦煌遗书的大型图录不断问世。电脑、电子本大藏经及其他电子资料日益普及。这是我刚开始从事这一工作时所不敢想象的,也是我的前辈所不具备的。新的条件给我的工作提供极大的便利。

第六,我所在的上海师范大学对这个项目很重视,提供了必要条件。

第七,最重要的是,20 多年来,我们已经有了一个长期合作的团队。大家为了共同的目标,不计名利,共同奋斗。

得到如此天时、地利、人和,我必须把这件事情做成功、做好。这才对得起 20 年来给我提供各种帮助,促成了上述各种因缘条件的诸方人士。

要说与国外同行相比,我国的敦煌遗书研究整理都有什么殊胜之处,则必须区别不同的学术领域。应该说,上个世纪 80 年代以前,中国的敦煌学研究总体上落在国外同行的后面。所以,当时曾有"敦煌在中国,敦煌学在某国"的说法。但经过 20 多年的努力,在历史、文学、天文、医药等诸多研究领域,中国学者已经走在世界前列。就佛教研究而言,应该承认,虽然在某些方面,我们的成果占据领先地位;但从总体看,我们的成果还不多,还需要努力。

敦煌遗书是中华民族一份珍贵的文化遗产。中国人做中国的事,总比外国人多一份内在的动力。敦煌遗书虽说蕴含着古代世界四大文化、六大宗教的信息,但最主要的还是中国佛教文献。佛教是目前中国最主要的宗教,利用敦煌遗书,从事佛教研究,可以为我们打开新的天地。可以预期,只要我们提高利用敦煌遗书研究新问题的意识,在佛教研究领域,我们也会做出许多殊胜的贡献。

四、我们知道,先生您除了对敦煌遗书有深入的研究,在佛学研究的其他领域中涉猎也颇广泛,您对于印度佛教,尤其早期的印度佛教,对于中国佛教,对于印度佛教和中国文化的交涉,也就是佛教的中国化,以及西域佛教受中国文化的影响都有较早的关注,请您谈谈这方面的看法。

答:我原来是研究印度佛教的,1984 年开始研究中国佛教文献学。通过对佛教文献,特别是敦煌遗书的整理、研究,逐渐对中国佛教研究形成一些看法。

我认为,佛教作为一种宗教,既有比较精细、高深的哲学形态,也有比较粗俗、普及的信仰形态。由此,它能够适应不同层次人们的不同需要。我把前一种形态称为"义理层面的佛教";把后一种形态称为"信仰层面的佛教",也就是其他学者所谓的"民间佛教"、"民众佛教"、"民俗佛教"、"世俗佛教"。义理层面的佛教以探究诸法实相与自我证悟为特征,以大藏经中收入的印度译典及中国高僧著述为依据,以追求最终解脱为主要目标;而信仰层面的佛教则以功德思想与他力拯救为基础,以汉译典籍中的信仰性论述及中国人撰著乃至诸多疑伪经为依据,以追求现世利益及荐亡超度为主要目标。义理层面的佛教在我国佛教史上处于主导地位,它为佛教提供了高水平的骨干与活泼泼的灵魂,它的兴衰决定了中国佛教的兴衰;但信仰层面的佛教较义理佛教影响更大、更深、更远,为中国佛教奠定了雄厚的群众基础,是中国佛教绵长生命力的基本保证。佛教的这两种形态虽然各有特点,有时看来截然不同,甚至尖锐对立;但又相互渗透、互为依存,绞缠在一起,相比较而存在。当两者相对平衡,佛教的发展便相对顺畅;当两者的力量相对失衡,佛教的发展便出现危机。在中国佛教的研究中,两者不可偏废。

　　但纵观中国佛教研究,可以发现以往对义理层面的佛教的研究比较注重,对信仰层面的佛教的研究关注不够。我认为,应该对信仰层面佛教,特别是以各种组织化的仪轨为中心的信仰层面佛教予以更多的重视。

　　佛教仪轨起源于佛教初传,发展壮大于南北朝,到了宋代,已经高度组织化,并形成多种大型的仪轨。以这些大型仪轨为代表的仪轨化佛教与以禅净合流为特征的义理化佛教,成为宋以下我国佛教的两大主流。因此,不注意这一点,不可能写好宋以下中国佛教史。但是,以往研究界对禅净合流的佛教形态予以较多的关注,而对于仪轨化佛教则关注不够。实际上,只有瞩目于这一仪轨化佛教的形态,我们才会明白何以明初朱元璋会采取禅、教、律分治的政策。只有注意到这一仪轨化佛教如何从早期的与义理相融通、与个人修持相结合,发展为广义的祈福避祸,进而逐渐偏重于单纯的超度荐亡,也就明白何以到了清朝末年,它被佛教内部的改革派称为"死人佛教",被佛教外部的先进知识分子视为封建迷信的代表。由此,也就解释了中国社会习俗的演变:在唐、宋时代,佛教僧人被知识分子看重,是知识分子乐于交游的对象;而到了清末,有些民众出门遇到僧人,会认为晦气,要向地上吐唾沫,以驱除晦气。总之,只有把仪轨性佛教的研究放到应有的位置,才能使中国佛教研究中宋元明清佛教研究的局面完全改观,产生真正的突破。

　　此外,宗教是一种社会文化形态。任何一种社会文化形态都是历史现象。历史在一定的时间与空间中活动,文化的发展也离不开时间与空间。犹如滔滔的长江,从巴颜喀拉山麓发源,到崇明岛出海,一路上吸纳百川,浩浩向前。那么什么叫长江? 是它发源地的清清溪流? 是在横断山脉间怒号的金沙江? 是伴着三峡的猿啼滚滚向东的巨浪? 还是在肥沃的东部平原上缓缓徜徉的洪波? 同样,佛教从印度传到中国,又从中国传到周边各国,乃至近代走向世界的历史过程中,在不同的时间与空间中,不断地吸收不同文化的营养,依据不同的条件,变幻着自己的形态。我们既不能像日本"批判佛教"的倡导者,因为佛教吸收了别的文化的营养,形态有了变化,从而否认它是佛教;也不能如教内某些法师,忽视佛教吸收别的文化营养自己的事实,忽视活动于不同时空的佛教出现形态差别的必然性,追求回归初期佛教。当然,变中有不变,不变中有变。我们的任务,就是要说明佛教在怎样的时空条件下,受到什么因素的作用,产生什么样的变化。这种变化,对后来的发展,又有什么影响。还要说明,哪些因素是佛教的根本,是始终保持不变的。

在研究上述问题的时候,我认为特别需要注意中国文化乃至亚洲其他文化,对佛教的发展所产生的影响。

宗教在不同国家与地区的传播,其实质是文化在流通。文化的流通从来都具有双向性,并非单行道。当佛教从印度传到中亚、进而传到中国的同时,中国文化同样反向传播到中亚、传播到印度。传播到中亚、印度的中国文化,与当地的原有文化相结合,形成新的形态。在这种条件下产生的佛教经典,必然融入中国文化的因子。也就是说,佛教的发展,并非印度文化单纯的自我演化,而是包括中国文化、中亚文化、西亚文化等广大亚洲文化共同汇流的结果。如收入大藏经的《四天王经》,就是中国文化传入西域、传入印度,与西域、印度的佛教文化相结合的典型事例。只是它后来出口转内销,被翻译成汉文。因此,我曾经撰文说:"佛教的产生虽然得益于印度文化的孕育,而佛教的发展则得益于印度文化、中国文化乃至其他地区文化的汇流。也就是说,中国是佛教的第二故乡,这不仅体现在现实的结果中,也体现在历史的过程中。"

用文化汇流可以解释佛教史上许多问题,包括这些年来深受国内外学术界注意的疑伪经问题。

五、改革开放这些年来,中国的文化事业取得了很大的发展,中国的佛学研究也有相当可观的成就,方先生您认为,总体上看,近二三十年来中国大陆佛教研究的成果中,最重要的成果是什么?有待努力的和克服的是哪些东西?中国的佛学研究在世界佛教研究中应该占据什么样的地位?

答:我想,最重要的成果是思想的解放。新中国成立以后,我国在宗教问题上长期执行"左"的路线,对人们的思想产生极大的禁锢。改革开放以来,"左"的禁锢被打破,才迎来佛教发展的黄金时期,迎来佛教研究的大丰收。

就学术研究而言,要说"最重要的成果",因近30年来的成果太丰富了,让人眼花缭乱,目不暇接,实在不好说哪个最重要。这里提两部我个人认为影响很大的成果。一个是任继愈先生主编的《中国佛教史》。虽然至今还没有完成,只出了三卷,却是佛教研究者人人必备的基本典籍。一个是方立天先生的《中国佛教哲学要义》,可称为中国佛教哲学研究的里程碑。

要说不足之处,当然也有。现在我国学风普遍浮躁,佛教研究界也不例外。近些年成果虽然多,优秀论著少。我认为,学术研究应该努力用新材料来研究新问题,要努力发现与培育新的学术增长点。但现在用老材料研究老问题、炒冷饭的多。这只要看看这些年硕博士论文的选题就可以看得很清楚。

要说中国的佛学研究在世界佛教研究中应该占据什么样的地位,这首先要看中国佛教在世界佛教中占据什么地位。古代的印度佛教已经衰亡。现在世界流传的汉传、藏传、南传三大系佛教,中国都有。其中汉传佛教、藏传佛教就是在中国成长起来,又影响到周边国家。因此,当今中国佛教理所当然应该占据世界佛教的中心地位。

　　既然如此,中国的佛教研究,也应该在世界佛教研究中占据中心地位。但实际上现在还没有。造成这种现状的原因是多方面的。既有内部的原因,也有外部的原因。内部的原因,这里不作分析;外部的原因,有一个世界话语权的问题。应该承认,现在世界的话语权掌控在英语世界的手中。国运蹇则文运塞,这是没有办法的事情。有些学者热衷于引进西方的各种理论、观点,认为通过这种接轨,可以争取到话语权。我很支持学习西方的新理论、新观点。它山之石,可以攻错。但我认为一个社会的文化发展,有自己内在的规律。我们更需要考察中国社会的需要,走自己的路。坦率地说,我确定研究课题,只注意它是否有学术价值,是否为社会、为学术界所需要。不太注意外在的评论,更没有考虑"占据地位"之类的事情。我认为,只要我们把内部的事情做好了,随着国家综合国力的提升,中国佛教研究占据世界佛教研究中心的局面,就会水到渠成。中国佛教研究的高潮,迟早会在世界兴起。

后记

　　本书包括笔者从 1982 年以来写的各类文章 100 余篇。从内容讲,有追忆悼念、佛教文献研究、敦煌遗书研究、印度文化研究、印度佛教与中国佛教研究、研究方法、学术与宗教、学术规范、杂述等等。从体裁讲,则有序、跋、书评、随笔、博文、通讯等等。这些文章,有的正式发表过,有的在我的博客"藏经洞"中刊出过,有的没有发表过。我自订的座右铭为"随缘做去,直道行之",曾以此为题写过一篇小文章,此次以该文为代序。

　　编这样的文集,一个基本原则是存真。因此,除了明显的错别字及语义表述不清处加以修订外,一般未作修订。但不同时间所写文章有的内容相互重复,为避文繁,作了必要的删节。有些文章的部分内容过于专业,作了删节或改写。部分文章行文有修饰。至于文章中的观点,一概未作改动。已经发表的文章,均出注说明最早发表的书刊。收入本书的部分博文虽有修订,但博客"藏经洞"上的相应文章除非必要,依然保持原状。内子张丽协助录文,通读全稿并作了一些文字方面的修饰或建议。

　　从事学术研究已经 30 余年,这本书反映了我 30 年来学术生涯的一个侧面。编这本书,对自己是一个总结,也是一个鞭策。有很多想做的事情,要加紧做。

2011 年 8 月 20 日于通州皇木厂